Das Discount-Phänomen

Thomas Rudolph
Markus Schweizer

Das Discount-Phänomen
Eine 360-Grad-Betrachtung

Mit Beiträgen von

Manfred Bötsch	Matthias Nast
Thomas Dyllick	Oliver Prange
Thomas Fröhlich	Andreas Rieger
Philippe Gaydoul	Thomas Rudolph
Michael Graff	Marc Schäfer
Max Haas	Bernd Schips
Ferdinand Hirsig	Thomas Schröder
Beat Kappeler	Markus Schweizer
Alex Kotouc	Rudolf Strahm
Jan Kunath	Franziska Teuscher
Marco Ladenthin	Hansjörg Walter
Manfred Lange	Matthias Wiesmann
Katja Leschnikowski	Walter Wittmann
Matthias Lutz	Rolf Wüstenhagen
Markus Müller	

Verlag Neue Zürcher Zeitung

Bibliografische Information der Deutschen Bibliothek

Die Deutsche Bibliothek verzeichnet diese Publikation in der Deutschen Nationalbibliografie; detaillierte bibliografische Daten sind im Internet über http://dnb.ddb.de abrufbar.

© 2006 Verlag Neue Zürcher Zeitung, Zürich

Dieses Werk ist urheberrechtlich geschützt. Die dadurch begründeten Rechte, insbesondere die der Übersetzung, des Nachdrucks, des Vortrags, der Entnahme von Abbildungen und Tabellen, der Funksendung, der Mikroverfilmung oder der Vervielfältigung auf anderen Wegen und der Speicherung in Datenverarbeitungsanlagen, bleiben, auch bei nur auszugsweiser Verwertung, vorbehalten. Eine Vervielfältigung dieses Werkes oder von Teilen dieses Werkes ist auch im Einzelfall nur in den Grenzen der gesetzlichen Bestimmungen des Urheberrechtsgesetzes in der jeweils geltenden Fassung zulässig. Sie ist grundsätzlich vergütungspflichtig. Zuwiderhandlungen unterliegen den Strafbestimmungen des Urheberrechts.

ISBN 3-03823-180-0
www.nzz-buchverlag.ch

Inhaltsverzeichnis

Vorwort 9

KAPITEL 1
Fortschreibung des Siegeszuges «Hard Discount» in der Schweiz? 11
Von Thomas Rudolph und Markus Schweizer, Gottlieb Duttweiler Lehrstuhl an der Universität St. Gallen

KAPITEL 2
Das Discount-Phänomen aus verschiedenen Perspektiven 33

Rahmenbedingungen
Aldi, Lidl & Co. in der Schweiz: Verschwindet jetzt
die Hochpreisinsel? 35
Von Rudolf Strahm, Preisüberwacher

Warum die Schweiz keine Hochpreisinsel ist 47
Von Matthias Lutz, Assistenzprofessor für Volkswirtschaftslehre, Universität St. Gallen

Wie werden Aldi und Lidl die gesamtwirtschaftliche Aktivität
in der Schweiz beeinflussen? 54
Von Michael Graff und Bernd Schips, KOF/ETH Zürich

Aldi, Lidl und andere langfristige Auswirkungen 58
Von Walter Wittmann, emeritierter Wirtschaftsprofessor und Publizist

Landwirtschaft und Industrie
Die Fallen im Umgang mit Discountern 63
Von Thomas Fröhlich, Geschäftsführer des Instituts für Markentechnik Genf

Der Discounter – der ungeliebte (Top-)Kunde 71
Von Manfred Lange, ehemaliger Vorsitzender der Geschäftsführung von Bestfoods Deutschland. Honorarprofessor für Internationales Marketing an der Ludwig-Maximilians-Universität in München

Unruhe ist erwünscht................................. 79
Von Manfred Bötsch, Direktor Bundesamt für Landwirtschaft (BLW)

Discount-Phänomen und Schweizer Landwirtschaft........... 84
Von Hansjörg Walter, Nationalrat und Präsident Schweizerischer Bauernverband

Preis oder Identität?
Zwei Aspekte des Kaufentscheids mit Auswirkungen auf
das Discount-Marketing............................... 92
Von Matthias Wiesmann, Geschäftsführer des Verbandes bionetz.ch und selbstständiger Berater

Konkurrenz

Die Zukunft im Schweizer Lebensmittel-Detailhandel gehört
dem Discount!....................................... 101
Von Philippe Gaydoul, CEO Denner AG

Die Schweiz ist bereit für Discount 105
Von Jan Kunath, Vorsitzender des Vorstandes bei EUROBILLA

Die Zukunft des Discount-Phänomens 109
Von Marc Schäfer, Marketingleiter SPAR HANDELS AG

Das Phänomen «Discount» aus der Optik des Dorfladens 115
Von Ferdinand Hirsig, CEO Volg

Mitarbeitende/Gewerkschaften

Die Markteintritte von Aldi und Lidl in der Schweiz:
Chance oder Risiko?.................................. 121
Von Max Haas, Präsident der Gewerkschaft Syna

Arbeitnehmende zahlen einen hohen Preis 128
Von Andreas Rieger, Zentralsekretär der Gewerkschaft Unia

Discount-Läden – Discount-Löhne? 135
Von Beat Kappeler, Publizist und NZZ-Kolumnist

Konsumenten
Chronik eines angekündigten Preissturzes 143
Von Matthias Nast, Stiftung für Konsumentenschutz (SKS)

Das heraufbeschworene Billiggespenst. 150
*Von Markus Schweizer und Alex Kotouc,
Gottlieb Duttweiler Lehrstuhl an der Universität St. Gallen*

Ökologie/Nichtregierungsorganisationen
Markteintritt der Discounter: Wo bleibt die Ökologie? 155
*Von Thomas Dyllick und Rolf Wüstenhagen, Institut für Ökologie
an der Universität St. Gallen*

«Mehr Kalorien, mehr Luftverschmutzung» – Grossverteiler
verlängern die Wege zum Einkaufen 161
*Von Franziska Teuscher, Nationalrätin und Zentralpräsidentin
Verkehrsclub der Schweiz (VCS)*

Mehr Wettbewerb, mehr Innovation 167
Von Oliver Prange, Verleger und Chefredaktor von persönlich,
*der Zeitschrift für Unternehmensführung, Marketing und
Kommunikation*

KAPITEL 3
Schweizer Branchenanalysen 169

Lebensmittel-Detailhandel 170
Von Thomas Rudolph, Markus Schweizer und Katja Leschnikowski

Textileinzelhandel 182
Von Thomas Rudolph, Markus Schweizer und Markus Müller

Sporteinzelhandel 195
Von Thomas Rudolph, Markus Schweizer und Markus Müller

Unterhaltungselektronikhandel. 208
Von Thomas Rudolph, Markus Schweizer und Marco Ladenthin

KAPITEL 4
Länderberichte.................................. 219
Von Thomas Rudolph und Thomas Schröder

    Vorbemerkungen............................. 220
    Niederlande................................. 223
    Österreich.................................. 233
    Dänemark.................................. 247
    Belgien.................................... 256
    Vereinigtes Königreich........................ 267
    Republik Irland.............................. 282
    Analyse der Erfolgsfaktoren von Abwehrstrategien gegen
    die Discounter.............................. 293

Vorwort

Vor 80 Jahren war es auch schon einmal soweit. Ein neuer Anbieter kritisierte die überteuerten Lebensmittelpreise in der Schweiz. Die damaligen Läden waren angeblich zu klein, nicht kundengerecht und viel zu teuer. Der neue Anbieter war Gottlieb Duttweiler, der Migros-Gründer. Mit dem zum damaligen Zeitpunkt hocheffizienten Distributionssystem der Verkaufswagen verkaufte er zu Beginn ganze sechs Produkte. Seine Chauffeure waren Magaziner, Verkäufer und Buchhalter zugleich. Die 60-Stunden-Woche war zum damaligen Zeitpunkt üblich. Dementsprechend hoch war der Produktivitätsvorsprung. Schon wenige Jahre später wurde die Selbstbedienung in der Schweiz von Duttweiler eingeführt, was sich abermals positiv auf die Preise auswirkte.

Wiederholt sich die Geschichte mit dem Markteintritt von Aldi und Lidl oder verglühen die beiden neuen Konkurrenten sternschnuppenartig am Handelsfirmament? Immerhin konnten wir den Sternschnuppeneffekt schon mehrfach in der Schweiz beobachten. Andererseits haben aber Media Markt, Ikea und H&M den Durchbruch geschafft. Zugegeben, es handelt sich dabei nicht um die Lebensmittelbranche. Dennoch sitzt die Angst diesmal dem einen oder anderen Anbieter im Nacken, denn bei den Herausforderern handelt es sich um die Serienweltmeister in Sachen Lebensmittel-Hard-Discount. Lidl und Aldi konnten zudem in vielen Ländern erfolgreich Fuss fassen. Daher drängt sich die Frage nach den Auswirkungen des Discount-Phänomens auf.

Dieses Buch unternimmt eine 360-Grad-Betrachtung. Es geht nicht um die einseitige Analyse möglicher Preisabschlagsszenarien. Auch steht der Handel nicht allein im Zentrum der Betrachtung.

Das Einleitungskapitel hebt die treibenden Kräfte der Handelsentwicklung in der Schweiz sowie die Dimensionenvielfalt möglicher Auswirkungen des Hard-Discounter-Markteintritts hervor. Experten aus Wissenschaft, Politik und Unternehmenspraxis nehmen sich im darauf folgenden Kapitel jeweils einer Dimension an. Die Beiträge liefern einen facettenreichen und vertiefenden Einblick, woraus ein differenzierter Überblick entsteht.

Die Branchenanalysen beschreiben umfassend die derzeitige Branchensituation und prognostizieren den Hard-Discount-Einfluss. Wir stützen uns dabei auf die Aussagen namhafter Experten. Aus den Länderanalysen lassen sich die Expansionsstrategien der beiden Hard Discounter in anderen Ländern erkennen. Auch lernt der Leser die Gründe für den Misserfolg der beiden neuen Konkurrenten in ausgewählten Ländern kennen.

Das Buch wendet sich an alle direkt und indirekt betroffenen Akteure der Detailhandelsbranche. Es versucht einerseits zu sensibilisieren; liefert andererseits aber auch einen faktenbasierten Anschauungsunterricht über das Discount-Phänomen in anderen Ländern. Es ist eine gesunde Mischung zwischen Lehrbuch einerseits und Nachschlagewerk andererseits.

Unser Dank gilt in besonderem Masse den Autoren, die mit grosser Motivation einen Beitrag für das Herausgeberwerk geschrieben haben. Aber auch zahlreiche Experten haben in Gesprächen zum Gelingen der Länder- und Branchenanalysen wesentlich beigetragen. Ferner gebührt den Mitarbeitern des Gottlieb Duttweiler Lehrstuhls ein besonderes Lob. Neben unserem Discounttag, der fast 500 Zuhörer in seinen Bann zog, unterstützte unser Team dieses Buch mit viel Elan. Danken möchten wir auch dem NZZ Buchverlag, der in jeder Lebensphase dieses Werkes als kompetenter Promotor wirkte.

St. Gallen im September 2005

Thomas Rudolph und Markus Schweizer

Kapitel 1

Eine ganzheitliche Betrachtung des Discount-Phänomens erscheint in der hitzigen Debatte zwischen freudiger Begrüssung und kategorischer Ablehnung der neuesten Entwicklung sinnvoll. Doch was heisst dies konkret? Welche Dimensionen sind bei einer 360-Grad-Betrachtung zu berücksichtigen? Wie werden sich diese Dimensionen in Zukunft entwickeln und welchen Einfluss haben diese auf die Nachhaltigkeit des Discount-Phänomens im Detailhandel?

Fortschreibung des Siegeszuges «Hard Discount» in der Schweiz?

Von Thomas Rudolph und Markus Schweizer,
Gottlieb Duttweiler Lehrstuhl an der Universität St. Gallen

«Hard Discount» ist grundsätzlich nichts Neues. Hard Discounter setzen konsequent den Preis in den Vordergrund ihrer Kommunikation, bieten dem Konsumenten gleichzeitig nur ein Minimum an Service und Produkten (600–1000 Produkte) auf einer kleinen und spartanisch eingerichteten Verkaufsfläche an. Schon immer gab es Händler, die ihre Kunden in erster Linie über den Preis in ihre Läden zogen. Ladeneinrichtung, Auswahl und Beratung müssen dann in der Regel eher einfach ausfallen. Die Migros begann vor 80 Jahren als «Hard Discounter». Mit nur sechs Produkten startete das Unternehmen. Das Ziel war Preisführerschaft. Die Prozesse mussten dafür effizient ausgestaltet werden. So wurde für jedes Produkt nur eine Gebindegrösse gewählt, die sich zudem schnell und logistisch einfach bewegen liess. Die Prinzipien des Discounts haben sich in vielen Branchen etabliert. Auch der Schweizer Handel kennt das Discountkonzept. In der Non-Food-Branche gewinnen z. B. H&M, Media Markt und Ikea seit Jahren Marktanteile. Der Lebensmittelhandel war bis anhin geschützt. Discounter wie Denner und Pick Pay sind schweizerische «Eigengewächse». Sie befriedigen die Schweizer Erwartungen erfolgreich, im Ausland fehlt ihnen jedoch die Erfahrung.

Mit dem Markteintritt von Aldi und Lidl werden erstmals zwei Hard Discounter im Schweizer Lebensmittelhandel agieren. Es sind nicht irgendwelche Konkurrenten, mit denen die etablierten Unternehmen rechnen müssen. Es sind der Weltmeister und der Vize-Weltmeister in Sachen Hard Discount. Die in Abbildung 1 dargelegten Zahlen belegen die Finanz- und Expansionskraft.

Abbildung 1: Die Expansion von Aldi und Lidl

	Aldi	Lidl
Umsatz 1990	11,8 Mrd. Euro	2,6 Mrd. Euro
Umsatz 2003	45 Mrd. Euro	35 Mrd. Euro
Umsatzrendite	4,5 %–6,3 %	3 %–5 %
Anzahl Filialen	3800	6000 + 560 (Kaufland)
Umsatz pro m^2	11 000 Euro	6000 Euro
Marge	ca. 18 %	ca. 18 %
Anzahl Artikel	600 400 NF-Aktionen	900 400 NF-Aktionen

Quelle: Pflichtveröffentlichung *Bundesanzeiger*

Beide Unternehmen haben in vielen Ländern mit teilweise sehr unterschiedlichen Kulturen Erfolge gefeiert. Analysieren wir diese Länder genauer und suchen wir nach Entwicklungsmustern, so lassen sich diese leicht vereinfacht wie folgt zusammenfassen: Ausgeprägte Preissenkungsrunden führten zu einem Preisrutsch. Das durchschnittliche Preisniveau sank teilweise bis zu 20 %. Konzentrationsprozesse und Unternehmenskonkurse folgten für viele Händler, Produzenten und Zulieferer. Die Zahl der Beschäftigten ging im Detailhandel, wie auch in anderen Branchen, zurück.

In der Schweiz würde ein Preisrückgang von 20 % den Umsatz allein im Lebensmittel-Detailhandel um rund 8 Mrd. CHF verringern. Die Wertschöpfung der Branche würde für viele Anspruchsgruppen deutlich wahrnehmbar schrumpfen. Die Auswirkungen des Hard-Discount-Eintritts ist daher ganzheitlich zu beschreiben. Wir versuchen in diesem Beitrag mögliche Auswirkungen zu identifizieren. Ohne vollständig alle Argumente vorzutragen, versuchen wir die wichtigsten Auswirkungsdimensionen anzudeuten. Mit dieser 360-Grad-Betrachtung skizzieren wir das Spannungsfeld der künftigen Entwicklung.

Detailhandel im Umbruch

Der Lebensmittel-Detailhandel unterliegt einem permanenten Wandel. Nicht nur die Hard Discounter, auch die technologische Entwicklung, das Konsumverhalten sowie die gesamtwirtschaftliche Entwicklung fordern das Handelsmanagement heraus. Das Management wird dabei sowohl mit Chancen als auch mit Gefahren konfrontiert. Die dynamische Entwicklung erfordert die frühzeitige Erahnung von Marktveränderungen und eine angemessene Reaktion auf den Wandel. Vier treibende Kräfte lösen diesen Veränderungsprozess aus (Rudolph, 1999), die wir für die Schweiz anschliessend kurz erläutern. In diesem Zusammenhang versuchen wir auch die Frage zu beantworten, ob die Hard Discounter in einem günstigen Augenblick den Markteintritt in die Schweiz wagen.

Starten wir zunächst mit der wirtschaftlichen Entwicklung, weil diese die Konsumstimmung, aber auch das Investitionsklima für neue Informations- und Kommunikationstechnologien stark beeinflusst.

Wirtschaftliche Entwicklung

Die wirtschaftliche Entwicklung lässt sich in eine strukturelle und konjunkturelle Komponente aufgliedern. Die strukturelle Entwicklung zeigt auf, dass die Zunahme der Einkommen und der Konsumausgaben der privaten Haushalte sich entkoppelt haben. Das monatliche Haushaltseinkommen ist zwischen 1998 und 2002 um durchschnittlich 6,9 % gestiegen, während die Ausgaben für Nahrungsmittel bei 8,3 % (1998) respektive 8,4 % (2002) der Gesamtausgaben

Abbildung 2: Treibende Kräfte im Handel

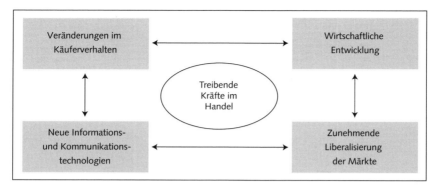

Quelle: In Anlehnung an Rudolph, 1999, S. 62

stagnierten (EVE 2002, BfS). Gleichzeitig sind jedoch die gesamten Konsumausgaben um 4,7 % gestiegen. Verantwortlich für diesen Anstieg zeichnen insbesondere die Kosten für die Gesundheitspflege (1998: 3,1 % der Ausgaben; 2002: 4,3 %). Neben den Konsumausgaben drücken auch die Transferausgaben (Versicherungen, Steuern und Gebühren, Spenden und sonstige Übertragungen) auf das verfügbare Einkommen. Mussten im Jahre 2000 noch 36,9 % der Haushaltsausgaben für Transferausgaben reserviert werden, waren es 2002 bereits 37,8 %. Dabei entfielen 21,8 % (der Gesamtausgaben) auf die Versicherungen und 13,6 % auf die Steuerabgaben. Besonders belastend wirken die Transferausgaben auf die Familienhaushalte (EVE 2002, BfS).

Die insgesamt durchweg positive Entwicklung des Haushaltseinkommens und der privaten Konsumausgaben gehen am Detailhandel vorbei. Das heisst, dass auch eine konjunkturelle Erholung (BIP: 2002 = 0,3 %, 2003 = –0,4 %, 2004 = 1,7 %; BAK Konjunkturforschung) dem Detailhandel kaum signifikant höhere Umsätze beschert. Mit anderen Worten darf der Handel die stagnierenden Umsätze nicht auf die wirtschaftliche Flaute zurückführen; vielmehr müssen die Stellhebel für einen unternehmerischen Wachstumsschub in den eigenen Managementtätigkeiten gesucht werden. Dazu gehört eine klare strategische Ausrichtung und eine attraktive sowie einzigartige Umsetzung dieses Gedankenguts auf der Ladenfläche. Nur so kann wahrscheinlich der Konsummüdigkeit, von der insbesondere die höheren Einkommen (ab 12 000 CHF Haushaltseinkommen) betroffen sind (geben nur 6,5 % der Konsumausgaben für Nahrungsmittel aus)[1], entgegengetreten werden.

Abbildung 3: Ausgabenverteilung in Privathaushalten 1970–2000

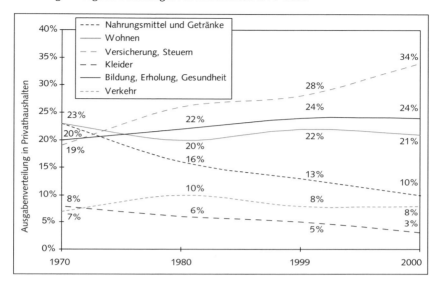

Quelle: Einkommens- und Verbrauchserhebung (EVE 2002), BfS

Zunehmende Liberalisierung der Märkte

Die zunehmende Liberalisierung der Märkte geht mit den Aktivitäten im Rahmen der WTO-Runden und den Bilateralen Verträgen II mit der Europäischen Union einher. Zwar werden mit dem Landwirtschaftsabkommen sowohl tarifäre als auch nichttarifäre Handelshemmnisse abgebaut, jedoch sind, mit Ausnahme des Käsehandels, der ab dem 1. Juni 2007 vollständig liberalisiert sein wird, keine nennenswerten Veränderungen zu erwarten. In der Warengruppe Fleisch und Wein werden lediglich vereinzelte Spezialitäten vom Abkommen erfasst. In den Warengruppen Obst und Gemüse bleibt der Agrarschutz nach wie vor bestehen. Folglich ergeben sich für den Lebensmitteldetailhandel, mit Ausnahme des Käses, keine wirklich neuen Importmöglichkeiten, welche bedeutsame Veränderungen in einzelnen Warengruppen bewirken könnten.

Im Gegensatz zum Landwirtschaftsabkommen ermöglicht das Abkommen über verarbeitete Landwirtschaftsprodukte einen nahezu verzerrungsfreien Handel zwischen der Schweiz und der EU. Mit dem Abkommen erhalten die Unternehmen des gesamten Lebensmittelhandels neue Möglichkeiten, an die sie sich in einem dynamischen Prozess annähern werden. Es ist jedoch nicht möglich, den genauen Verlauf dieses Prozesses zu prognostizieren. Generell lässt sich aber sagen, dass das Abkommen den Wettbewerb für Verarbeitungsprodukte fördern wird. Die Preise werden sinken und das Produktangebot wird sich ausweiten. Für den Schweizer Lebensmitteldetailhandel werden sich attraktive Importmöglichkeiten ergeben, um dem Konsumenten eine grössere Auswahl zu tieferen Preisen anbieten zu können.

Abschliessend kann festgehalten werden, dass das künftige Wettbewerbsumfeld des Schweizer Lebensmitteldetailhandels massgeblich durch die Erosion der bestehenden Marktabschottung mitbestimmt werden wird. Die Agrarpolitik (AP 2002) hat sich zum Ziel gesetzt, die Wettbewerbsfähigkeit der schweizerischen Landwirtschaft bei offeneren Grenzen zu verbessern. Dieses Ziel wird mit der AP 2007 konsequent weiterverfolgt. Künftige WTO-Runden werden zusätzliche Abbauschritte des Grenzschutzes und weitere Marktöffnungen zur Folge haben. Die wirtschaftliche Annäherung der Schweiz an die EU mit den bilateralen Verträgen I und II ist nur als ein Teil innerhalb eines umfangreicheren innen- und aussenpolitischen Prozesses der Marktöffnung zu verstehen. Integrations-, Innen- und Aussenhandelspolitik sind keine Alternativen, sondern ergänzen sich in vielfacher Hinsicht. Es ist davon auszugehen, dass zukünftig internationale Dimensionen den Wettbewerb des Schweizer Lebensmittelhandels mitbestimmen werden. Für Lebensmittelhändler aus dem Ausland sinken mittelfristig die Expansionsbarrieren in die Schweiz erheblich.

Neue Informations- und Kommunikationstechnologien

Neue Informations- und Kommunikationstechnologien tragen erheblich zu einer erhöhten Dynamik und Komplexität in der Handelsbranche bei. Hinter den Kulissen haben technologische Errungenschaften dafür gesorgt, dass die warenwirtschaftliche Effizienz stark an Bedeutung gewonnen hat. Wichtige Meilensteine waren die Erfindung des Barcodes, der Scanning-Technologie und der Entwicklung geschlossener Warenwirtschaftssysteme. Mit Hilfe dieser Applikationen wurde es möglich, den Waren-, Informations- und Geldfluss besser zu organisieren. Ohne diese Technologien wäre das Wachstum grosser Handelskonzerne kaum in dieser kurzen Zeitspanne möglich gewesen. Auch in der Zukunft wird die technologische Entwicklung massgeblich den Wandel im Detailhandel prägen. Katalysator dieser Entwicklung ist unter anderem die Technik der Radio Frequency Identification (RFID). RFID-Chips dienen der Warenflusskontrolle entlang der Wertschöpfungskette. Die Chips sind mit einem passiven Sender ausgerüstet und enthalten eine digitale Identifikationsnummer, die an Schnittstellen (z. B. Wareneingangsbereich) von einem Lesegerät über Radiowellen erfasst wird. In einem ersten Schritt der Technologieausschöpfung kann die Bestandsführung in den Lagern optimiert werden. Die RFID-Transponder werden zu diesem Zwecke auf Paletten-, Umkarton- oder Artikelebene eingesetzt. Metro rechnet damit, dass die RFID-Technologie die Lohnkosten in

Warenlagern um 11 %, den Schwund beim Transport um 11–15 % reduziert und die Out-of-Stock-Ereignisse um 9–14 % verringert werden können (*Lebensmittelzeitung* 3.9.2004, S. 57). Voraussetzung für eine transparente Lieferkette ist eine kostenintensive Aufrüstung einer (branchenstandardisierten) Technologie-Infrastruktur und die Beteiligung aller Lieferanten. Die Möglichkeiten zur Erhöhung des Kundennutzens durch die RFID-Technologie ist vielfältig und Erfolg versprechend, die Marktreife ist jedoch erst in ein paar Jahren zu erwarten. Auch in der Schweiz finden erste Versuche statt, um die Möglichkeiten von RFID zu testen.

Veränderungen im Kundenverhalten

Die *Veränderungen im Kundenverhalten* waren in den letzten Jahren facettenreich. Ursachen respektive Treiber dieser Dynamik sind mehrheitlich bei den veränderten Wertvorstellungen aufgrund von gesellschaftlichen Umwälzungen anzusiedeln. Im Folgenden finden einige dieser grundlegenden Veränderungen Erwähnung:

Veränderung der Lebenssituation:

Die Einpersonen-Haushalte sind zwischen 1960 und 2000 von 14,2 % auf 36,0 % gestiegen. Insbesondere die jüngere Generation lässt sich für das Einschiffen in den Ehehafen mehr Zeit.[2] Demgegenüber zeichnen jedoch auch die Einzelhaushalte mit alleinstehenden Personen in der dritten Lebensphase für den Anstieg des Singledaseins verantwortlich (Haushaltsstrukturerhebung, BfS). Der Einpersonen-Haushalt bringt mit sich, dass über ein höheres verfügbares Einkommen bestimmt werden kann – und damit ein hedonistisches Einkaufsverhalten überhaupt ermöglicht wird. Der Genuss- oder Wellness-Trend sind unter anderem ein Abbild dieser Entwicklung.

Emanzipation der Frau:

Die Neudefinition der Frauenrolle in der Gesellschaft hat dazu beigetragen, dass der Bildung der Frau ein höherer Stellenwert zukommt. Dadurch wird auch die Verlagerung der Geburt des ersten Kindes von 25,3 Jahren (1970) auf 27,6 Jahre (1980) und schliesslich auf 29,1 Jahre (2003) und die häufigere Arbeitstätigkeit beider Ehepartner erklärbar (Bevölkerungsstrukturerhebung und EVE 2002, BfS). Die mit der Arbeitstätigkeit verbundene Einschränkung der verfügbaren Zeit für die Erledigung von Haushaltsaufgaben hat unter anderem dem Convenience-Trend deutlich Auftrieb gegeben. Dabei muss der Begriff Convenience im weiteren Sinne verstanden werden. Nicht nur Fertigprodukte können «convenient» sein, sondern auch der optimale Standort der Verkaufsstelle oder ein rascher Einkaufsprozess – dank eines übersichtlichen Ladenlayouts und schneller Kassiervorgänge.

Neue Armut:
Unter dem Stichwort «Working Poor»[3] ist in den 1990er Jahren ein Schreckensgespenst aufgetaucht, das heute zwar mehrheitlich an Medienresonanz verloren, sich jedoch keineswegs aufgelöst hat. Trotz steigender Sozialleistungen ist die Anzahl der Personen, die in der Schweiz unter der Armutsgrenze leben, von 7,9 % (1992) auf 9,3 % (2002) gestiegen (Schweizerisches Arbeiterhilfswerk [SAH], 2004). Fast 10 % der 20- bis 59-Jährigen sind heute von Armut betroffen – davon sind 60 % Working Poor, also solche, die trotz Arbeit unter die Armutsgrenze gefallen sind. Tiefpreise und Preisaktionen können zu einer Entlastung des Haushaltsbudgets führen.

Neue Bescheidenheit:
Die Schnäppchenjagd ist nicht nur auf eine ausgedünnte Brieftasche zurückzuführen, sondern hängt auch mit der Einstellung zu Lebensmitteln zusammen. Verwendeten Schweizer Haushalte 1912 noch rund 46 % ihrer Haushaltsausgaben für den Kauf von Lebensmitteln, waren es im Jahr 2002 nur noch 8,4 % (vgl. KPMG-Studie «Lebensmittelhandel Schweiz» 2003, S. 11). Besassen Lebensmittel früher noch einen besonderen (gesellschaftlichen) Stellenwert (z. B. Sonntagsbraten im Kreise der Familie), wird heute diese Funktion oftmals von anderen Aktivitäten (z. B. Kurzreise nach London) übernommen. Der Einkauf von Lebensmitteln wird hierbei auf einer rationalen und ökonomischen Ebene vollzogen. Das eingesparte Haushaltsgeld wird schliesslich für spezielle Anlässe ausgegeben.

Beispielhaft haben wir einige Trends aufgeführt, die das Konsumverhalten erheblich beeinflussen können. Neben dem Wunsch billiger einzukaufen handelt es sich dabei auch um das Bedürfnis nach Bequemlichkeit, nach kleineren Verpackungsgrössen oder längeren Öffnungszeiten. Mit dieser Vielfalt an Kundensegmenten kommt dem Multisegmentmanagement eine steigende Bedeutung zu (vgl. Rudolph/Becker, 2005). Das Handelsmanagement ist in dieser Hinsicht aufgefordert, das immer noch vorherrschende Massenmarketing durch ein Multisegmentmarketing abzulösen. Das bedeutet nicht, dass jedes Marktsegment isoliert zu bearbeiten ist, sondern *ähnliche* Marktsegmente gemeinsam zu erschliessen sind. Trotz der Vielzahl potenzieller Marktsegmente deutet die Analyse eine nicht zu unterschätzende umsatzmässige Bedeutung des Discount-Segmentes an. Dort wird im schweizerischen Markt wahrscheinlich das grösste Wachstum stattfinden.

Discount-Reifegrad des schweizerischen Lebensmittelhandels
Nach der kompakten Behandlung der vier treibenden Kräfte interessiert, ob die hiesigen Rahmenbedingungen und absehbaren Entwicklungen die Erfolgsaussichten der deutschen Discounter trüben oder eher erhellen.

Die Charakteristika der drei treibenden Kräfte Kundenverhalten, Wirtschaftsentwicklung und Liberalisierung begünstigen die Verbreitung des Discount-Phänomens in der Schweiz – dies unabhängig vom Eintritt von Aldi und Lidl. Deshalb muss das Phänomen zwingend auf der Tagesordnung bzw. Agenda eines jeden Schweizer Detailhändlers stehen, ob nun mit dem (erfolgreichen) Markteintritt von Aldi und Lidl gerechnet wird oder nicht. Die Beeinflussung der neuen Informations- und Kommunikationstechnologien erweisen sich als wirkungsneutral gegenüber dem Discounting.

Die Schweiz ist also durchaus empfänglich für das Discount-Phänomen, allerdings bieten auch andere Kundenbedürfnisse Profilierungschancen. Wie sich die Marktanteile nach einer Etablierung eines Hard Discounters verschieben werden, bleibt abzuwarten. Der Einfluss dürfte aber nicht unerheblich sein, was mit dem hohen Reifegrad des Marktes zusammenhängt.

Abbildung 4: Empfänglichkeit des Schweizer Detailhandels für das Discount-Phänomen

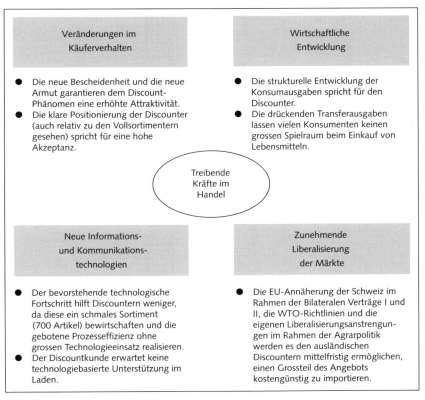

Quelle: Eigene Darstellung

Die drohende Gefahr eines «Down-Trading»

In vielen europäischen Ländern konnten die beiden Hard Discounter Aldi und Lidl Fuss fassen. Kapitel 4 dieses Buches beschreibt deren Entwicklung im Detail. An dieser Stelle fassen wir die möglichen Entwicklungsschritte im Billigzeitalter zusammen. Die in *Abbildung 5* aufgeführte Down-Trading-Spirale beschreibt die idealtypische Discountentwicklung. Diese vollzog sich in einigen Ländern wie z. B. Deutschland innerhalb von drei Jahrzehnten.

Auslöser der Discountentwicklung ist in der Regel ein *steigendes Preisinteresse*. Das Preisinteresse kann einerseits von einer negativen gesamtwirtschaftlichen Entwicklung ausgelöst werden. Sparen wird dann zum Muss, dem sich weite Bevölkerungsschichten nicht entziehen können. Andererseits kann aber auch die steigende Anzahl zusätzlicher Preisangebote das Kundeninteresse erhöhen. Mit *zunehmender Anzahl an Aktionsangeboten* beteiligen sich in der Regel auch neu hinzugekommene Discountanbieter am Marktgeschehen. Mit der Zunahme an Aktionsangeboten steigt die *Preisverwirrung*. Preissprünge erschweren dem Konsumenten eine klare Preisorientierung. Schnell tritt *Preisverunsicherung* ein, da die Preise für identische Produkte immer weiter streuen. Für einen Flug nach London zahlt er heute zwischen 9 und 1099 Euro. Die Flugzeit, die Fluggesellschaft und die Klasse sind gleich; es könnte sogar der gleiche Sitz sein. Nach dem Motto «Ich bin doch nicht blöd» verhält sich der Kunde als Schnäppchenjäger. Geizig mit dem sauer verdienten Geld umzuge-

Abbildung 5: Die Down-Trading-Spirale

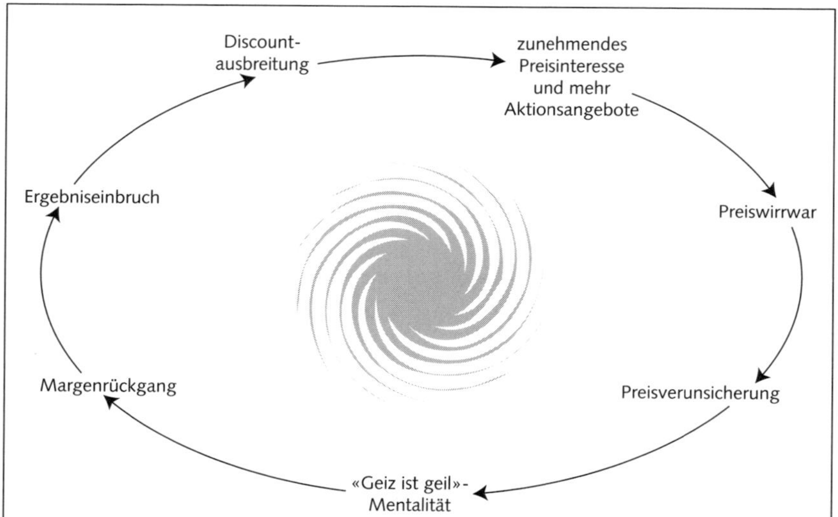

Quelle: Eigene Darstellung

hen zahlt sich aus. Teilweise muss man zwar auf den nächsten 9-Euro-Flug nach London etwas warten, aber das lohnt sich allemal. Die «*Geiz-ist-geil-Mentalität*» führt wahrscheinlich in vielen Branchen zu einem bewussten Konsumverzicht. Der Kundenfokus auf Aktionspreisgebote bewirkt vielerorts einen empfindlichen *Margenrückgang*. Etliche Konsumgüter, die nicht so schnell verderben, verkaufen sich zunehmend über Aktionen. Dazu gehören beispielsweise Waschmittel und Babywindeln, wo der Aktionsumsatz bei fast 80 % liegt. Je mehr Konsumenten versuchen, intelligent zu sparen, desto grösser wird der *Ergebniseinbruch* etablierter Händler sein. Das Ziel, Tiefpreisumsätze durch Premiumverkäufe auszugleichen, funktioniert unter Einsatz einer ausgeklügelten Mischkalkulation immer seltener. Die Folge dieser Entwicklung manifestiert sich in steigenden Marktanteilen der Discounter. Letztere setzen auf Dauerniedrigpreisangebote. Ein Preisflimmern, das Preisverunsicherung auslöst, lässt sich somit bei Aldi, Lidl & Co kaum beobachten. Die *Discountausbreitung* veranlasst etablierte Händler in der Regel dazu, die Aktionspolitik auszuweiten, womit sich der Kreislauf schliesst und spiralförmig weiterentwickelt.

Ob die Down-Trading-Spirale auch für die Schweiz zum Tragen kommt, bleibt offen. Die extremen Auswirkungen für Deutschland haben sich zwar in etlichen Ländern in abgeschwächter Form vollzogen, konnten aber in einigen wie z. B. England ausser Kraft gesetzt werden. An zwei Stellen konnte dort der Kreislauf unterbrochen werden: Erstens stieg das Preisinteresse mit dem Markteintritt der Discounter nur unmerklich. Dank eines geschickten Handelsmarketings gewichteten englische Konsumenten die Produktqualität weit höher. Zweitens reagierten die englischen Händler nicht einseitig auf den Margenrückgang bestimmter Warengruppen mit Kostensenkungsprogrammen, vielmehr konzentrierten sie sich in erster Linie auf innovative Produktangebote, die dem Bedürfniswandel entsprachen.

Die potenziellen Discount-Auswirkungen und mögliche Katalysatoren

Die Medien haben das Discount-Phänomen sehr früh aufgenommen und verfolgen mittlerweile jede Regung der zwei deutschen Hard Discounter mit Argusaugen. Dabei ist festzustellen, dass die Betrachtung der (erwarteten) Preisentwicklung im Vordergrund der Berichterstattung steht. Es wird ausgiebig über Preisdifferenzen unter hiesigen Detailhändlern und zu ausländischen Konkurrenten diskutiert, die Einführung von Billigpreislinien und der damit einhergehende Kundennutzen werden dokumentiert, ferner werden zufriedene Einkaufstouristen interviewt. Der Tenor ist praktisch einheitlich: Hard Discounter bringen dem Schweizer Konsumenten endlich Preisgerechtigkeit. Aldi und Lidl bewerkstelligen, was die Politik mit langjährigen Schutzmassnahmen zu verhindern wusste: den Sturz der Hochpreisinsel. Diese Argumentation ist jedoch – unabhängig von ihrem Wahrheitsgehalt – zu kurz gegriffen. Das Discount-Phänomen tangiert nicht nur das Preisgefüge, sondern eine Vielzahl von Dimensionen in Wirtschaft und Gesellschaft. Die isolierte Fokussierung auf die Preisdimension ist deshalb irreführend, sowohl bei der Abschätzung von Auswirkungen eines Markteintritts von Aldi und Lidl auf die Schweizer Wirtschaft und Gesellschaft als auch bei der Diskussion um geeignete Strategien auf betrieblicher und politischer Ebene.

Zentrale Dimensionen zur Abschätzung der Discount-Auswirkungen

Die Öffnung des Blickfeldes gelingt mit einer ganzheitlichen Betrachtungsweise auf der Grundlage des St. Galler Management-Modells (Rüegg-Stürm 2004). Der vereinfachte und auf den Handel angepasste Bezugsrahmen soll die facettenreichen Herausforderungen einerseits für das Management und andererseits für die Gesellschaft in einer integrierten Form darstellen.

Etliche der oben erwähnten treibenden Kräfte haben den Hard Discountern den Weg zum Erfolg geebnet. Insbesondere das veränderte Konsumentenverhalten, die wirtschaftliche Entwicklung und die zunehmende Liberalisierung der Märkte stellen den Auslöser für die Erfolgswelle des Discount-Phänomens dar. Das Discount-Phänomen beruht branchenübergreifend auf einem begrenzten Leistungsangebot, das Konsumenten einen deutlich wahrnehmbaren und nachhaltigen Preisvorteil bietet.

Diese klare Grundsatzstrategie eines Discounters löst Wellen aus. Für Konsumenten sind in erster Linie nur die niedrigen Preise eines (Hard)Discounters wahrnehmbar. Das sollte idealerweise auch so sein. Um die Auswirkungen eines Markteintritts von Aldi und Lidl in den Schweizer Markt abschätzen zu können, muss ein grösserer Kreis gezogen werden. Wir haben in Anlehnung an das St. Galler Management-Modell die folgenden sieben Hauptdimensionen identifiziert, die den Markteintritt der Discounter in die Schweiz teils wesentlich beeinflussen werden (Rüegg-Stürm, 2004). Dabei handelt es sich um folgende Dimensionen: Konkurrenzsituation, Landwirtschaft und Industrie als Produzenten, Mitarbeitende respektive deren gewerkschaftliche Vertretungen, Konsumenten, Nichtregierungsorganisationen und staatliche Rahmenbedingungen.

Der Preisvorteil war in der Vergangenheit die zentrale Voraussetzung für ein schnelles Marktwachstum. Letzteres fiel je nach Land unterschiedlich hoch aus. Während in England Hard Discounter lediglich einen Marktanteil von rund 2 % erreichten, sind es in Deutschland mittlerweile über 40 % (*Lebensmittelzeitung*, 2005). Wie stark sich die Discountwelle über ein Land «ergiesst», hängt in erster Linie von der Kundenakzeptanz ab. Je höher die Zufriedenheit der Konsumenten mit dem neuen Handelsangebot ausfällt, desto schneller gelingt es, Marktanteile zu erobern. Aufgrund der grossen Bedeutung des *Kon-*

Abbildung 6: Wellenmodell des Discounts

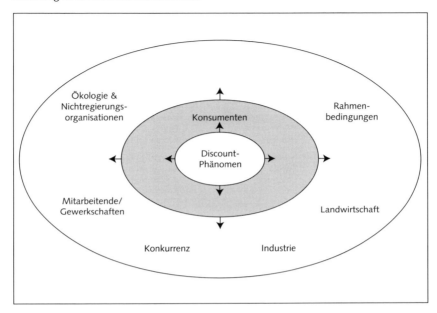

Quelle: Eigene Darstellung

sumenten für die Discountausbreitung steht dieser daher im Zentrum unseres Modells und kann auch als *Beurteilungsdimension erster Ordnung* bezeichnet werden. Die Konsumentenwahrnehmung entscheidet über die weiteren Auswirkungen, welche in der zweiten Schale von Abbildung 6 aufgeführt sind. Nicht zu vergessen sind Wechselwirkungen und Rückkopplungen zwischen den *sechs Dimensionen zweiter Ordnung* untereinander und mit dem Konsumenten. Würde z. B. Lidl den Beschäftigten in der Schweiz unangemessene Arbeitsbedingungen zumuten, so würde dies über die Medien das Kundenimage von Lidl stark negativ verändern.

Die Auswirkungen im Einzelnen werden in Tabelle 1 zusammengefasst.

Konsumenten

Insbesondere die stagnierende Wirtschaftsentwicklung, die steigenden Transferausgaben und die Kundenverwirrung lassen den Preis als Verkaufsargument stärker ins Blickfeld rücken. Für die Konsumenten in der Schweiz könnten sich, nach Aussagen verschiedener Experten, langfristig Preisvorteile von bis zu 30 % ergeben. Mit Sicherheit gehen dafür mehrere Jahre ins Land. Der vollkommen liberalisierte Warenverkehr wäre dafür eine Grundvorausset-

Tabelle 1: Ausgewählte Auswirkungen der Discount-Entwicklung in der Schweiz

Dimensionen	Chancen	Gefahren	Katalysator
Konsument	− Preisrückgang um bis zu 30 % − Zusätzliche Anbieter	− Preisflimmern − Ungewohntes Angebot	− Standortanzahl − Reaktionsmuster der etablierten Händler
Konkurrenz	− Effizienzsteigerung − Schwierige Ausgangslage für Aldi und Lidl	− Erfolgsgeschichte Aldi und Lidl − Preiskrieg	− Preisabstand − Preissensibilität der Kunden
Industrie	− Neue Abnehmer − Wachstumschancen im Ausland	− Preisdruck für Markenartikel − Kanalkonflikte	− Markenwert − Distributionsgrad
Landwirtschaft	− Neue Abnehmer − Zusätzliche Umsatzvolumina	− Subventionsabbau − Substitution durch ausländische Produzenten	− Liberalisierungsgeschwindigkeit − Positionierung
Mitarbeitende/ Gewerkschaften	− Höhere Durchschnittslöhne − Mehr Arbeitsplätze	− Weniger Beschäftigung im Detailhandel − Lohndruck	− Discountwachstum − Ausmass im Preiskampf
Ökologie und Nichtregierungsorganisationen	− Zusätzliche Angebote im Sinne des Konsumenten − Aufmerksamkeit	− Glaubwürdigkeit der Studien respektive der Aktivitäten	− Konsumenteninteresse
Rahmenbedingungen	− steigende Wettbewerbsfähigkeit	− fehlende Anpassungsfähigkeit	− Politik

Quelle: Eigene Darstellung

zung. Eine weitere Chance für die Konsumenten wäre die Wahl zwischen zusätzlichen Anbietern mit neuartigen Sortimenten. Mit diesen Anbietern gibt es zusätzliche Produktalternativen aus dem europäischen Ausland. Gleichzeitig verursachen die ständigen Preisaktionen Unsicherheiten beim Konsumenten. Wer für den Flug nach London 9 Euro zahlt und für das Taxi vom Flughafen in die Stadt 40 Pfund, fliegt nicht unbedingt öfter nach London. Eher das Gegenteil trifft zu. Er fliegt erst dann wieder, wenn er erneut für 9 Euro den Flug offeriert bekommt, was leider nicht sehr häufig der Fall sein wird. Als weitere Gefahr empfinden etliche Konsumenten die (noch) unbekannten Angebote in der Form von Marken, Sortimenten, Präsentationsformen und vor allem Geschmacksrichtungen (vgl. Schweizer/Rudolph und Schweizer 2005).

Die Auswirkungen für den Konsumenten hängen stark von der Expansionsgeschwindigkeit ab. Je höher diese ist, desto stärker rückt der Preis in den Mittelpunkt der Kommunikationsmassnahmen. Auch beeinflusst das Verhalten der etablierten Händler die Preissensibilität. Setzen diese beispielsweise glaubwürdig auf die Profilierung über lokale Produkte und qualitativ hochwertige Innovationen, so kommt der Preissensibilität keine grosse Bedeutung zu.

Konkurrenz

Die Konkurrenten der Hard Discounter können von den Discountern selbst lernen. Verschiedene Lernfelder bieten sich an. Bezogen auf den Konsumenten geniesst Aldi dank überschaubarer Sortimente und Verkaufsstellen ein grosses Vertrauen. Häufiges Umräumen, unzureichende Warenverfügbarkeit und umständliche Reklamationen kommen dort nicht vor. Auch von der Instore-Logistik kann man lernen. Der Wareneinräumprozess sowie der Kassierprozess verlaufen zigfach effizienter als in vielen Handelsorganisationen.

Nachvollziehbar ist die weitverbreitete Angst vor einer Zunahme des Preiskampfes. Mit den Erfahrungen aus den vergangenen Wochen, in denen der Preis und Preiseinstiegslagen im Zentrum der Kommunikationspolitik vieler Handelsunternehmen standen, gewinnt diese Befürchtung an Stellenwert. Offensichtlich rechnet die Branche mit ausgeprägten Preisscharmützeln, zumal zwei ausgewiesene Hard Discounter mit exzellenter Reputation in den Markt drängen.

Viel hängt von der gelebten Preissensibilität der Schweizer Konsumenten ab. Auch der Preisabstand zu den neuen Konkurrenten spielt eine wichtige Rolle. Je geringer dieser ausfällt, desto kleiner sind die beschriebenen Gefahren einzustufen.

Industrie

Derzeit hat die Markenartikelindustrie in der Schweiz mit Coop einen einzigen Hauptvertriebskanal. Zwar führt mittlerweile auch die Migros Markenartikel, jedoch ist deren Umsatzanteil vergleichsweise gering. Mit dem Markteintritt der beiden Discounter bietet sich eher noch bei Lidl den Schweizer Markenartikelproduzenten die Chance, im Discountregal aufgenommen zu werden. Noch grösser sind die Listungschancen für Eigenmarken. Beide Discounter sind wie bereits erwähnt auf noch nicht absehbare Zeit gezwungen, eine grosse Anzahl des Lebensmittelsortimentes in der Schweiz bei den hiesigen Produzenten zu beschaffen. Gelingt den Produzenten die Listung im Hard-Discount-Kanal, so eröffnet die europaweite Listung ein enormes Umsatzsteigerungspotenzial.

Betrachten wir die Gefahren, so könnte für Markenartikellieferanten der Preisdruck erheblich zunehmen. Die höheren Nettoeinkaufspreise Schweizer Detailhändler geraten vermutlich mit dem Markteintritt von Lidl gehörig ins Wanken. Eklatante Preisunterschiede werden schon heute angeprangert. Zudem sind möglichst rasch Lösungen für drohende Kanalkonflikte zu finden. Nicht jede Marke lässt sich universell in allen Distributionskanälen absetzen, ohne den Unmut der Händler aufkommen zu lassen. Hochwertige landwirtschaftliche Produkte nationalen Ursprungs sehen die etablierten Händler nur ungern in den Regalen von Aldi und Lidl.

Entscheidenden Einfluss auf diese Entwicklung hat der Markenwert und damit auch die Marktmacht der Produzenten. A-Marken sind gegenüber den Gefahren resistenter, wobei gravierende Preisdifferenzen zwischen den Vertriebskanälen auch dann nur schwer zu rechtfertigen sind. Ferner hängt das Ausmass an Kanalkonflikten wesentlich von der Distributionsbreite ab. Je breiter die Marktabdeckung in der Schweiz, desto eher müssen die Hersteller mit Kanalkonflikten rechnen.

Landwirtschaft

Auch die Landwirtschaft hofft berechtigterweise auf zusätzliche Abnehmer. Der noch für einige Jahre andauernde, mittlerweile jedoch reduzierte Schutz der schweizerischen Landwirtschaft sorgt für die Listung landwirtschaftlicher Erzeugnisse aus der Schweiz in den Regalen der Hard Discounter. Auch könnte das Umsatzvolumen mittelfristig um bis zu 5% steigen. Dies gelingt dann, wenn die heutigen Einkaufstouristen, welche nach einschlägigen Schätzungen rund 2 Mrd. CHF jährlich im grenznahen Ausland ausgeben, künftig in den schweizerischen Aldi- und Lidl-Filialen einkaufen.

Ungemach kann der Landwirtschaft aus zweierlei Gründen drohen. Zum einen hätte ein verschärfter Subventionsabbau für die Landwirtschaft erhebliche Konsequenzen. Den daraus resultierenden Kostendruck können Kleinbetriebe kaum verkraften, da viele Einkommen schon heute am Existenzminimum liegen. Zum anderen besteht die Gefahr der Substitution durch Importwaren aus dem Ausland. Diese Gefahr nimmt mit zunehmender Marktliberalisierung zu. Ein zweiter Katalysator ist die Marktpositionierung der angebotenen Produkte. Produkte mit einem klar erkennbaren Mehrwert lassen sich auch in einem preissensiblen Markt verkaufen. Dies zeigen die Exporterfolge etlicher Schweizer Produkte im Ausland. Fehlt jedoch dieser Mehrwert aus Sicht der Kunden, so ist die Substitutionsgefahr als hoch einzustufen.

Mitarbeitende/Gewerkschaften

Erfreulich für das Personal sind die ersten Lohnankündigungen der Hard Discounter. Aldi verspricht laut Medienberichten einen Einstiegslohn von 4000 CHF, was weit über dem Branchendurchschnitt liegt. Auch hoffen die Gewerkschaften auf zusätzliche Arbeitsplätze, da ja immerhin bis zu 200 000 Quadratmeter zusätzliche Verkaufsfläche von den Discountern hinzukommt. Allerdings steht diese Hoffnung auf wackligen Beinen. Mit dem Markteintritt der beiden Hard Discounter befürchten viele Experten Rationalisierungsprogramme in der Lebensmittelhandelsbranche. Viele Unternehmen müssen Kosten einsparen, um bei sinkenden Durchschnittspreisen das Überleben zu sichern. Gerade im Detailhandel, wo viel Personal im Einsatz ist, spielt der

Personalabbau im Zuge von Rationalisierungsprogrammen eine wichtige Rolle. Zunehmender Lohndruck ist eine weitere Gefahr. Der Abbau von freiwillig gezahlten Lohnnebenleistungen bis hin zu Änderungskündigungen wären denkbar.

Viel hängt in diesem Zusammenhang vom Umsatzrückgang etablierter Händler ab. Auch die Intensität des Preiskampfes beeinflusst die genannten Chancen und Gefahren stark. Je schwächer beide Katalysatoren Wirkung entfalten, desto eher entstehen zusätzliche Arbeitsplätze.

Ökologie und Nichtregierungsorganisationen

Mit den typischen Stand-Alone-Formaten von 900–1500 Quadratmetern und den 50 bis 150 Parkplätzen unterschreiten die deutschen Discounter die Schwellenwerte des Umweltschutzgesetzes (USG). Aldi und Lidl müssen – übernehmen sie ihre Betriebsformate – weder Bebauungspläne noch Umweltverträglichkeitsprüfungen vorlegen. Damit entscheidet einzig der entsprechende Gemeinderat über die Baubewilligung. Aus steuertechnischen Gründen steht dieser Bewilligung in den meisten Fällen nichts im Wege.

Auch die Konsumentenschutzorganisationen werden ihr traditionell grosses Gewicht in die Waagschale werfen. Mit ihren Printmedien erreichen sie ein breites Publikum und informieren dieses im Rahmen von Preis- und Qualitätsvergleichen über die Leistungen der Detailhändler. Aufgrund der hohen Akzeptanz dieser Printmedien in der Bevölkerung kann ein Produkttest durchaus das Kaufverhalten verändern. Coop musste dies schmerzhaft erkennen, als sein Warenkorb preismässig von der Konkurrenz unvorteilhaft abfiel. Insbesondere Aldi wird eine enge Zusammenarbeit mit den Konsumentenorganisationen anstreben, um gezielt Testsieger in das Sortiment aufzunehmen. Dies dürfte die Vertrauenswürdigkeit positiv beeinflussen.

Die Nichtregierungsorganisationen erhalten mit dem bevorstehenden Eintritt der zwei Discounter eine Bühne, um sich der breiten Bevölkerung zu präsentieren. Um dabei nicht die Glaubwürdigkeit zu verlieren, bedarf es bei der Kommunikation jedoch einer angemessenen Objektivität.

Rahmenbedingungen

Die Wirkungen der Bilateralen Verträge II dürften in drei Jahren greifen, wenn die Landwirtschaftszölle für Fleisch, Molkerei- und Frischprodukte unter Druck geraten. Bis dahin müssen sich die Schweizer Landwirte überlegen, wie sie angesichts der höheren Personal- und Infrastrukturkosten höhere Preise verlangen können. Dabei spielt die Kommunikation eines zentralen Mehrwertes eine wichtige Rolle; dazu kann z. B. «Swissness», Innovation oder Qualität gehören. Dies ist insbesondere im Frischebereich Erfolg versprechend, da die lokale Verwurzelung des Geschäfts von vielen Konsumenten geschätzt wird. Eine Angleichung der Produktionskosten auf EU-Niveau wird angesichts der Topographie kaum möglich sein.

Verbote von Parallelimporten und nicht EU-konforme Verordnungen, die eine problemlose Einführung von Gütern verhindern, dürften in den nächsten Jahren – auch aufgrund des Drucks von Seiten der Wettbewerbskommission und der Detailhändler – zunehmend aufgehoben werden. Auch die Neuerungen des schweizerischen Kartellgesetzes werden eine Liberalisierung vorantreiben, indem künstlich hoch gehaltene Preise nicht mehr erlaubt werden. Bis anhin war es legitim, dass in- und ausländische Hersteller Händlern für den Schweizer Markt vorschreiben konnten, nicht unter einem bestimmten Produktpreis zu verkaufen.

Die sich verändernden Rahmenbedingungen fordern von den Marktteilnehmern sehr viel Anpassungsfähigkeit. Die Öffnung der Grenzen für Lebensmittel bedarf einer klugen Reaktion. Ein Verharren in alten Strukturen dürfte dabei für eine erfolgreiche Geschäftstätigkeit eher hinderlich sein.

Resümee und Gestaltungshinweise

Welche der vorgestellten Chancen und Gefahren zutreffen, lässt sich zum heutigen Zeitpunkt nicht mit Sicherheit abschätzen. Der Umgang mit den genannten Katalysatoren entscheidet massgeblich über die künftige Marktentwicklung der beiden Lebensmittel-Hard-Discounter. Dennoch entsprechen Aldi und Lidl dem Zeitgeist in der Schweiz. Ausgelöst durch zahlreiche Hard Discounter in den Non-Food-Branchen wie z. B. Unterhaltungselektronik, Möbel und Textilien ist die Preissensibilität erheblich gestiegen. Zusätzlich fördert die lahmende Konjunktur die Popularität der Discountanbieter massgeblich.

In diesem Umfeld kommt dem Preis eine immer wichtigere Rolle zu. Der Preis wird für immer grössere Bevölkerungskreise zum stärksten Kaufargument. Selbstverständlich legt der Schweizer Konsument dabei auch Wert auf eine angemessene Qualität; in der Zukunft aber bitte zu tieferen Preisen. Tiefpreisangebote gewinnen in dieser von Aktionen getriebenen Zeit an Überzeugungskraft. Das Preisargument wirkt sofort und überlagert andere Argumente wie die Produktqualität oder die Beratungskompetenz. Immer mehr Konsumenten kaufen nicht mehr wegen der Produkte, sondern wegen der Preisreduktionen, getreu dem Motto «Das kann ich mir doch nicht entgehen lassen». Schuld an dieser Entwicklung sind aber nicht in erster Linie die Discounter, denn Preisreduktionen finden dort nur selten statt. Seit Jahrzehnten folgen sie dem Prinzip der Dauerniedrigpreise, was in den vergangenen Jahren das Kundenvertrauen massgeblich stärkte. Wichtig für den Discounter ist der Preisabstand zu seinen Konkurrenten. Dieser soll möglichst gross ausfallen, jedoch mindestens 30 % betragen. Da in der Schweiz die Preisabstände zum deutschen Preisniveau in vielen Warengruppen erheblich höher ausfallen, kommt es bereits in der Vorphase des Markteintritts teilweise zu massiven Preisanpassungen. Der Fehler vieler Handelsmanager besteht in der marktschreierischen Vorgehensweise. Dadurch steigt die Preissensibilität und das Preisinteresse zu einem Zeitpunkt, der nicht ungünstiger für die etablierten Händler sein könnte. Im Fussball würde man von einem «Fehlpass» sprechen. Mit der Aktionitis sinkt nachgewiesenermassen das Preisvertrauen. Kunden freuen sich zwar über Preisabschläge von 30 % und mehr, gleichzeitig trauen sie den Preisen kaum noch. Viele fragen sich, ob sie nicht jahrelang zuviel bezahlt haben. Den Hard Discountern kommt die angezettelte Preisdebatte sehr gelegen. Sie werden mit den ersten Läden die Preisbenchmark setzen. Nicht nur für die Konkurrenz, auch für die Konsumenten wird das eine Lehrstunde werden (vgl. Schweizer/Rudolph 2004).

Mit der Down-Trading-Spirale haben wir die dem steigenden Preisinteresse sich anschliessende Entwicklung skizziert. Der Kreislauf hat in vielen Ländern stattgefunden. Die Geschwindigkeit und das Ausmass waren aber recht unterschiedlich. Nicht selten hat die Wertschöpfung der Lebensmittelbranche mit den gesunkenen Preisen abgenommen. Die gesamtwirtschaftlichen Konsequenzen z. B. in punkto Personalabbau, Anbieterkonzentration und Innenstadtverödung waren weniger erfreulich.

Wie bereits angedeutet ist die Marktentwicklung für den schweizerischen Lebensmittelhandel grundsätzlich offen, auch wenn viele Anzeichen für eine Ausbreitung der Discounter sprechen. Die zunehmende Wettbewerbsintensität ist wettbewerbspolitisch zu begrüssen. Für den Konsumenten ergeben sich zusätzliche Optionen. Es ist aber auch durchaus möglich, dass die etablierten Händler aus den Erfahrungen englischer und irischer Händler lernen. Auch in Österreich, dem Nachbarland der Schweiz, konnte die national verankerte Spar-Gruppe den eigenen Marktanteil trotz EU-Beitritt und starker internationaler Konkurrenz sogar ausbauen.

Folglich ist das Discount-Phänomen in erster Linie eine Herausforderung für die *strategische Unternehmensführung*. Wer neben den Discountanbietern im Wettbewerb bestehen will, muss sich gegenüber den Konsumenten klar positionieren und dementsprechend nachhaltig profilieren. Positionierungsvorteile können neben dem Preis die Produktqualität oder das Serviceangebot betreffen (vgl. Rudolph, 2000). Auch hierfür lassen sich rentable Zielgruppen bestimmen. Nach unseren Forschungsergebnissen fallen diese für die Schweiz im Vergleich zu anderen Ländern sogar weit grösser aus. Mit der Kommunikationspolitik ist der anvisierte Positionierungsvorteil unmissverständlich und nachhaltig zu kommunizieren. Wer Produktführer sein will und ständig über Preisreduktionen spricht, kommuniziert zwar nachhaltig, jedoch in die falsche Richtung.

Ebenso entscheidend ist die Hinterfragung des *Postulats nach quantitativem Wachstum*, das in vielen Unternehmen als in Stein gemeisseltes Gesetz gilt. Budgets sind auf Umsatzwachstum ausgerichtet. Diese im Handel weit verbreitete Maxime droht viele Händler in den Abgrund zu stürzen. In einem Markt, der in den kommenden Jahren allein von den Discountern rund 200 000 Quadratmeter zusätzliche Verkaufsfläche erhält, dessen Preise sinken und dessen Konsumenten eher weniger konsumieren, kann dieses Paradigma nur von sehr wenigen Marktteilnehmern erreicht werden. Der grösste Teil wird unter dieser Konstellation Umsatz und Marktanteile verlieren. Aus diesem Grunde wären viele Handels- und Industrieunternehmen als auch Landwirte gut beraten, sich auf ertragsversprechende Zielgruppen mit etwas weniger Umsatz zu konzentrieren, anstatt Umsatzsteigerungsraten nachzujagen, die nur über profil- und ertragsvernichtende Preiskämpfe zu erreichen sind. Im *Postulat des qualitativen Wachstums* steckt auch die *Empfehlung der Kundennähe*. Wie im Rahmen des Abschnittes zu den treibenden Kräften angedeutet, findet ein kontinuierlicher Bedürfniswandel in der schweizerischen Bevölkerung statt. Nur wer sich mit den Kundenmotiven und den damit konkret artikulierten Kundenbedürfnissen auseinander setzt, hat die Chance, weitere Differenzierungspotenziale neben dem Preis vor den Hard Discountern zu erschliessen.

Wie auch in vielen anderen Ländern droht jedoch eher die Gefahr, sich einseitig mit dem Instrument Preis auseinander zu setzen. Das hängt insbesondere mit den *Führungskennzahlen* zusammen. Der Preisabstand lässt sich eben leichter messen als die Innovationskraft neuer Produkte oder die Servicezufriedenheit mit dem Personal. Nur ein strategisch ausgerichtetes Marktbeobachtungssystem kann helfen, ein ausgewogenes Kennzahlensystem zu entwickeln (vgl. Einhorn, 2005) und der einseitigen Auseinandersetzung mit dem Preis entgegenzuwirken.

Besonders gefordert ist die Geschäftsleitung vieler Unternehmen. Die richtige Balance zu finden zwischen den notwendigen Preiskorrekturen, bei gleichzeitiger Betonung von Wettbewerbsvorteilen, die nicht im Preisversprechen liegen, fällt schwer. Schnell entsteht ein preisgetriebener Aktionismus. Preisanpassungen und Sparübungen nehmen dann schnell überhand und drängen die strategischen Unternehmensziele in den Hintergrund. Um diese Gefahr zu vermeiden, kommt der *Unternehmensvision* eine entscheidende Bedeutung zu. Die Formulierung einer strategiebasierten Vision kann helfen, das zentrale Leistungsversprechen im Management zu fixieren und wach zu halten. Eine gute Vision stärkt die innere Festigkeit im Management. Die Gefahr der Verzettelung sinkt, weil die Vision eine Leuchtturmfunktion übernimmt.

Vor diesem Hintergrund sollten die Akteure der schweizerischen Lebensmittelbranche:

- ihre Kunden und deren Bedürfnisse kontinuierlich beobachten,
- sich strategisch klar positionieren,
- eine nachhaltige Kommunikationsstrategie, abgestützt auf die strategischen Ziele, vorantreiben,
- mit Hilfe eines ganzheitlichen Marktbeobachtungssystems die eigene Marktposition permanent prüfen sowie
- die innere Festigkeit im Management durch klare und gemeinsam getragene Visionen und daraus abgeleitete Ziele stärken.

Die genannten Empfehlungen helfen, eine stabile Marktposition aufzubauen. Die damit einhergehende Kursbestimmung hilft, von der entfachten Discount-Welle nicht hinweggespült zu werden, sondern die neuen Herausforderungen erfolgreich zu bestehen.

Anmerkungen

1   Vgl. Einkommens- und Verbrauchserhebung EVE 2002, Bundesamt für Statistik. Haushalte mit einem Einkommen bis 4799 CHF pro Monat setzen 11,4 % ihrer Ausgaben für Nahrungsmittel ein.
2   Das durchschnittliche Heiratsalter lag 1970 noch bei 24,1 Jahren, 1990 bei 26,7 und 2003 bei 28,4 (vgl. Bevölkerungsstrukturerhebung, Bundesamt für Statistik).
3   Working Poor sind erwerbstätige Personen, die in einem armen Haushalt leben.

Quellenangaben

Bundesamt für Statistik (BfS) (2002): Bevölkerungsstrukturerhebung, abrufbar unter http://www.admin/bfs.ch.

Bundesamt für Statistik (BfS) (2002): Einkommens- und Verbrauchserhebung EVE 2002, abrufbar unter http://www.admin/bfs.ch.

Bundesamt für Statistik (BfS) (2004): Haushaltsstrukturerhebung, abrufbar unter http://www.admin/bfs.ch.

Einhorn, M. (2005): Effektive und effiziente Kundenorientierung im Sortimentsmanagement – Nutzenorientierte Marktforschung zur Vermeidung von Information Overload, Nürnberg: KDD.

KPMG (2003): Studie «Lebensmittelhandel Schweiz» 2003.

Lebensmittelzeitung (2005): Den Discountern macht der eigene Erfolg zu schaffen, 28.1.2005.

Rüegg-Stürm, J. (2004): Das neue St. Galler Management-Modell, in: Dubs, R. et al. (Hrsg.): Einführung in die Managementlehre, Bern/Stuttgart/Wien.

Rudolph, Th. (1997): Profilieren mit Methode. Von der Positionierung zum Markterfolg, Frankfurt/New York.

Rudolph, Th. (1999): Marktorientiertes Management komplexer Projekte im Handel, Stuttgart.

Rudolph, Th. (2000): Erfolgreiche Geschäftsmodelle im europäischen Handel: Ausmass, Formen und Konsequenzen der Internationalisierung für das Handelsmanagement, Fachbericht für Marketing, Nr. 3/2000, St. Gallen.

Rudolph, Th., Becker, K. (2005): Food Consumption 2005 – Ess- und Verzehrverhalten in der Schweiz, Fachbericht für Marketing, Nr. 3/2005, St. Gallen.

Schweizer, M. (2005): Consumer Confusion im Handel. Ein umweltpsychologisches Erklärungsmodell, Deutscher Universitätsverlag.

Schweizer, M./Rudolph, Th. (2004): Wenn Käufer streiken. Mit klarem Profil gegen Consumer Confusion und Kaufmüdigkeit, Gabler Verlag.

Schweizerisches Arbeiterhilfswerk, SAH (2004).

Kapitel 2

Das Discount-Phänomen aus verschiedenen Perspektiven

Nachdem wir die Dimensionen identifiziert haben, welche die Entwicklung des Discount-Phänomens wesentlich beeinflussen können, gleichzeitig aber auch selbst unter dem Einfluss der Discounter stehen, wollen wir Persönlichkeiten aus Wirtschaft, Gesellschaft und Politik das Wort geben. Sie haben die Aufgabe angenommen, aus der Perspektive ihrer Funktion die Entwicklung des Discount-Phänomens zu beschreiben. Daraus ist ein facettenreicher Strauss an interessanten Statements entstanden, die dazu einladen, sich eine eigene Meinung zu bilden.

Rahmenbedingungen

Aldi, Lidl & Co. in der Schweiz: Verschwindet jetzt die Hochpreisinsel?

Von Rudolf Strahm, Preisüberwacher

Mit einem Paukenschlag hat Aldi die Eroberung des schweizerischen Konsumgütermarktes angekündigt und damit die schweizerische Detailhandelsszene und die Wirtschaftspresse aufgeweckt. Eine solche Marktankündigung mit grossem Getöse widersprach zwar dem üblichen Kommunikationskonzept des Aldi-Stammhauses in Deutschland, wo der Discount-Riese aus Prinzip nur das absolute Mindestmass an Kommunikation pflegt, um die Konkurrenz nicht zu provozieren und um die interne Führungskomplexität einfacher zu gestalten (Brandes 1999, S. 26). Im Gegensatz zu diesem Prinzip der Diskretion hatte die Schweizer Aldi-Leitung recht grossspurige Ankündigungen in die Business-Welt gesetzt, entsprechend hohe Erwartungen geschaffen und die Konkurrenz wirksam alarmiert (Zäch 2001, Eichler o. j., Iten o. j.).

Werden Aldi, Lidl und Co. die Detailhandelslandschaft der Schweiz umkrempeln und das Hochpreisniveau zum Verschwinden bringen? Unser Befund sei gleich vorweg zusammengefasst: Wir glauben, dass die Effizienzverbesserungen und Preiseffekte bei den Herausgeforderten des Detailhandels insgesamt mehr Wirkung auslösen werden, als dies Aldi in den ersten Jahren in der Volkswirtschaft wird direkt bewirken können! Man könnte von einer «disziplinierenden Vorwirkung» des Wettbewerbs bei den anderen sprechen. Das hohe Konsumgüterpreisniveau des Hochpreislandes Schweiz wird sich, unsere zentrale zweite These, nicht einfach durch den Wettbewerb korrigieren, sondern erst durch die Veränderungen der (gesetzlichen und wettbewerbspolitischen) Rahmenbedingungen der schweizerischen Marktordnung.

Hochpreisland – die volkswirtschaftliche Dimension

Aufgrund mehrerer empirischer Untersuchungen lässt sich sagen, dass wir heute für die Importgüter, die auf den schweizerischen Konsumgütermarkt gelangen, mindestens 20–30 % mehr bezahlen als in den benachbarten Ländern für die identischen Produkte (Kohli 2005). Diese Preisüberhöhung lässt sich nicht einfach durch höhere Löhne und Mieten im Detailhandel erklären, sondern sie ist bedingt durch die Marktordnung und die Rahmenbedingungen der

Importe. Deshalb legen wir aufgrund unserer Erfahrungswerte – wir erhalten und bearbeiten in der eidgenössischen Preisüberwachung rund 1000 Preisbeschwerden pro Jahr – ein starkes Gewicht auf diese institutionellen Preistreiber-Faktoren.

Die Schweiz importierte im Jahre 2004 Waren für 132 Mrd. CHF, davon 55 Mrd. CHF Konsumgüter, 35 Milliarden Investitionsgüter, der Rest in Form von Halbfabrikaten, Rohstoffen und Energieträgern. Das Preisniveau dieser Importe ist, neben dem allgemeinen hohen internen Preis- und Lohnniveau (das bei internationalen Preisvergleichen auch durch den Wechselkurs gegeben ist), entscheidend für das Hochpreisland. Es hat auch eine volkswirtschaftliche Dimension: Bei den Exporten werden die schweizerischen Lieferanten auf Gedeih und Verderb auf das EU-Preisniveau hinuntergedrückt (wo sie teurer sind, müssen sie auch besser sein), während die Importe rund ein Fünftel teurer sind als das EU-Preisniveau. Dieser «Preis-Gap» verschlechtert die realen Austauschverhältnisse und ist nach unserer Einschätzung einer der wichtigsten wachstumsbehindernden Faktoren im Inland.

Das Beklagen des allgemein höheren Lohn- und Preisniveaus in der Schweiz gegenüber anderen Ländern macht unseres Erachtens keinen Sinn, wenn bei der Analyse nicht das Wechselkursverhältnis und eine makroökonomische Betrachtung des Produktivitätsniveaus einbezogen werden. Auf die Problematik der Terms of trade gehen wir aufgrund der Umfangrestriktion dieses Artikels nicht ein (BfS 2004a). Es ist aber festzuhalten, dass das Terms-of-trade-Konzept bloss einen intertemporalen Vergleich aufzeigt, hingegen nichts darüber aussagt, ob und wie die Importpreise gegenüber den Preisen gleicher Güter im Ausland überhöht sind. Hingegen scheint uns die nähere Betrachtung des «Importpreis-Gaps» wichtig und ausschlaggebend für das Entscheiden in der Marktordnungs- und Wettbewerbspolitik.

Preiswirkung von Aldi, Lidl und Co. in der Gesamtwirtschaft bescheiden

Wir glauben, dass nicht Aldi und Lidl die Hochpreisbastion Schweiz allein zu schleifen vermögen, sondern dass die Veränderung der Rahmenbedingungen, insbesondere die Marktordnungen beim Import und bei der Warenbeschaffung im Detailhandel, für die Entwicklung des Preisniveaus entscheidend sein werden.

Hierzu *einige Fakten zur Marktordnung*, die diese Einschätzung belegen.

Aldi, Lidl & Co. vermögen mit ihrem Angebotssortiment nur einen relativ kleinen Teil der Verbrauchsausgaben der Haushalte abzudecken; es werden weniger als 10 % sein. Aufgrund der Einkommens- und Verbrauchserhebung des Bundesamtes für Statistik sieht die Ausgabenstruktur eines schweizerischen Durchschnittshaushalts wie folgt aus (BfS 2004b):

Tabelle 2: Ausgabenstruktur Durchschnittshaushalt

Durchschnittshaushalt, Ausgaben 2002	7867 CHF pro Monat
Anzahl Personen pro Haushalt	2,43
Anteil an den Totalausgaben:	
Für Nahrungsmittel und alkoholfreie Getränke	8,4 %
Für alkoholische Getränke und Tabak	1,3 %
Für Wohnungseinrichtung/laufende Haushaltführung	3,0 %
Total Konsumausgaben	62,2 %
Total Transferausgaben (Versicherungen, Steuern etc.)	37,8 %

Die Nahrungsmittel machen also bloss 8,4 % der Haushaltausgaben aus, alle Lebensmittel und Non-Food-Haushaltprodukte zusammen 12,7 % der Haushaltausgaben. Im Warenkorb des Landesindex der Konsumentenpreise (LIK) betragen die Anteile für Nahrungs- und Genussmittel 11,7 % und für alle Haushaltprodukte 18,1 %(WEKO 2004). Selbstverständlich vermögen die 700 bis 1500 von Aldi angebotenen Artikel nur einen Teil der Konsumgüterpalette dieser drei Güterkategorien abzudecken und zu beeinflussen. Wir schätzen das maximale Beeinflussungspotenzial auf 5 % der Haushaltausgaben und maximal 7 % Anteil am LIK-Warenkorb.

Die bisherigen Detailhandelsanbieter teilen unter sich den Gesamtwarenkorb der Lebensmittel (rund 40 Mrd. CHF Kaufsumme pro Jahr) und die Non-Food-Haushaltartikel (für Körperpflege, Wasch- und Reinigungsmittel, Hygieneprodukte) wie folgt auf (*Tages-Anzeiger* 24.12.2004, S. 25):

Tabelle 3: Marktanteile der Detailhandelsanbieter

Migros			36,0 %
Coop			30,3 %
Andere			33,7 %
	Wovon:	Manor	7,0 %
		Denner	4,1 %
		Primo/Vis-à-Vis	3,1 %
		Carrefour	2,5 %
		Volg	2,5 %
		Pick Pay	2,4 %
		Globus	1,8 %
		Spar	1,0 %

Selbst wenn Aldi und Lidl in der Schweiz den doppelten Umsatzwert des Denner-Konzerns erzielen könnten, lägen sie grössenordnungsmässig bei einem Zehntel des Detailhandelsvolumens. Auch insofern ist deren direkte Marktwirkung als begrenzt einzuschätzen, zumal sie in einen Detailhandelsmarkt eindringen, der in ihrem Sortimentsbereich kaum noch Wachstum aufweist.

Die blosse Ankündigung des Markteindringens der deutschen Hard Discounter hat indes bei den Grossverteilern der Schweiz zur Verstärkung der Tiefpreissegmente in ihrem Angebotssortiment geführt (Migros: M-Budget; Coop: Prix Garantie). Die beiden Grossen haben allein im Jahr 2004 rund 6000 Arbeitsstellen abgebaut (respektive den Abbau angekündigt) und damit gewiss einen Produktivitätssprung realisiert. Auch wenn die beiden Grossverteiler ihren gemeinsamen Marktanteil von heute zwei Dritteln nicht halten können, ist doch die These einleuchtend: Aldi, Lidl & Co. werden durch ihre Verkäufe das Preisniveau volkswirtschaftlich nicht direkt stark beeinflussen können. Vielmehr werden sie durch ihre preisorientierte Marketingstrategie eine indirekte, disziplinierende Wirkung im Hochpreisland Schweiz ausüben. Bei Migros betragen die gesamten Personalkosten heute 22,5 % des Umsatzes, bei Coop 18,5 %. Aldi Süd (Deutschland) jedoch rechnet mit 4,5 % und Lidl mit 5,0 % Personalkostenanteil (BAK 2001). Die deutschen Hard Discounter können also durch ihre schlanke Betriebsstruktur und durch einfachere Logistikabläufe einiges einsparen. Doch die entscheidende, gewichtigste strategische Variable liegt wohl beim Preisniveau auf der Beschaffungsseite und beim Einkaufskostenmanagement. Deshalb gehen wir der Frage nach, wie in der Schweiz die Beschaffungsseite gestaltet ist und wie sie sich in der Preisdynamik entwickeln kann.

Hochpreisland Schweiz – eine Ursachenanalyse

Für die Beurteilung des Preisniveaus im Detailhandel ist relevant, wie die Marktordnung und die Preisdiskriminierung bei den importierten Konsumgütern aussieht (wie erwähnt, hatten diese ein Volumen von 55 Mrd. CHF im Jahr 2004). Wir analysieren im Folgenden *fünf Mechanismen der Hochpreispolitik bei Detailhandelsgütern:*

1. Nahrungs- und Genussmittel

Die Schweiz ist ein Hochpreisland – besonders im Nahrungsmittelbereich. Dies ist politisch so gewollt, der Agrarprotektionismus ist vom Gesetzgeber abgesichert. 2004 importierte die Schweiz für 6,2 Mrd. CHF Nahrungs- und Genussmittel. Gäbe sich hier eine Chance für tiefere Preise?

Es ist eine Illusion, zu meinen, die deutschen Hard Discounter könnten bei den hiesigen Agrar- und Frischprodukten rasch zu Preisbrechern werden. Denn das Importregime für Agrarprodukte und all jene Nahrungsmittel, die auch in der inländischen Landwirtschaft hergestellt werden, ist durch die Agrarmarktordnung und durch Importzölle (respektive Zollkontingente) vorbestimmt. Grob ausgedrückt werden Agrarprodukte aus dem Ausland durch

Importzölle vom EU-Preisniveau auf das Produzentenpreisniveau in der Schweiz verteuert. Dies gilt vor allem für Produkte wie Milch und verarbeitete Milcherzeugnisse (ab 2007 nicht mehr für Käse), für Fleisch, Getreide und Getreideprodukte, Gemüse, Kartoffeln und Inlandfrüchte, ebenso für Futtermittel. Klassische Tropenprodukte (Südfrüchte, exotisches Gemüse und Gewürze) sind demgegenüber jedoch von Importzöllen weitgehend ausgenommen.

Frischprodukte wie Gemüse, Kartoffeln, Salat, Zerealien, Milchverarbeitungsprodukte (ohne Käse) werden also auch seitens der Hard Discounter beim Import auf das schweizerische Niveau verteuert oder müssen alternativ direkt im Inland bei der schweizerischen Landwirtschaft beschafft werden. Damit eröffnen sich unter Umständen für Schweizer Landwirte neue Chancen einer Diversifizierung der Lieferkanäle neben den beiden Grossverteilern und den klassischen Ablieferstrukturen (Landi, Fenaco etc.). Hingegen bestehen wenig Chancen für massive Preisabschläge. Selbst importierte, verarbeitete Nahrungsmittel (z. B. Biscuits, Brote, Getreide- und Milchprodukte) werden entsprechend ihrem Anteil an Landwirtschaftserzeugnissen beim Import durch Agrarzölle auf das schweizerische Preisniveau verteuert («Schoggigesetz»). Chancen einer Preissenkung bestehen erst im Rahmen der nächsten WTO-Handelsliberalisierungsrunde, welche weitere Zollsenkungen im Agrarbereich vorsieht.

2. Vertikalbindungen als Preistreiber

Der schweizerische Importhandel zeigt heute noch folgendes Bild: In der Regel werden Produkte vom Detailhändler nicht direkt im Ausland beschafft, sondern über einen Alleinimporteur und Alleinvertreiber oder eine Importhandelsorganisation in der Schweiz ausgeliefert. Ausländische Hersteller beliefern die Schweiz über ihren Alleinvertreiber, sei es eine unabhängige schweizerische Importhandelsfirma oder sei es eine Tochtergesellschaft des Konzerns, die als Vertriebsfiliale funktioniert und mit konzerninternen Verrechnungspreisen rechnet.

Die Usanz ist, dass die ausländischen Konzerne die Produkte bereits teurer in die Schweiz als in andere europäische Länder liefern. Nach dem Marketing-Lehrbuch wird dies als «Marktsegmentierung» bezeichnet: Die Preise werden entsprechend der Kaufkraft für jedes Absatzland einzeln festgelegt und ausgereizt. Wenn kein anderer Lieferant im gleichen Land auftreten kann, wenn also Parallelimporte unmöglich sind, hat der Alleinvertreiber freie Hand bei der Preisfixierung. Genau das macht das Hochpreisland Schweiz aus.

Eine Studie der Swiss Retail Federation hat gezeigt, dass diese Vertikalbindungen den entscheidenden Ursachenfaktor für die Hochpreisinsel Schweiz darstellen: Wenn Detailhändler die Ware direkt im Ausland beziehen, betragen die Preisdifferenzen (Ex-factory-Preise) zwischen der Schweiz und den EU-Ländern bloss plus/minus 5%. Wo der Import jedoch indirekt über einen

Grossisten oder Alleinimporteur erfolgt, wächst die Differenz auf sage und schreibe 30% bis 60% höhere Preise für die Schweiz (Zäch 2005, S. 224 ff)! Wir führen diesen «Preis-Gap» nicht auf die hohe Marge des Importeurs, sondern auf die erwähnte Preisdiskriminierung aufgrund der Marktsegmentierung zurück.

Die WEKO wird ab 2005 in der Lage sein, vertikale Preis- und Lieferbindungen einzelfallweise zu sprengen, sofern nicht eben technische Handelshemmnisse oder Patente den Direktimport verunmöglichen. Das Verbot und die Strafbarmachung von vertikalen Liefer- und Preisbindungen mit dem neuen Artikel 5 Absatz 4 des Kartellgesetzes wird ermöglichen, wenigstens kasuistisch einzelne Hochpreissituationen anzugehen (WEKO 2004, S. 31). Für eine flächendeckende und volkswirtschaftlich ins Gewicht fallende Korrektur der hohen Importpreise ist allerdings eine Veränderung der Importkultur und eine Beseitigung der regulatorischen Hindernisse (Ziffer 3) und der nationalen Patenterschöpfung (Ziffer 4) nötig.

In der vertikalen Preis- und Lieferbindung liegt also der Hauptfaktor der überhöhten Importpreise. Aldi und Lidl können ihn brechen, doch nur, wenn die nachfolgend dargestellten Mechanismen der Marktabschottung (Ziffer 3 und 4) nicht zum Spielen kommen.

Aldi, Lidl & Co. haben mehrheitlich eigene Sortimente. Aldi pflegt sogar eine breite Palette an eigenen Marken, die natürlich aus Deutschland importiert und über die schweizerischen Verteilzentren an die Verkaufsfilialen gehen. Hier hängt die Preisgestaltung davon ab, wie Aldi die konzerninternen Transaktionspreise (Verrechnungspreise) festlegen wird.

3. Regulatorische Hindernisse

Die Schweiz ist nicht Mitglied des EWR. Sie hat den Acquis Communautaire nicht übernommen. Im Laufe der Jahre sind Hunderte von spezifischen Normenabweichungen zwischen der Schweiz und den EU-Ländern entstanden. Als EWR-Mitglied hätte die Schweiz laufend den Rechtsbestand der EU (Acquis Communautaire) übernommen und die eignen regulatorischen Normen angepasst.

Zwar besteht in der Schweiz ein Bundesgesetz über die Technischen Handelshemmnisse (THG), das grundsätzlich und kasuistisch eine Anpassung und Harmonisierung schweizerischer Normen an jene der EU anstrebt. Seit rund zehn Jahren ist das THG bereits in Kraft, doch seine Wirksamkeit ist beschränkt geblieben. Das zuständige Bundesamt hatte über lange Zeit die Gemüter beruhigt, es seien heute nur noch kleine, verbleibende Restdifferenzen im Normenbereich übrig geblieben. Doch eine im Auftrag des EVD von der WEKO durchgeführte Erhebung bei 80 Importeuren hat gezeigt, dass die Zahl der regulatorisch bedingten Handelshemmnisse immens und völlig unüberschaubar ist. Dies betrifft unzählige unterschiedliche Normen bei Anschreibepflichten, Deklarationsvorschriften bei Produkten, von der EU abweichende Homologisierungs- und Zertifizierungspraktiken bei Lebensmitteln, Baustoffen, Chemikalien, Haushaltsgeräten (www.swissmedic.ch). Konkret sind Unterschiede im Bereich von Lebensmitteln (Deklarationsvorschriften), Inhaltsangaben, dreisprachige Verpackung, Vorschriften bei Kosmetika, Hygieneprodukten, Haushaltselektronik und Haushaltsgeräten im Spiel. Es gibt keinen vollständigen Überblick über diese regulatorischen Normenabweichungen und vor allem keine über deren handelspolitischen Auswirkungen. Zahnpasta aus Deutschland darf wegen einer abweichenden Verpackungsvorschrift («zahnmedizinisch vorbeugend») aufgrund der Gebrauchsgegenständeverordnung nicht mehr eingeführt werden. «Kinder»-Milchschnitten oder «Philadelphia»-Streichkäse aus Deutschland scheitern beim Parallelimport an kleinen regulatorischen Differenzen in der Lebensmitteldeklaration.

Wir glauben, dass heute – von wenigen Ausnahmen abgesehen – das Schutzniveau in der EU (Konsumentenschutz, Umweltschutz) gleichwertig ist wie in der Schweiz, doch sind die Detailbestimmungen und Klassifizierungen nicht identisch, was den Zöllner dazu verleitet oder zwingt, Zusatzkontrollen zu verlangen oder gar den Import zu verweigern.

Es wird sich weisen, ob und wie Aldi und Lidl diese unterschiedlichen Normen und Vorschriften beim Produkteimport kostenfrei bewältigen können.

Allerdings ist im politischen Prozess die Diskussion über eine generelle Anerkennung der EU-Normen im Konsumgüterbereich und die Anwendung des Cassis-de-Dijon-Prinzips im Gange. Die Beseitigung der regulatorisch bedingten Importbehinderungen und Preisverteuerungen wäre über einige generell wirksame Zusatzartikel im THG möglich, sofern der politische Wille dazu besteht. Sogar eine einseitige Anerkennung der EU-Normen bei Importgütern wäre aus schweizerischer Sicht im volkswirtschaftlichen Interesse. Aus heutiger Sicht sind allerdings die Widerstände bestimmter Ämter und Alleinimporteure noch beträchtlich.

4. Nationale Patenterschöpfung verteuert Preise

Das Bundesgericht entschied sich 1999 – übrigens mit einem knappen und intern umstrittenen 3:2-Entscheid – mit dem so genannten *Kodak-Urteil* zu einer folgenschweren ordnungspolitischen Weichenstellung. Der Jumbo-Markt Zürich wurde verurteilt, die Kodak-Farbfilme nicht mehr in England einzukaufen, sondern nur noch über den schweizerischen Alleinimporteur für Kodak-Produkte zu beziehen, weil bei diesem Film eine Komponente (die Deckfolie) neu patentiert worden war und unter Patentschutz stand. Dem Importeur wurden vom Bundesgericht die Alleinvertriebsrechte zugestanden, weil er als Inhaber der übertragenen Patentrechte die «überschiessende Rechtsmacht» auf dem schweizerischen Markt, also das Vertriebsmonopol, zugesprochen erhielt. Die Patentrechtler sprechen von *nationaler Patentschöpfung.* Das Bundesgericht füllte mit seinem Entscheid für eine nationale Patentschöpfung zwar eine Gesetzeslücke, die nun allerdings im Gegensatz zum Markenrecht (Fall «Chanel») und zum Urheberrecht (Fall «Nintendo») steht, bei welchen die Praxis der internationalen Erschöpfung gilt. Innerhalb der EU gilt demgegenüber eine regional-europäische Patenterschöpfung, welche den freien Handel patentierter Produkte innerhalb der EU zulässt.

Die Schweiz erhielt durch dieses Bundesgerichtsurteil als kleiner, überblickbarer Markt eine zusätzliche Marktabschottung bei patentierten Importprodukten verpasst, deren ökonomische Konsequenzen noch nicht absehbar sind. Nicht nur bei Medikamenten, sondern auch bei zahlreichen Haushalts-, Konsum- und Investitionsgütern sind einzelne Komponenten patentiert, was stets ein Alleinimportrecht für den Schweizer Markt konstituiert.

Ein Grossverteiler kann Samsonite-Koffer nicht parallel und direkt aus dem Ausland importieren, weil eine Komponente patentiert ist. Ähnlich werden Parallelimporte bei Baumaterialien, Reisegepäck, Rasier- und Kosmetikartikeln und bei Pflanzenschutzmitteln (Meldungen von Grossverteilern) verhindert.

Wie weit Aldi und Lidl von der nationalen Patenterschöpfung betroffen sein werden, können wir nicht abschätzen. Wenn sie aber z. B. eine Verkaufsaktion mit Kaffeemaschinen durchführen wollen, bei denen eine einzelne Komponente patentiert ist, werden sie Schwierigkeiten beim Import in die Schweiz erhalten. Sie müssen dann mit dem (deutschen) Patentinhaber mittels Zusatzvertrag oder durch eine Abgeltung auf Provisionsbasis diese Schwierigkeit erst beseitigen. Für das Preisgefüge bei Importgütern in der Schweiz ist die nationale Patentschöpfung auf jeden Fall ein preistreibender Faktor. Mit der Patentgesetz-Revision 2005, die an sich die Frage der Patentierung von Biotechnologie zum Ziel hat, steht nun auch zur Debatte, ob die nationale Patenterschöpfung generell im Gesetz verankert werden soll. Im Vernehmlassungsentwurf zum Patentgesetz (PatG) hat der Bundesrat jedenfalls mit einem neuen Artikel 9b eine solche vorgeschlagen.

5. *Sonderregulierung für Medikamente*

Schliesslich müsste man auch über die Sonderfaktoren bei den Arzneimitteln sprechen. Aldi, Lidl und die Discounter sind – allenfalls mit wenigen Ausnahmen bei Drogeriewaren – nicht selber betroffen. Aber bezüglich des Preisniveaus in der Schweiz stellt der Arzneimittelmarkt mit über 5 Mrd. CHF Absatzvolumen eine beträchtliche Preistreiberwirkung dar. 70 % der Medikamente werden importiert.

Die Zulassungspraxis für Arzneimittel wirkt sich in der konkreten Ausgestaltung und der Wirtschaftswirklichkeit geradezu prohibitiv für die Importe aus. Die patentierten Medikamente können wegen der nationalen Patenterschöpfung nicht im Ausland, sondern nur über den Alleinvertreiber in der Schweiz – und meist teurer – bezogen werden. Für die Medikamente mit abgelaufenem Patentschutz hatte der Gesetzgeber an sich eine so genannt erleichterte Zulassung vorgesehen, welche auch Parallelimporte einschliessen müsste (Heilmittelgesetz Art. 14 Abs. 2). Bis dato sind allerdings nur drei Parallelimporte bewilligt worden. Nicht einmal ausgebildete Medizinalpersonen, etwa Spitalapotheker, Ärzte, Spitäler, Gesundheitsinstitutionen, können dieses dichte Netz regulatorischer Hürden, die in sage und schreibe 20 Verordnungen zum Heilmittelgesetz festgeschrieben sind, überwinden (o. V. 2003 und o. V. 2004).

Medikamentenpreise sind administrierte Preise, d. h. sie werden behördlich festgelegt. Nicht nur die Medikamentenzulassung, sondern auch die Preisfestsetzung muss bei der Analyse der Hochpreispolitik einbezogen werden. Im Durchschnitt sind die Medikamentenpreise ex factory heute rund 20 % über jenen Deutschlands. Allerdings hat die neuere Preisfestsetzungspraxis diese Differenzen bei neu zugelassenen Medikamenten in letzter Zeit (seit 2003) stark reduzieren lassen.

Fazit: Die Hochpreisinsel Schweiz verschwindet nicht mit Aldi und Lidl
Wir haben hier *fünf wirksame Preishochhaltungsmechanismen* in der Schweiz beschrieben, welche auch durch das Auftauchen von Aldi, Lidl & Co. in der schweizerischen Detailhandelsszene keinesfalls beseitigt werden. Sie werden (und müssen) durch regulatorische Reformen verschwinden, wobei wohl das gestiegene Preisbewusstsein in der Bevölkerung eine unterstützende und beschleunigte Wirkung entfalten kann.

Bei diesen regulatorischen Reformen zur Korrektur der Hochpreisinsel denken wir an *folgende Massnahmen im Inland:*
- durchgehende und generelle Angleichung der technischen und konsumentenbezogenen Normen an jene der EU, mit einseitiger Anwendung des Cassis-de-Dijon-Prinzips durch die Schweiz in allen nichtharmonisierten und nichthomologisierten Produktekategorien (wobei definierte Ausnahmeregelungen durchaus möglich sind);
- regional-europäische Patenterschöpfung, mindestens für alle Produkte, die nicht im Bereich der administrierten Preise (Medikamente) liegen;
- Parallelimport von Medikamenten aus dem Ausland durch Medizinalpersonen, mindestens aller Arzneimittel mit abgelaufenem Patentschutz; mittelfristig auch eine Anerkennung der europäischen Medikamentenzulassung;

- für Agrarprodukte und Futtermittel wird die nächste WTO-Verhandlungsrunde (Doha-Runde) wohl weitere Zollsenkungsschritte bringen, was natürlich die Preisangleichung an das europäische Agrarpreisniveau fördert.

Abbildung 7: Preistreibende Faktoren im Konsumgütermarkt der Schweiz. Übersicht und Systematik der regulatorischen Faktoren

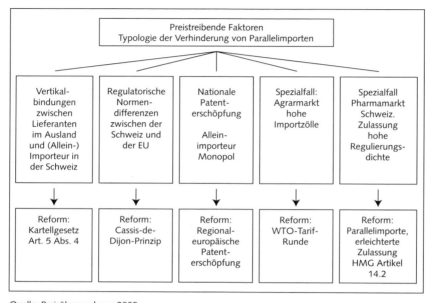

Quelle: Preisüberwachung 2005

Wie reagiert die Kundschaft?

Wir haben die Mechanismen und Rahmenbedingungen der schweizerischen Marktordnung beschrieben, welche die Hochpreispolitik in der Schweiz konstituieren, und wir haben darauf die möglichen Reformen und Korrekturmechanismen skizziert. Doch diese Mechanismen haben wir ohne Rücksicht auf die Verhaltensweisen der Konsumentenschaft beschrieben. Wie werden die Konsumenten auf die Präsenz der Hard Discounter reagieren? Werden sie den deutschen Discountern in grossen Scharen mit ihren Autos und grossen Einkaufswagen zuströmen und von den Preisbrecherstrategien tatsächlich Gebrauch machen?

Wir verfügen nicht über gesicherte Umfrageresultate oder empirische Verhaltensmuster der schweizerischen Konsumenten. Wir wagen es, intuitiv drei Verhaltenshypothesen über die schweizerische Kundschaft aufzustellen:

Preisverhalten:
Das Preisbewusstsein und Preisverhalten der Schweizer wird sich weiter differenzieren: Ein Teil der Konsumentenschaft wird positiv auf Tiefpreissignale reagieren. Sie wird die zusätzlichen Fahrzeiten und den Zeitaufwand für den Besuch von Hard Discountern auf sich nehmen, auch wenn dort «nur» 700 Produkte angeboten werden und Spezialartikel mit grösserem Zeitaufwand anderswo beschafft werden müssen. Andere Konsumenten werden jedoch stärker auch Hochpreis- und Luxusprodukte nachfragen. Luxus-, Design- und Markenprodukte gelten als chic und werden zu Prestigesymbolen einer bestimmten Konsumentenklasse. Mittelmässige, mittelpreisige Produkte, traditionelle Markenartikel ohne Design und Innovation werden zwischen den Preisextremen am ehesten aus dem Markt gedrängt werden.

Sozial-Image:
Aldi und Lidl gelten nicht nur als erwünschte Preisbrecher, sondern in einem Teilspektrum der Bevölkerung auch als «Lohndrücker», selbst wenn der plausible Zusammenhang «tiefer Preis = tiefer Lohn» nicht direkt zutrifft. Es ist durchaus möglich, dass Gewerkschaften und Arbeitnehmerorganisationen die Newcomer, schon bevor sie ankommen, imagemässig stark unter Druck setzen und beschädigen können. Erste Anzeichen zeigen sich durch ängstliche parlamentarische Vorstösse aus dem Gewerkschaftslager gegen das befürchtete «Lohndumping». Den Discountern ist deshalb zu raten, in Sachen Personalfragen ihr Goodwill-Potenzial richtig einzuschätzen, zu Gesamtarbeitsverträgen Hand zu bieten und auch Lehrstellen anzubieten. Der Schaden eines Verzichts auf die GAV-Strategie könnte grösser sein als der unmittelbare buchhalterische Nutzen.

Gesundheitsbewusstsein:
Das Konsummuster der Schweizer ist (schwindend zwar, aber immer noch) stark durch ein Qualitäts- und Gesundheitsbewusstsein geprägt. Viele Schweizer Konsumenten schätzen zwar billigere Produkte, doch bei Nahrungsmitteln, Frischprodukten und saisongerechten Agrarerzeugnissen zeigen sie eine hohe Sensibilität und Zahlbereitschaft. Es gilt heute fast als anstössig, z. B. Billigeier aus ausländischer Batteriehaltung zu kaufen oder solche den Gästen vorzusetzen. Wenn das Image der Hard Discounter auf eine «Kalorienbolzerei» hinausläuft und diese mit der Übergewichtigkeit in der Bevölkerung in Verbindung gebracht wird, werden sie es als Tiefstpreis-Anbieter schwer haben. Höhere Gesundheitskosten durch Übergewicht (sie werden auf 3–4 Mrd. CHF jährlich geschätzt) gelten als externe Kosten des falschen Ernährungs- und Einkaufsverhaltens. Wer als Nahrungsmittel-Anbieter imagemässig mit dem zahlenmässig wachsenden «Hundert-Kilo-Verein» in der Bevölkerung in Ver-

bindung gebracht wird, könnte bald an die Grenzen der Akzeptanz und des Absatzwachstums stossen.

Quellenangaben

BAK (2001) *Konjunkturforschung Basel: Der Detailhandel in der Schweiz im internationalen Vergleich*, BAK Konjunkturforschung Basel Studie im Auftrag der Swiss Retail Federation, Basel 2001.

BfS (2004a): *Einkommens- und Verbraucherhebung*, Bundesamt für Statistik, Bern.

BfS (2004b): *Statistisches Jahrbuch der Schweiz 2004*, Bundesamt für Statistik, Bern.

Brandes, D. (1999): *Konsequent einfach. Die Aldi-Erfolgsstory*, München.

Eichler, M. (o. J.): *Preisunterschiede zwischen der Schweiz und der EU*, Seco-Studie -Strukturberichterstattung Nr. 21.

Iten, J. (o. J.): *Hohe Preise in der Schweiz: Ursache und Wirkung*. Seco-Studie- Strukturberichterstattung Nr. 19.

Kohli, U. (2005): *Switzerland's growth deficit: A real problem – but only half as bad as it looks*, Schweiz. Nationalbank/Avenir Suisse, 4. März 2005.

o. V. (2003): *Jahresbericht des Preisüberwachers 2003*, in: Recht und Politik des Wettbewerbs RPW, Nr. 5/2003, S. 1019 f.

o. V. (2004): *Jahresbericht des Preisüberwachers 2004*, in: Recht und Politik des Wettbewerbs RPW, Nr. 5/2004, S. 1352 f.

Stoffel, W. (2005): *WEKO: Erhebung zum Dossier Cassis de Dijon*, Dok. Pressekonferenz Weko, 11. Januar 2005.

WEKO (2004): *Verfügung betreffend Coop forte Nr. 22/0251*, Wettbewerbskommission, S. 31.

www.swissmedic.ch, Rubrik Fachpersonen/Recht und Normen/Allgemeine Rechtsgrundlagen.

Zäch, R. (2005): *Schweizerisches Kartellrecht*, 2. Auflage, Bern.

Zäch, R. (2001): *Preisvergleiche stichprobenhaft ausgewälter Güter und Dienstleistungen Schweiz/Deutschland*, Universität Zürich.

Warum die Schweiz keine Hochpreisinsel ist

Von Matthias Lutz, Assistenzprofessor für Volkswirtschaftslehre, Universität St. Gallen

Die Schweiz ist eine Hochpreisinsel! Darüber scheinen sich Öffentlichkeit und Politik einig, spätestens seit das Seco vor zwei Jahren eine vielbeachtete Tagung zu diesem Thema abhielt, vier Expertenberichte vorlegte und damit den Begriff «Hochpreisinsel» als Schlagwort lancierte.[1] Verbunden sind damit zwei Feststellungen: 1) Die Schweiz hat hohe Preise und 2) die Schweiz ist (im übertragenen Sinn) eine Insel. Die erste Feststellung ist einfach zu belegen, die zweite weniger, obwohl gerade sie die vermeintlichen Ursachen beschreibt und somit auf den scheinbar notwendigen wirtschaftspolitischen Handlungsbedarf hindeutet. Wie dieser Beitrag argumentiert, lässt die Insel-Interpretation einige wichtige Aspekte ausser Acht. Im Folgenden werden fünf Argumente präsentiert, die gegen diese Interpretation sprechen.

Hohe Preise in der Schweiz: Evidenz

Ein bekannter internationaler Preisvergleich ist der Big-Mac-Index der britischen Zeitschrift *The Economist*. Im April 2004 kostete ein Big Mac in der Schweiz umgerechnet 4,90 Dollar, fast 50 % mehr als die durchschnittlich zu zahlenden 3,28 Dollar in der Eurozone. Aus einem Einzelbeispiel lassen sich natürlich keine allgemeinen Schlussfolgerungen ziehen, aber die grundsätzliche Tendenz bestätigt sich auch in umfassenderen Untersuchungen. *Abbildung 8* zeigt drei voneinander unabhängige Beispiele. Dabei handelt es sich um die jeweils zuletzt verfügbaren Daten von Preisuntersuchungen der UBS, der OECD und der Penn World Tables.

Dargestellt sind jeweils das durchschnittliche Preisniveau in der Schweiz (CH), in den 15 EU-Mitgliedsländern vor der Osterweiterung (EU-15) und den vier EU-Nachbarländern der Schweiz (EU-4). Auch hier zeigt sich deutlich: Die Schweiz hat wesentlich höhere Preise für Güter- und Dienstleistungen als andere Länder.

Die Insel-Interpretation

In der öffentlichen und politischen Debatte werden die hohen Preise in der Schweiz vorwiegend auf mangelnden Wettbewerb zurückgeführt. Schweizer Konsumenten zahlen «zu viel», weil die Märkte abgeschottet sind und eine

Abbildung 8: Internationale Preisunterschiede

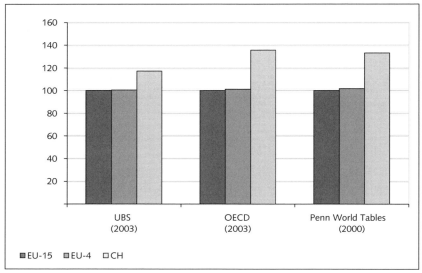

Quelle: Eigene Darstellung

«relativ tiefe Wettbewerbsintensität» (Seco) herrscht. Evidenz hierzu findet sich beispielsweise in einigen von der Seco veröffentlichten Studien und im OECD-Strukturbericht 2004. Die öffentliche Meinung stützt sich vor allem auf Medienberichte, sei es in Zeitungen oder dem Fernsehmagazin «Kassensturz». Die Gründe für den mangelnden Wettbewerb scheinen vielfältig:
1. Die Schweiz profitiert nicht im gleichen Ausmass vom grossen EU-Binnenmarkt wie ihre Nachbarn. Dies betrifft einerseits die starken Einfuhrbeschränkungen auf landwirtschaftlichen Gütern, andererseits aber auch unterschiedliche Standards und Reglemente, die eine Einfuhr aus der EU erschweren.
2. Unternehmen unterliegen einer Vielzahl von gewerblichen Einschränkungen, die überdies häufig auch noch zwischen den Kantonen variieren. Der ohnehin kleine Schweizer Binnenmarkt wird damit noch stärker fragmentiert.
3. Ein wenig durchschlagskräftiges Wettbewerbsrecht macht es Firmen zu einfach, durch Preisabsprachen etc. Monopolrenten abzuschöpfen.
4. In einigen Sektoren (z. B. Elektrizität) verhindert der Staat den Wettbewerb, in anderen werden die Preise staatlich administriert.

Die wirtschaftspolitischen Implikationen, die sich aus diesen Wettbewerbseinschränkungen ergeben, sind klar. Es muss mehr Wettbewerb geschaffen werden, z. B. durch eine grössere Öffnung gegenüber dem Ausland, weitere

Privatisierungen und eine Verringerung staatlicher Kontrollen. In verschiedenen Bereichen haben bereits Reformen stattgefunden, so z. B. beim Kartellrecht oder im Zuge der bilateralen Verträge mit der EU. In anderen werden Änderungen diskutiert, beispielsweise bezüglich der anstehenden Revision des Bundesgesetzes über den Binnenmarkt. Gemäss Insel-Interpretation müssten diese Massnahmen zu einer Angleichung der schweizerischen Preise an diejenigen des Auslands führen.

Fünf Argumente gegen die Insel-Interpretation

Einwand 1:
Die Gewinnsituation deutet nicht auf eine starke Marktabschottung hin.
Wenn die hohen Preise in der Schweiz tatsächlich auf eine starke Abschottung der Märkte zurückzuführen sind, so müssten die hier tätigen Firmen vergleichsweise hohe Gewinne vorweisen. Aggregierte Messzahlen hierfür gibt es leider nicht.[2] Einzelbeispiele deuten jedoch darauf hin, dass im Schweizer Markt nicht unbedingt höhere Gewinne als im Ausland erzielt werden. Im angeblich in der Schweiz stark überteuerten Lebensmittelhandel sind die Gewinnmargen von Migros und Coop ähnlich hoch wie für vergleichbare deutsche Supermarktketten. Bei den grossen Discountern Lidl und Aldi sind sie erheblich höher. Indirekte Evidenz für die relativen Gewinnmöglichkeiten bieten internationale Kapitalbewegungen, da das Kapital bei freiem Kapitalverkehr dort investiert wird, wo die Renditeaussichten am besten sind. Entgegen der Insel-Interpretation ist die Schweiz seit vielen Jahren ein Netto-Kapitalexporteur, was seit 1985 zu einem Anstieg des Nettoauslandsvermögens um das Zweieinhalbfache, in Relation zum Bruttoinlandsprodukt immerhin um mehr als die Hälfte, geführt hat.

Einwand 2:
Die wirtschaftlichen Rahmenbedingungen in der Schweiz sind nicht schlechter als in der EU.
Der einseitige Fokus der Insel-Interpretation auf das Inland vergisst, dass die Märkte im Ausland, einschliesslich unserer Nachbarländer, ebenfalls einer Vielzahl von Regulierungen und Beschränkungen unterliegen. In internationalen Vergleichsstudien schneidet die Schweiz recht gut ab, wie *Abbildung 9* zeigt, wiederum im Vergleich zu EU-15 und EU-4. Es handelt sich dabei um Einschätzungen der wirtschaftlichen Freiheit, der Regulierungsdichte und der Qualität der wirtschaftlichen Rahmenbedingungen (ein höherer Wert steht jeweils für ein besseres Umfeld).

Abbildung 9: Wirtschaftliche Rahmenbedingungen im internationalen Vergleich

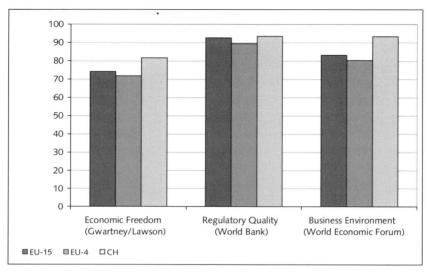

Quelle: Eigene Darstellung

Einwand 3:
Auch innerhalb der EU gibt es grosse Preisunterschiede.

Es ist fragwürdig, ob eine stärkere Integration mit der EU tatsächlich zu geringeren Preisunterschieden führen würde. Das Beispiel der EU selbst zeigt, dass trotz freien Güterverkehrs und der Harmonisierung von Standards und Reglementen grosse Preisunterschiede bestehen können. *Abbildung 10* belegt, dass die maximalen Preisunterschiede innerhalb der EU sogar grösser sind als zwischen der Schweiz und der EU.

Einwand 4:
Die reale Aufwertung des Schweizer Frankens ist eine langfristige Tendenz, die vor allem durch den nominalen Wechselkurs bestimmt wird.

Die Befürworter der Insel-Interpretation ignorieren die zeitliche Abfolge in der Entwicklung der Bestimmungsfaktoren der relativen Preise im In- und Ausland. Wie *Abbildung 11* verdeutlicht, hat sich der reale Aussenwert des Schweizer Franken seit 1973 um mehr als 40 % erhöht, wobei die grössten Veränderungen aber bereits in den 1970er und 1980er Jahren auftraten. Die im Vergleich zum Ausland hohen Preise sind somit kein neues Phänomen und deshalb auch nicht plausibel durch Entwicklungen der letzten Jahre (z. B. Öffnung und fortschreitende Liberalisierung des EU-Binnenmarkts) erklärbar. Besonders auffällig ist, dass die Entwicklung des Aussenwerts nicht durch hohe Preisanstiege im vermeintlich abgeschotteten Binnenmarkt verursacht

Abbildung 10: Preisunterschiede Schweiz-EU und innerhalb der EU (in %)

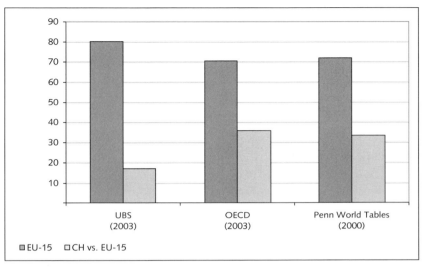

Quelle: Eigene Darstellung

Abbildung 11: Realer Aussenwert des Schweizer Franken und seine Komponenten

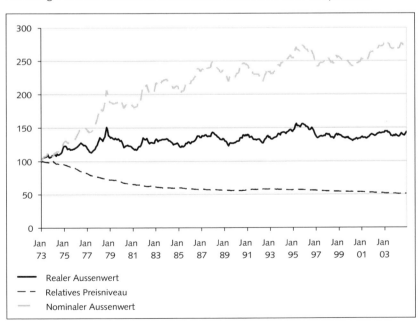

Quelle: SNB

worden ist, sondern durch eine starke nominale Aufwertung des Schweizer Franken. Die Preise (in Franken) der Güter und Dienstleistungen in der Schweiz hingegen sind relativ zu den Preisen (in jeweiliger Landeswährung) in den wichtigsten Handelspartnern seit 1973 um ca. 50 % gesunken. Dies hat auch Implikationen für den Eintritt der Discounter in den Schweizer Markt. Selbst wenn dies zu einer Reduktion der Preise führen sollte, folgt daraus nicht, dass auch die Preisunterschiede zum Ausland sinken werden.

Einwand 5:
Aus makroökonomischer Sicht ist der Schweizer Franken real nicht überbewertet.

Die Feststellung, die Preise in der Schweiz seien «zu hoch», ist gleichbedeutend mit der Aussage, dass der Franken überbewertet ist. Aus makroökonomischer Sicht beruht eine solche Feststellung auf der Annahme der *absoluten* Kaufkraftparität. Die Forschung der letzten 20 Jahre zeigt jedoch, dass, wenn überhaupt, nur die *relative* Kaufkraftparität bestätigt werden kann. Wo letztlich der langfristige Gleichgewichtswert des realen Wechselkurses liegt, kann von verschiedenen Faktoren abhängen. Makroökonomische Ansätze betonen das Spar- und Investitionsverhalten, das intertemporale Zahlungsbilanzgleichgewicht und die Rolle handelbarer und nichthandelbarer Güter. Eine Währung muss sich beispielsweise abwerten, wenn bestehende Leistungsbilanzdefizite nicht länger durch entsprechende Kapitalzuflüsse finanziert werden können. Auf die Schweiz trifft jedoch genau das Gegenteil zu. Seit über 20 Jahren weist sie Leistungsbilanzüberschüsse auf, in den letzten Jahren auch eine zunehmend positive Handelsbilanz (siehe *Abbildung 12*). Offensichtlich sind Schweizer Unternehmen auch bei den jetzigen «zu hohen» Preisen auf dem Weltmarkt wettbewerbsfähig. Dies ist nicht mit einer Überbewertung kompatibel. Eine reale Abwertung würde die Leistungsbilanz nur noch zusätzlich verbessern, wohingegen das grosse Nettoauslandsvermögen der Schweiz eher auf eine *Reduktion* der Leistungsbilanzüberschüsse in der Zukunft hindeutet.

Fazit

Die Debatte zur vermeintlichen Hochpreisinsel Schweiz leidet unter vielen Schwächen. Die Ursachensuche ist zu einseitig auf inländische Faktoren ausgerichtet, die längerfristige Entwicklung der Preisunterschiede wird nicht beachtet, und wesentliche Aspekte, z. B. Kosten und Gewinnmargen der in der Schweiz tätigen Unternehmen, werden nicht systematisch analysiert. Darüber hinaus finden die makroökonomischen Bestimmungsfaktoren des realen Wechselkurses keine Beachtung. Ohne eine systematische Analyse dieser Aspekte bleibt jedoch unklar, ob die Wirtschaftspolitik überhaupt und, wenn ja, wie sie reagieren sollte.

Abbildung 12: Leistungs- und Handelsbilanz, realer Aussenwert des Schweizer Franken

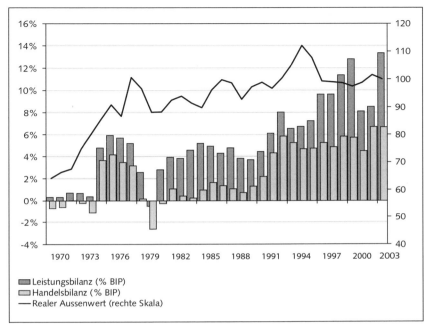

Quelle: SNB

Anmerkungen

1 Siehe http://www.admin.ch/cp/d/3f01556c_1@presse1.admin.ch.html.
2 Erschwert wird die Datenlage vor allem dadurch, dass es hier nicht um die Gewinne von Schweizer Unternehmen geht, sondern um solche, die auf Umsätzen in der Schweiz erzielt werden.

Quellenangaben

Gwartney, J./Lawson, R. (2004): *Economic Freedom of the World – 2004 Annual Report*, The Fraser Institute: Vancouver.

Heston, A./Summers, R./Aten, B. (2002): *Penn World Table Version 6.1*. Center for International Comparisons, University of Pennsylvania: Pennsylvania.

OECD (2004): *Main Economic Indicators,* December 2004, OECD: Paris.

SNB (2004). *Statistisches Monatsheft 12/2004*, Schweizerische Nationalbank: Zürich.

UBS (2003): *Prices and Earnings*, Zürich: UBS.

World Bank (2003): *Governance Indicators 1996–2002*, The World Bank: Washington.

World Economic Forum (2004): *Global Competitiveness Report 2004–2005*, World Economic Forum: Geneva.

Wie werden Aldi und Lidl die gesamtwirtschaftliche Aktivität in der Schweiz beeinflussen?

Von Michael Graff und Bernd Schips, KOF/ETH Zürich

Seit der angekündigten Eröffnung erster Filialen von Aldi und Lidl auf Schweizer Boden häufen sich Presseartikel, die sich mit den vermuteten – und dabei je nach Standpunkt erhofften oder befürchteten – Auswirkungen auf das Wirtschaftsgeschehen in der Schweiz befassen. Im Zentrum der Interessen stehen dabei zum einen die im Vergleich mit den Nachbarländern bei Umrechnung mit dem nominalen Wechselkurs hohen Schweizer Endverbraucherpreise im Detailhandel. Zum anderen ist angesichts der Tatsache, dass Aldi und Lidl als Discounter nicht nur auf ihrem deutschen «Heimatmarkt» beträchtliche Marktanteile aufweisen, sondern in anderen Ländern, so z. B. in Österreich, in Irland oder in den Niederlanden, in vergleichsweise kurzer Zeit gleichfalls bedeutende Anteile gewinnen konnten, davon auszugehen, dass auch in der Schweiz die Marktanteile im von den Discountern bedienten Einzelhandelssegment in signifikantem Masse umverteilt werden dürften.

Ein Grossteil der Diskussion befasst sich aus betriebswirtschaftlicher Perspektive mit der Frage, inwieweit sich die – letztlich als unvermeidlich angesehene – Neuverteilung der Marktanteile begrenzen lässt, d. h. mit strategischen Fragen. In unserem Beitrag möchten wir daher die in der jüngsten Diskussion vielleicht etwas zu kurz gekommene volkswirtschaftliche Perspektive der zu erwartenden Entwicklung näher beleuchten. Die Frage, wie gross letztlich der Marktanteil der Discounter mit Firmenhauptsitz im Ausland sein wird und wie schnell die Neuverteilung der Marktanteile vonstatten gehen wird, ist dabei nicht von zentraler Bedeutung. Sobald aber der Marktanteil nicht mehr nur marginal ist, erlaubt das volkswirtschaftliche Analyseinstrumentarium Aussagen qualitativer Art.

Das von uns diskutierte Szenario nimmt also an, dass eine nennenswerte Anzahl von Filialen der deutschen Discounter in absehbarer Zeit einen mehr als marginalen Anteil des Schweizer Detailhandels verkörpern wird. Um die Analyse transparent zu halten, sehen wir ferner von möglichen Qualitätsunterschieden im Bereich der Produktepalette ab.

Zunächst ist festzustellen, dass bereits vor der Eröffnung der ersten Filialen die aktuelle Diskussion der im internationalen Vergleich hohen Preise im Schweizer Detailhandel zumindest drei Auswirkungen hat: Die etablierten Schweizer Detailhändler haben zur Stärkung ihrer Position die Einführung oder Ausweitung preisgünstiger Produktlinien sowie dauerhafte Preissenkungen im Bereich des bestehenden Sortiments angekündigt (oder bereits realisiert). Darüber hinaus läuft eine Imagekampagne, welche die hohen Endverbraucherpreise einerseits mit den aufgrund institutioneller Regelungen und Marktabschottungen hohen Schweizer Einkaufspreisen erklärt (von denen ausländische Discounter ebenso betroffen sein werden) und die zum anderen die gehobenen Präferenzen der Schweizer Konsumenten anführt, denen ein anspruchsloses Einkaufen bei einem typischen ausländischen Discounter nicht genüge, so dass im Schweizer Detailhandel höhere Kosten entstünden als anderswo. Diese Diskussion dürfte jedoch bereits dazu beigetragen haben, die Preissensibilität der Schweizer Konsumenten zu erhöhen. Der vom Markteintritt der Discounter erwartete Druck auf die Preise macht sich also schon vor dem Ereignis bemerkbar.

Nach dem Markteintritt der neuen Konkurrenten wird die zweigleisige Strategie des etablierten Schweizer Detailhandels zur Verteidigung seiner Marktanteile (einerseits Preissenkungen, andererseits Rechtfertigung höherer Preise durch Verweis auf eine hohe Dienstleistungsqualität) dazu führen, dass nicht nur der Teil des Handelsvolumens, der in das Tiefpreissegment umgelenkt wird, zu einem niedrigeren Preisniveau abgesetzt werden wird, sondern auch der im traditionellen Anbieterspektrum verbleibende. Beide Effekte wirken in die gleiche Richtung, so dass es *ceteris paribus* zu einem Sinken der betroffenen Verbraucherpreise kommen wird.

Niedrigere Preise sind aus ökonomischer Sicht im Allgemeinen vorteilhaft. Wenn Quersubventionen oder andere Arten des «Dumping» ausgeschlossen werden, zeigen dauerhaft niedrigere Preise, dass entweder zuvor nicht optimal gewirtschaftet wurde, oder dass Monopolrenten oder andere im Vergleich mit dem theoretischen Referenzfall «vollständige Konkurrenz» überhöhte Faktoreinkommen bezogen wurden. Zur Relevanz von kartellähnlichen Verhältnissen im Schweizer Detailhandel ist eine theoretisch begründete Aussage nicht zu treffen. Klar ist aber, dass das Potenzial für Preissenkungen per Eliminierung von Kartellrenten begrenzt ist und eine Annäherung der Schweizer Verbraucherpreise an das in der EU übliche Niveau allein hierdurch bei weitem nicht zustande kommen kann, denn für die hohen Verbraucherpreise in der Schweiz sind in erster Linie die gesetzlichen Regulierungen zum Schutz einheimischer Produzenten und Verarbeiter vor der ausländischen Konkurrenz verantwortlich. Da diese Regelungen für die neueintretenden Discounter ebenso gelten wie für den angestammten Detailhandel, wird der Preisunterschied zwischen Aldi Konstanz und Aldi Dietikon kaum weniger spürbar sein als der zwischen einem heute in der Schweiz tätigen Discounter und seinem deutschen Pendant jenseits der Grenze.

Als erstes Zwischenergebnis können wir somit festhalten, dass der Markteintritt der Discounter sehr wohl zu dem erwarteten Druck auf die Preise führen wird. Die durch die aktuelle Diskussion genährte Erwartung, es könnten sich allein hierdurch in der Schweiz Konstanzer Aldi-Preise einstellen, führt jedoch in die Irre. Hierzu bedürfte es vor allem davon völlig unabhängige Änderungen des regulatorischen Rahmens, die zumindest in kurzer Frist nicht zu erwarten sind.

Kommen wir nun zu den gesamtwirtschaftlichen Auswirkungen des zu erwartenden (moderaten) Sinkens der Verbraucherpreise. Zunächst gibt es einen unmittelbaren Preiseffekt auf der Verbraucherseite. Klammert man das Argument der «besseren Dienstleistung» einmal aus, bedeutet dies, dass die Konsumenten mit dem gleichen Franken-Einkommen *ceteris paribus* mehr Waren erwerben können. Der Konsum der privaten Haushalte könnte somit in der Tat einen Wachstumsschub erfahren. Dieser würde solange anhalten, bis die Preise im Detailhandel sich auf einem neuen, tieferen Niveau stabilisiert haben. Der Wachstumsimpuls würde also in absehbarer Zeit auslaufen, aber der Konsumwachstumspfad verliefe zukünftig auf einem höheren Niveau.

Dieser Effekt setzt allerdings voraus, dass die Konsumenten ihre (in Waren ausgedrückte) zusätzliche Kaufkraft tatsächlich für vermehrten Konsum verausgaben. Wenn dagegen im Extremfall das reale Konsumvolumen im durch die Discounter abgedeckten Sortiment konstant bliebe, hingen die gesamtwirtschaftlichen Effekte von der Verwendung des durch das niedrigere Preisniveau zusätzlichen real verfügbaren Einkommens ab. Würden die zusätzlichen Mittel in andere Nachfragekomponenten, z. B. Dienstleistungen oder höherwertige Waren, gelenkt, könnte dies einerseits den Strukturwandel in Richtung Tertiärisierung im Inland beschleunigen. Zum anderen würde eine verstärkte Nachfrage nach importintensiven Waren und Dienstleistungen (z. B. Automobile oder Auslandsreisen) unmittelbar negative Auswirkungen auf die Wertschöpfung im Inland haben. Flösse das vermehrte real verfügbare Einkommen in die ohnehin schon hohe Ersparnisbildung, so dürfte kurzfristig kaum ein Wachstumseffekt resultieren; allenfalls könnte sich die Nettogläubigerposition der Schweiz gegenüber dem Ausland noch weiter akzentuieren.

Berücksichtigt man dabei noch, dass je nach individueller und sozioökonomischer Situation des einzelnen Konsumenten die möglichen Reaktionen sehr verschieden ausfallen dürften, wird klar, dass der Gesamteffekt *ex ante* kaum zuverlässig beziffert werden kann.

Die von der Angebotsseite ausgehenden gesamtwirtschaftlichen Effekte des angenommenen Szenarios sind nicht weniger ambivalent. Vermehrte Konkurrenz belebt im Allgemeinen das Geschäft, aber es ist entscheidend, an welcher Stelle knapper kalkuliert werden wird. Wenn die Einkaufspreise als gegeben angesehen werden, besteht Einsparungspotenzial vor allem bei den Löhnen und den Gewinnen. Die im Detailhandel generierten Einkommen dürften also unter Druck geraten, sei es durch Druck auf die Gewinne, auf die Löhne oder – was vermutlich am wenigsten Widerstand hervorrufen würde – auf das Beschäftigungsvolumen. Der Markteintritt der Discounter wird also den Rationalisierungsdruck im Detailhandel erhöhen und dort tendenziell die Arbeitsnachfrage verringern.

Wenn es gelänge, die Einkaufspreise zu reduzieren, fiele zwar der Druck auf die Beschäftigung und die Einkommen im Detailhandel geringer aus, würde sich dafür aber bei den Erzeugern, den Importeuren oder im Grosshandel bemerkbar machen. Bei gleichbleibendem Handelsvolumen würde somit die verschärfte Konkurrenz auf die eine oder andere Art das auf der Anbieterseite generierte Einkommensvolumen schmälern.

In diesem Zusammenhang sei beispielsweise darauf hingewiesen, dass das Bauinvestitionsvolumen von Industrie und Gewerbe in der Schweiz zu einem massgeblichen Teil von den Aufträgen seitens der grossen Detailhandelsketten bestimmt wird. In dem Masse, in dem der Kostendruck sich durch Einsparungen bei Erweiterungen, Ausbau oder Erneuerungen von Gewerbeimmobilien bemerkbar macht, dürfte das Baugewerbe die Auswirkungen dieses Strukturwandels relativ unmittelbar erfahren.

Hinter unseren Befunden steht allgemein die kreislauftheoretische Bedingung, dass den Verbrauchern gewährten Preissenkungen auf der Anbieterseite ein entsprechender Einkommensrückgang gegenüberstehen muss. Die zu erwartende Entwicklung im Detailhandel wird also mit Sicherheit zu einer Einkommensumverteilung führen. Ein positiver Nettoeinkommenseffekt der verschärften Konkurrenz, der ein zusätzliches Wachstum des privaten Konsums alimentieren könnte, wird aber kurzfristig nur festzustellen sein, wenn es zu einer Zunahme des Volumens im Detailhandel kommt. Langfristig wird entscheidend sein, in welcher Weise die Umlenkung von Kaufkraft und Einkommen den Strukturwandel der Schweizer Wirtschaft beeinflusst.

Aldi, Lidl und andere langfristige Auswirkungen

Von Walter Wittmann, emeritierter Wirtschaftsprofessor und Publizist

Die deutschen Discounter Aldi und Lidl sind auf dem Wege, den schweizerischen Detailhandel in Bewegung zu setzen, für mehr Konkurrenz und sinkende Preise zu sorgen. Der Angriff auf die hiesige Hochpreisinsel hat schon begonnen. Das geschieht allerdings nicht auf einen Schlag, sondern (nur) mittel- und langfristig. Der Auf- und Ausbau von Kapazitäten erfordert Zeit, dem stehen verschiedene Hindernisse im Weg. So beim Erwerb von Standorten, die Erschliessung und Verkehrsanbindung, langwierige Bewilligungsverfahren und die Errichtung von Bauten. Das wird je nach Standort und involvierten Behörden unterschiedlich dauern. Die ausländischen Discounter sind nicht überall willkommen, man wird da und dort sozusagen alles unternehmen, um ihnen den Schneid abzukaufen und sie sogar fern zu halten. An ihrem Durchbruch ist aber nicht zu zweifeln: Mit ihnen muss in erheblichen und wachsenden Dimensionen wohl gerechnet werden.

Der angekündigte Markteintritt von Aldi und Lidl blieb nicht ohne Signalwirkungen. Die heimischen Detaillisten greifen der kommenden Konkurrenz mit Preissenkungen vor. Sie unternehmen sozusagen alles, um das Prädikat «billig» zu erringen. Migros baut «M-Budget» aus, forciert die Tiefpreisstrategie. Coop hat nicht lange gezögert, zieht mit «Prix-Garantie» nach. Denner versucht auf der ganzen Linie mit Tiefpreisen zu operieren. Aktiv ist auch Pick Pay mit «Mini-Prix». In die gleiche Richtung bewegt sich auch der französische Detailhändler Carrefour, der bei 4000 Markenlebensmitteln die günstigsten Preise anvisiert. Aldi und Lidl sehen sich daher mit erheblich niedrigeren Preisen konfrontiert, wenn sie ab 2006 auf dem schweizerischen Markt aktiv werden. Sie werden sich entsprechend positionieren und die geltenden Preise unterbieten (müssen). Dann geraten die inländischen Detaillisten weiter unter Druck, werden eine weitere Runde von Preissenkungen einläuten, um mithalten zu können.

Bei der Abschätzung der Auswirkungen des Markteintritts von Aldi und Lidl ist es erforderlich, das Umfeld zu berücksichtigen. Dabei geht es nicht nur um die Ausgangslage, sondern auch – und vor allem – um die mittel- und langfristige Entwicklung. Im Mittelpunkt des Interesses stehen folgende Faktoren:

Die Schweiz leidet seit gut 30 Jahren an einer chronischen Wachstumsschwäche. Die real verfügbaren Einkommen stagnieren seit 15 Jahren. Es fehlen entsprechende Impulse für eine wachsende Nachfrage im Detailhandel und darüber hinaus. Ein neuer Wachstumstrend ist nicht in Sicht, denn: Die Schweiz hat darauf verzichtet, ihre Wirtschaft zu revitalisieren, die erforderlichen Reformen blieben auf der Strecke. Wir haben keinen Anlass anzunehmen, das werde sich in absehbarer Zeit ändern. Nach der seit 2003 laufenden konjunkturellen Erholung ist mit einer anhaltenden Stagnation zu rechnen, die Wachstumsschwäche dürfte sich fortsetzen. Gleichzeitig wird es wachsende Fiskalbelastungen und weiter steigende Krankenkassenprämien geben. Die real verfügbaren Einkommen dürften daher im besten Fall stagnieren, nicht auszuschliessen ist aber eine Erosion. Das kann nur zu einem verschärften Kampf um Marktanteile im Detailhandel führen.

Schaut man sich die Struktur der Ausgaben der privaten Haushalte an, so fallen einige Komponenten besonders auf: Versicherungen, Gesundheit und Mieten. Dazu kommen verschiedene Positionen, die man nicht übersehen darf: Autos, Do-it-yourself-Güter, Haushaltsgeräte, Kleider, Konsumelektronik, Möbel und Ferien. Der (Lebensmittel-) Detailhandel ist zwar eine wichtige, aber nicht die dominierende Branche. Er muss den kaum wachsenden Kuchen mit einer Reihe grösserer Konkurrenten teilen.

Der Handlungsspielraum von Aldi und Lidl wird nicht unbeträchtlich durch den helvetischen Agrarschutz beeinträchtigt. Waren können nicht frei und beliebig importiert werden. Das gilt natürlich auch für die einheimischen Detaillisten. Darüber hinaus ist zu beachten, dass Direktimporte oft nicht möglich sind, Generalimporteure dazwischengeschaltet werden müssen – mit entsprechenden Verteuerungen. Bei Lebensmitteln sehen sich die Detaillisten gezwungen, sich mit inländischen Produzenten und dem Bauernverband zu arrangieren, um Blockaden oder gar (Liefer-)Boykotte zu vermeiden. Und nicht zuletzt: Die Schweiz hat sich auf nichttarifäre Schutzmassnahmen spezialisiert. Diese greifen auch dann, wenn Importzölle gesenkt oder gar abgeschafft werden. Ferner geht es auch um vielfältige helvetische Normen, die nicht EU-konform sind. Der Protektionismus wird via «Verpackungen» und ihre Beschriftungen gefeiert. Das passt wie die Faust aufs Auge der ostentativen Propagierung des Freihandels durch die Schweiz. Damit ist offensichtlich gemeint: Die anderen sollen ihre Märkte für schweizerische Erzeugnisse – und Dienstleistungen – öffnen, während die Schweiz sozusagen selbst alles unternimmt, um ihren heimischen Markt zu schützen. Auf Dauer geht diese Strategie allerdings immer weniger auf. Es braucht aber noch viel Zeit, bis der helvetische Markt aufgebrochen sein wird. Immerhin wird der Käsemarkt ab 2007 im Rahmen der bilateralen Abkommen mit der EU liberalisiert. Die laufenden Verhandlungen bei der WTO dürften zu einem Abbau oder gar Beseitigung der Exportsubventionen zu Gunsten von Agrarprodukten führen.

Die ausländischen Detaillisten verfügen über einen entscheidenden Vorteil gegenüber der heimischen Konkurrenz. Für sie ist die Schweiz nur ein Mini-Markt, der umsatzmässig nicht ins Gewicht fällt. Daher bietet sich Aldi und Lidl, aber auch Carrefour die Möglichkeit, hierzulande sogar auf Dauer Verluste einzufahren, die durch Gewinne im Ausland abgedeckt werden (können). Sie haben somit genügend Zeit, um sich allmählich durchzusetzen. Dabei profitieren sie von einer Finanzkraft, die jener der schweizerischen Detaillisten weit überlegen ist.

Mit dem Vorstoss der heimischen Detaillisten in Richtung tiefere Preise ist eine Abwärtsspirale in Gang gesetzt worden. Welchen Spielraum sie hat, wird der Markt entscheiden. Wer in die Verlustzone gerät, kann nicht mehr lange mithalten. Das ist gut für die anderen, insbesondere Aldi und Lidl, die über einen längeren Atem verfügen: Sie werden Marktanteile gewinnen und die Konzentration beschleunigen. Entstehen dabei marktmächtige Unternehmen, so wird die Wettbewerbskommission einschreiten (müssen) und Auflagen erlassen.

Im Detailhandel wird der Druck von allen Seiten her zunehmen. Zum einen wird eine anhaltende Rationalisierung mit Personal- und Serviceabbau nicht ausbleiben. Zum anderen ist mit Lohndruck zu rechnen, obwohl die Löhne schon heute (relativ) niedrig sind. Drittens kommen die Zulieferer nicht ungeschoren davon. Die Detaillisten sehen sich gezwungen, billiger einzukaufen. Der grösste Druck geht auf die Hersteller von Markenartikeln aus. In dem Masse, wie sie preislich dagegenzuhalten vermögen, werden sie mengenmässig Verluste in Kauf nehmen müssen, Marktanteile verlieren. Auftrieb erhalten dabei die Eigenmarken.

Sinkende Preise beleben, entsprechend der Nachfrageelastizität, die mengenmässige Nachfrage, führen zu höheren realen Umsätzen. Die derart freigesetzte Kaufkraft kommt aber nicht nur den Detaillisten zugute. Davon profitieren vor allem Güter und Dienste des «nicht-lebensnotwendigen» Bedarfs. Diese Auswirkungen dürfen aber nicht überschätzt werden: Die freigesetzte Kaufkraft ist nicht gross genug, um ausserhalb des Detailhandels einen Schub auszulösen.

Die Hochpreisinsel wird zwar partiell unter Druck geraten, aber keineswegs fallen. Letzteres ist nur dann möglich, wenn der Wettbewerb sich überall durchzusetzen vermag: im Service public, im Gesundheitswesen, im protektionistischen Föderalismus und nach aussen hin zur EU und darüber hinaus. Doch das ist, wenn überhaupt, nur langfristig zu schaffen, wenn die Politik fähig ist, für «mehr Markt» zu sorgen. Eine Wende ist hier gegenwärtig nicht in Sicht, obwohl sie nach den Wahlen vom 19. Oktober 2003 allgemein erwartet wurde.

Im sich verschärfenden Verdrängungswettbewerb stellt sich die Frage: Wer kann überleben? Am besten sind Migros, Coop und Denner positioniert. Die anderen traditionellen Detaillisten haben kaum Chancen zu bestehen: Sie geraten umso mehr unter existenziellen Druck, je rascher sich Aldi und Lidl durchzusetzen vermögen. Da diese beiden aber nicht flächendeckend aktiv werden, sich nur auf Ballungen konzentrieren werden, bleiben Nischen für andere übrig. Dort sind sie allerdings auf höhere Preise angewiesen, um aktiv zu werden und/oder zu bleiben. Die entsprechenden Berg- und Randgebiete laufen Gefahr, vernachlässigt zu werden. Das Angebot dürfte eher schrumpfen, als sich zu verbessern.

Es ist eine Illusion, vom Markteintritt von Aldi und Lidl gesamtwirtschaftliche Impulse zu erwarten. Zum einen ist der Detailhandel nur eine unter den gewichteten Branchen. Zum anderen ist das Potenzial für Preissenkungen auf Dauer zwar erheblich, aber: Die so freigesetzte Kaufkraft darf nicht überschätzt werden. Nachhaltige Wachstumsimpulse gehen letztlich von Investitionen und Innovationen aus.

Landwirtschaft und Industrie

Die Fallen im Umgang mit Discountern

Von Thomas Fröhlich, Geschäftsführer des Instituts für Markentechnik Genf

Der bevorstehende Eintritt deutscher Discounter hat die Schweizer Hersteller- und Handelslandschaft fest im Griff. Die entscheidenden Akteure im Detailhandel sind zügig in den präventiven Preiskampf gestiegen. Aggressive Preissenkungen und die Einführung oder der Ausbau von Billiglinien auf der Produktseite sowie eine auf den Preis ausgerichtete Kommunikationspolitik sollen den Angriff der ausländischen Discounter abfangen – und dies mehr als ein Jahr vor der geplanten ersten Eröffnung einer oder einer Hand voll Aldi-Filialen in der Schweiz.

Der vorauseilende «Preis-Gehorsam» des Schweizer Handels erinnert an die Reaktion der österreichischen Milchwirtschaft Anfang der 1990er Jahre angesichts des bevorstehenden EU-Beitritts: Lange im Voraus wurden die Preise auf «EU-Kompatibilität» getrimmt, sprich gesenkt. Als die Mitgliedschaft Österreichs 1995 Realität wurde und der Konsument erst auf die Einlösung des EU-Versprechens «billigere Landwirtschaftsprodukte» zu warten begann, waren die Möglichkeiten bereits ausgereizt und die Verlegenheit allerseits gross.

Der Entscheid des Schweizer Handels, den Preiskampf auch in der Kommunikation ganz nach vorne zu rücken, birgt Gefahren für den Handel, die sich auch auf die Hersteller übertragen und umgekehrt: Indem der Preis als Differenzierungsmerkmal in den Vordergrund gerückt wird, bereiten sie den Discountern das Feld ideal vor. Der Konsument wird dahingehend sensibilisiert, den Preis als wichtigstes Entscheidungskriterium wahrzunehmen. Gerade der Preis ist aber das einzige Verkaufsargument, bei dem der Discounter langfristig nicht zu schlagen ist. Denn dieser richtet sich in allen Bereichen – vom Standort über das Sortiment und die Ausstattung bis hin zum Personal – auf die niedrigsten Kosten aus, während die höherwertigen Leistungen anderer Händler immer auch höhere Kosten generieren werden. Und die höheren Kosten müssen nun einmal über den Preis wieder hereingeholt werden.

Der zunehmende Anteil an Handelsmarken erzeugt Druck auf die Preise, verwischt die Grenzen zwischen Marken- und Billigprodukten und verunsichert den Konsumenten. Zu welchem Schluss soll etwa ein Konsument kommen, der denselben Käse vom selben Hersteller in zwei unterschiedlichen Verpackungen (einmal als Markenprodukt und einmal im Kleid einer Billiglinie) im selben Käseregal sieht und die «Markenversion» 30 % mehr kostet? Die Preisdifferenz kann nicht mehr erklärt werden. Der Kunde handelt in der Ungewissheit über die Wert-Gegenwert-Relation für das Produkt und wandelt sich vom stabilen Markenkunden zum unberechenbaren «Preis-Kundschafter». Dies ist eine Gefahr für alle Markensysteme – Hersteller *und* Qualitätshandel, denn beide leben von stabilen und verlässlichen Kundenbeziehungen.

Die Markenhersteller stehen unter zunehmendem Druck seitens des Handels, den Preiskampf zu subventionieren. Unter teils offener Androhung, aus dem Sortiment ausgeschlossen zu werden, sollen sie die Preise senken. Die Forderung ist nicht neu, aber der Ton hat sich seit Ankündigung des Markteintrittes von Aldi & Co deutlich verschärft.

Einige Hersteller haben bereits dem gestiegenen Preisdruck nachgegeben, indem sie grosszügige Preisnachlässe und Aktionen gewähren und in die Produktion von Handelsmarken eingestiegen sind. Eine weitere typische Reaktion auf den Billigtrend ist die Lancierung von billigen Zweitmarken. Doch die Gefahren solcher Subventionierungspraktiken seitens der Hersteller werden von diesen auf fatale Weise verkannt. Das System «Marke» kann nachhaltig geschädigt werden. Die drohenden Konsequenzen sind von grösserer Tragweite als jegliche Herausforderung, die mit dem Aufbau einer Marke verbunden ist.

Die Fallen für die Markenartikelhersteller liegen in den unterschiedlichsten Bereichen des Markensystems. Nachfolgend sollen die aus markentechnischer Sicht bedeutendsten Aspekte kurz beschrieben und mögliche Lösungsansätze aufgezeigt werden.

Markentechnischer Hintergrund

Kundschaft bildet sich um eine spezifische Leistungsstruktur, die aus ineinander wirkenden Leistungen der Managementfelder Produkt, Distribution, Kommunikation und Namen/Zeichen besteht.

Hinter jeder Marke steht ein Unternehmen als Leistungsträger. Das gilt auch für Produktmarken. Im Unterschied zu einer Firmenmarke nutzen sie alle Unternehmensfunktionen anteilig mit anderen Produktmarken.

Die Leistungen, die eine Marke im Laufe ihrer Geschichte hervorbringt, erzeugen Leistungserfahrungen, die sich in der Kundschaft zu einem (kollektiven) positiven Vorurteil verdichten. Dieses positive Vorurteil konstituiert die aktuelle Markenenergie.

Die Kundschaft finanziert die gesamte Wertschöpfungskette einer Marke, wenn ihre Leistungserfahrungen durch die aktuelle Performance bekräftigt werden. Dies kann durch bekannte wie auch durch neue Leistungen geschehen.

Abbildung 13: Die Entfaltung voller Wirtschaftskraft der Marke

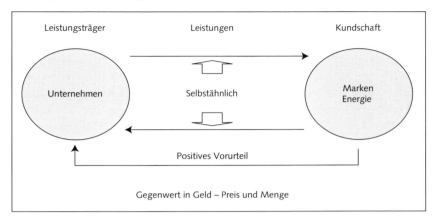

Quelle: Institut für Markentechnik Genf

Die Bereiche, in denen die Marke ihre höchsten Wirkungen zu erbringen hat, sind
die Differenzierung;
d. h. der Abstand zu Wettbewerbern. Diese Wirkung beruht auf der Reproduktion einer spezifischen Leistungsstruktur und einer dementsprechenden Gestaltvorstellung in der Kundschaft,
die Durchsetzungskraft;
d. h. die Fähigkeit, den Willen des Unternehmens auf allen Handlungsfeldern durchzusetzen – in der gesamten Absatzlandschaft, in den vorgelagerten Wertschöpfungsstufen sowie in der öffentlichen Meinung,
der Aufbau einer Wertposition;
sie ist Ergebnis aller Erfahrungen, die sich in der Öffentlichkeit vernetzt haben. Die Wertposition bestimmt die gesellschaftliche und individuelle Wertschätzung, welche die Marke aktuell geniesst,
die Wertschöpfungskraft;
als Resultat von Differenzierungsleistung, Durchsetzungskraft und Wertposition ist sie ursächlich für den Absatz (Menge und Preis). Sie generiert damit den Gegenwert für die Veredelungsleistungen, die von allen Wertschöpfungsstufen bis hin zum Verkauf an den Kunden erbracht werden. Sie steigert zugleich den Markenwert.

Bezogen auf die vier Managementfelder einer Marke hat demnach jedes Unternehmen seine eigene Geschichte und Leistungsstruktur. Nur unter der Berücksichtigung der individuellen Markenhistorie, der aktuellen Unternehmens-Performance sowie den strategischen Fragestellungen lässt sich eine Strategie für den Umgang mit der Herausforderung «Discount» entwickeln.

Marken im Discount-Umfeld

Zunächst stellt sich für jeden Markenführer die Frage, ob er sich auf die Discounter einlässt und welche Gefahren gegebenenfalls darin liegen. Falls er sich für diesen Vertriebskanal entscheidet und man die ersten Verhandlungen mit Discountern führt, bekunden diese gerne höchstes Wertschöpfungsinteresse für eine Marke, die ihnen bislang vorenthalten war. Sehr bald aber wird deutlich, dass die Discount-Vertriebsformen ohne Preisabstand nach unten zum übrigen Handel nicht wettbewerbsfähig sind. Deshalb gesteht ihr der Hersteller schliesslich einen «erträglichen» Preisabstand zu. Die Rabatte werden entsprechend erhöht. Hier entsteht bereits eine negative «Dynamik».

Steigen in der Folge die Umsätze mit solchen Niedrigpreis-Anbietern, steigt auch ihre Bedeutung für den Hersteller. Fast unmerklich zwingen sie ihm *ihre* Logik auf: Sie geben ihre Kostenvorteile als Preisvorteile an ihre Kunden weiter. Damit bestimmt dann die Kostenstruktur des Absatzpartners die Preisposition der Marke im Markt.

Der markenfördernde Handel, der sich gezwungen sieht, auf niedrigere Preise zu reagieren, sieht die Marge sinken, aus der er bislang seinen Einsatz für die Marke und seine Kunden finanziert hat. Damit die Schieflage beseitigt wird, verlangt er seinerseits bessere Konditionen vom Markenhersteller. Das zusätzliche Geld gibt er allerdings im Preis weiter.

Das Preis- und Konditionensystem ist von der ursprünglich nur als Distributionserweiterung gedachten Massnahme bereits erheblich mitbetroffen. Doch es kommt noch schlimmer. Denn jetzt verlangen die Discounter weiterreichende Zuwendungen, um den für sie konstitutiven Preisabstand wiederherzustellen und die verabredeten Abnahmemengen zu bewegen. Die Preis- und Konditionenspirale beginnt sich zu drehen, und zwar nach unten.

Die Käufer müssen immer weniger zahlen. Zwangsläufig geht nun auf der Herstellerseite der Ertrag pro verkaufte Einheit zurück. Der sinkende Durchschnittserlös kann durch Abbau von Kosten nicht mehr kompensiert werden. Um die Deckungslücke zu schliessen, entscheidet das Management, erneut zusätzliche Mengen in den Markt zu bringen.

Jetzt ist das Sortiment an der Reihe. Zusätzliche Produkte sollen zusätzlichen Umsatz bringen. Doch je mehr Produkte hinzukommen, desto kleiner werden die anteiligen Beiträge. Hilfsweise schaltet man die Deckungsbeitragsrechnung ein, die sich in der Lage zeigt, jedem noch so schwachen Produkt eine Existenzberechtigung zuzuweisen.

Auch wenn sich rechnerisch noch keine Probleme aufbauen, in der Praxis häufen sie sich bereits. Der Aussendienst ist mit dem Verkauf des anwachsenden Sortiments überfordert. Und die Flop-Rate steigt, weil bei so viel Neuem nicht alles so laufen kann, wie versprochen und schon gar nicht, wie man es bisher von seinen starken Produkten gewohnt war.

Langsam drehende Produkte lassen die Lagerbestände anschwellen. Wenn dort die Schmerzgrenze erreicht ist, wird nach neuen Wegen gesucht, die Bestände abzubauen. Die nächsten Kanäle werden aufgemacht, und zwar Kanäle, die man gestern noch für undenkbar hielt – Discounter reichen hilfreich die Hand. Über kurz oder lang bauen sie ihren Umsatzanteil aus, dann beginnen sie an der Konditionenschraube zu drehen und das Spiel nimmt seinen Lauf ...

Solange Unternehmen meinen, das Geld, das ihnen von vorne nicht mehr zufliesst, hinten aus der Wertschöpfungskette, aus den Qualitäten oder aus den Lieferanten herausholen zu können, wird die hier beschriebene verhängnisvolle Verkettung immer wieder ablaufen. Bis endlich von vorne wie von hinten kein Geld mehr zu holen ist. Wie kann die Markentechnik hier weiterhelfen?

Die Distribution auf die Markenziele ausrichten

Die Ware darf sich nicht einfach ihren Weg suchen. Zwischen Ubiquität und hochgradiger Selektion muss die Distribution deshalb aktiv gemanagt werden. Davor steht allerdings die Frage, welcher Grad an Erhältlichkeit am sinnvollsten für das eigene Produkt ist. Ubiquität ist keinesfalls als unbefragtes Ziel aufzufassen. Wenn eine Marke, die nicht auf Ubiquität angelegt ist, dennoch bei allen Händlern auftaucht, setzt sich kein Händler mehr richtig für sie ein. Nur ein sorgfältig auf die Marke abgestimmter, strategischer Verdichtungsgrad der Distribution kann Händler motivieren.

Die Umgestaltung der Distribution ist ein höchst sensibler, aber entscheidender Part für eine qualitative Neuausrichtung. Jede Bewegung in diesem Bereich betrifft gewachsene menschliche Beziehungen und birgt emotionalen Sprengstoff. Während die Vertriebsmitarbeiter es gewohnt waren, am Ende jeden potenziellen Abnehmer zu umwerben, geht es jetzt um eine gezielte Einschränkung. Die ganze Problematik der Umstellung eines opportunistischen Angebotsvertriebs auf ein geregeltes Vertriebsnetz wird sichtbar. Wenn in dieser Phase irgendwo Fehler gemacht werden, können die Folgen kommerziell oder juristisch verheerend sein. Deshalb empfiehlt es sich, vor einer solchen Umstellung die Schlüsselpersonen aus allen Unternehmensbereichen in die Entwicklung einzubinden.

Preise und Konditionen nach eigenen Regeln gestalten

90 bis 95 % aller existierenden Konditionssysteme sind nach den Erfahrungen des Instituts für Markentechnik keine Systeme mehr, sondern eine Summe von Einzelschicksalen aus vielen Verhandlungsrunden. Man hat sich situativ mit den Händlern arrangiert. Nur weiss leider keiner mehr, wofür die Händler ihre Konditionen eigentlich erhalten.

Preise und Konditionen müssen auf das Fundament eines objektiven Systems gestellt werden: eine Preisstrategie, mit der sich Vollkalkulation durchsetzen lässt, sowie eine Konditionenstrategie, die Abrechnungen ausschliesslich nach dem Prinzip von Leistung und Gegenleistung zulässt. Im Hauruck-Verfahren ist das allerdings nicht zu erreichen. Nur mit grossem Fleiss, unter Berücksichtigung jeder einzelnen Kondition und jedes Händlertyps kann ein Plan realisiert werden, der die Verhältnisse ohne Umsatzkatastrophen wieder geraderückt.

Um sicherzustellen, dass das neue Konditionensystem im Sinne der Unternehmensziele dauerhaft arbeitet und sich nicht binnen kurzer Zeit wieder abschleift, muss die Haltbarkeit des Systems zweifach instrumentiert werden:

Leistung und Gegenleistung:

Unverzichtbares Grundprinzip eines jeden Konditionensystems sollte die Leistungsgebundenheit aller Konditionen sein: *Wenn* ein Abnehmer eine definierte Leistung erbringt, *dann* erhält er als Abgeltung die dafür vorgesehene Zuwendung. Besteht die Leistung eines Discounters primär aus der reinen Verteilung der Produkte, machen qualitative Händler mehr für die Marke. Somit ist es schwierig nachzuvollziehen, weshalb ein Discounter zwingend bessere Konditionen erhalten soll als ein Händler, der sich nachhaltig für eine Marke einsetzt. Man sollte bei jeder zusätzlich gewährten Kondition beachten, dass Gelder, für die ein Händler keine weitere Leistung erbringen muss, immer in die Preisschlacht geworfen werden – und damit der Marke schaden.

Mehr «System» statt «Person»:

Es gilt, den Eindruck der individuellen Verhandelbarkeit von Konditionen deutlich zu senken. Umgekehrt sollte sich der Verkäufer stärker und natürlich zweifelsfrei auf Prinzipien des Hauses, auf für alle geltende Regeln und Kontrollmechanismen berufen können. Dies stärkt seine persönliche Widerstandskraft.

Zweit- und Handelsmarken von der Hauptmarke abgrenzen

Erscheint der Discount als sinnvoller Vertriebskanal – was selbstverständlich auch sein kann –, stellt sich dem Markenführer die Frage, wie er mit seiner Marke umgeht. Eine Möglichkeit für die Markenhersteller ist die Produktion von Zweit- und Handelsmarken. Dies ermöglicht es, freie Kapazitäten auszulasten und zusätzliche Erlöse zu generieren. Dabei ist jedoch mit grösster Vorsicht vorzugehen, um die Hauptmarke nicht zu schwächen.

Es ist leicht einzusehen und inzwischen auch ein Thema von Fachpresse und Medien geworden, dass die von Qualitätsherstellern produzierten Handelsmarken ein Beitrag zur Glaubwürdigkeitskrise der Marke sind – und zwar ein Beitrag, der diese Krise auf das Äusserste verschärft.

Dass Markenprodukte beim Discounter auftauchen, ist schon riskant für die Glaubwürdigkeit der Marke. Dass Marke drin ist, wo Handelsmarke drauf steht, war schon hin und wieder Thema in den Medien. In Deutschland und

Österreich ist es bereits ein beliebter Sport, die Markenhersteller bei ihrem verdeckten Tun aufzuspüren. Das ist die eigentliche Katastrophe, denn Vertrauen und Glaubwürdigkeit sind nun direkt beschädigt.

In jedem Fall ist die Glaubwürdigkeit der Marken fundamental in Frage gestellt. Jedermann muss sich nun fragen, ob Marke noch ein überlegenes Qualitätssystem ist, das seinen angemessenen Preis hat, oder ein Verteuerungssystem (mit Werbung), das man mit ein wenig Geschick beim Discounter unterlaufen kann.

Als Nächstes besteht die Gefahr, in die Abhängigkeit der Händler zu geraten. Als Handelsmarkenhersteller besitzt man keinen Zugang zum Kunden mit den Namen und Zeichen der Marke. Die Händler können die Handelsmarkenhersteller beliebig austauschen, denn sie haben mit ihren Handelsmarken den Zugang zum Kunden. Dadurch wird der Markenhersteller zum reinen Produzenten degradiert.

Hat ein Unternehmen entschieden, Handels- oder Zweitmarken herzustellen, ist die Leistungsabgrenzung dabei stets oberstes Gebot. Egal, ob ein Markenhersteller einen Händler beliefert oder eine Zweitmarke in Verkehr bringt, diese Produkte sollten sich in ihren Leistungsmerkmalen deutlich unterscheiden. Leistungsabgrenzung ist das wichtigste Prinzip eines funktionierenden Markensystems.

Um die Hauptmarke nicht zu kannibalisieren, sollten spezifische Leistungen immer ihr vorbehalten bleiben. Handels- und Zweitmarken-Qualitäten sollten sich von denen der Hauptmarke deutlich unterscheiden. Dies ist insbesondere dann wichtig, wenn Handels- und Zweitmarken als Kampfmittel eingesetzt werden.

Natürlich kommt es vor, dass auch eine Handelsmarke in der Qualitätsliga positioniert wird und sich dieses sowohl in der Qualität als auch im Preis widerspiegelt. In diesen Fällen bleibt für den Hersteller das Kannibalisierungs- und Substitutionsrisiko sowie die Abhängigkeit vom Händler. Denn der Händler ist Herr über den «Speicherplatz» der Marke in den Köpfen seiner Kundschaft.

Die Markenhersteller haben es in der Hand

Mit dem Einzug der deutschen Discounter in den Schweizer Markt verschärft sich der Wettbewerb, doch viele Markenhersteller spüren bereits seit Jahren den wachsenden Druck auf die Preise. Auf den Verbandstreffen der Markenindustrie sind die Themen Handelsmacht und Preisdruck schon längst fester Tagesordnungspunkt.

Nach Erfahrungen des Instituts für Markentechnik werden die Markenhersteller durch ihr Verhalten mit entscheiden, zu welcher Bedeutung – für das eigene Unternehmen aber auch im Markt – die Discounter gelangen. Wer nicht in den Abwärtsstrudel geraten möchte, muss in den genannten Managementfeldern Ordnung schaffen und auf die beschriebenen strategischen Fragestellungen markenadäquate Antworten finden.

Aus Beratungserfahrungen in über 40 Branchen hat sich gezeigt, dass sich in jeder Branche Markenhersteller finden, die konsequent ihren eigenen Weg gehen und sich so den negativen Entwicklungen ganz oder zumindest teilweise entziehen. In solchen Fällen heisst es dann oft: «Wenn unsere Marke so stark wäre wie ..., dann könnten wir auch ...» Sicher ist, gute Ergebnisse fallen nicht vom Himmel. Sie sind vielmehr Ergebnis jahrelanger harter Arbeit an kritischen Feldern wie Preis und Konditionen, Distribution sowie Sortiment.

Es wäre erfreulich, wenn die Schweizer Markenhersteller den Mut fänden, diese Arbeit anzugehen.

Der Discounter – der ungeliebte (Top-)Kunde

*Von Manfred Lange, ehemaliger Vorsitzender
der Geschäftsführung von Bestfoods Deutschland.
Honorarprofessor für Internationales Marketing an der
Ludwig-Maximilians-Universität in München*

«Nichts im Leben ist umsonst,
nicht einmal der Tod,
denn der kostet das Leben»

(alte Volksweisheit)

Die Entwicklung der Discounter in Deutschland und ihre Ursachen

Betrachtet man den anhaltenden Siegeszug der Discounter in Deutschland, fragt man sich sofort, wie es zu dieser – in der Welt einmaligen – Entwicklung kommen konnte. In keinem anderen Land konnte dieser Betriebstyp so schnell derartig hohe Marktanteile erringen (Twardawa 2004, S. 12) (vgl. *Abbildung 14*).

Abbildung 14: Die Entwicklung der Vertriebsschienen im Lebensmittelhandel in Deutschland

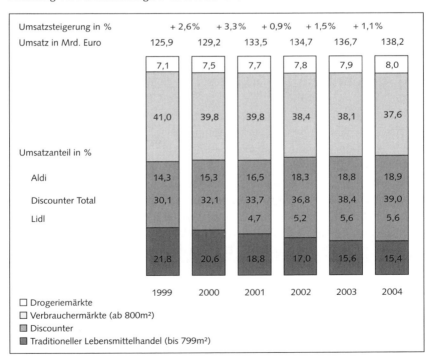

Quelle: GfK 2005

Die Ursachen für diese Entwicklung sind vielfältig, können aber verkürzt wie folgt dargestellt werden: Discounter sind speziell in Deutschland bei den Konsumenten deshalb so beliebt, weil sie eine gezielte Auswahl ordentlicher Produkte zu einem vergleichsweise günstigen Preis verkaufen, und das nicht nur kurzfristig oder einmalig wie im Falle von Sonderangeboten der übrigen Handelsunternehmen, sondern dauerhaft. Der wesentliche «reason why» für den Erfolg der Discounter sind somit niedrige Verkaufspreise, eine strategische Erfolgsposition, die nicht nur durch die Werbung («*Jetzt noch billiger …!*»), sondern unter anderem durch völligen Verzicht auf Bedienung und durch eine entsprechend primitive Ladengestaltung (Platzierung auf Paletten, aufgerissene Kartons etc.) untermauert wird. Zusätzlich offerieren sie für einen – oft nur auf wenige Tage – beschränkten Zeitraum attraktive Zusatzartikel (wie Computer, Fahrräder, Textilien, Kochtöpfe o.ä.), die den Konsumenten das Gefühl vermitteln, ein hervorragendes Produkt zum günstigsten Preis, ein wirkliches «Schnäppchen» also, ergattern zu können. Auch dahinter steckt eine geniale Marketingidee: Eine (echte oder künstliche) Verknappung erhöht die Attraktivität eines jeden Angebots.

Ohne gravierende Mängel in der Verkaufspolitik der übrigen Konkurrenten am Markt hätten die Discounter in Deutschland aber nicht so stark werden können. Die «Macher» im traditionellen Handel waren in den letzten Jahrzehnten reine Einkäufer, die fest davon überzeugt waren, dass «der Gewinn nicht im Verkauf, sondern im Einkauf» liege. Massnahmen zur Kundenzufriedenheit und Kundenbindung oder womöglich eine strategische Differenzierung zu den Wettbewerbern sind in deren Geschäften nur peripher zu beobachten. Man versucht dort im Gegenteil, es den Discountern nachzumachen: Man reduziert (zumeist Personal-)Kosten, verändert ständig die Preise (in Normal- und Aktionspreise), variiert aufgrund verführerisch hoher Listungsgelder der Industrie permanent das Sortiment und begründet somit weder die Notwendigkeit höherer Verkaufspreise, die aufgrund ihrer höheren Kosten erforderlich wären, noch gelingt es dadurch, ein entsprechendes Einkaufserlebnis oder gar anhaltendes Vertrauen zu schaffen: Die Verbraucher gehen dann lieber gleich zum Discounter, wo es zumeist noch billiger ist.

Aber auch die Hersteller sind an der Entwicklung der Discounter nicht ganz unschuldig. Man könnte sogar die Hypothese aufstellen, dass Aldi eigentlich nur aufgrund eines Rechen- und Denkfehlers der Industrie und der Marktforschungsinstitute so gross werden konnte – so wie ja beispielsweise auch Ikea letztlich durch einen Boykott der traditionellen Lieferanten so eigenständig und stark werden konnte. Zu Beginn seiner Entwicklung, als die Filialen von Aldi noch klein, schmuddelig und in den Hinterhöfen nur wenig sichtbar waren, belieferten viele Markenhersteller diesen neuen «zusätzlichen» Kunden gern mit anonymer, mit markenloser Ware zu Grenzkosten. Sie sahen darin ein attraktives Zusatzgeschäft zur Auslastung ihrer Kapazitäten und mussten keinerlei Substitution ihrer gut kalkulierten Markenartikel befürchten. Jede Deutsche Mark (heute: Euro) Deckungsbeitrag über die gedeckten variablen Kosten hinaus war seinerzeit reiner Zusatzgewinn.

Hinzu kam, dass das rasche Wachstum von Aldi lange Zeit verborgen blieb, weil die Marktforschungsinstitute wie ACNielsen oder GfK dessen Absatz nicht bewerten konnten: Dieses Unternehmen liess keine Marktforscher in seine Filialen, so dass der Gesamtmarkt und die Marktanteile immer nur «ohne Aldi» abgebildet werden konnten. Als der unbemerkt gewachsene Aldi schliesslich gross genug war und die befürchtete Substitution tatsächlich eintraf, konnte er nicht mehr gebremst werden, selbst Lieferbedingungen diktieren und sich die Hersteller aussuchen, die bereit und in der Lage waren, grösste Mengen zu günstigsten Konditionen zu liefern.

Die Reaktionen der Industrie auf das Wachstum von Aldi und seinen Nachahmern waren in der Folge auch nicht immer sehr effektiv, im Gegenteil: Durch eine hektische, oft verbraucherunfreundliche Markenpolitik (zu viele «me toos», häufige [Schein-] Innovationen, permanente Änderungen an den Verpackungen, «sprachlose Werbung» [Brandmeyer 2002] etc.) wurden viele markentreue Verbraucher buchstäblich in die Arme der Discounter getrieben, wo ihnen eine überschaubare Auswahl der wichtigsten Varietäten zu konstanten Preisen angeboten wird und wo der Verzicht auf Überfluss die «Qual der Wahl» erleichtert (Lange 2003).

Aber auch den traditionellen Handelsunternehmen gelang es nicht – mit wenigen Ausnahmen wie z. B. *dm Drogeriemarkt* oder *Douglas* –, sich bei den Verbrauchern so beliebt zu machen und zu profilieren, dass die Abwanderung zu den Discountern verlangsamt oder gar gestoppt werden konnte. Das Vertrauen der Kunden in Aldi ist im Gegenteil über all die Jahre aufgrund einer klugen, konsistenten und kundenfreundlichen Verkaufspolitik kontinuierlich gestiegen. Zuletzt bei der Einführung des Euro, als Aldi alle (gebrochenen) Preise sofort, komplett und nachvollziehbar senkte, der traditionelle Handel sich aber sträubte, über einen längeren Zeitraum eine «doppelte Preisauszeichnung» (in Euro und Deutsche Mark) vorzunehmen. Dies verunsicherte die Verbraucher derart, dass sie am Ende von einem «Teuro» sprachen und noch mehr zu Aldi abwanderten.

Ob die Discounter in anderen Ländern (wie z. B. der Schweiz) einen vergleichbaren Erfolg haben werden, ist zu bezweifeln. Denn vermutlich unterscheidet sich auch die Mentalität der deutschen Verbraucher, ihr Preis- und Qualitätsbewusstsein sowie ihre Treue zu einer Einkaufsstätte derart von denen anderer Nationen, dass sich eine ähnliche Entwicklung wie in Deutschland in anderen Ländern kaum wiederholen wird.

Die Vorteile für die Industrie

So sehr die Industrie die Entwicklung der Discounter beklagt (siehe unten), so unübersehbar sind doch auch für sie die Vorteile aus einer Zusammenarbeit mit den Discountern: Sie sind im wahrsten Sinne des Wortes «ungeliebte (Top-)Kunden».

Der Discounter kauft, auf Basis längerfristiger Abnahmeverträge, von seinen (wenigen) Lieferanten nur einige wenige Artikel, bezieht diese aber in grossen Mengen auf sortenreinen, kompletten Paletten und kann in grossen «drops» (Liefermenge pro Abladestelle) an wenige Zentrallager beliefert werden. Daraus resultieren natürlich auch für die Lieferanten grosse «economies of scope and scale».

Auch die (laufende) Betreuung der Discounter ist für die Lieferanten sehr kostengünstig. Die traditionellen Kunden müssen häufig kontaktiert oder gar von (teuren) Aussendienstmitarbeitern besucht werden, viele Aufträge müssen einzeln verhandelt oder eingeholt werden, oft müssen kleine und kleinste Mengen an viele Abladestellen geliefert werden, neue Produkte und Aktionen müssen laufend vorgestellt werden, und oft verlangen diese Kunden noch zusätzliche Servicearbeiten in ihren Filialen (wie Regalpflege, Verwaltungsarbeiten etc.). Die Discounter hingegen begnügen sich mit wenigen – wenn auch harten – Verkaufsverhandlungen (hauptsächlich zu Beginn einer Zusammenarbeit) und verzichten auf jeglichen Service, ja sie untersagen ihren Lieferanten sogar Besuche oder Serviceleistungen in ihren Filialen.

Die Marktposition eines Lieferanten verbessert sich durch eine Listung bei den Discountern deutlich und schlagartig, sorgt dieser doch umgehend für eine breite und lückenlose Distribution und steigen die eigenen Umsätze doch automatisch mit der Dynamik der Discounter aufgrund deren zunehmender Anzahl von Filialen und steigender Marktausschöpfung. So überrascht es nicht, dass vor den Einkaufsbüros der Discounter – mit wenigen Ausnahmen – die «Crème de la Crème» der Lieferanten (zum Teil deren höchste Repräsentanten oder gar die Inhaber selbst) Schlange steht und um «Listung» – oder zumindest um «Aktion» – nachsucht. Es gibt aber auch Markenartikel-Hersteller, die eine Belieferung eines Discounters mit ihren wertvollen Marken für «ein Spiel mit dem Feuer» halten (Lange 2005) und sich zu Gunsten der Einhaltung eines bestimmten Preisniveaus auf Fachgeschäfte und traditionelle Handelsunternehmen beschränken.

Die Nachteile für die Industrie

Den aufgeführten Vorteilen einer Zusammenarbeit mit den Discountern seitens der Industrie stehen auf der anderen Seite aber auch gravierende Nachteile entgegen. Die Discounter haben – im Gegensatz zum traditionellen Handel, wo der Verbraucher ein komplettes Sortiment und alle wichtigen Marken erwartet – keinerlei Sortimentsverpflichtungen; sie sind somit frei in der Entscheidung, welche Produktkategorie, welchen Artikel oder welche Marke sie führen oder nicht. Die Lieferanten sind dadurch völlig austauschbar und daher auch erpressbar mit der Folge, dass sie nur dann Lieferant werden, wenn sie buchstäblich «die Hosen runterlassen» und maximale Preisnachlässe oder Konditionen anbieten. Wie beschrieben, ist die Belieferung eines Discounters für einen Lieferanten zwar auch kostengünstiger als die Belieferung traditioneller Kunden, aber aufgrund der Dynamik und starken Marktstellung der Discounter werden ihnen über diese Einsparungen hinaus typischerweise zusätzliche Rabatte zu gewähren sein.

Dieser Druck auf die Spannen nimmt im Laufe der Zusammenarbeit mit den Discountern aber nicht ab, sondern im Gegenteil laufend zu: Je mehr ein Lieferant einem Discounter geliefert und je länger er mit ihm zusammengearbeitet hat, umso abhängiger wird er von diesem Kunden und umso erpressbarer wird er für die Gewährung zusätzlicher Konditionen. Dieses Spiel wird von den gewieften Einkäufern der Discounter so lange gespielt, bis der Lieferant nicht mehr mithalten kann und «aussteigen» will. Ob es dann tatsächlich zu der gefürchteten Auslistung kommt, hängt von der Attraktivität alternativer Angebote ab. Zumindest hat der Einkäufer dann erkannt, dass «das Ende der Fahnenstange» erreicht ist und von diesem Lieferanten keine besseren Konditionen mehr zu erwarten sind. Im Einzelfall mag ihn dies auch beruhigen und bewegen, den Lieferanten doch nicht auszulisten.

Das Risiko einer Zusammenarbeit mit einem Discounter nimmt also im Laufe der Zusammenarbeit nicht etwa ab, sondern eher zu. Hinzu kommt oft eine derart unverschämte, ja gelegentlich sogar entwürdigende Behandlung der Gesprächspartner der Industrie, dass viele von ihnen gern «das Handtuch werfen» würden, wenn mit der Auslistung beim Discounter nicht grosse Umsätze und damit auch viele Arbeitsplätze gefährdet wären. Wenn jemand nach dem Beweis sucht, wie sich inzwischen die Marktmacht von den Herstellern auf die Abnehmer im Handel verlagert hat, dem sei empfohlen, einmal «inkognito» an einer Verhandlung mit einem Discounter teilzunehmen. Von Freundlichkeit, Fairness oder gar Menschlichkeit im Umgang miteinander ist bei diesen Verhandlungen jedenfalls nur wenig zu spüren. Aldi ist auch hier eine eher rühmliche Ausnahme, denn es ist bekannt, dass er seine Lieferanten zwar hart und unnachgiebig, gleichwohl menschlich und fair behandelt. So ist bei seinen Einkäufern auch ein so genanntes «Nachverhandeln» verpönt, das die übrigen Discounter nicht hindert, eine einmal getroffene Vereinbarung bald wieder in Frage zu stellen und so kontinuierlich Druck auf die Lieferanten auszuüben.

Die Zusammenarbeit mit einem Discounter produziert aber nicht nur mit dessen Organen Ärger, sondern mehr noch mit den übrigen Kunden (wie Edeka, REWE, Kaufland, Tengelmann, Globus etc.), die beklagen, dass sie von den Lieferanten zumeist schlechtere Konditionen erhalten, obwohl sie typischerweise doch mehr Artikel gelistet und diesen mehr Regalstrecke zur Verfügung gestellt haben als die Discounter. Zwar kann ihnen entgegengehalten werden, dass die Zusammenarbeit mit ihnen mehr kostet. Doch ist unbestritten, dass diese übrigen Kunden über diesen Kosten-Nachteil hinaus auch noch Konditionennachteile erleiden müssen, worunter natürlich eine harmonische, vertrauensvolle und effektive Zusammenarbeit leidet.

Die Marktmacht und interne Durchsetzungsfähigkeit derartiger, oft mehrstufiger Handelsunternehmen (Zentral-, Grosshandels-, Einzelhandelsstufe) sind aber zumeist geringer als bei den streng hierarchisch und einstufig aufgestellten Discountern. Sie verfügen daher auch nicht über ein vergleichbares Erpressungspotenzial, zumal sie, wie beschrieben, eine Art Sortimentsverpflichtung haben beziehungsweise sich mit den Erwartungen der Verbraucher konfrontiert sehen, hier Markenartikel einkaufen zu können, die es auch woanders zu kaufen gibt und die von Zeit zu Zeit in den Massenmedien beworben werden.

Die grössten Probleme für die Industrie erzeugen jedoch zumeist die – im Verhältnis zu den übrigen Handelskunden – niedrigeren Endverbraucherpreise ihrer Produkte bei den Discountern. Diese stehen nämlich ständig im Fokus der öffentlichen Aufmerksamkeit und müssen im Grunde immer weiter sinken, lebt ein Discounter doch im Wesentlichen von dem Argument, dass seine Verkaufspreise die niedrigsten am Markt sind. Damit einher geht somit eine Vernichtung möglicher Wertschöpfung, die sowohl dem Handel wie der Industrie fehlt, um neue Produkte entwickeln, um die Verbraucher geeignet informieren und um die Qualität und den Service kontinuierlich ausbauen zu können.

Schliesslich besteht ein gravierender Nachteil des Wachstums der Discounter für alle übrigen Marktteilnehmer darin, dass der Kuchen für «alle anderen» immer kleiner wird, wirtschaftliche Existenzen vernichtet und Arbeitsplätze abgebaut werden und die Angebotsvielfalt auf Dauer deutlich sinken wird. Wenn z. B. Aldi in einer Sonderaktion von nur wenigen Tagen so viele Kochtöpfe verkauft wie der ganze Fachhandel sonst in einem Jahr, kann man sich leicht vorstellen, was diese im weiteren Verlauf eben nicht mehr verkaufen werden und welche wirtschaftlichen Nachteile für sie damit verbunden sind.

Konsequenzen

Die Zusammenarbeit der Industrie mit discountierenden Unternehmen ist also, wie beschrieben, alles andere als eine «win-win»-Situation (vgl. *Abbildung 15*).

Abbildung 15: Vor- und Nachteile der Zusammenarbeit mit Discountern aus Sicht der Industrie

Vorteile für die Industrie	Nachteile für die Industrie
Wenige Artikel, hoher Umsatz	Hohe Preisnachlässe
Grosse Lieferungen pro Abladestelle	Geringe Sortimentsbreite
Befristete Abnahmegarantie	Permanente Gefahr der Auslistung
Hohe Marktanteile	Unfaire Behandlung
Partizipation am Wachstum des Kunden	Ärger mit den übrigen Kunden
Geringe Kontaktkosten	Zu niedrige Endverbraucherpreise

Der Lieferant muss genau abwägen, ob der mit der Belieferung der Discounter verbundene Nutzen die inhärenten Risiken oder die Kosten übersteigt oder nicht. Aber auch für die Verbraucher ist das Glück, beim Discounter billig einkaufen zu können, nicht «umsonst». Zwar gab es nach Öffnung der Berliner Mauer nicht wenige Bürgermeister in den Gemeinden der neuen Bundesländer, die sich persönlich bei den Gebrüdern Albrecht dafür einsetzten, in ihrer Gemeinde doch eine Filiale zu eröffnen. Galt es doch, ihre Bürger mit den Segnungen westlicher Marktwirtschaft zu verwöhnen und sie möglichst preisgünstig mit Lebensmitteln zu versorgen. Nicht bedacht wurde dabei jedoch, dass in der Folge des Voranschreitens der Discounter längerfristig Fachgeschäfte verschwinden, Innenstädte veröden und sich die Angebote auf ein «Discountmass» verringern können. Spätestens dann werden es auch die Verbraucher mit einem Verlust an Lebensqualität zu bezahlen haben, wenn Lebensqualität unter anderem darin gesehen wird, beim Einkauf in erreichbarer Nähe zum Wohnort eine geeignete Auswahl zu haben, frische und hochwertige Produkte kaufen zu können, gut beraten und freundlich bedient zu werden und bestimmte Artikel nicht nur dann einkaufen zu können, wenn der Discounter sie wieder mal «im Angebot hat».

Wirtschaftstheoretisch und über einen längeren Zeitraum betrachtet, kann man behaupten, dass die Discount-Entwicklung vermutlich nichts anderes ist als ein «trading down» und damit sichtbarer Ausdruck einer Art «Deflation», die letztlich auch eine schlechte gesamtwirtschaftliche Entwicklung widerspiegelt. Hohe Arbeitslosigkeit, hohe Steuern und Sozialabgaben, niedrige Einkommen, überalterte Gesellschaften, reduzierte Renten, zunehmende Zukunftsängste etc. auf Seite der Konsumenten, Überkapazitäten bei der Industrie und Flächenüberhänge beim Handel auf der anderen Seite forcieren geradezu einen Betriebstyp, der im Wesentlichen eines kann: eine geringe Auswahl billig anbieten.

Dass es in Zukunft eine breite Auswahl, hohe Qualitäten, schöne Geschäfte, freundliche Bedienung und Beratung jedoch überhaupt nicht mehr geben wird, ist zu bezweifeln. Man wird nur weiter fahren oder gar suchen müssen, um derartige Einkaufsstätten zu besuchen oder zu entdecken. Letztlich schafft sich in einer Marktwirtschaft jede Nachfrage auch ihr Angebot. Wenn die Masse der Verbraucher jedoch bestimmte Produkte lieber beim Discounter einkauft als im klassischen Super- und Verbrauchermarkt, dann wird sich die ganze Handelslandschaft ebenso verändern, wie sie das auch in den vergangenen Jahrzehnten immer getan hat (vgl. Nieschlag/Kuhn 1954). Es bleibt somit abzuwarten und zu beobachten, ob sich z. B. in der Schweiz, die sich die deutschen Discounter als nächstes Territorium vorknöpfen wollen, traditionelle Geschäfte und Markenartikel-Hersteller durch eine klügere Politik besser behaupten können oder ob auch sie letztlich nur eines können: billig verkaufen.

Quellenangaben

Brandmeyer, K. (2002): *Die sprachlose Werbung. Die Emotionalisierung der Markenwerbung ist ein Irrweg. Wider die Austauschbarkeit*, in: FAZ, 11.11.2002.

Lange, M. (2003): *Warum verwirrte Verbraucher lieber bei ALDI einkaufen*, in: Markenartikel, Juni 2003, S. 26–27.

Lange, M. (2005): *Die Belieferung von Discountern mit Markenartikeln: ein Spiel mit dem Feuer!*, in: Markenartikel, Mai 2005, S. 62–63.

Nieschlag, R/Kuhn, G. (1980): *Binnenhandel und Binnenhandelspolitik*, S. 85–104.

Twardawa, W. (2004): *Die Chance der Marke im diskontierenden Umfeld*, Eine Studie von GfK in Kooperation mit GWA. Frankfurt a.M., S. 10–60.

Unruhe ist erwünscht

Von Manfred Bötsch, Direktor Bundesamt für Landwirtschaft (BLW)

Bei Nahrungsmitteln entfallen zwei Drittel der Preisdifferenz zwischen der EU und der Schweiz auf die der Landwirtschaft nachgelagerten Stufen der Verarbeitung und des Handels. Das belegen Berechnungen des Detailhandels. Und öffentliche Statistiken dokumentieren, dass im Laufe der Reform der Agrarpolitik die Preisdifferenz Schweiz – EU auf der Stufe der Rohstoffe kleiner, jene auf der Ebene der Konsumenten dagegen grösser geworden sind. Die Konsumenten haben also bisher nur partiell von den Anstrengungen der Landwirtschaft und der Reform der Politik profitiert. Da ist die Unruhe, die das Auftreten ausländischer Hard Discounter in der Schweiz ausgelöst hat, durchaus erwünscht.

Deutsche Hard Discounter wollen in der Schweiz Fuss fassen. Die neue Konkurrenz löst Unruhe und Ängste aus. Sicher ist gegenwärtig nur, dass die Preise auf allen Stufen unter Druck geraten werden. Wer letztlich am stärksten unter Druck kommt, ist umstritten. Der Bauernverband befürchtet, dass die Produzenten die allein Leidtragenden sein werden, weil der Druck via Grosshandel und Verarbeiter einfach an die Bauern weitergegeben wird (LID 2004). Andere prophezeien dem Handel oder den Verarbeitern grössere Umwälzungen. Die Umwälzung im schweizerischen Detailhandel wird jedenfalls nicht ohne Nebengeräusche über die Bühne gehen – nötig ist sie trotzdem.

Mit dem Agrarbericht 2004 hat das Bundesamt für Landwirtschaft (BLW) eine ausführliche Bilanz über die agrarpolitische Reform publiziert (BLW 2004, S. 231 ff.). Sie belegt, dass sich die schweizerischen Produzentenpreise nach der Abschaffung aller Preis- und Absatzgarantien jenen in der EU angenähert haben: Der absolute Preisabstand[1] auf Stufe der Agrarproduktion zur EU verringerte sich seit 1990/92 um 28 % (BLW 2004, S. 231 ff.). Auch der relative Preisabstand sank – allerdings bescheidener – von rund 50 % auf nunmehr 46 %, weil die Preise in der EU im gleichen Zeitraum ebenfalls gesunken sind. Auf der Stufe der Konsumentenpreise erhöhte sich dagegen der Abstand, absolut betrachtet, um 25 % und relativ von 31 auf 38 %. Auf nationaler Ebene manifestiert sich diese Entwicklung in auseinander laufenden Indices für Lebensmittel beziehungsweise für Rohprodukte (vgl. *Abbildung 16*).

Die Freiburger Wissenschaftler Reiner Eichenberger und Ingrid Vock haben nachgewiesen, dass die im Vergleich zu deutschen Handelsketten um bis zu

150 % höheren Schweizer Konsumentenpreise nicht allein mit dem Agrarschutz begründbar sind (Eichenberger/Vock 2004). Auch fehlender Wettbewerb auf den nachgelagerten Stufen ist eine Ursache. Dies wiederum veranlasst Alain Zürcher in der *Weltwoche* zur Aussage: «Das Leben als Detailhändler war offenbar zu gemütlich ….» (Zürcher 2005). Schliesslich belegt eine Studie eines Grossverteilers, dass zwei Drittel der Preisdifferenz für Lebensmittel zwischen der Schweiz und Deutschland auf die nachgelagerten Bereiche (Verarbeitung und Handel) entfallen.

Der kritische Blick auf die Preis- und Margenentwicklung ist keine Anklage. Die Akteure haben einfach die Gunst der Stunde genutzt. Das entbindet sie jetzt aber nicht von der Verantwortung. Verarbeitung und Handel müssen – wie die Landwirtschaft – ihren Beitrag leisten, wenn es darum geht, die Wettbewerbsfähigkeit der schweizerischen Ernährungswirtschaft zu sichern.

Abbildung 16: Entwicklung des Produzenten- und Konsumentenpreisindexes für Nahrungsmittel

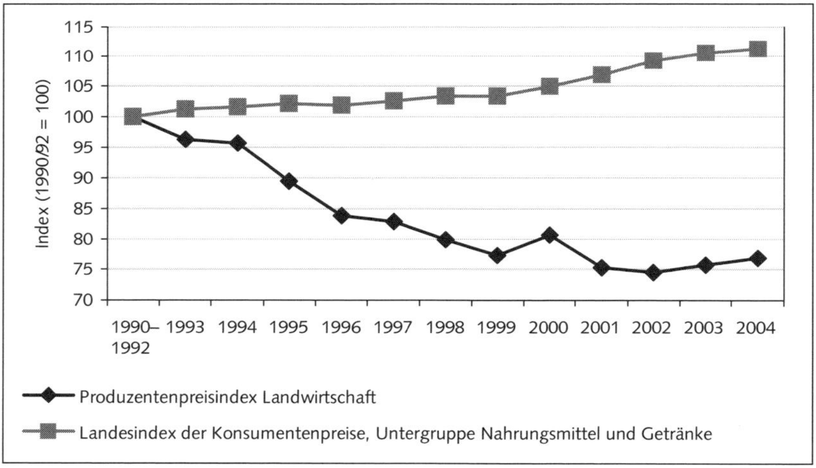

Quelle: BfS 2005

Aus agrarpolitischer Sicht interessieren die möglichen Auswirkungen auf die Preise, die Qualität und die Absatzmengen.

Preise: Differenzen schmelzen

Die neue deutsche Konkurrenz wird nicht nur die Konsumentenpreise nach unten ziehen. Detailhandel und Verarbeiter werden den Druck weitergeben versuchen. Die Erfahrung zeigt, dass die Wettbewerbsverhältnisse dies auch zulassen. Also ändert der Eintritt der neuen Discounter grundsätzlich nichts, hingegen wird ein Ziel der agrarpolitischen Reform, nämlich wettbewerbsfähige Preise für die Rohprodukte zu erreichen, noch vordringlicher. In jenen Segmenten, in denen die Rohstoffpreise bereits im Zusammenhang mit den bilateralen Agrarabkommen I & II direkt (Käse, Zucker, Spirituosen, Konfitüren etc.) oder indirekt (für alle verarbeiteten Produkte, die dem Rohstoffpreisausgleich unterstellt sind) auf europäisches Niveau fallen oder sich schon dort befinden, wird der zusätzliche Wettbewerbsdruck zwangsläufig auch die Stufen Handel und Verarbeiter erfassen.

Eng wird es vor allem für Schweizer Markenartikel-Hersteller im Nahrungsmittelbereich, welche bisher die Schweizer Hochpreisinsel und gleichzeitig die deutschen Billiganbieter beliefern und so interessante Mischpreise realisieren. Die Discounter kennen die Preisunterschiede bei den Rohstoffen genau und werden sich die Rechnung machen. Schweizer Lieferanten, die nicht auf das Auslandsgeschäft verzichten wollen, werden in der Schweiz ähnliche Konditionen anbieten müssen. Und diese wird in der Folge auch der inländische Handel einfordern. Auch in Verarbeitungssektoren, die vom Grenzschutz profitieren, in denen aber Überkapazitäten bestehen, werden die Margen unter Druck kommen. Zusammen mit dem sinkenden Grenzschutz wird die zusätzliche Einkäufergruppe in diesen Sektoren für rasche Anpassungen sorgen. Aus agrarpolitischer Sicht sind die damit verbundenen Restrukturierungen erwünscht. Noch gibt es in diversen Sektoren zu viele Akteure, sowohl auf der ersten Verarbeitungsstufe, etwa im Müllereibereich oder bei den Schlachtbetrieben, als auch auf der zweiten, zu der die Fleischverarbeitung und der Molkereisektor zu zählen sind.

In diesem Kontext muss der vergleichsweise kleine Schweizer Markt (gerade mal 7 Mio. Konsumenten, was zweimal der Bevölkerung von Berlin entspricht) ebenfalls ein Thema sein. In einigen Bereichen (etwa Zucker, Ölsaaten) ist das gesamte Schweizer Marktvolumen zu klein, um die für europäische Verhältnisse nötigen Skaleneffekte auf der Stufe Verarbeitung nutzen zu können. Diese Sektoren werden entweder im aktiven Veredlungsverkehr mit Rohstoffen aus der EU für den EU-Markt produzieren müssen, was voraussetzt, dass sie sich dort als Lieferant etablieren können. Oder die Schweizer Rohstofflieferanten müssten für den Export zu Preisen unter dem EU-Niveau liefern, was wenig wahrscheinlich ist. Auch Befürchtungen, dass die Nahrungsmittel verramscht werden, sind nach den Erfahrungen in Deutschland, wo während Monaten Lebensmittel unter den Einstandspreisen verkauft wurden, nicht von der Hand zu weisen. Solche Aktionen sind in einem kleinen Markt natürlich noch wirkungsvoller. Potente Discounter könnten wirtschaftlich durchhalten, bis die Konkurrenz eliminiert ist. Umso mehr als im Schweizer Wettbewerbsrecht das Pendant zum deutschen «Verbot des Verkaufs unter Einstandspreis» fehlt.

Qualität: Bio oder Budget?

Die Grossverteiler haben die Ratschläge von Dieter Brandes beherzigt, sie haben agiert und nicht auf die anderen reagiert (Brandes 2004). Sie segmentieren das Angebot für den hybriden Kunden vom «Billig-» bis zum «Premiumprodukt» und splitten die einzelnen Segmente noch bezüglich ihrer regionalen Herkunft auf (beispielsweise «Bio aus der Region» von Coop). Neben Billiglinien wird mit New-Premium-Produkten den Kunden ein individueller und spezieller Mehrwert angeboten. Die Schweizer Grossverteiler haben gute bis ideale Verkaufsstandorte und geniessen ein grosses Vertrauen bei den Konsumenten. Dies lässt grundsätzlich eher bescheidene Marktanteilsgewinne für die Hard Discounter erwarten. Marktanteile, wie sie in England erreicht werden, sind für die Schweiz realistischer als jene in Deutschland.

Letztlich wird die Schweizer Kundschaft entscheiden, ob und welchen Erfolg die deutsche Konkurrenz haben wird. Ein Blick in die Warenkörbe an der Kasse oder – etwas zuverlässiger – in die Statistiken über das Einkaufsverhalten zeigt, dass die reinen Schnäppchenjäger in der Minderheit sind, genauso wie jene, die nur Bio aus der Region kaufen. Viel häufiger ist der Konsument, der im gleichen Einkauf sowohl Bio-Produkte als auch Produkte aus der Region und Billigangebote einkauft. «Der zeitsparende Einkauf ist ein Differenzierungsthema», weiss Denner-Chef Philippe Gaydoul (Gaydoul 2005). Auch deshalb wird der reine Billiganbieter beim Hybrid-Konsumenten nur bedingt Erfolg haben. Festgestellt wird zudem eine wachsende Nachfrage nach Nahrungsmitteln, bei denen der Qualitätsbegriff zunehmend auch subjektive Werthaltungen bezüglich der Herkunft, der Produktionsmethoden, der Umwelt- und Sozialverträglichkeit einschliesst.

Diese Ausgangslage wird von den einheimischen Grossverteilern genutzt. Sie ist aber auch für den Schweizer Rohstofflieferanten die einzige Chance, weil er in aller Regel als Lieferant von Massengütern nicht konkurrieren kann. Aus diesem Grund unterstützt die Agrarpolitik diese Entwicklung, hin zu qualitativ hochwertigen, nach Herkunft oder Produktionsverfahren differenzierten Produkten. In Frage gestellt werden könnte die Strategie dann, wenn die allgemeine wirtschaftliche Entwicklung negativ wäre. In Notzeiten ist beispielsweise ein hoher Tierschutz ein wenig relevantes Verkaufsargument. Falsch wäre die Strategie, wenn die Konsumenten ihre Werthaltung fundamental ändern würden. In diesem Zusammenhang wird auf Verhaltensweisen nach dem Motto «Geiz ist geil» verwiesen, welche teilweise Furore machen, obschon «Geiz» eigentlich eine moralisch verpönte Haltung ist. Die mögliche Steigerungsform von «Geiz ist geil» – nämlich «Klau ist geiler» – deckt die fundamentale Wertehaltung hinter diesem Slogan auf. Aber eben, man leistet sich die Moral, die man bezahlen kann. Insofern ist die allgemeine wirtschaftliche Entwicklung wichtig, aber nicht allein massgebend.

Mengen: Marktanteile nicht gefährdet

Lidl und Aldi werden anderen Anbietern Marktanteile abnehmen. Die Frage ist, wem und wie viel. Aus agrarpolitischer Sicht steht dabei noch eine zusätzliche Dimension im Vordergrund: Nimmt mit dem Eintritt der Hard Discounter in den Schweizer Lebensmittelmarkt das verkaufte Volumen von Produkten mit Schweizer Rohstoffen zu oder ab? Zwei Tatsachen sind in diesem Kontext bedeutsam: Erstens gelten für alle Akteure die gleichen Importbestimmungen. Zweitens werden heute entlang der Grenze für bis zu 1,5 Mrd. CHF Nahrungsmittel und Getränke im Ausland eingekauft und zollfrei in die Schweiz eingeführt. Mit den geplanten Verkaufsstellen vom Bodensee entlang der deutschen Grenze nach Westen und bis ins Mittelland werden die Discounter einen grossen Teil jener Konsumenten erreichen, die sie schon bisher in Deutschland zu ihren Kunden zählen konnten. Damit würde ein Teil der bislang im Ausland gekauften Lebensmittel wieder in der Schweiz umgesetzt. Auf diese Entwicklung zählt die Reform der Agrarpolitik: Mit einer Annäherung der Rohstoffpreise an die Konkurrenz im Ausland wird vermieden, dass relevante Marktanteile verloren gehen. Diese mögliche Entwicklung wird wohl umso stärker ausfallen, je geringer die verbleibenden Preisdifferenzen werden und damit eine Fahrt ins Ausland unattraktiv machen.

Die öffentliche Debatte über die Ursache von Preisdifferenzen, die durch das Auftreten ausländischer Hard Discounter ausgelöst wurde, ist nötig, und sie zeigt, dass die Differenzen bei weitem nicht durch die Landwirtschaft beziehungsweise die Agrarpolitik allein erklärt werden können. Das Kaufverhalten der Konsumenten wird über den Erfolg der neuen Marktteilnehmer entscheiden. Gesamthaft sind für die Landwirtschaft keine Marktanteilsverluste zu befürchten.

Anmerkungen

1   Differenz des Wertes definierter landwirtschaftlicher Produktionsmengen zu Schweizer und EU-Preisen

Quellenangaben

BLW (2004): *Agrarbericht 2004*; Bundesamt für Landwirtschaft.

Brandes, D. (2004): *Aldi kommt*, in: *Persönlich*, November 2004, S. 26–32.

Eichenberger, R.; Vock, I. (2004): *Augenreiben kostet nichts*; in: *Die Weltwoche*, Ausgabe 32/04.

Gaydoul, P. (2005): *30 Prozent tiefere Preise*, in: *NZZ am Sonntag*, 16. Januar 2005.

LID (2005): *Jahresbericht*, Landwirtschaftlicher Informationsdienst.

Zürcher, A. (2005): *Unser Dank gilt den Eindringlingen*, in: *Die Weltwoche*, Ausgabe 01/05.

Discount-Phänomen und Schweizer Landwirtschaft

Von Hansjörg Walter, Nationalrat und Präsident Schweizerischer Bauernverband

Die Entwicklungen im Schweizer Detailhandel sind für die Landwirtschaft relevant. Der grösste Teil der landwirtschaftlichen Produktion gelangt über die Kanäle des Detailhandels zu den Konsumenten. Auch wenn die Direktvermarktung durch die Landwirtschaftsbetriebe eine zunehmend wichtige Rolle spielt, bleibt sie vergleichsweise marginal. Die Branche setzt sich deshalb intensiv mit wahrscheinlichen Szenarien im Detailhandel auseinander und stellt sich so gut wie möglich darauf ein. Darüber hinaus nimmt die Landwirtschaft mit geeigneten Massnahmen direkt auf den Detailhandel Einfluss, indem sie z. B. Marketingleistungen erbringt, Labelprogramme betreibt oder in Branchenorganisationen und im direkten Gespräch mit Vertretern des Detailhandels intensive Kontakte pflegt.

Verhältnis Detailhandel und Landwirtschaft

Anhand der Darstellung einiger grundsätzlicher Konstellationen und Merkmale des Verhältnisses von Detailhandel und Landwirtschaft ergeben sich mit dem Markteintritt von Discountern Fragestellungen, welche aus Sicht der Landwirtschaft vor allem interessieren.

Discount- versus Qualitätsstrategie

Auf den ersten Blick scheinen die Discount-Strategie im Detailhandel und die Qualitätsstrategie der Schweizer Landwirtschaft unvereinbar. Als Folge der strukturellen und topographischen Voraussetzungen sowie der im internationalen Vergleich strengen Auflagen in der Landwirtschafts-, Umweltschutz- und Tierschutzgesetzgebung und des allgemein hohen Kostenumfelds kommt eine Discount-Strategie für die Schweizer Landwirtschaft nicht in Frage. Die Schweizer Landwirtschaft setzt spätestens seit der Einleitung der Agrarreformen zu Beginn der 1990er Jahre und des Wegfalls staatlicher Preis- und Mengengarantien in Produktion und Marketing konsequent auf Qualität. Die Erzeugnisse der Schweizer Landwirtschaft sind u. a. auch deshalb im internationalen Vergleich preislich nicht konkurrenzfähig. Es stellt sich die Frage, ob und wie hier ein Brückenschlag möglich ist.

Asymmetrische Marktmacht

Marktentwicklungen haben viel mit der Macht der einzelnen Akteure zu tun. In der Schweiz steht einer klein strukturierten und vielfältigen Landwirtschaft mit rund 65 000 Betrieben eine stark konzentrierte Detailhandelslandschaft gegenüber. Das führt zu einer Machtasymmetrie. Heute kann das Duopol von Coop und Migros die Konditionen für die Lieferanten aus der Landwirtschaft mehr oder weniger diktieren. Mit dem Markteintritt neuer Akteure im Detailhandel verändert sich diese Konstellation. Die Marktmacht im Detailhandel wird sich auf mehr Akteure verteilen. Ob das zu einer Stärkung der Landwirtschaft führen wird, muss sich erst noch weisen. Hier hat die Landwirtschaft selber noch Hausaufgaben zu bewältigen, indem sie ihre Marketingleistungen und Vertriebskanäle weiter optimiert und so zu einem gewichtigeren Marktpartner wird.

Schere zwischen Produzenten- und Konsumentenpreisen

Zwischen 1990 und 2004 ist der Produzentenpreisindex in der Schweizer Landwirtschaft um 25 % zurückgegangen, während der Landesindex der Konsumentenpreise für die Untergruppe Nahrungsmittel und alkoholfreie Getränke im selben Zeitraum um 15 % zugenommen hat. Der Anteil des Konsumentenfrankens, welcher zur primären Produktionsstufe gelangt, geht immer mehr zurück.

Die Lebensmittelverarbeiter und Detailhändler rechtfertigen den Ausbau ihrer Bruttomarge mit gestiegenen Kosten und einer optimierten Fertigungstiefe, d. h. einer verbesserten Wertschöpfung in der Verarbeitung, Veredelung und im Verkauf. In der Landwirtschaft besteht hingegen der Eindruck, die Lebensmittelverarbeiter und Detailhändler hätten ihre Margen laufend ausbauen können, weil sie ihre Marktmacht voll ausgespielt und erzielte Produktivitätsgewinne nicht in vollem Umfang an die Konsumenten weitergegeben hätten. Es stellt sich die Frage, ob der Markteintritt von Discountern diesen Trend beschleunigen, bremsen oder sogar umkehren wird.

Gegenseitige Abhängigkeit

Die Schweizer Landwirtschaft ist elementar auf die Abnahme ihrer Produkte durch die Lebensmittelverarbeiter und Detailhändler angewiesen. Der Produkterlös zu Marktpreisen bildet ihre mit Abstand wichtigste Einkommenskomponente. Gemäss der landwirtschaftlichen Gesamtrechnung betrug die Erzeugung des landwirtschaftlichen Wirtschaftsbereichs im Mittel der Jahre 2001 bis 2003 10,28 Mrd. CHF. Die staatlichen Transferleistungen an die Landwirtschaftsbetriebe, welche zum grössten Teil in Form von Direktzahlungen erbracht wurden, beliefen sich im Mittel derselben Periode auf 2,66 Mrd. CHF jährlich.

Der Detailhandel ist seinerseits elementar auf die Schweizer Landwirtschaft als Lieferantin angewiesen. Wie Studien belegen, ist die Herkunft der Lebensmittel für einen grossen Teil der Konsumenten ein wichtiges Kaufkriterium. Einheimische Produkte bieten einen vermarktbaren Mehrwert. Wird der bevorstehende Markteintritt von Discountern an diesem Verhältnis etwas ändern?

Usurpation des Landwirtschaftsimages

Coop und Migros stützen ihre Marketingkommunikation stark auf das Image der Schweizer Landwirtschaft. Bei Coop spielte die Marke «Coop Naturaplan» in den letzten zehn Jahren eine zentrale Rolle, Migros setzt auf das Dachlabel «Engagement». Ein Blick in Printpublikationen oder auf die Websites der beiden Grossverteiler könnte den Eindruck erwecken, bei einer landwirtschaftlichen Organisation gelandet zu sein. Glückliche Hühner scharren unter freiem Himmel, noch glücklichere Kühe weiden auf saftgrünen Wiesen, eindringliche Porträts von Bäuerinnen und Bauern prangen auf Einkaufstüten. Auch ein Rückblick auf die Landesausstellung Expo.02 illustriert dieses Phänomen: Die populärste und teuerste Landwirtschaftsausstellung war nicht die von landwirtschaftlichen Organisationen getragene «Expoagricole» in Murten, sondern «Manna», der gelbe Riesenpudding von Coop in Neuchâtel.

Man kann von einer eigentlichen Usurpation von Bildern – dem Image – der Landwirtschaft durch den Detailhandel sprechen. Aus Sicht der Landwirtschaft ist positiv, dass die relativ bescheidenen Mittel, welche für generische Marketingkommunikation für die Schweizer Landwirtschaft zur Verfügung stehen, somit potenziert werden und ein öffentliches Bewusstsein für die Werte der Schweizer Landwirtschaft und ihrer Produkte erzeugt wird, wie es die Landwirtschaft allein niemals zu erzeugen imstande wäre. Negativ ist der Umstand, dass der Absender der frohen Botschaft nicht die Landwirtschaft selber ist. Jede Branche möchte ihr gutes Image zuerst einmal für sich selber einsetzen und es nicht aus den Händen geben. Wird der Markteintritt von Discountern die Marketingkommunikation und die Verwendung von Bildern aus der Landwirtschaft im Detailhandel verändern? Wenn ja, mit welchen Folgen für die Landwirtschaft?

Regulierungsmacht des Detailhandels

Das Landwirtschaftsgesetz und zahlreiche Verordnungen bestimmen die Rahmenbedingungen für die Landwirtschaft massgeblich mit. Dazu kommt eine Vielfalt staatlicher Erlasse aus verwandten Gebieten wie Umweltschutz, Tierschutz oder Raumplanung. Auch die Liberalisierung der Landwirtschaft, d. h. die zunehmende Deregulierung der nationalen und internationalen Märkte, haben das Dickicht im Bereich der Vorschriften nicht lichten können.

Nicht nur der Staat verfügt über eine Regulierungsmacht in der Landwirtschaft, sondern immer mehr auch der Detailhandel. Indem Detailhändler eigene Labelprogramme wie «Coop Naturaplan» oder «M7» führen, denen zum Teil zahlreiche Landwirtschaftsbetriebe angeschlossen sind, legen sie Produktionsrichtlinien und -vorschriften de facto selber fest.

Während der staatliche politische Prozess nach festen Regeln und demokratisch abläuft, sind die «politischen» Verfahren der Detailhändler wenig transparent und demokratisch. Landwirtschaftsbetriebe haben ihre Verschärfungen der Bestimmungen entweder nachzuvollziehen oder verlieren ihren Abnehmer. Die vordergründige Freiwilligkeit des Mitmachens in den Programmen ist faktisch einem Zwang gewichen, weil die Grossverteiler oft ausschliesslich angeschlossene Lieferanten berücksichtigen. Und die Bauern haben nicht viele Alternativen auf der Abnehmerseite.

Wird der Markteintritt von Discountern die Regulierungsmacht des Detailhandels beschneiden oder weiter ausbauen?

Auswirkungen des Markteintritts von Discountern

Niemand kennt die genauen Auswirkungen der Markteintritte von Discountern. Mindestens eine ist jedoch bereits heute zu beobachten: Die mediale Öffentlichkeit und wohl auch die Konsumenten haben das Thema entdeckt. In zahlreichen Artikeln, Beiträgen, Veranstaltungen und Symposien spekulieren Medienschaffende und Fachleute über mögliche Szenarien, Marktanteile, Konsumentenverhalten und Strategieänderungen der heutigen Akteure. Mit dem beschaulichen Burgfrieden im Schweizer Detailhandel ist es vorerst einmal vorbei.

Hochpreisinsel Schweiz

Die öffentliche Debatte zum Detailhandel wird dadurch verstärkt, dass parallel eine Debatte über die «Hochpreisinsel Schweiz» geführt wird. Vermutlich hat die Diskussion um die Entwicklungen im Detailhandel massgeblich zur Entstehung der übergeordneten Preisdebatte beigetragen.

Somit bekommt der Markteintritt der Discounter eine gesellschaftspolitische Bedeutung. Das öffentliche Bewusstsein über die Preisinsel Schweiz ist schlagartig grösser geworden und die Bereitschaft, auf ihr zu leben, entsprechend kleiner. Zahlreiche Branchen kommen angesichts von Preisvergleichen in Erklärungsnotstand, nicht nur der Detailhandel, auch die Pharmaindustrie oder eben die Landwirtschaft. Der Druck zu offeneren Grenzen hat gewaltig zugenommen. Für einmal ist es kein von aussen aufgezwungener Druck, sondern ein hausgemachter innenpolitischer Druck, der den Aussendruck in seiner Wirkung noch potenziert.

Zunehmende Preissensitivität

Der Markteintritt von Discountern und die damit zunehmende Preissensitivität zwingen die Schweizer Landwirtschaft dazu, den Mehrwert ihrer einheimischen Qualitätsprodukte noch stärker zu kommunizieren, um einen höheren Marktpreis im Vergleich zu Importprodukten erzielen zu können. Dabei ist ein wichtiger Mehrwert neben der Spitzenqualität schlicht und einfach die regionale Herkunft. Die Produkte der Schweizer Land- und Ernährungswirtschaft bieten den Konsumenten eine identitätsstiftende Nähe und die Gewissheit, mit ihrem Kauf Bauernfamilien und Verarbeitungsbetriebe in der Region zu unterstützen.

Bereits heute ist zu beobachten, dass das Preisargument in der Marketingkommunikation des Detailhandels wichtiger wird. Der synchron erfolgte Ausbau der Billiglinie «M-Budget» und die Lancierung der Marke «Prix Garantie» bei Coop sowie intensivierte Promotionsanstrengungen bei allen Detailhändlern, die explizit auf die Preise zielen, weisen in diese Richtung.

Trotzdem ergibt sich im Qualitäts- und Hochpreissegment möglicherweise – aus Sicht der Landwirtschaft hoffentlich – ein vergrössertes oder mindestens stabiles Marktpotenzial. Die Konsumenten sehnen sich in der globalisierten Discount-Welt auch nach Qualität, Identität und Exklusivität. Genau diese Bedürfnisse wird die Schweizer Landwirtschaft mit ihren Produkten auch in Zukunft zu erfüllen trachten.

Trotzdem überwiegen innerhalb der Landwirtschaft zurzeit Befürchtungen, die zunehmende Bedeutung des Preises im Detailhandel führe zu einem weiter verschärften Preisdruck. Zumindest führen in Preisverhandlungen die etablierten Grossverteiler schon heute mehr oder weniger offen das Argument ins Feld, der Preiskampf und die verschärfte Konkurrenz müssten auch bei den Produzentenpreisen in der Landwirtschaft zu einem weiteren Rutsch führen.

Zu den Befürchtungen trägt auch bei, dass wenig verarbeitungs- und wertschöpfungsintensive Frischprodukte oft als möglichst billige «Frequenzbringer» dienen. Somit unterliegt ein beträchtlicher Anteil der landwirtschaftlichen Produktion einem besonders akzentuierten Preisdruck. Erfahrungen aus Deutschland und Frankreich bestätigen diese Tendenz. In Deutschland wurden bereits gerichtliche Verfahren angestrengt, um gegen den Verkauf von solchen Produkten durch den Detailhandel unter dem Einstandspreis vorzugehen.

Preis- oder Qualitätsbewusstsein

Völlig offen ist, wie sich angesichts der Preisdiskussion das Preis- und Qualitätsbewusstsein der Konsumenten verändern wird. Die GfK-Studie «European Consumer Study 2004» kommt zum Schluss, beim Lebensmittelkauf sei den meisten Europäern der Preis wichtiger als die Qualität. Interessanterweise gibt es deutliche Unterschiede zwischen den untersuchten Ländern. Am preisbewusstesten geben sich Deutsche, Franzosen und Polen. Italiener dagegen legen laut der Studie mit Abstand am meisten Wert auf Qualität.

Möglicherweise lassen diese Ergebnisse den Schluss zu, dass in Ländern mit einer Discount-Tradition das Preisbewusstsein beim Lebensmitteleinkauf ausgeprägter ist als in Ländern, wo der Lebensmitteldetailhandel eher noch traditionell und klein strukturiert ist. Es stellt sich aber die Frage nach Ursache und Wirkung. Vielleicht ist der Detailhandel in einigen Staaten stärker einer Discount-Strategie verpflichtet, gerade weil das Preisbewusstsein der Konsumenten ausgeprägter ist.

Man könnte die Idee haben, Preisbewusstsein sei mit weniger ausgeprägtem Qualitätsbewusstigkeit und einer Gleichgültigkeit betreffend der Herkunft von Lebensmitteln verbunden. In der UNIVOX-Studie 2004 (Teil III A Landwirtschaft, gfs), die sich auf die Schweiz bezieht, geben 57 % der Befragten an, beim Kauf von Lebensmitteln grundsätzlich auf den Preis zu schauen. Dieser Anteil hat im Lauf der Zeit übrigens eindeutig zugenommen. Gleichzeitig achten 59 % der Befragten auf die Produktdeklaration und manifestieren somit ein ausgeprägtes Qualitätsbewusstsein. Sogar 63 % der Befragten achten auf die regionale Herkunft der Produkte.

Die Konsumenten berücksichtigen bei ihrem Kaufentscheid offensichtlich sowohl den Preis, die Qualität als auch die Herkunft, wobei das Preisargument laufend wichtiger zu werden scheint. Ein solches Szenario stellt die Schweizer Landwirtschaft vor schwierige Herausforderungen. Der Markt verlangt immer preisgünstigere Produkte, ist jedoch kaum zu Konzessionen bei der Qualität bereit. Der Rationalisierungsdruck auf die Landwirtschaft kommt also nicht nur von der nationalen und internationalen Agrar- und Handelspolitik, sondern verstärkt auch vom Markt. Wenn man von der These ausgeht, das Aufkommen der Discounter verstärke das Preisbewusstsein der Konsumenten, kann man auch von der These ausgehen, es beschleunige den Rationalisierungsdruck und somit den Strukturwandel in der Landwirtschaft.

Druck auf Agrar- und Handelspolitik
Aldi und Lidl können nicht einfach ihr Sortiment des Heimmarkts Deutschland eins zu eins auf die Schweiz übertragen. Erstens gilt es auf spezifische Bedürfnisse der Kundschaft in der Schweiz einzugehen. Zweitens unterliegt der Import von Lebensmitteln der agrarpolitisch motivierten Handelspolitik mit den geltenden Importkontingenten und -zöllen. Allerdings schreitet der Abbau beim Grenzschutz aufgrund des Liberalisierungsdrucks von der WTO, der bilateralen Verträge Schweiz-EU und bilateraler Freihandelsabkommen, welche die Schweiz mit Drittstaaten abschliesst, in raschen Schritten voran. Der Markteintritt der Discounter könnte das Abbautempo weiter beschleunigen, weil sie wohl vehement Druck für ein einfacheres und

kostengünstigeres Importregime machen und die übrigen Akteure im Detailhandel zum Nachziehen zwingen werden.

Landwirtschaft als Lieferant der Discounter

Auch wenn die Beziehungen zu den bestehenden Akteuren im Schweizer Detailhandel intensiv sind, muss und wird die Schweizer Landwirtschaft den Kontakt mit den Neuankömmlingen im Schweizer Markt suchen. Wegen der spezifischen Bedürfnisse der Konsumenten in der Schweiz und wegen des geltenden internationalen Handelsregimes werden auch sie inländische Lieferanten aus der Landwirtschaft und Lebensmittelverarbeitung finden müssen. Die Schweizer Landwirtschaft wird sich dem bestimmt nicht verschliessen. Ein Boykott wäre kaum zu organisieren und strategisch falsch, weil Marktanteile kampflos hingegeben würden und seine Imagewirkung in der Öffentlichkeit kontraproduktiv wäre.

Interessant ist das derzeitige Gebaren der traditionellen Grossverteiler, welche ihre Marktmacht ausspielen und die Landwirtschaft und die Lebensmittelverarbeiter mehr oder weniger sanft unter Druck setzen, die neuen Discounter nicht zu beliefern. Diese Verhinderungstaktik wird nicht aufgehen, da sich wohl für jede Produktkategorie Lieferanten finden werden, welche sich nicht einschüchtern lassen oder nicht auf Handelsbeziehungen mit den Grossverteilern angewiesen sind. Mindestens in einer Anfangsphase des Markteintritts geht es auch nicht um sehr grosse Mengen, so dass auch kleinere Lieferanten zum Zug kommen könnten.

Um eine gute Beziehung zu allen Abnehmern pflegen zu können, werden es sich weder die Landwirtschaft noch die Lebensmittelverarbeiter leisten können, Produkte vergleichbarer Qualität den Discountern zu wesentlich günstigeren Konditionen zu liefern als den Grossverteilern, indem sie zusätzliche Mengen zu Grenzkosten kalkulieren. Auch dieser Mechanismus führt zu einem Nivellierungsdruck nach unten bei den Produzentenpreisen in der Landwirtschaft. Nur nachweisbare und mit einer entsprechenden Zahlungsbereitschaft verbundene Qualitätsunterschiede rechtfertigen eine Preissegmentierung auf Seite der Landwirtschaft.

Fazit

Wie aufgezeigt wurde, hat der Markteintritt von Discountern in den Schweizer Detailhandel vielschichtige direkte und indirekte Auswirkungen auf die Schweizer Landwirtschaft und bringt zahlreiche Unbekannten mit sich. Für die Landwirtschaft gilt es, sich strategisch konsequent auf die Entwicklung einzustellen und die sich bietenden Marktchancen zu nutzen. Zwar besteht das Risiko, dass der Detailhandel den Preisdruck an die vorgelagerten Stufen weiterzugeben versucht. Zuversichtlich stimmt aber die Hoffnung, dass die

Konsumenten auch in Zukunft auf Werte wie Qualität, Authentizität und regionale Identität setzen und dafür eine entsprechende Zahlungsbereitschaft zeigen werden. Sie sind es, die mit ihrem Kaufverhalten die Marktentwicklungen – ob bewusst oder unbewusst – steuern.

Preis oder Identität?

Zwei Aspekte des Kaufentscheids
mit Auswirkungen auf das Discount-Marketing

Von Matthias Wiesmann, Geschäftsführer des Verbandes bionetz.ch und selbstständiger Berater

Bio-Produkte bilden nach wie vor einen Nischenmarkt. Diesem kommt in der Schweiz – im Ländervergleich – eine relativ hohe Bedeutung zu. Wird er erhalten bleiben? Wird die Wende im Lebensmittel-Detailhandel, die man mit dem Eintritt von Discountern verbindet, das Einkaufsverhalten nachhaltig verändern? Und welches sind gegebenenfalls die Rückwirkungen auf die Bio-Wertschöpfungskette, von der Landwirtschaft bis zum Handel?

Antworten auf diese Frage sind zwangsläufig spekulativ. Zu viele Grössen sind unbekannt, als dass hier eine Prognose mit hoher Wahrscheinlichkeit gemacht werden könnte. Zentral scheint mir ein Aspekt zu sein, der für das Konsumverhalten generell von Bedeutung ist und das Einkaufsverhalten von Bio-Produkten ganz besonders beeinflusst. Diesen Aspekt möchte ich herausarbeiten. Er heisst «Identität».

Bio-Produkte: auch eine Antwort auf das Bedürfnis nach Identität

Im idealen Markt führt schon die geringste Preisdifferenz zu einer Nachfrageänderung. Bekanntlich ist diese hohe Preiselastizität im realen Markt nicht gegeben. Ein Beispiel: Auf dem Schweizer Markt hat das Angebot an qualitativ hoch stehenden, aber preislich sehr günstigen Weinen aus Übersee in den letzten Jahren stark zugenommen. Wie das Lausanner Marktforschungsinstitut MIS feststellt, macht der relativ teure Schweizer Wein trotzdem Boden gut. Die Disziplin, die den Schulbuch-Marktmechanismus des idealen Marktes auszuhebeln versucht, heisst Marketing. Marketing entwickelt aber nicht ganz neue Mechanismen, sondern versucht Faktoren in den Kaufentscheid einzubringen, welche die Rolle des Preises relativieren.

Ich stellte das Wein-Beispiel gleich an den Anfang, um dem naheliegenden Argument zu widersprechen, Bio-Produkte würden trotz höherer Preise allein wegen der höheren Qualität nachgefragt. Wenn in einer Marktstudie festgestellt wird, dass Bio-Konsumenten eine hohe Bereitschaft haben, bis zu 50 % mehr für ein Bio-Produkt als für ein vergleichbares konventionelles Produkt zu bezahlen, kann daraus nicht schon gefolgert werden, dass der Mehrpreis ausschliesslich für den qualitativen Zusatznutzen bezahlt wird. Im Prinzip ist dies allgemein bekannt. Die Erkenntnis wird auch immer wieder genutzt: Die «Heidi»-Linie von Migros hat mit qualitativem Zusatznutzen wenig, mit Identität aber viel zu tun. Dasselbe lässt sich zum Sortiment des konventionellen Marktfahrers auf einem Wochenmarkt für Früchte, Gemüse und andere Frischprodukte sagen. Er bietet dem Konsumenten mehr als nur ein Produkt. Er stellt für ihn eine Verbindung zur Herkunft des Produktes her. Herkunft ist Identität. Der klassischste Markt für Identitäten ist – um auf das zitierte Beispiel zurückzukommen – der Weinmarkt. Wo das Bedürfnis nach Identität ausgeprägt ist, tritt die Rolle des Preises im Kaufentscheid in den Hintergrund.

Dies trifft zwar ganz allgemein und für den gesamten Markt zu. Entsprechend der Marktsegmentierung z. B. nach Kaufkraftklassen ist die Bedeutung des Preises oder diejenige der Identität wichtiger. Ich gehe hier davon aus, dass sowohl das Bedürfnis nach Qualität wie dasjenige nach Identität zwei Merkmale sind, welche einem Marktsegment gehobener Kaufkraft gemeinsam sind. Es ist dasjenige Segment, das sich durch einen besonders stark geschwundenen Anteil der Nahrungsmittelkosten am Einkommen auszeichnet. Wenn im Folgenden allgemeine Aussagen gemacht werden, dann beziehen sie sich auf dieses Segment.

Industrialisierung der Lebensmittelproduktion

Das Bedürfnis nach Identität ist eine Reaktion. In wenig arbeitsteiligen und wenig industrialisierten Gesellschaften war Identität selbstverständlich immer gegeben. Das «Rohprodukt» fand seinen direkten Weg in die Küche. Erst hier begann der Prozess der Lebensmittelverarbeitung. Das Kochbuch erklärte, wie man ein Huhn rupft und ausnimmt. Jedes Kind hatte die sinnliche Erfahrung, dass Kaffee etwas mit Kaffeebohnen und nicht nur mit Alukapseln zu tun hat und dass Vanille-Schoten nicht gelb, sondern braun-schwarz sind. Die Industrialisierung der Nahrungsmittelverarbeitung setzte relativ spät ein und hält nach wie vor an (Stichwort *Convenience*).

Gleichzeitig machte die Mechanisierung der Landwirtschaft enorme Fortschritte. Weltmarkt und Lebensmitteltechnologie verheissen einen weiteren Bedeutungsschwund dessen, was einmal Lebensinhalt schlechthin war. Der Preisschwund wird von einem Bewusstseinsschwund begleitet. Lebensmittel beziehungsweise deren Entstehung und Verarbeitung sind in die Anonymität entlassen.

Es sind ganz andere Gründe, die Lebensmittel-Produktionszusammenhänge wieder ins Bewusstsein zurückbringen. Während die Eier legenden Hühner im Dunkel von Massenställen verschwanden, blieb das Bild vom fröhlich scharrenden Huhn auf dem Eierkarton. Werbebotschaften vermochten die Realität der Massentierhaltung z. B. im Geflügelbereich allerdings nicht nachhaltig zu verdecken. Tierschutzorganisationen brachten buchstäblich Licht ins Dunkle.

Das Eier- und Hühnerbeispiel sei nur stellvertretend für viele andere Probleme genannt, die auf allen Stufen entstanden. Es waren immer Probleme, welche mit Industrialisierung und Massenproduktion zusammenhingen. Folgerichtig war, dass die Organisationen, welche tiergerechte Konzepte entwickelten, jeden Eierkarton mit der Adresse des Produzenten versahen. Plötzlich war die Herkunft wieder identifizierbar. Plötzlich hatte das Produkt eine Identität. Der Preisunterschied zum Ei aus industrieller Haltung war enorm; der Gewinn an Marktanteilen der Eier mit Identität trotzdem beeindruckend. Dies, obwohl die Fütterung der Hühner zunächst noch nicht einmal biologisch war. Allein schon an diesem Beispiel kann gezeigt werden, dass Bio-Produkte nur zum Teil eine Antwort auf ein Qualitätsbedürfnis im engeren Sinn sind. Zum anderen Teil sind sie eine Antwort auf das Bedürfnis nach Identität.

Identität als Marketing-Element

Die biologische Landwirtschaft hatte eine «Vorlaufzeit» von 50 Jahren. So lange war die Welt der Nahrungsmittelkonsumenten – mit wenigen Ausnahmen – offenbar noch in Ordnung. Man nahm es dankbar und ohne Frage nach dem Grund hin, dass das Huhn vom geschätzten Sonntagsbraten zum preisgünstigen Alltagsnahrungsmittel mutierte. Erst nach dieser langen Zeit gründeten Ende der 1970er Jahre erste Pioniere Bio-Läden, die zwar noch kein grosses Sortiment zu bieten, dafür eine wichtige Botschaft zu vermitteln hatten. Sie entwickelten eine Marktnische, die den etablierten Anbietern im Lebensmitteleinzelhandel nicht entging. Mehr als zehn Jahre später lancierte Coop das «Naturaplan»-Programm mit enger Anlehnung an das private Label («Knospe») der Anbauorganisation «Bio Suisse». Nochmals rund zehn Jahre später werden zusätzliche «Identitätselemente» in das Marketing aufgenommen wie «Pro Specie rara» (alte Früchte- und Gemüsesorten) oder die Betonung der Regionalität («Milch aus dem Seeland»).

Diese Massnahmen sind – so meine These – mehr als nur klassische Produktdifferenzierung, da die Produktattribute tatsächlich für Werte und entsprechenden Zusatznutzen stehen. Später werden neue Produktelinien von Anfang an nicht nur mit dem Attribut «bio», sondern gleichzeitig mit Herkunfts- und sozialen Merkmalen lanciert. Dies ist besonders deutlich der Fall bei Bio-Baumwolle. Sowohl Coop (Maikaal, bio Re) als auch Migros (Mali) kommunizieren ihre Produkte als Sozial- und Entwicklungsprojekte. Der Konsument tut nicht nur etwas für sich, sondern auch etwas für Benachteiligte.

Bio-Marketing – die Vertrauensproblematik

Der Eindruck ist verbreitet, dass der Lebensmittelhandel in der Schweiz mit dem Eintritt von Discountern wie Aldi und Lidl vor grundlegenden Änderungen stehen könnte. Können diese Discounter den Schweizer Konsumenten, die sich nun während langer Zeit mit identitätsstiftenden Konzepten und Projekten des angestammten Lebensmittelhandels vertraut gemacht haben, gleichwertige Alternativen bieten? Stehen sie nicht gerade für Anonymität und Billigkeit, die zumindest das von Coop und Migros (und von Bio-Läden) gut angesprochene Kundensegment teilweise oder weitgehend meidet?

Selbstverständlich steht es einem Discounter frei, mit Bio Suisse ebenfalls einen Lizenzvertrag abzuschliessen und zu versuchen, z. B. mit Coop gleichzuziehen. Ist dies wahrscheinlich? Einiges spricht dagegen.

Sehr oft haben Anbieter an Bio-Labels Erwartungen, welche man anderen Labels gegenüber nie hätte: Sicher hat niemand den Eindruck, sein schlecht laufendes Unternehmen mit einer ISO-Zertifizierung beziehungsweise mit einem ISO-Label auf Drucksachen und Werbeprints wieder in Schwung bringen zu können. Im Bio-Bereich trifft man einen solchen Label-Glauben durchaus an. Einige allgemeine Grundsätze seien hier deshalb aufgezählt:

1. Labels spielen generell da eine grosse Rolle, wo damit ein Glaubwürdigkeitsproblem behoben werden soll. Mit anderen Worten: Wenn die Glaubwürdigkeit bereits hoch ist, spielt das Label eine untergeordnete Rolle. Beispiel: Bio-Labels spielen im Grossverteiler Coop eine viel grössere Rolle als in einem Bio-Laden. Der Face-to-face-Kontakt im Bio-Laden schafft das Vertrauen, nicht das Bio-Label.

2. Analog im Bereich Qualität: Wo die Qualität (ganz allgemein) bereits anerkannt hoch ist, spielen Qualitätslabels eine untergeordnete Rolle. Beispiel 1: Ein Gourmet-Restaurant wird sich kaum einfallen lassen, seine Wertschätzung mit einer ISO-Zertifizierung zu steigern. Beispiel 2: Es gibt eine ganze Reihe von französischen Spitzenweinen, die nach Demeter-Richtlinien angebaut, aber nicht mit dem Demeter-Label ausgezeichnet sind.

3. Labels sind auf ein Umfeld angewiesen, das «stimmt». Beispiel: Ein Öko-Shop in einem Shoppingcenter auf der grünen Wiese, das nur mit dem Auto zu erreichen und von einem stark kontrastierenden Angebot (Autozubehör, Mediashop usw.) umgeben ist, wird sein Kundensegment schwerlich erreichen.

4. Labels sind Marketinginstrumente. Jede Marketingstrategie ist ein Mix verschiedener Instrumente. Man wird ein Marketing kaum nur auf ein Label bauen. Ein Label ist ein Standard und nivelliert eher, als es profiliert. Beispiel: Das Angebot eines Gastronomiebetriebs ist vieldimensional. Mit Bio-Produkten möchte man z. B. die Assoziationen «Naturnähe» und «Lebensfreundlichkeit» verknüpfen. Ein Restaurant, das einmal Trucker-Treff war und nun Bio-Restaurant werden möchte, wird ohne gründliche Änderung des Auftritts kaum von der Produktqualität überzeugen können. Hier hilft auch ein Label wenig.

Länderunterschiede

Zu diesen Überlegungen ist im Zusammenhang mit der spezifisch schweizerischen Situation Folgendes festzuhalten:

In Deutschland (beziehungsweise der EU) gab es eine Bio-Verordnung, bevor es – abgesehen von Demeter – einen bekannten und allgemein anerkannten Bio-Standard gab. Die Bezeichnungen und Labels der verschiedenen Anbauorganisationen erschwerten die breite Kommunikation eines Qualitätsstandards. Erst in jüngerer Zeit schuf der Staat ein Bio-Label auf dem Niveau der EU-Anbaurichtlinien. Dieses hilft nun «Quereinsteigern» im konventionellen Markt, ein glaubwürdiges Angebot zu entwickeln. Die Entwicklung in der Schweiz verlief umgekehrt: Zuerst rauften sich die verschiedenen Anbauverbände zusammen und gründeten die Bio Suisse mit dem Knospe-Label. Aufgrund des Fehlens staatlich-rechtlicher Standards kam dem privaten Label der Bio Suisse eine quasi-hoheitliche Rolle zu. Erst später wurden – weitgehend im Nachvollzug der EU-Bioverordnung – staatliche Richtlinien geschaffen. In der Schweiz in Verkehr gebrachte Produkte ohne Knospe, Demeter-Zeichen oder Migros-Bio-Label sind trotzdem nach wie vor die Ausnahme. Eine Bio-Deklaration allein mit der SCES-Nummer überzeugt die Konsumenten trotz staatlicher Regelung zu wenig. Der Gedanke des Bundesamts für Landwirtschaft, ein staatliches Label zu schaffen, verschwand nach Einwänden von Bio Suisse, Coop und Migros schnell von der Tagesordnung. Keine Organisation in der Schweiz ist daran interessiert, die Konsumenten darauf aufmerksam zu machen, dass von Staates wegen «bio» drin sein muss, wo «bio» draufsteht.

Ein neuer Anbieter (Discounter) hätte dementsprechend die folgenden Möglichkeiten:
- trotzdem nur mit der staatlichen Deklaration arbeiten (gewissermassen «bio-no-name»),
- das stark von Coop besetzte Label der Bio Suisse verwenden,
- das staatliche deutsche Bio-Label verwenden (rechtlich ist das möglich). Dieses ist immerhin durch Importe beziehungsweise durch das Sortiment in Bio-Läden etwas bekannt.

Ein Discounter hat mit Sicherheit zuerst ein Glaubwürdigkeitsproblem. Also muss ein Label verwendet werden. Das Bio-Suisse-Label kommt eher nicht in Frage, da es einerseits stark mit Coop assoziiert werden könnte. Andererseits ist es mittel- und längerfristig zu einschränkend. Die Bio Suisse ist in der Lage, mit ihrer Labelvergabe eine Importkontrolle beziehungsweise einen Schutz der Inlandproduktion zu verbinden. Wenn die Inlandproduktion quantitativ ausreichend ist, ist der Import nicht möglich. Es wäre also nicht möglich, z. B. tiefpreisige dänische Bio-Milch in den gesättigten Schweizer Bio-Milchmarkt zu importieren und mit Knospe auszuzeichnen.

Damit wird deutlich, dass ein Discounter mit denjenigen Produktattributen, die Identität stiften können, Mühe haben dürfte – falls er nicht auf die für ihn übliche Economy of Scale verzichten will. Diesen Verzicht würde er dann leisten, wenn «bio» für ihn ein zentrales Marketingelement wäre. Es wäre gleichzeitig ein Verzicht auf die übliche Umsatzrendite in diesem Sortimentsbereich.

Folgerungen

Die hier angestellten Überlegungen scheinen die Äusserungen von Unternehmen, die von einer «Discount-Invasion» am meisten betroffen sind, zu stützen. In verschiedenen Stellungnahmen und Interviews betonen sie, dass ihnen die Discounter mit Expansionsplänen nichts anhaben könnten. Sie seien anders, höherwertig positioniert. Und so weiter.

Auch wenn man Firmenstellungnahmen in solchen Situationen kaum zum Nennwert nehmen kann, spricht einiges für eine zuversichtliche Haltung. Sie muss aber mehr oder weniger stillschweigend einzelne Rahmenbedingungen als gegeben ansehen. Auf solche soll abschliessend ein Blick geworfen werden. Denn sie haben das Potenzial, die hier formulierte These der Identität als «Elastizitätshemmer» in Frage zu stellen.

Marktwandel (Bio-Markt an der Schwelle zur Überschussproduktion)

Etwa gleichzeitig mit der «Anmeldung» deutscher Discounter ist im Bio-Markt Schweiz eine Wende eingetreten. Bis vor kurzer Zeit vermochte der Markt die stetig gesteigerte Schweizer Bio-Produktion in fast allen Produktbereichen problemlos aufzunehmen. Dies hat sich geändert. Besonders deutlich wird dies im Bereich des Massenprodukts Milch. Bio-Milch war bei den Grossverteilern dasjenige Produkt, das nach ihrem Bio-Einstieg am schnellsten Umsatzvolumen generiert hatte. Milch ist ein Frequenzbringer und könnte auch bei einem Discounter mit Plänen im Bio-Bereich eine wichtige Stellung einnehmen, da Milch nicht nur ein Produkt im Sortiment, sondern auch eine Botschaft im Hinblick auf eine beabsichtigte Positionierung darstellt. Unter diesem Aspekt können Produzentenpreise unter Druck und die Bereitschaft zu Margenverzicht im Handel zu einem Angebot führen, das den Preis wieder zu einem dominanten Kriterium beim Einkaufsentscheid werden lässt – selbst bei Konsumenten, die der Identität des Produkts einen hohen Stellenwert zumessen. Die Bereitschaft seitens Handel und Verarbeitung, auf eine entsprechende Nachfrage positiv zu reagieren, ist zweifellos vorhanden. Bereits hat sich ein Milchverarbeiter, der auch eine starke Stellung im Bio-Segment hält, zu einer allfälligen Anfrage positiv geäussert. Im entstandenen Käufermarkt lassen sich die Produzentenpreise drücken.

Wertewandel («Geiz ist geil») und «Hybridkonsum»

Es gibt einige Anzeichen dafür, dass das Preisargument generell wichtiger geworden ist. Coop widerstand lange dem Druck in Richtung Tiefpreissortiment und gab schliesslich mit «Prix Garantie» nach. Die Frage ist, ob dieses Einkaufsverhalten auch auf das Bio-Segment übergreift. Wichtiger als der in Betracht gezogene Wertewandel ist bei dieser Frage das «Hybridverhalten». Bereits im Rahmen der Angebotsveränderung vom klassischen Bio-Laden zum Supermarkt mit Bio-Produkten liess sich feststellen, dass Konsumenten keineswegs auf bestimmte Verkaufspunkte fixiert waren oder sind, sondern ganz im Gegensatz zum Trend des «One-stop-shopping» sich regelmässig und oft sehr sortimentspezifisch aus verschiedenen Angeboten versorgten: hier z. B. Früchte/Gemüse, da Fleisch, dort Hartwaren.

Dieses Verhalten ist vor allem dort möglich, wo die Angebote im wörtlichen Sinn nahe liegend sind, also wo z. B. das städtische Zentrum oder Quartier die verschiedenen Angebote in einem eigentlichen Angebotsmix in kleinem Umkreis vereint. Dies dürfte bei Discountern neuen Stils weniger gewährleistet sein. Sie scheinen ihre Standorte weniger aufgrund bereits bestehender Angebote und Kundenfrequenzen, als aufgrund der Verkehrslage zu wählen. Nicht der Angebotsmix eines herkömmlichen Shopping Centers und das Einkaufserlebnis sind für den Einkaufsentscheid massgebend, sondern allein das Sortiment mit Tiefpreisen des betreffenden Discounters. Dies dürfte ein Hybridverhalten eher hemmen. Es werden am ehesten Marktsegmente erschlossen, die bisher Bio-Angebote wenig nutzten. Sollte der Discounter trotzdem Bio-Produkte anbieten, könnte es für diese sogar zu einer Marktausweitung kommen.

Rückwirkungen auf die Landwirtschaft

Coop hat in den letzten zehn Jahren mit «ideellem Zusatznutzen» Mehrumsatz generiert. Diese Entwicklung ist gebrochen. Die Reaktion heisst «Prix Garantie». Noch hat keine Aldi-Filiale in der Schweiz geöffnet. Schon längst hat sich aber der Preiswettbewerb intensiviert.

Solche Effekte können auf die Landwirtschaft durchschlagen: Das Einkaufsverhalten im Bio-Segment braucht sich nicht einmal signifikant zu ändern. Es kann genügen, dass der Handel solche Änderungen antizipiert und präventiv günstigere Kostenpositionen einzunehmen versucht. Verliererin ist die Landwirtschaft.

Solche Antizipationen können Wirkung entfalten, weil sie nicht nur im Hinblick auf neue Discounter vorgenommen werden. Der Druck hat sich bereits erhöht, weil die oft diffusen und immer wieder auch sehr konkreten Ängste im Zusammenhang mit WTO und Landwirtschaftspolitik auch auf der Seite der Landwirtschaft antizipierendes Verhalten provozieren. An die Stelle der Nachfolge auf einem landwirtschaftlichen Betrieb tritt die Verpachtung von Land. Gemüseproduzenten lassen sich von ihren Abnehmern unter Druck setzen usw.

Es gibt keine direkte Kausalkette im Sinne von: Neue Discounter treten in den Schweizer Markt ein. Sie verschärfen den Preiswettbewerb. Der Druck wird an die Produzenten weitergegeben. Es handelt sich zunächst eher um psychologische Effekte, die denjenigen gleichen, welche Konjunkturverläufe beschleunigen oder bremsen. In solchen Situationen ist es das schwächste Glied, das am ehesten leidet. Das schwächste Glied ist die Landwirtschaft.

Konkurrenz

Die Zukunft im Schweizer Lebensmittel-Detailhandel gehört dem Discount!

Von Philippe Gaydoul, CEO Denner AG

Feststellung Nummer eins: Die Wettbewerbsintensität hat im gesättigten Schweizer Lebensmittel-Detailhandel jüngst enorm an Schwung gewonnen. Der Konkurrenzkampf wird mit immer härteren Bandagen ausgefochten. Wir stehen erst am Anfang eines Kräfte raubenden Marathons um die Gunst des ebenso qualitätsbewussten wie knapp kalkulierenden Konsumenten. Die schwachen Mitbewerber werden dabei auf der Strecke bleiben, und die starken werden Gas geben müssen, um den Angriff markthungriger Ausländer erfolgreich zu parieren. Die klar positionierten und fokussierten Marktteilnehmer werden als Sieger aus dem Kampf um Marktanteile und profitables Wachstum hervorgehen. In diesem Sinne hat der Discount die Nase vorn.

Feststellung Nummer zwei: Alle Glieder der Wertschöpfungskette im Handel mit Food und Nearfood werden von herkömmlichen Mustern der Waren- und Preiskalkulation Abstand nehmen müssen, werden sich mit Produktinnovationen und neuen Kalkulationsmodellen dem Wettbewerb zu stellen haben, wollen sie ihren Markterfolg nachhaltig sichern.

Feststellung Nummer drei: Die überhöhten Preise sind hausgemacht, der Grossteil der Kartellrente wird hierzulande abgeschöpft. Die künstliche Zementierung der Hochpreisinsel Schweiz durch eine unheilige Allianz von protektionistischer Politik, erbsenzählender Beamtenbürokratie, falsch verstandenem Konsumentenschutz und kartellistisch infizierter Lobby wird sich eher über kurz als über lang dem Marktdiktat der Europäischen Union beugen müssen.

Dieser Paradigmenwechsel wird den Schweizer Lebensmittelmarkt in seiner Struktur und in seinem Wesen nachhaltig verändern. Die tief greifende Transformation gereicht dem Konsumenten zum Vorteil, bietet dem innovativen Teilnehmer der Wertschöpfungskette im Food- und Nearfood-Markt Chancen und wird Marktbeharrer unerbittlich strafen.

Im Folgenden wird versucht, die einleitenden Feststellungen in Form von zwei Thesen zu untermauern.

These 1:
Die Discount-Schiene wird in der Schweiz über die nächsten Jahre auch im Lebensmittel-Detailhandel massiv an Bedeutung gewinnen.

Im Vergleich zu hoch entwickelten Märkten im Ausland fristete der Lebensmittel-Discount in der Schweiz über lange Jahre ein relatives Mauerblümchendasein. Mit einem Anteil von 6–7 % am 40-Mrd.-Umsatzfranken-Food/Nearfood-Markt hielt sich der Discount noch im Jahre 2004 volumenmässig knapp über der Schwelle der Quantité négligeable.

Doch diese Zahlen geben die Realität verzerrt wieder. Denn erstens decken die beiden marktmächtigen Schweizer Grossverteiler mit ihren Eigenmarken und den Billiglinien einen Teil des traditionellerweise dem Discount zugeordneten Tiefpreis-Segmentes ab. Zweitens entsprach der Einkauf in eher nüchtern eingerichteten Discount-Läden lange Zeit nicht den Gewohnheiten des Schweizer Konsumenten. Und drittens schliesslich wurden tiefe Preise immer wieder mit minderer Qualität assoziiert.

Hier ist ein rasches Umdenken beim Konsumenten festzustellen. Dabei spielen die immer populärer werdenden Konsumentenmedien eine wichtige Rolle. Ihnen ist es zu verdanken, dass Preis- und Qualitätstransparenz in den Markt gebracht wird. Als unabhängige Gralshüter optimaler Preis-/Leistung im Food- und Nearfood-Markt liefern sie dem durch ein marktschreierisches Überangebot und permanente Aktionitis verunsicherten Konsumenten von quasi neutraler Warte wichtige Orientierungspunkte. Die Deckung des täglichen Bedarfs findet immer bewusster statt. Dies wird dazu führen, dass Discounter mit permanenten Tiefpreisen auf erstklassiger Ware immer grösseren Zuspruch erhalten.

Dazu kommt, dass der tägliche Einkauf von Nahrungsmitteln und verwandten Produkten in einer Zeit zunehmender Hektik immer mehr zum Stress wird. Die Sortimente in Einkaufstempeln werden immer unübersichtlicher. Die Investition des knappen Gutes Zeit zur Erledigung des Einkaufs von Gütern des täglichen Bedarfs wird als unverhältnismässig empfunden. Deshalb entdecken immer mehr Konsumenten den Discount, welcher ihnen dank überschaubarem Sortiment, übersichtlicher Warenpräsentation und effizientem Handling die Einkaufszeit drastisch verkürzen hilft. Der Lebensmittel-Discount wird immer populärer. Dazu wird auch der erwartete Markteintritt von potenten deutschen Discountern beitragen.

Und schliesslich wird die Discount-Schiene von einem immer stärker ausgeprägten Preisbewusstsein auch beim Schweizer Konsumenten profitieren. Jedem ist heute klar, dass die Gleichung tiefer Preis = mindere Qualität mittlerweile jede Gültigkeit verloren hat. Wichtige Aufklärung liefern hier die unabhängig, in hoher Kadenz durchgeführten Warentests. Das Bewusstsein, dass im Schweizer Food- und Nearfoodmarkt durchs Band weg gute Qualität geliefert wird, schärft den Blick für den Preis. Und hier haben die auf permanente Tiefpreise ausgerichteten Discounter mit ihrem guten Mix an Markenprodukten und Eigenmarken zur Deckung des täglichen Bedarfs klar das gute Ende auf ihrer Seite. Da bieten die Grossverteiler mit ihren Billigprodukten keine echte Alternative.

Nur am Rande sei hier angemerkt, dass in wichtigen Konsumgüterbranchen international der Discount mit entsprechend erfolgreichen Handelsunternehmen der Gewinner ist. Als repräsentative Beispiele mögen an dieser Stelle marktführende Discounter wie etwa Media Markt im Bereich Unterhaltungselekronik, H&M im Bereich Mode oder Wal-Mart und Aldi im Food- und Nearfood-Detailhandel gelten. Dies hat viel mit klarer Marktpositionierung, grosser Marktnähe und sauberer Sortimentsfokussierung zu tun.

These 2:
Die Hochpreisinsel Schweiz ist dem Untergang geweiht.
Die Marktöffnung ist nicht zu verhindern.
Der Preiszerfall ist nicht aufzuhalten.

Noch in den 1990er Jahren hat die Markenartikelindustrie in der Schweiz von einem «gedämpften» Wettbewerbsklima profitiert und dank beschränkter Einkaufsmacht der Detaillisten sowie freundnachbarlicher Absprachen überhöhte Preise durchsetzen können. Heute ist der Wettbewerbsdruck ungleich höher, wie sich auch an den zahlreichen Restrukturierungen auf allen Stufen des Schweizer Lebensmittel-Detailhandels zeigt. Und der Wettbewerb aus dem Ausland war bisher noch weitgehend lediglich potenziell. Jetzt wird er real.

Noch sträubt sich die von komfortablen Margen profitierende Markenartikel-Industrie in der Schweiz mit allen ihr zur Verfügung stehenden Mitteln gegen ein Umdenken in ihrer Warenkalkulation und gegen überfällige Preiskonzessionen an den Handel. Es geht letztlich darum, dem ökonomischen Gesetz der Preiselastizität der Nachfrage Geltung zu verschaffen. Das Thema sind Kalkulationsoptimierungen und Einstandspreise. Der Fokus muss von der Zementierung der Endverkaufspreise abgewendet werden. Stattdessen müssen Volumendiskussionen einsetzen. Es geht selbstredend nicht darum, mit Verlust zu verkaufen. Aber es geht um die einfache Rechnung Preis mal Menge. Das heisst auch für die Industrie, dass mit wettbewerbsfähigen Preisen die Umsätze so gesteigert werden müssen, dass einerseits die Marktposition der einzelnen Anbieter verbessert und andererseits auch mit geringeren Margen die Ertragssituation nachhaltig gesund gestaltet werden kann. Die margenfetten Jahre gehören der Vergangenheit an.

Bald gilt dies hoffentlich auch für geschützte Wirtschaftsräume. Im Zeitalter ehrlich verstandener Globalisierung und Marktöffnung haben Marktabschottungen keine Existenzberechtigung mehr. An die Adresse der Schweizer Landwirtschaft ist in diesem Zusammenhang an den aktuellen Stand der Genfer Verhandlungen der Welthandelsorganisation WTO zu erinnern. Gemäss dessen scheint der Durchbruch von Preisliberalisierungen und damit der endgültige Abschied von protektionistischen und prohibitiv hohen Einfuhrzöllen nach schweizerischem Muster definitiv nur noch eine Frage der Zeit.

Auch für den hiesigen Behördenmoloch mit seinen Produkte verteuernden Vorschriften und Auflagen wird das Eis immer dünner. Vorbei sind dann die Markt einschränkenden Schachzüge. Aufgrund von einheimischen Direktiven, die in zum Teil gravierendem Masse von europäischen Anforderungen abweichen, wird der grenzüberschreitende Handel mit Gütern erschwert, und diese verhindern die Nutzung von möglichen Preisvorteilen. Die hiesigen Behörden weigern sich bis zum Letzten anzuerkennen, dass spätestens seit Ende der 1980er Jahre die einschlägigen Vorschriften in der EU den schweizerischen gleichwertig sind. Es gibt keine Evidenz, dass der Genuss von EU-konformen Lebensmitteln den Europäern gesundheitlich geschadet hätte. Der Konsument wird in der Schweiz nicht besser geschützt, aber in gut schweizerischer Manier eben anders, mit der Konsequenz, dass viele Waren noch immer nicht frei importiert werden können.

Aber der internationale Druck zur Marktöffnung und der politische Druck zur Schleifung von kartellähnlichen Preisschutz-Konstrukten steigen unaufhaltsam. Und das ist gut so. Für den Markt und für den Endverbraucher im Markt. Die Preise werden weiter ins Rutschen kommen. Und der Wettbewerbsdruck im Detailhandel trägt seinen Teil zu dieser Entwicklung bei.

Nur die absolut fitten Anbieter werden im heutigen Marktumfeld längerfristig Erfolg haben. Schlanke Strukturen nach dem «need-to-have»-Prinzip, konsequente Absage an «nice-to-have-Luxus». Nur wer die Kosten im Griff hat, hat die nötige Marktflexibilität. Dabei muss allerdings mit aller Sorgfalt vorgegangen werden. Dies gilt namentlich für den Faktor «Arbeit». Auch im Lebensmittel-Detailhandel hat sich nämlich die Erkenntnis durchgesetzt, dass fair entlöhnte und motivierte Mitarbeitende ein zentraler Erfolgsfaktor im Verkehr mit dem Kunden sind. Dazu kommt, dass einladende, modern konzipierte und sauber strukturierte Ladengeschäfte für den Konsumenten auch im Discount zur Selbstverständlichkeit geworden sind.

Die Schweizer Lebensmittel-Detailhandels-Landschaft befindet sich in einem tief greifenden Umbruch. Die Karten werden neu gemischt. Grenzen und aufgebaute Barrieren werden nicht mehr zu halten sein; die Marktdurchlässigkeit wird den Druck auf die Preise erhöhen. Künstlich hoch gehaltene Preisniveaus werden nachhaltig fallen. Die Preissensibilität des Kunden wird weiter steigen, seine neuen Einkaufsgewohnheiten verlangen nach angepassten Infrastrukturen. Aus diesem Wandel der Strukturen wird der Discount dank seiner klaren Positionierung als Sieger hervorgehen.

Die Schweiz ist bereit für Discount

Von Jan Kunath, Vorsitzender des Vorstandes bei EUROBILLA

In der Schweiz herrschen sehr gute Voraussetzungen, dass sich das Phänomen «Discount» in den kommenden Jahren mit Erfolg entwickelt. Die Schweiz hat den optimalen Nährboden für die discountierende Form des Lebensmittelhandels. Der überdurchschnittliche Lebensstandard und der Überfluss führen zur Bereitschaft der Konsumenten, für Grundbedürfnisse bei der Ernährung nur noch ein Minimum zu investieren. Denn für die verbleibenden Ressourcen gibt es überdurchschnittlich viele Verbrauchsmöglichkeiten.

Anhand von vier Thesen, die mit eigenen Erfahrungen aus meiner Tätigkeit bei der REWE-Handelsgruppe untermauert werden, möchte ich meiner Überzeugung Ausdruck verleihen, dass Discountern in der Schweiz eine erfolgreiche Zukunft bevorsteht.

These 1:
Für den Erfolg von Discountern sind entwickelte Gesellschaften notwendig, aber nicht hinreichend.

«Dass wir uns heute vorwiegend um Discount- und Schnäppchen-Themen kümmern, ist eine logische und wichtige Folge der Entwicklung in satten Märkten.» (Bossart 2004, S. 9) Zur Verdeutlichung, dass entwickelte Konsumgesellschaften respektive Überflussgesellschaften eine Voraussetzung für Discount sind, kann der Vergleich mit osteuropäischen, ehemals sozialistischen Systemen dienen. Nach dem Zusammenbruch der sozialistischen Regime drangen zuerst Super-, Hyper- und Cash&Carry-Märkte ins Land. Sie wurden mit offenen Armen empfangen, denn sie weckten und deckten neue Bedürfnisse, brachten Vielfalt ins Land. Auswahl folgte auf Mangel, Erlebnis folgte auf Einkaufs-Tristesse. Erst als sich die Super- und Hypermärkte etabliert hatten und der Wettbewerb zu spielen begann, war die Grundlage für den Erfolg von Discountern geschaffen: Sie konnten ihre Trumpfkarten Preis und Schnelligkeit ausspielen.

Ein verfrühter Markteintritt von Discountern in diese Mangelgesellschaft wäre sehr viel schwieriger gewesen. Trotz der finanziell angespannten Situation dieser Gesellschaft wären bestimmte Voraussetzungen für den Erfolg von Discountern nicht ausreichend vorhanden gewesen, die in westeuropäischen Ländern gegeben sind. Es sind unter anderen:

a. Super- und Verbrauchermärkte mit grosser Auswahl als Vergleichsgrösse,
b. ein ausreichendes Angebot zur Erfüllung von alternativen Wünschen,
c. ein hoher Mobilitätsgrad der Konsumenten,
d. effiziente industrielle Produktionsweisen.

Bei allen entwickelten westeuropäischen Konsumgesellschaften sind diese Voraussetzungen hinreichend erfüllt. Trotzdem reichen sie noch nicht, um einen Markteintritt von Discountern zu rechtfertigen. Ein zentrales Argument fehlt: die Bereitschaft der Bevölkerung, den Preis und die Schnelligkeit als Entscheidungsgrösse in den Mittelpunkt zu stellen. In der Schweiz ist inzwischen auch dies gegeben, wie der Einkaufstourismus in den Anrainerstaaten deutlich zeigt: Es fliessen bereits rund 2 Mrd. CHF in die Kassen grenznaher Anbieter.

Der Vergleich mit der Entwicklung in Osteuropa und die Grundvoraussetzungen, die der Discount benötigt, machen deutlich: Der Markteintritt der Discounter in die Schweiz ist nur logisch.

These 2:
Discount fordert alle Teilnehmer der Wertschöpfungskette zu besseren Leistungen heraus.

Die Discounter werden zur Herausforderung für die Schweiz und alle ihre Marktteilnehmer. Wir werden von vielen lieb gewonnenen Systemen Abschied nehmen müssen. Beispielsweise haben in der Schweiz viele Hersteller nach wie vor «Heerscharen» von Aussendienstmitarbeitenden. Böse Zungen behaupten, sie würden lediglich für einen höheren Distributionsgrad unerwünschter Artikel sorgen. In Deutschland wird im Wesentlichen über Zentrallager distribuiert, was zu enormen Kosteneinsparungen auf der Herstellerseite geführt hat, da die Aussendienstsysteme eingeschränkt werden konnten.

Die Veränderungen in der Wertschöpfungskette müssen nicht zwangsläufig zu Qualitätsverlusten führen. Dass der Discounter auch hinsichtlich Qualität neue Standards setzen kann, lässt sich am Beispiel von Fleisch in Selbstbedienung (SB) verdeutlichen. Vor einigen Jahren hat Penny[1], der Discounter aus dem Hause REWE, atmosphärisch verpacktes SB-Fleisch eingeführt – als erster Discounter in Deutschland. Dabei werden sehr hohe Standards an Produktion und Verpackung gestellt. Die Fleischwaren werden hygienisch einwandfrei, ja fast unter klinischen Bedingungen produziert und verpackt, damit eine längere Haltbarkeit sichergestellt ist. Der Erfolg von Penny in dieser Warengruppe hat auch die übrigen Systemwettbewerber zur Einführung von Fleisch gezwungen und die Supermärkte weiter unter Druck gesetzt.

Für viele Konsumenten stellt die bediente Fleischtheke heute keinen Mehrwert mehr dar. Im Gegenteil: Sie sind des Nummern-Ziehens und Wartens an der Theke überdrüssig geworden. Der Konsument, der weiss, was er braucht, will schnell, einfach und eben günstig einkaufen. Die Qualität stimmt ohnehin.

Dies führt bei den Produzenten zu der Notwendigkeit, ihre Wertschöpfungskette konstant zu optimieren, um die Produkte ständig günstiger herstellen und anbieten zu können. Durch die sich entwickelnde Liberalisierung der gesetzlichen Restriktionen und die Anpassung an die EU-Normen werden Bedingungen geschaffen, welche die Optimierung der Wertschöpfungskette erlauben. Damit kann der Wunsch der Konsumenten nach tiefen Preisen für Grundnahrungsmittel erfüllt werden.

Aus der Optimierung der Wertschöpfungsketten können sich folgende Konsequenzen für die Schweiz ergeben:
a. niedrigere Preise,
b. Verarmung der Sortimente,
c. Veränderung der Einkaufsgewohnheiten,
d. Zeitdruck, sich den EU-Fragen schneller stellen zu müssen,
e. höhere Arbeitslosigkeit.

These 3:
Discount-Kultur bildet die Basis
für polarisierende Verhaltensstrukturen.

Bei der aktuellen Beobachtung des Marktgeschehens wird deutlich, dass die Konsumenten und ihr Verhalten schwieriger fassbar geworden sind als in früherer Zeit. In Anlehnung an die lateinische Bedeutung von «Mischung» oder «Kreuzung» wird der heutige Konsument in Überflussgesellschaften oft als «hybrid» bezeichnet. Sein Verhalten äussert sich durch den Kauf von hochwertigen Markenartikeln einerseits und durch den preisbewussten Griff zu günstigen Preiseinstiegsmarken andererseits. Mittlerweile ist es in Deutschland nicht mehr peinlich, mit Aldi-Tüten gesehen zu werden. Seit der Discount-Kultur ist es kein Widerspruch mehr, mit seinem Porsche beim Discounter vorzufahren, um sein Bedürfnis nach schnellem, billigem Einkauf zu befriedigen. Preisgünstiges Einkaufen ist zum Erfolgserlebnis geworden. Damit bleibt Zeit und Geld, um am Wochenende dem Heli-Skiing auf dem Mont Blanc zu frönen.

Für die Schweiz kann diese Entwicklung zur Folge haben, dass sich gesellschaftliche Wertvorstellungen und Normen verändern.

These 4:
Discount fördert Innovationen und die Proletarisierung
von Luxusgütern.

Haben Sie wie ich ein Kick-Board zu Hause? Sind Sie wie ich nur einmal damit zum Bäcker gefahren und haben dabei gemerkt, dass die Lenkerhöhe für Ausgewachsene viel zu tief ist und dem Vehikel für eine schüttelfreie Fahrt die Federung fehlt? Egal, sagen sich die Discounter. Sie schaffen ein neues Konsumentenbedürfnis und lösen einen «Hype» aus, indem sie Innovationen zu einem erschwinglichen Preis anbieten. Denn der tiefe Preis überzeugt viele Kunden nach dem Motto: «Ich nehme das Ding mal mit. Wer weiss, vielleicht kann ich es mal gebrauchen!»

Was für unsere Grosseltern noch undenkbar war, gehört heute zu unserem Alltag: Luxusgüter wie Lachs oder Scampi liegen im Kühlregal der Discounter und sind selbst für Einkommensschwache erschwinglich. Für den durchschnittlichen Verbraucher werden Produkte zugänglich, welche sie ohne Discount nur durch Verzicht hätten bekommen können.

Zusammenfassend kann festgehalten werden, dass in der Schweiz alle Voraussetzungen für den Erfolg von Discountern gegeben sind. Die Schweiz und ihre Bevölkerung sind dafür bereit.

Anmerkungen

[1] Die 2866 Penny-Discountmärkte der REWE-Gruppe haben im In- und Ausland – auch im Vergleich zum Systemwettbewerb – überdurchschnittlich zugelegt. Der Umsatz dieser Sparte ist um 7 % auf 8,4 Mrd. Euro gestiegen. Auf ihrem besonders heiss umkämpften deutschen Heimatmarkt haben die mehr als 2000 Penny-Märkte den Umsatz auf 5,7 Mrd. Euro gesteigert.

Quellenangaben

Bosshart, D. (2004): *Billig. Wie die Lust am Discount Wir!tschaft und Gesellschaft verändert*, Redline: Frankfurt a.M.

Die Zukunft des Discount-Phänomens

Von Marc Schäfer, Marketingleiter SPAR HANDELS AG

Der Preis steht beim Discount-Prinzip im Vordergrund, wobei die Qualität bei erfolgreichen Discountern immer in einem vernünftigen Verhältnis dazu steht. Discounter streben die Preis- bzw. Kostenführerschaft an. Dies erreichen sie insbesondere durch kleine Sortimente von 700 bis 1500 Artikeln mit entsprechend grossen Einkaufsvolumina und tiefen Einkaufskonditionen. Daraus ergeben sich zusätzliche Kostenvorteile in der gesamten Logistikkette und auch die einfache Warenpräsentation – oft auf Paletten – hilft, die Kosten niedrig zu halten. Schlanke Strukturen, ein kleiner Verwaltungsapparat und

Abbildung 17: Welche Discount-Konzepte dominieren den Markt

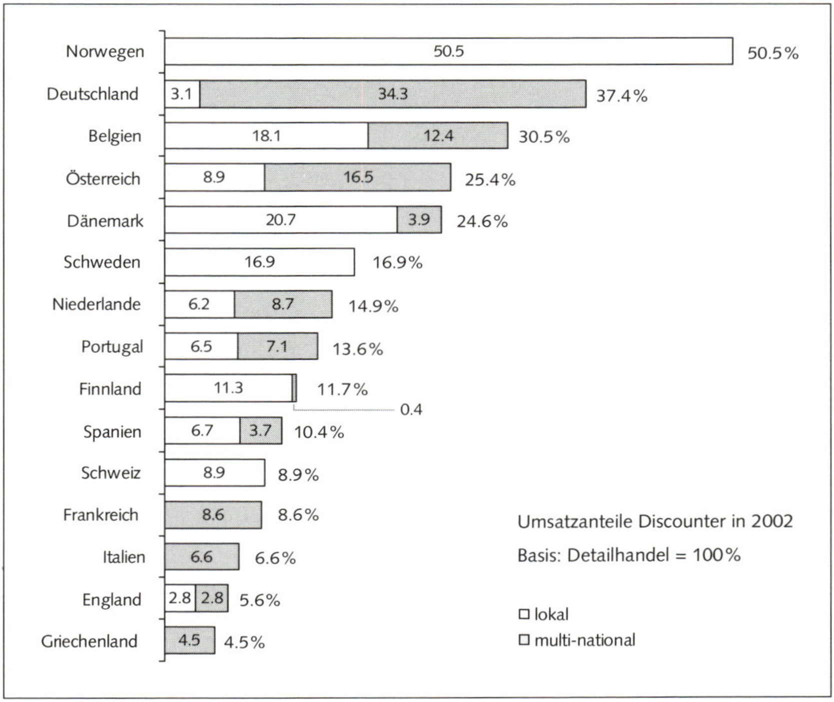

Land	lokal	multi-national	Total
Norwegen		50.5	50.5%
Deutschland	3.1	34.3	37.4%
Belgien	18.1	12.4	30.5%
Österreich	8.9	16.5	25.4%
Dänemark	20.7	3.9	24.6%
Schweden	16.9		16.9%
Niederlande	6.2	8.7	14.9%
Portugal	6.5	7.1	13.6%
Finnland	11.3		11.7%
		0.4	
Spanien	6.7	3.7	10.4%
Schweiz	8.9		8.9%
Frankreich		8.6	8.6%
Italien	6.6		6.6%
England	2.8	2.8	5.6%
Griechenland		4.5	4.5%

Umsatzanteile Discounter in 2002
Basis: Detailhandel = 100%

Quelle: ACNielsen

spartanisch eingerichtete Läden gehören genauso zum Discount-Prinzip wie das Anbieten von wenig Service.

Entwicklungstendenzen in Europa

Trendgurus, aber auch Marktforschungsinstitute sprechen heute von einer eigentlichen Niedrigpreis-Tendenz, die weit über den Lebensmitteldetailhandel hinausgeht und sich in Zukunft noch verstärken wird. Den Inbegriff dieser Niedrigpreis- bzw. Discount-Philosophie im Food-Bereich verkörpern insbesondere die beiden deutschen Hard Discounter Aldi und Lidl. Mit einem Marktanteil aller Discount-Anbieter von beinahe 40 % liegt Deutschland hinter Norwegen an zweiter Stelle.

Aus Deutschland heraus expandieren die so genannten multinationalen Discount-Konzepte sehr erfolgreich und nahmen im Jahr 2002 für sich z. B. in Belgien und Österreich einen Marktanteil von jeweils erheblich mehr als 10 % in Anspruch. In Ländern wie England oder Griechenland ist der Discount-Anteil mit 5,6 % bzw. 4,5 % sehr gering. Wie die Umsatzentwicklung in Grossbritannien zeigt, hat der Marktanteil der Discounter seit seinem Höchstpunkt in den Jahren 1995/96 von 11,4 % deutlich auf 5,6 % im Jahre 2002 abgenommen.

Warum haben die Discounter in Grossbritannien in den letzten Jahren Umsatz- und Marktanteile verloren? Zum einen haben die Discounter Aldi und Lidl bei den Konsumenten in Grossbritannien das Image des «billigen Jakob». Darum kaufen nur bestimmte Zielgruppen dort ein. Auch der Preis bzw. die Preiswahrnehmung hat einen ganz anderen Stellenwert als z. B. in Deutschland. Zum andern haben die traditionellen Anbieter, allen voran Tesco, mit der Einführung von Preiseinstiegs-Sortimenten auf die Discount-Konkurrenz erfolgreich reagiert.

Dieser «Sonderfall» Grossbritannien kann aber nicht darüber hinwegtäuschen, dass das Discounting-Modell als Angebotsform in Europa in der Vergangenheit sehr erfolgreich gewesen ist und wohl auch in Zukunft erfolgreich sein wird. Gemäss ACNielsen betrug das Wachstum der Discounter in Europa im Bereich Fast Moving Consumer Goods 2002 gegenüber dem Vorjahr 50 %. Wie aktuelle Zahlen aus Deutschland allerdings zeigen, wachsen auch die «Discount-Bäume» nicht in den Himmel. Insbesondere Aldi hat 2004 in Deutschland erheblich an Flächenproduktivität eingebüsst und wächst nur noch durch zusätzliche Verkaufsstellen.

Die Zukunft wird zeigen, inwieweit sich das Discount-Phänomen in den einzelnen Ländern durchsetzen bzw. entwickeln wird. Wie das Beispiel Grossbritannien verdeutlicht, spielen dabei länderspezifische Eigenheiten sowie die Reaktion der traditionellen Anbieter eine wichtige Rolle.

Abbildung 18: Umsatzentwicklung der Discounter in Grossbritannien

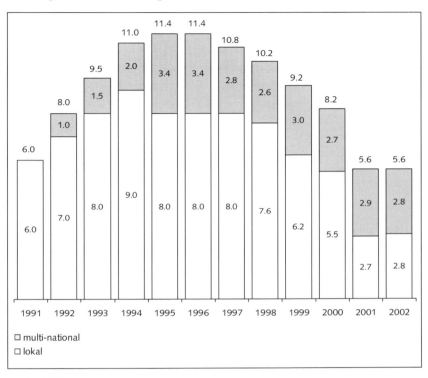

Quelle: ACNielsen

Der Schweizer Markt

Wie die Entwicklung der wichtigsten Firmen im Food-Detailhandel 2004 zeigt, dominieren Migros und Coop den Schweizer Markt. Diese beiden Anbieter haben eine jahrzehntelange Tradition und den Schweizer Markt mit ihren Supermarkt- bzw. Verbrauchermarkt-Konzepten geprägt. Entsprechend hat sich eine eigentliche Supermarkt-Kultur mit einem hohen Qualitätsniveau entwickelt. Dazu gehört insbesondere eine attraktive Einkaufsatmosphäre, ein guter Kundenservice, viel Frische und schliesslich auch ein breites Sortiment, das den Konsumenten eine grosse Auswahlmöglichkeit bietet.

Natürlich hat auch der Preis in der Vergangenheit schon eine gewisse Rolle gespielt, erhält aber durch den bevorstehenden Markteintritt von Aldi und Lidl in die Schweiz eine ganz neue Dimension.

Discounter haben in der Schweiz bis anhin lediglich eine untergeordnete Rolle gespielt. Denner mit einem Jahresumsatz von 1,84 Mrd. CHF und Pick

Abbildung 19: Entwicklung im Schweizer Food-Detailhandel 2004

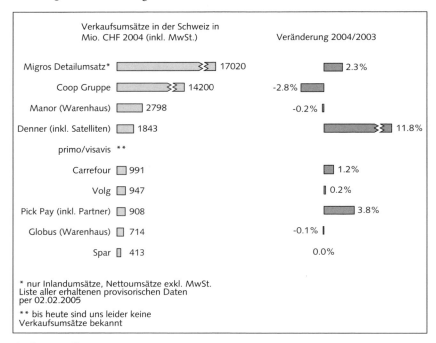

Quelle: IHA/GfK 2005

Pay mit 0,95 Mrd. CHF vereinen einen Marktanteil von insgesamt 6,8 % auf sich. Im europäischen Vergleich liegt dieser Wert am unteren Ende. Denner hat sich in den letzten Monaten allerdings als preisaggressiver Discount-Anbieter profiliert, der die Preisführerschaft in Anspruch nehmen will. Im Vergleich zu Denner ist Pick Pay als Soft Discounter zu bezeichnen mit einem vergleichsweise grossen Sortiment von ca. 2500 Artikeln.

Aldi und Lidl expandieren in die Schweiz

Wie bereits erwähnt und auch von den Medien als willkommenes Thema aufgenommen, wird die Auslandsexpansion von Aldi und Lidl in die Schweiz per Anfang 2006 realisiert. Nach Jahren mehrheitlich stabiler Verhältnisse kommen nun sehr spannende und herausfordernde Zeiten auf den Schweizer Lebensmittelhandel und natürlich auch auf Spar zu. Wobei die Frage gestellt werden darf, was wohl die beiden deutschen Hard Discounter antreibt, in die Schweiz zu kommen. Denn zuerst einmal ist festzuhalten, dass die Schweiz ein im europäischen Vergleich kleiner und zudem stagnierender Markt mit wenig Wachstumspotenzial ist. Der Markt ist zudem insbesondere für landwirtschaftliche Produkte mehrheitlich abgeschottet, was die Beschaffung und insbesondere eine anzustrebende Kosten- bzw. Preisführerschaft auf diesem Gebiet nicht gerade erleichtert. Andererseits besteht für die neuen Mitbewerber die Gefahr, dass bei zu grossen Preisdifferenzen z. B. für Fleisch oder Milchprodukte die Schweizer Konsumenten in den Grenzregionen weiterhin im benachbarten Ausland einkaufen. Weitere Schwierigkeiten ergeben sich vor allem bezüglich der Standortentwicklung. So muss mittlerweile tief in die Tasche gegriffen werden, um attraktive Grundstücke zu erwerben, da auch auf diesem Gebiet ein intensiver Konkurrenzkampf herrscht. Schliesslich müssen sowohl Aldi als auch Lidl mit erheblichen Restriktionen und Verzögerungen bei der Standortentwicklung rechnen, nicht zuletzt aufgrund des Vereinsbeschwerderechts und der Raumplanungvorschriften. Unter diesen Umständen verbleibt lediglich noch eine hohe Gewinnmarge als Argument für einen Markteintritt. Wie die Marketingaktivitäten der etablierten Schweizer Lebensmittelanbieter in den letzten Monaten allerdings gezeigt haben, hat der Preiskampf bereits begonnen und entsprechend haben die meisten Anbieter mit der Einführung oder dem Ausbau von Tiefpreissortimenten reagiert. Es kann deshalb davon ausgegangen werden, dass sich die Preise mehrheitlich angleichen werden.

Das Preisbewusstsein der Schweizer Konsumenten steigt

Unter diesen Bedingungen wird die Preisorientierung der Konsumenten in der Schweiz weiter zunehmen und die Preisthematik an Wichtigkeit gewinnen. Im Sinne von «Geiz ist geil» oder «Arme Leute brauchen niedrige Preise, reiche Leute lieben niedrige Preise» wird sich das Konsumentenverhalten in Richtung preisbewusstes Einkaufen entwickeln. Dies wird zudem durch eine oft einseitige, auf den Preis orientierte Berichterstattung der Medien unterstützt. Allerdings wird trotz all diesen Entwicklungen der Schweizer Lebensmittelmarkt grundsätzlich ein Qualitätsmarkt bleiben mit beschränkten Möglichkeiten für die Discounter. Deutsche Verhältnisse mit einem Marktanteil der Discounter von beinahe 40 % sind in der Schweiz nicht realistisch.

Kaufkraftabfluss ins Ausland

Es ist zu hoffen, dass die kleiner werdenden Preisunterschiede zum Ausland dazu führen werden, dass weniger Kaufkraft dorthin abfliesst. Immerhin werden über 1,5 Mrd. CHF für Lebensmittel von Schweizern im grenznahen Ausland ausgegeben. Falls zukünftig ein Grossteil dieses Betrages in der Schweiz behalten werden könnte, hätte dies positive Auswirkungen auf die Schweizer Volkswirtschaft und die Schaffung von Arbeitsplätzen.

Spar und Discounting

Spar wird trotz des sich verändernden Umfeldes weiterhin auf seine eigenen Stärken als «Nachbarschafts-Convenience-Supermarkt mit günstigen Preisen» setzen. Im Zentrum stehen dabei die Qualität, die Kundennähe und der Kundenservice, ein breites Angebot sowie eine starke Frischekompetenz. Bezüglich Preis wird unter dem Namen «Unser kleinster Preis» ein Tiefpreissortiment aufgebaut und eingeführt. Dazu wird die internationale Kooperation mit Spar International und einzelnen Spar-Ländern verstärkt, um von grossen Einkaufsvolumina und guten Einkaufskonditionen zu profitieren, die wiederum den Kunden zugute kommen.

Es gilt aber auch, zukünftige Chancen zusammen mit den neuen ausländischen Mitbewerbern zu nutzen. In Zollikofen bei Bern ist ein gemeinsames Projekt geplant, wo Spar und Aldi Tür an Tür ihre Verkaufsstellen betreiben werden. Wie Beispiele aus Deutschland und Österreich zeigen, können sich solche Konstellationen durchaus positiv für beide Anbieter auswirken.

Schlussfolgerungen

Das Discount-Phänomen widerspiegelt das Bedürfnis der Konsumenten nach günstigen Preisen. Diese Niedrigpreis-Tendenz wird insbesondere auch im Lebensmitteldetailhandel zukünftig weiter zunehmen. In der Schweiz wird sich dabei der Preiskampf aufgrund des bevorstehenden Markteintrittes von Aldi und Lidl weiter verschärfen. Traditionelle Super- und Verbrauchermarktanbieter überlassen das Thema Preis aber nicht einfach den Discountern, sondern reagieren mit Tiefpreissortimenten und bauen die eigenen Stärken weiter aus. Der Schweizer Lebensmittelmarkt verfügt über eine ausgeprägte Supermarkt-Kultur mit einem hohen Qualitätsanspruch der Konsumenten. Für Discounter ist und bleibt deshalb der Schweizer Lebensmitteldetailhandelsmarkt kein einfacher Markt. Auch Spar setzt weiterhin auf die eigenen Stärken und intensiviert die internationale Zusammenarbeit im Spar-Verbund.

Das Phänomen «Discount» aus der Optik des Dorfladens

Von Ferdinand Hirsig, CEO Volg

Wenn man die Medien der vergangenen Monate betrachtet, so muss man unweigerlich zu folgendem Schluss kommen: Der schweizerische Detailhandel, insbesondere der schweizerische Lebensmittel-Detailhandel, wird neu erfunden. Alles wird besser, für die Konsumenten steht das reinste Einkaufsparadies bevor – und das erst noch fast gratis.

Noch vor dem ersten Spatenstich für die erste Verkaufsstelle werden die beiden deutschen Discounter Aldi und Lidl als Retter für den schweizerischen Detailhandel, respektiv für den schweizerischen Konsumenten gefeiert. Endlich würden die bisherigen selbstgefälligen Marktplayer aus dem Schlaf geweckt. Selbst kritische Töne gegenüber den Billiganbietern können die allgemeine Euphorie über den bevorstehenden Markteintritt in die offensichtlich entwicklungsbedürftige Schweiz kaum einschränken.

Zweifellos haben die Pläne von Aldi und Lidl eine bisher nicht gekannte Aktivität innerhalb des schweizerischen Detailhandels ausgelöst. Eigentlich müssten ja vor allem die Dorfläden, die preislich aufgrund ihrer Struktur nie mit einem Discounter mithalten können, in wahre Angstzustände ausbrechen. Haben wir denn Grund für eine solche Hysterie? Nein, denn Aldi und Lidl in der Schweiz bedeuten einfach eine weitere Etappe der Globalisierung der Wirtschaft oder mit anderen Worten: Das Ausland hat die Schweiz nun auch im Lebensmittel-Detailhandel entdeckt. Was heisst das nun für Volg und die Dorfläden?

Was erwartet der Konsument?

Zuerst stellt sich ja die Frage, was der Konsument wünscht. Grundsätzlich will jeder Käufer für sein Geld eine gute Leistung erhalten. Beim Discounter besteht diese gute Leistung aus einem einzigen Kriterium, dem Preis. Wäre er für alle Konsumenten und zu jeder Zeit das einzige Kriterium, so würden alle immer nur dort einkaufen, wo es am billigsten ist. Wir würden dann vollständig rational und als «reiner» homo oeconomicus handeln. Dieses Prinzip existiert allerdings nur in der Theorie, die Praxis sieht anders aus. Deshalb ist der Preis zweifellos wichtig, er ist allerdings nur ein Punkt unter vielen, die für den Konsumenten zählen. Zu einer guten Leistung gehören auch: Beachtung/Anerkennung, Prestige, Sicherheit, Einkaufserlebnis, Kontakt sowie Einfachheit respektive Übersichtlichkeit.

Interessant ist, dass in europäischen Ländern das Kriterium Preis eine unterschiedliche Bedeutung hat: So achten in Deutschland 59 % besonders auf den Preis der Produkte, in England hingegen nur 42 %. Dort spielt die Qualität eine wichtigere Rolle. Ich bin überzeugt, dass der schweizerische Konsument – ähnlich wie der englische – ebenfalls ein hohes Qualitätsbewusstsein hat: Für ihn muss das Preis-Leistungs-Verhältnis stimmen, nicht nur der Preis allein.

Viele der heutigen Konsumenten zeichnen sich dadurch aus, dass sie untreu sind – oder in der modernen Marketingsprache ausgedrückt: Der Smart-Shopper kauft mal beim Discounter, mal im Megastore, mal im Dorfladen ein. Er kann also durchaus seine «Vorratskäufe» im Discounter tätigen und seinen täglichen Bedarf im Dorfladen einkaufen. Der Dorfladen kann deshalb durchaus auch die Funktion eines wichtigen Nischenplayers haben.

Ein Dorfladen erhält paradoxerweise immer dann die grösste Publizität, wenn dessen Existenz bedroht ist oder wenn er gar geschlossen werden muss. Unterschriftensammlungen, Leserbriefe in den Lokalzeitungen, aber auch private Initiativen und Aktivitäten der öffentlichen Hand zur Erhaltung der Einkaufsmöglichkeit vor Ort beweisen, dass eine gut funktionierende Infrastruktur für viele Menschen auch Lebensqualität bedeutet – und zur Lebensqualität gehört auch ein Lebensmittelladen im Dorf.

Rahmenbedingungen in der Schweiz

Vom schweizerischen Food/Nearfood-Kuchen von rund 40 Mrd. CHF schneiden heute die Discounter (Denner, Pick Pay) rund 2,7 Mrd. CHF oder knapp 7 % ab. In Deutschland beträgt der Anteil der Discounter 38 %, in England lediglich 5 %. Da die Preisdifferenzen in der Schweiz zwischen Grossverteiler und Discounter im Vergleich zum Ausland eher gering sind und die beiden marktdominierenden Konkurrenten Migros und Coop mit ihren Eigenmarken auch einen Teil des Tiefpreis-Segments abdecken, sind «deutsche Verhältnisse» in der Schweiz nicht zu erwarten.

Zudem haben die Markenartikel bei den schweizerischen Konsumenten einen überdurchschnittlichen Stellenwert. Rund 60 % der verkauften Molkereiprodukte, verpackten Konsumgüter und Nearfood-Artikel sind Markenartikel. Die Stärke der Marken dürfte vor allem Aldi zu spüren bekommen, der praktisch ausschliesslich auf Eigenmarken setzt.

Für den täglichen Einkauf spielen Milch und Molkereiprodukte eine wichtige Rolle. Sie werden deshalb häufig im Dorfladen eingekauft. Gerade diese Produkte sind allerdings auch Stärken der beiden deutschen Discounter. Wegen der künftigen schweizerischen Landwirtschaftspolitik wird das Preisniveau von Milchprodukten in den nächsten Jahren in der Schweiz generell sinken, so dass die heutigen eklatanten Preisunterschiede (zwischen Deutschland und der Schweiz) sowieso kleiner werden, auch ohne Aldi und Lidl.

Die Schweiz hat eine spezielle Topografie. Berge und Täler setzen Barrieren, die auf der Landkarte auf den ersten Blick vielleicht nicht erkennbar sind. Vier Landessprachen und auch politische Eigenheiten («Kantönligeist») sorgen für weitere Segmentierungen. Es stellt sich die Frage, ob diese klein strukturierte Landschaft mit relativ kleinen Einzugsgebieten ideale Rahmenbedingungen für einen Discounter bietet. Bestimmt aber bietet diese feine Struktur auch in Zukunft eine Chance für den Dorfladen.

Strategie von Volg

Wie will sich ein kleiner Anbieter mit kleinen Läden in einem Markt behaupten, wenn die Ladenformate der Grossen immer grösser werden, der Preis das wichtigste Argument zu sein scheint und nun noch weitere ausländische Anbieter in den ohnehin schon gesättigten Markt stossen wollen?

Für mich und auch für viele Konsumenten gibt es neben Grösse und Preis eine dritte Komponente, die für den täglichen Einkauf entscheidend ist: die Nähe. Mit unseren rund 600 Dorfläden in der ganzen Deutschschweiz sind wir nahe beim Kunden. Nicht nur diese geografische Nähe zählt, sondern auch die menschliche, emotionale Nähe. Im Dorfladen kennt man sich, man trifft Bekannte, man hat Zeit für einen Schwatz. Mit unserer Feinverteilung auch in abgelegene Gebiete kann der Preis deshalb nicht unser Hauptargument sein. Die Feinverteilung von Gütern des täglichen Bedarfs ist nicht nur für die Konsumenten eine geschätzte Dienstleistung, sondern auch für die Lieferanten der Güter, die Industrie. Was nützen teure Werbekampagnen, wenn die Produkte nur in Städten und Agglomerationen zu kaufen sind?

Was ein Leben ohne Dorfläden bedeuten könnte, veranschaulicht ein hypothetisches Beispiel aus dem Kanton Graubünden. In diesem Gebiet bedienen heute rund 160 Lebensmittel-Verkaufsstellen aller Handelskanäle die Kundschaft. Die Versorgung der Bevölkerung ist auch abseits der wichtigsten Zentren und viel befahrenen Hauptstrassen sichergestellt. Entfernt man die «Kleinen», d. h. Volg, Primo/Visavis, Spar und unabhängige Detaillisten, so verbleiben noch gut 30 Verkaufsstellen.

Diese Überlegungen zeigen deutlich, dass die kleinen Dorfläden auch zukünftig neben den Grossen und Discountern eine Chance haben, ja aus volkswirtschaftlichen und gesellschaftlichen Überlegungen eine Chance haben müssen. Übrigens: Für die Erhaltung der Einkaufsmöglichkeit im Dorf braucht es meist nicht viel: Wenn in einem Dorf jeder Haushalt pro Woche für 50 CHF im Dorfladen einkauft, so ist die Existenz meist schon gesichert. Allein mit Brot, Früchten und Gemüse, Zigaretten und weiteren Gütern des täglichen Bedarfs, bei denen die Preise fast überall gleich sind, ist dieser Betrag rasch erreicht. Es ist also eine Frage des Bewusstseins und nicht des Preises, ob es den Dorfladen in Zukunft noch gibt.

Die Volg-Dorfläden bieten den Konsumenten ein umfassendes Angebot für den täglichen Bedarf an. In allen Volg-Läden stehen dabei die Frischprodukte im Mittelpunkt. Auch wenn die durchschnittliche Verkaufsfläche der Läden lediglich 170 Quadratmeter beträgt, bieten sie doch ein Sortiment an, das dreimal grösser und vielfältiger ist als ein Aldi-Sortiment.

Strategie der deutschen Discounter Aldi und Lidl

Ein Discounter braucht ein ganz anderes Umfeld als ein Dorfladen. Dieses Umfeld finden Aldi und Lidl in der Schweiz nur im Mittelland. Eine Landkarte mit den geplanten Verkaufsstellen bestätigt dies. Ein Discounter braucht also ein «städtisches» Umfeld, um einen Umsatz von 6 Mio. CHF (wie in Deutschland) erzielen zu können.

Eine einfache und schlanke Kostenstruktur und eine einfache Logistik kann nur mit einem schmalen Sortiment und einem kleinen Anteil an Frischprodukten erzielt werden. Wer mit dem Auto einen Grosseinkauf macht, kauft bestimmt günstig ein. Das Angebot von 700 Artikeln zu Tiefstpreisen dürfte allerdings nicht allen Konsumenten für den täglichen Einkauf genügen.

Discounter konnten in der Vergangenheit vor allem dort erfolgreich in einen Markt eindringen, wenn dieser nicht auf eine solche Billigattacke vorbereitet war. Für die Schweiz kann man dies nach den Ereignissen der letzten Monate – Preisabschläge à discretion, Schaffung oder Ausweitung von Billiglinien – nicht behaupten.

Mit wie vielen Aldi- und Lidl-Verkaufsstellen muss oder darf die Schweiz rechnen? Optimistische Prognosen rechnen mit 150 Verkaufsstellen (Aldi und Lidl) bis ins Jahr 2010. Bei einem durchschnittlichen Umsatz von 6 Mio. CHF pro Verkaufsstelle ergäbe dies knapp 1 Mrd. CHF Umsatz – also eine Grösse, die heute Volg mit seinen Dorfläden erzielt. Für die Medien ist allerdings dieser reale Umsatz offensichtlich viel weniger interessant als der mögliche Umsatz der beiden Discounter in einigen Jahren. In den letzten zwei Jahren hat der Einkauf im benachbarten Ausland stark zugenommen und wird auf rund 2 Mrd. CHF pro Jahr geschätzt. Wenn – vorsichtig geschätzt – 20 % dieses Umsatzes (400 Mrd. CHF) in der Schweiz bleibt und hier bei einem «hiesigen» Discounter getätigt wird, so bleiben noch 600 Mrd. CHF, die vom bisherigen schweizerischen Detailhandel im Jahre 2010 «abgezweigt» werden. Wenn man dies insbesondere mit den Umsatzzahlen der Grossen – Migros, Coop und Denner – vergleicht, so stellt dies eine interessante Marktergänzung dar, bedeutet aber bestimmt keine komplette Veränderung des schweizerischen Marktes.

Fazit

Der schweizerische Detailhandel hat seine Hausaufgaben gemacht oder wird sie noch machen und ist für die kommenden Herausforderungen gerüstet. Discounter und somit auch Aldi und Lidl decken heute und auch zukünftig nur einen kleinen Teil des Lebensmittelhandels ab. Der künftige Erfolg der beiden deutschen Marktplayer in der Schweiz hängt vor allem vom Verhalten der übrigen Marktteilnehmer ab.

Der Dorfladen wird, sofern er nicht als Folklore betrieben wird, sondern auf einem marktnahen, professionellen Konzept basiert, auch künftig funktionieren. Die Rentabilität auf kleiner Verkaufsfläche setzt auch in Zukunft voraus, dass wir die Hausaufgaben konsequent erledigen. Wir müssen auch in Zukunft unsere Stärken (geografische und emotionale Nähe) weiter ausbauen und Schwächen korrigieren.

Der schweizerische Detailhandel wird sich in den nächsten Jahren zweifellos noch stärker bewegen und verändern, neu erfunden wird er allerdings durch die neuen Marktteilnehmer nicht. Der traditionelle, moderne Dorfladen wird auch in einem noch härteren Wettbewerb seinen Platz finden und zufriedene Kunden haben.

Mitarbeitende/Gewerkschaften

Die Markteintritte von Aldi und Lidl in der Schweiz: Chance oder Risiko?

Von Max Haas, Präsident der Gewerkschaft Syna

Noch selten zuvor haben Markteintritte von Unternehmen – aus welchem Sektor auch immer – die Gemüter so bewegt wie die Ankündigung der Discounter Aldi und Lidl, in der Schweiz Fuss fassen zu wollen. Welche Auswirkungen hat die Ankunft dieser beiden Discounter aus unserem nördlichen Nachbarland auf die Schweizer Wirtschaft? Wird die Ankunft dieser beiden von den meisten als Bedrohung oder als Chance empfunden?

Im Folgenden soll versucht werden, mögliche Szenarien für die unterschiedlichsten Interessengruppen genauer unter die Lupe zu nehmen. Was erwarten
* Konsumenten,
* Lieferanten,
* Standortgemeinden,
* Konkurrenten und
* Arbeitnehmende vom Markteintritt dieser Discounter?

Ändern sich die Konsumgewohnheiten von Herrn und Frau Schweizer? Welche volkswirtschaftlichen Auswirkungen sind zu erwarten?

Verschärft wird die Brisanz des Auftritts dieser beiden Giganten durch den Zeitpunkt ihres Aktivwerdens. Er fällt in eine Zeit, wo sich die beiden Nummern eins und zwei des Detailhandels einen unerbittlichen Zweikampf um die billigsten Preise liefern, Migros mit der «Budget-Linie», Coop mit dem «Prix-Garantie-Projekt». Und beide Unternehmen werden nicht müde, in den Medien zu betonen, dass sie sich nicht unterbieten lassen wollen.

Der Auftritt fällt auch in eine Zeit, in der Denner, einer der ersten Discounter unseres Landes, das beste Jahr seiner Geschichte «feiert». Während Migros und Coop einstellige Wachstumsraten ausweisen, kann Denner eine zweistellige Prozentzahl als Wachstumsrate angeben.

Der Marktbeobachter mag sich nun fragen, wie dies nach dem Markteintritt von Aldi und Lidl weitergehen soll. Doch gehen wir der Reihe nach und betrachten wir die verschiedenen Interessengruppen:

Konsumenten

Es bedarf kaum hellseherischer Fähigkeiten, um vorauszusehen, dass die Preise für Güter des täglichen Bedarfs durch die absehbaren Markteintritte der deutschen Discounter noch schneller fallen werden. Auf den ersten Blick mag dies die Konsumenten freuen.

Der schweizerische Volksmund sagt aber auch: «Aldi ist billig, doch der Preis dafür ist hoch!» Was ist damit gemeint?

Aldi bietet ein Sortiment von 700 Artikeln des Grundbedarfs an, plus Non-Food-Aktionsprodukte wie beispielsweise Computer, Fernseher, Stichsägen, Maler- und Autoutensilien, Hometrainer etc. Bei Lidl umfasst das Sortiment rund 1400 Artikel.

Sowohl bei Aldi als auch bei Lidl wird es sich um ein Einkaufen ohne jeden Firlefanz handeln. Das Einkaufserlebnis fehlt vollkommen. Die Ware wird unausgepackt in Kartons auf Paletten angeboten. Den Läden geht jegliche Atmosphäre ab. Die Filialen sind standardisiert: 900 Quadratmeter Verkaufsfläche, Giebeldach, gelber Klinkerboden; bar jeglicher architektonischer oder dekorativer Anreize. Mit den Augen lässt sich weder bei Aldi noch bei Lidl einkaufen. Beratung und Bedienung fehlen vollkommen. Es wird ein möglichst hoher «Kundenumschlag» angestrebt. Die durchschnittliche Verweildauer eines Kunden beträgt bei Aldi ungefähr 15 Minuten. Bei Lidl wird dies nicht wesentlich anders sein. Man deckt seinen Bedarf, packt ein und verschwindet wieder. Die Läden befinden sich nicht in grossen Zentren oder an zentralen Lagen, sondern sie liegen stets ausserhalb und sind nur per Auto erreichbar. So sind bei Aldi Ortschaften wie Altenrhein, Amriswil, Weinfelden, Gebenstorf, Kreuzlingen, Küssnacht, Pfäffikon und Romanshorn als Standorte vorgesehen. Lidl besitzt für Arbon bereits eine Baubewilligung.

Dass dem Schweizer Konsumenten etwas an der Atmosphäre liegt, versucht Denner zu beweisen, denn das erzielte Umsatzwachstum wird unter anderem damit begründet, dass die Renovation der veralteten Denner-Filialen abgeschlossen sei. Dadurch kauft der Konsument, gemäss Aussage von Denner-CEO Philippe Gaydoul, einerseits wieder mehr und andrerseits häufiger in grösseren Mengen.

Die beschränkte Auswahl an Artikeln nimmt den Konsumenten das Denken ab und spart Zeit. Es gibt im Sortiment von Aldi nur wenige Markenartikel. Der Grossteil sind Eigenmarken, allerdings von streng kontrollierten Herstellern. Es wird sich weisen, ob sich der Schweizer Konsument damit zufrieden gibt, vom Händler vorgegeben zu bekommen, was er kaufen soll oder ob er sich als mündiger Kunde fühlt, der einen Vergleich unterschiedlicher Marken anstellen will.

Migros beispielsweise hat im Verlaufe der Zeit zunehmend Markenartikel ins Sortiment aufgenommen und bietet diese nebst qualitativ guten Eigenmarken – ob aus eigener oder fremder Fabrikation – recht erfolgreich an.

Fazit:

Es werden sich verschiedene Käufergruppen bilden: Für untere bis mittlere Einkommensschichten, für Familien mit Kindern sowie für Konsumenten, welche ausschliesslich auf Bedürfnisbefriedigung aus sind und keinen Wert auf ein Einkaufserlebnis legen, sondern für die allein der Preis das ausschlaggebende Kriterium ist, stellen Aldi und Lidl eine verlockende Alternative dar. Wer pragmatisch einkaufen will, wer die Effizienz schätzt, die sich schliesslich im Preis niederschlägt, wer wenig Wert auf Beratung und Bedienung legt, der wird künftig zu Aldi oder Lidl pilgern, bzw. fahren. Berufstätige, Pendler, die ihren Bedarf über Mittag oder auf dem Arbeitsweg decken, mittlere Einkommensschichten, Leute, die Wert auf ein Einkaufserlebnis, auf Beratung, auf Bedienung etc. legen, werden kaum zu neuen Aldi- oder Lidl-Kunden werden.

Lieferanten

Eines der Erfolgsgeheimnisse von Aldi und Lidl in Deutschland sind die grossen Einkaufsvolumina und damit die günstigen Konditionen. Günstigere Bodenpreise als in der Schweiz und eine ausgeklügelte Logistik sind weitere Erfolgsfaktoren. Beide Discounter werden sich in der Schweiz demzufolge nach lokalen oder zumindest schweizerischen Lieferanten umsehen. Daraus ergibt sich für die Produzenten eine Chance. Ob diese Einschätzung allerdings auch einer genaueren Untersuchung standhält, wird sich zeigen. Das Einkaufsvolumen wird nicht sprunghaft grösser. Ein verdienter Franken des Kunden kann nur einmal ausgegeben werden. Was also bei Aldi und Lidl neu hinzukommt, fällt bei andern Anbietern weg. Der Kuchen wird nicht wesentlich grösser, er wird nur anders verteilt. Es herrscht ein reiner Verdrängungswettbewerb. Also wird es auch auf der Lieferantenseite Gewinner und Verlierer geben.

Fazit:

Der Druck auf potenzielle Lieferanten wird sehr gross werden und somit der Druck auf deren Margen. Überleben werden nur die Fittesten, die Flexibelsten, diejenigen, die am effizientesten und rationellsten produzieren können. Als Folge der grossen nachgefragten Mengen werden es Klein- und Mittelbetriebe schwer haben. Es wird eine kritische Grösse eines Unternehmens brauchen, um «Hoflieferant» zu werden.

Standortgemeinden

Wie bereits oben erwähnt, befinden sich die Standorte von Aldi- oder Lidl-Filialen nicht in Zentren. Die Filialen sind nicht oder nur schlecht mit den öffentlichen Verkehrsmitteln erreichbar. Käuferschichten sind automobilisierte Kunden, welche auf den Parkplatz fahren, mit einer Einkaufsliste zielstrebig den Konsumentenparcours zwischen Paletten und Kartons absolvieren, die Grosseinkäufe auf das Band bei der Kasse legen, bezahlen und die Ware auf dem Parkplatz im Kofferraum ihres Autos «verstauen».

Aldi- und Lidl-Filialen generieren also ein Verkehrsaufkommen mit all den damit verbundenen Umweltschäden. Wer sich einmal an einem regnerischen Samstag nach Ladenschluss in der Umgebung von Spreitenbach AG aufgehalten hat, weiss, wovon die Rede ist (Lärm, Verkehrschaos, Abgase).

Andererseits werden in solchen Orten auch Arbeitsplätze geschaffen, und die Discounter bezahlen Steuern. Der Preis dafür ist jedoch auch in diesem Falle hoch, sehr hoch sogar, zum Teil mit irreparabler Beeinträchtigung der Natur verbunden.

Fazit:

Da Vor- und Nachteile eng miteinander verknüpft sind, wünscht sich der neutrale Beobachter der beiden Giganten eine glückliche Hand bei der Auswahl der Standorte. Naturbelassene, sensible Gebiete sind zu meiden. Die bereits vorhandene Verkehrserschliessung ist zu beachten. Nach Möglichkeit sind von der Wirtschaft bzw. der Industrie wenig berücksichtigte oder bis anhin benachteiligte Gebiete zu favorisieren. Dies alles ist jedoch leichter gesagt als in die Realität umgesetzt, zumal in diesem Punkt die unterschiedlichsten Interessen aufeinander prallen.

Konkurrenz

Wer gibt schon gerne zu, dass er oder sie vor etwas Angst hat? So auch in diesem Fall: Migros und Coop fürchten die zukünftige Konkurrenz – nach ihren eigenen Aussagen – überhaupt nicht. Noch pointierter ist die Aussage von Denner-CEO Philippe Gaydoul: Die Ankunft von Aldi und Lidl wirkt sich positiv auf Denner aus, denn dadurch wird der Discount in der Schweiz noch populärer.

Sind dies nur Schutzbehauptungen?

Tatsache dürfte sein, dass durch die absehbaren Markteintritte deutscher Discounter die Preise noch schneller fallen und die Margen noch weiter unter Druck geraten, als sie dies bereits beim heutigen Wettbewerb sind.

Fazit:

Für die bisherigen Detaillisten wird es darum gehen, die Kunden mit den unterschiedlichsten Marketing-Massnahmen nach Möglichkeit noch vermehrt an sich zu binden (der Kunde als Miteigentümer, z. B. in der Form von Genossenschaftern). M-Budget-Produkte geniessen heute bereits Kultstatus. So sehr sogar, dass es bereits Portemonnaies im M-Budget-Design oder Autos mit M-Budget-Bemalung gibt.

Arbeitnehmer

Als Präsident der zweitgrössten Gewerkschaft unseres Landes interessiert mich naturgemäss der vom Markteintritt der beiden Discounter ausgehende Einfluss auf das Lohnniveau der Arbeitnehmenden. Gemäss eigenen Aussagen verfolgen die beiden Grossverteiler bezüglich Anstellung und Entlöhnung von Angestellten unterschiedliche Philosophien:

Aldi setzt bei seinen Mitarbeitenden mehr auf Allrounder, die angelernt werden und danach vom Auspacken bis zur Bedienung der Kasse und einer rudimentären Beratung der Kunden für alles gewappnet sein sollen. Aldi will die Mitarbeitenden um 10 % bis 20 % besser entlöhnen als die Konkurrenz.

Dagegen stellt sich Lidl eher eine Aufgabenteilung vor. Je nach Grösse einer Filiale soll es bei Lidl Auspackteams, Kommissionierer und Mitarbeitende im Verkauf bzw. an der Kasse geben, welche der Filialleitung unterstellt sind. Lidl orientiert sich momentan noch an den schweizerischen Gegebenheiten und informiert sich über Schweizer Lohnmodelle.

Arbeitsplätze entstehen – überall in der Schweiz. Die Angaben über die Arbeitsbedingungen sind jedoch zurzeit nicht fassbar. Werden die Billiganbieter zu «Billig-Arbeitgebern»? Die Gewerkschaften befürchten, dass mit dem durch den Markteintritt von Aldi und Lidl zu erwartenden Preisdruck auch der Druck auf die Löhne zunehmen wird. Inwiefern die tieferen Preise der Discounter aber auf die Löhne durchschlagen werden, ist unter anderem vom Anteil der Personalkosten an den Gesamtkosten der Detaillisten abhängig. Ist dieser Anteil gering, bestehen noch Reserven in Form von Produktivitätssteigerungen.

Trotzdem werden die Gewerkschaften die Entwicklung mit Argusaugen verfolgen, auch wenn durch tiefere Lebensmittelpreise die Kaufkraft der Lohnempfänger selbst bei gleich bleibenden Löhnen erhöht wird. Es verbleiben immer noch die stets steigenden Krankenkassenprämien und die angesichts der tiefen Hypothekarzinse zu hohen Mieten, die diesen Vorteil überkompensieren.

Befürchtet wird aber auch, dass die sinkenden Preise des Detailhandels negative Auswirkungen auf die künftigen Lohnverhandlungen allgemein haben könnten. Es muss den Gewerkschaften gelingen, mit den neuen Anbietern Aldi und Lidl Gesamtarbeitsverträge (GAV) auszuhandeln.

Tatsache ist nämlich, dass es zur Zeit keinen GAV im Detailhandel gibt, der gesamtschweizerisch gültig wäre. Zwar regeln Migros und Coop ihre Anstellungsbedingungen bereits in «konzernspezifischen» Gesamtarbeitsverträgen und leben die Sozialpartnerschaft mit den Gewerkschaften im Interesse der Arbeitnehmenden. Usego will noch diesen Sommer einen GAV abschliessen und auch Volg (Fenaco) spielt mit dem Gedanken eines Gesamtarbeitsvertrages. Allerdings ist der Organisationsgrad im schweizerischen Detailhandel gering: Schätzungen gehen davon aus, dass bei Migros (85 000 Beschäftigte) nur gerade 3 % der Belegschaft gewerkschaftlich organisiert sind, bei Coop (50 000 Beschäftigte) sind es rund 10 %. Von Denner sind diesbezüglich keine Zahlen bekannt.

Die Schweizer Grossverteiler sind sicherlich nicht an Lohn-Dumping interessiert. Doch was geschieht, wenn der Druck auf die Preise so gross wird, dass das Niveau der Schweizer Löhne unausweichlich gesenkt werden muss?

Syna ist nicht der Meinung, dass ein akutes Problem entsteht, wenn Aldi und Lidl die Tore in die Schweiz öffnen. Beide Konzerne signalisierten im Gespräch mit Syna die Bereitschaft zur Zusammenarbeit und das Interesse am gegenseitigen Austausch. Durch die Schaffung von Arbeitsplätzen wird der Schweizer Arbeitsmarkt unter Umständen entlastet. Die unter Spardruck abgebauten Stellen in etablierten Unternehmen werden gewissermassen «ersetzt». Also eine Chance?

Es gilt auch zu beachten, dass beide Discounter Interesse an Teilzeit-Anstellungen haben werden und entsprechend dazu bereites Personal benötigen, das flexibel einsetzbar ist.

Fazit:

Syna ist der Meinung, dass der Eintritt von Aldi und Lidl in den Schweizer Markt beides mit sich bringt – Chancen und Risiken. Als das Wichtigste erachten wir, den Dialog sowohl mit den Discountern zu suchen als auch mit den schweizerischen Unternehmungen weiterhin zu pflegen und von Anfang an das Ziel zu verfolgen, die Arbeitsbedingungen in Gesamtarbeitsverträgen zu regeln und bestmögliche Lösungen für alle Beteiligten herauszuholen. Syna will – getreu ihrer Philosophie – auch mit den neuen Discountern eine echte Sozialpartnerschaft pflegen. Zum Wohle der Arbeitnehmenden und im Sinne einer sozialen Gerechtigkeit.

Zusammenfassung

Eine Studie der Universität Freiburg hat gezeigt, dass M-Budget-Produkte von Migros sowie Prix-Garantie-Produkte von Coop durchschnittlich rund 74 % teurer sind als beim deutschen Discounter Aldi. Die grössten Preisunterschiede lassen sich dabei in den stark durch die Landwirtschaftspolitik und die von Regulierungen betroffenen Sortimentsbereichen feststellen.

Weiter konnte nachgewiesen werden, dass die Preisunterschiede mit zunehmendem Verarbeitungsgrad abnehmen. Zusätzliche Gründe für die Preisunterschiede bilden die teils hohen Zölle sowie die Beschränkung von Parallelimporten.

Es ist damit zu rechnen, dass der Markteintritt der deutschen Discounter die Marktstrukturen verändern und bei den Grossverteilern leicht realisierbare Preissenkungen erzwingen wird.

Nach einer gewissen Zeit (ca. ein bis zwei Jahre) werden diese leicht realisierbaren Preissenkungsmöglichkeiten aber ausgereizt sein. Dann werden die Preise bei den Grossverteilern zwar einiges tiefer sein, aber im Durchschnitt immer noch höher liegen als bei Aldi-Deutschland.

Arbeitnehmende zahlen einen hohen Preis

Von Andreas Rieger, Zentralsekretär der Gewerkschaft Unia

Hinter der schönen Oberfläche der purzelnden Preise

Das Jahr 2004 bedeutet einen Wendepunkt im Schweizer Detailhandel. An der Oberfläche ist er erkennbar in Hunderten von Medienberichten über bevorstehende Preisstürze, über den entbrannten Kampf zwischen den etablierten Players im Detailhandel und den weissen Rittern der tiefen Preise, die in der Schweiz einreiten werden. Der Themenwechsel ist eklatant: Galt die Aufmerksamkeit jahrelang dem individualisierten Lifestyle im täglichen Konsum, den neuen verfeinerten oder biologischen Produkten, so gilt diese seit 2004 nur noch den tieferen Preisen. Genauso wechselten die Lieblingsfiguren: Jahrelang bestimmten die Medien Hansueli Loosli als unbestrittenen Winner. Heute wird Philippe Gaydoul als erfolgreicher Umsatz- und Tiefpreisbolzer gefeiert, und die Brüder Albrecht von Aldi werden als Inbegriff der Bescheidenheit eingeführt. Eine schöne Zukunft wird vorgeführt, mit 30 % tieferen Preisen und mit lauter Gewinnern, abgesehen von einigen Monopolisten, Ewiggestrigen oder Qualitätsfetischisten.

Die Realität ist eine andere und wird eine andere sein: Der Preiskrieg hat neben einigen erfreulichen Effekten weitergehende Folgen, von denen kaum die Rede ist, respektive die in den Medien kaum aufgenommen werden. Hinter der freudigen Oberfläche der purzelnden Preise geht es keineswegs schön zu und her. Der Preiskrieg ist nicht gratis und hat Folgen, die nicht verdrängt werden dürfen. Einen hohen Preis zahlen – wie in diesem Artikel aufgezeigt wird – unter anderem die Arbeitnehmenden im Detailhandel, wenn es nicht gelingt, Gegensteuer zu geben.

Detailhandel als weiblich geprägte Tieflohnbranche

Der Detailhandel in der Schweiz umfasst mit rund 320 000 Beschäftigten 9 % aller Arbeitnehmenden in der Schweiz.[1] Da rund 40 % dieser Beschäftigten Teilzeit arbeiten, liegt das Beschäftigungsvolumen in Vollzeitäquivalenzen um einiges tiefer, nämlich bei rund 250 000 Stellen oder 8 % des gesamten Beschäftigungsvolumens (BfS 2004a). Gegen zwei Drittel dieser Beschäftigten sind Frauen, welche damit die Detailhandelsbranche prägen. Allerdings verändert sich das Verhältnis der Geschlechter bereits in den unteren Stufen der Hierarchie, und in den obersten stellen die Frauen nur noch eine kleine Minderheit dar. Die Struktur der im Detailhandel Beschäftigten kann folgendermassen umschrieben werden:

Der *Ausländeranteil* liegt mit rund 20 % im Durchschnitt aller Branchen; in einigen Diensten und in Städten fällt der Anteil allerdings weit höher aus.

Im *Erwerbsstatus* sind über 80 % angestellt; die übrigen sind selbstständig oder mitarbeitende Familienmitglieder.

Betriebsstruktur: Rund 60 % der Beschäftigten arbeiten in grossen und mittleren Unternehmen; allerdings nur eine Minderheit davon in grossen Betriebseinheiten.

Qualifikation: Nur etwas über 20 % der Beschäftigten verfügen über keine abgeschlossene Ausbildung; rund 55 % haben eine Berufslehre absolviert; 6,5 % eine höhere Fachschule bis Hochschule. Die Zahl der Ungelernten ist also nicht so tief wie z. B. im Gastgewerbe, bei den persönlichen Dienstleistungen oder auch im Baugewerbe.

Der Detailhandel ist eine Tieflohnbranche: Der Zentralwert (Median) der Löhne in der ganzen Privatwirtschaft liegt 1200 CHF (= 28 %) über jenem im Detailhandel, der nur gerade 4152 CHF beträgt (BfS 2004a).[2] Das tiefe Lohnniveau im Detailhandel trifft Männer wie auch Frauen; Letztere aber ganz besonders, verdienen sie doch mehr als 20 % weniger als Männer (in der Gruppe mit Berufskenntnissen sind es 22 % weniger). Frauen verdienen damit mehrheitlich Löhne, die kaum oder gar nicht eine Existenz sichern können: Die Hälfte der Frauen im Detailhandel verdiente 2002 weniger als 3864 CHF für eine Vollzeitarbeit, 24 % verdienten weniger als 3500 CHF. Grund für diese tiefen Löhne ist nicht die Produktivität, die im Vergleich zum Gastgewerbe oder zu den persönlichen Dienstleistungen keineswegs tiefer ist. Die Produktivität im Detailhandel lässt sich durchaus vergleichen mit jener im Baugewerbe, dessen Löhne aber 20 % höher liegen. Wesentlicher Grund für die tiefen Löhne ist der hohe Frauenanteil einerseits, der tiefe gewerkschaftliche Organisationsgrad andererseits.

Dank der gewerkschaftlichen Kampagne gegen die Hungerlöhne unter 3000 CHF konnten die tiefsten Löhne angehoben werden: Sie stiegen bei Frauen mit einfacher Tätigkeit von 1998 bis 2002 um 8,2 % gegenüber 4,2 % beim Total der Beschäftigten aller Branchen. Insgesamt ist der Lohnrückstand der Beschäftigten des Detailhandels aber erst wenig abgebaut worden. Vor allem bleiben gelernte und erfahrene Frauen sehr oft ein Leben lang bei Löhnen unter 4000 CHF stecken.[3] Vor diesem Hintergrund wird klar, dass im schweizerischen Detailhandel keineswegs von hohen Lohn- und Arbeitskosten gesprochen werden kann. Wie das BAK Basel Economics nachgewiesen hat, liegen die Arbeitskosten in der Schweiz denn auch unter denjenigen in Deutschland und Österreich (BAK 2002, S. 53).

Dynamik der letzten Jahre und Wirkung auf die Beschäftigten

Mit seinen 250 000 rechnerischen Vollzeitstellen erarbeitet der Detailhandel in der Schweiz rund 5 % des Bruttoinlandsproduktes (BIP). Im internationalen Vergleich ist der Detailhandel damit keineswegs schwach, auch wenn der Umsatz pro Fläche gemessen wird. Das BAK betont im Gegenteil, dass «der Detailhandel in der Schweiz im internationalen Vergleich überdurchschnittlich produktiv ist» (BAK 2002, S. 11). Dies hat zweifellos damit zu tun, dass insbesondere der Food-Bereich seit Jahrzehnten von den beiden Grossen Migros und Coop und deren gegenseitiger Konkurrenz geprägt war. Die seit den 1980er Jahren hinzugekommenen Discounter haben sodann zu einem weiteren Produktivitätswachstum beigetragen, dem zusätzlich kleine Detaillisten zum Opfer fielen. Die Ausgangssituation in der Schweiz in den 1990er Jahren und heute ist also überhaupt nicht vergleichbar mit jener in Deutschland oder anderen Ländern vor dem Aufschwung der Discounter.

In der Krise der 1990er Jahre mit der langen Stagnation des Detailhandelsumsatzes ist der Strukturwandel im Detailhandel weitergegangen: Während die Grossen ihre Beschäftigung halten und Marktanteile ausbauen konnten, verloren die Kleinen ständig. Das Beschäftigungsvolumen sank von 1991 bis 1998 um 14 % (BfS 2004a, S. 65). Mit der Überwindung der Krise ab 1998 stiegen die Gesamtumsätze wieder und das Beschäftigungsvolumen stabilisierte sich. Es waren diese Jahre, in denen die Wegweiser mehr auf Qualität gestellt wurden, Coop stark punkten konnte und Denner das «Schmuddel-Image» ablegte.

Mit der erneuten Umsatzstagnation 2002/03, mit den Schwierigkeiten von Globus mit der ABM, von Coop mit der Integration von EPA sowie mit den Umsatzeinbrüchen bei Primo Vis-à-vis kündigte sich eine neue Phase an. Bevor Aldi und Lidl auch nur einen Kaugummi verkauft haben, begann eine neue Phase, die durch einen akzentuierten Preiskampf, eine Verlagerung der Aufmerksamkeit von Qualität auf den Preis und einen neuen Produktivitätsschub gekennzeichnet ist.

Auch für die Arbeitnehmenden zeigten sich schon die ersten Folgen:
- Während die Konjunktur wieder anzog und die Detailhandelsumsätze um 1,5 % anstiegen[4], sank das Beschäftigungsvolumen um 2,4 % (BfS 2004b)! Damit wurden allein zwischen dem vierten Quartal 2003 und dem vierten Quartal 2004 8000 Arbeitsplätze (6000 Vollzeitarbeitsplätze) im Detailhandel abgebaut.
- Die Gewerkschaft erlebte diesen Abbau einerseits in der Form von gehäuften (Teil-)Schliessungen (u. a. Oviesse, EPA, Loeb, Usego, Spengler), andererseits in der Form von schleichenden Personalreduktionen in den Filialen, sei dies durch Einzelentlassungen oder sei dies durch erzwungene Pensumsreduktionen. Allein die beiden Grossverteiler Migros und Coop haben im Jahr 2004 rund 5000 Arbeitsplätze abgebaut.

- Gleichzeitig stieg die Zahl der Arbeitslosen im Detailhandel Ende 2004 auf rund 14 000 Personen (von rund 9000 Mitte 2002).[5]
- Für die verbleibenden Beschäftigten erhöhte sich der Arbeitsdruck. Die Klagen des Detailhandelspersonals bei Gewerkschaften und Beratungsdiensten (z. B. *Beobachter*) haben massiv zugenommen. Im Vordergrund stehen Schikanen bezüglich Arbeitszeit (kurzfristiges Aufbieten oder Nachhauseschicken), Mobbing, willkürliche Entlassungen u. a.
- An der Lohnfront erhöhte Denner (Rekordhalter des Umsatzwachstums) mit Hinweis auf Aldi und Lidl die Löhne per 1. Januar 2005 nur noch individuell um 1 %. Krisenbedingt glichen auch Unternehmen wie Bon Appétit und viele Kleinbetriebe bestenfalls gerade noch die Teuerung von 1 % aus. Migros und Coop erhöhten die Lohnsumme immerhin um rund 1,8 %.

Wir sehen also, dass 2004 einer Steigerung des Umsatzes pro Beschäftigten von rund 4 % gerade mal eine Lohnerhöhung von durchschnittlich 1,4 % bis 1,5 % gegenübersteht. Gleichzeitig sind zwar die Preise einzelner Produkte gesunken, nicht aber der Preis des gesamten Warenkorbs, verharrte doch die Jahresteuerung 2004 bei rund 1 %. Die Beschäftigten im Detailhandel haben von der Entwicklung 2004 also nicht profitiert, im Gegenteil – sie ist zu einem Teil auf ihrem Buckel umgesetzt worden.

Weitere Opfer der Beschäftigten?

Wir müssen annehmen, dass der Preiskrieg 2005 und 2006 erst richtig eskalieren wird. Dass dabei für die Konsumenten insgesamt viel herausschauen wird, ist wenig wahrscheinlich. Selbst wenn im Food-Bereich innert drei Jahren auf ganzer Front die Preise um durchschnittlich 10 % sinken würden, wäre der ganze Warenkorb der Haushalte gerade mal jährlich 0,35 % günstiger, was sicher allein durch die weiter steigenden Gesundheitskosten wieder wettgemacht würde. Effektiv geht der «Krieg» im Detailhandel weniger um tiefere Preise als um die neue Verteilung des Umsatzkuchens zwischen den Unternehmen. Dabei droht den Beschäftigten weiter ein hoher Preis:

- Was die Lohnkosten pro Arbeitskraft betrifft, wird vor allem der (nötige) *Anstieg* gebremst. Da die Löhne schon sehr tief sind, dürfte ihre *Senkung* am gewerkschaftlichen und gesellschaftlichen Widerstand gegen «Hungerlöhne» scheitern. Aldi hat denn auch angekündigt, dass sie sicher die üblichen Löhne zahlen werden.
- Bei der Arbeitszeit droht eine Zunahme und Verdichtung. Aldi und Lidl sind in Deutschland dafür bekannt, dass sie oft Aufräumzeiten, Wegzeiten etc. nicht anrechnen (Ver.di 2004). Auch bei Schweizer Verteilern kann dieses Übel zunehmen, das uns auch aus dem Gastgewerbe bekannt ist. Bereits jetzt konstatieren wir eine erneute Zunahme von Arbeit auf Abruf.

- Schliesslich steht eine weitere Senkung des Personalbestandes bei gleicher Arbeit bevor, was unter anderem den Stress bei den Angestellten, Schikaniererei und Mobbing durch überforderte Vorgesetzte weiter anwachsen liesse.

Einer der sichtbarsten und gefährlichsten Effekte der Entwicklung ist die weitere Vernichtung von Arbeitsplätzen. Dieser droht in zwei Bereichen:

Die beiden Grossverteiler werden alles tun, um ihren Marktanteil zu halten oder noch auszubauen. Um die Kosten zu senken, werden sie natürlich auf die Lieferanten und andere externe Vorleister Druck ausüben. Mehrere Kostenfaktoren (wie Mieten und Kapital) sind in den nächsten drei Jahren aber kaum beeinflussbar. So wird es auch ein Ziel sein, den Anteil der Personalkosten am Umsatz weiter zu senken. Von Coop ist bekannt, dass der Personalkostenanteil in den letzten Jahren bereits von über 20 % auf 18 % gesenkt wurde.

Bei Aldi und Lidl beträgt der Lohnkostenanteil nur 4–5 % des Umsatzes; so optimiert sind die Abläufe mit dem kleinen Sortiment und so viel wird aus dem Personal herausgeholt. Nun ist klar, dass Aldi und Lidl in den nächsten Jahren kaum Teile des bisherigen Umsatzes von Coop, Migros, Carrefour und Denner an sich reissen werden, sondern vom übrigen Detailhandel. Hier handelt es sich meist um Betriebe mit Lohnkostenanteilen von über 20 %. Ein Arbeitsplatz von Aldi oder Lidl wird also ab 2006 drei bisherige Arbeitsplätze ersetzen. Als Folge müssen wir damit rechnen, dass auch in den nächsten Jahren im Detailhandel die Vernichtung von jährlich rund 6000 bis 10 000 Arbeitsplätzen droht.

Eine gewerkschaftliche Antwort

Grundsätzlich ist der Gewerkschaft klar, dass der Strukturwandel im Detailhandel sicher weitergehen wird. Aber die Entwicklung darf nicht unter dem Primat, ja Diktat des tiefen Preises erfolgen, sondern unter dem Primat des umfassenden Nutzens oder einer nachhaltigen Preispolitik:
- Für den *Kundennutzen* zählt nicht nur der tiefe Preis, sondern ebenso die Qualität, die Nachhaltigkeit und der gute Service.[6] Es darf nicht sein, dass man sich erst wieder an Qualität erinnert, wenn das Verkaufs-Know-how zerstört ist und wieder Opfer gesundheitsschädlicher Produkte zu beklagen sind (Fröhlich 2004).
- Bezüglich dem *gesamtwirtschaftlichen Nutzen* dürfen keine Illusionen bestehen, dass einige tiefere Detailhandelspreise der Schweizer Wirtschaft wesentlich helfen werden. Wir müssen im Gegenteil befürchten, dass die «Geiz-ist-geil-Stimmung» (wie in Deutschland) den lahmenden Binnenmarkt noch weiter abwürgen wird.

- Bezüglich des *gesellschaftlichen Nutzens* stellt sich die Frage, wie der drohende Arbeitsplatzabbau aufgefangen werden kann, der sonst die Allgemeinheit belasten wird. Zudem wirft der Strukturwandel die Frage auf, wie eine Grundversorgung aller (auch für diejenigen in entlegenen Orten) garantiert werden kann.[7]

Schliesslich muss die Entwicklung aber auch den *Arbeitnehmernutzen* im Detailhandel vergrössern, sie darf nicht auf dem Rücken der Beschäftigten erfolgen. Grundsätzlich gilt, dass die Arbeitnehmenden am Produktivitätswachstum, den sie erarbeiten, Anteil haben müssen. Dies in verschiedenster Hinsicht:

1. Grundsätzlich gilt es, gute Arbeitsplätze zu erhalten und zu schaffen und die Arbeitnehmenden nicht als manipulierbaren Kostenfaktor zu komprimieren. Kontinuität, Know-how, Ausbildung und Dienstleistungsbereitschaft des Personals sind keine Gratis-Ressourcen; sie können zerstört oder gepflegt werden.
2. Es müssen Wege gesucht werden, wie die vorhandene Arbeit ohne Lohneinbussen aufgeteilt werden kann, statt zu entlassen oder zwangsweise bei voller Lohneinbusse Arbeitspensen zu kürzen. Aktuell wird die 40-Stunden-Woche[8] und das Recht auf flexiblen vorzeitigen Altersrücktritt mit existenzsichernden Renten diskutiert.
3. Die Arbeit im Detailhandel muss grundlegend aufgewertet werden. Dies ist verbunden mit einer deutlichen Besserstellung der Frauenarbeit. Es geht nicht, dass der Detailhandel in alle Zukunft ein Tieflohnsektor bleibt. Der Produktivitätswettbewerb darf die Löhne nicht noch mehr drücken – vielmehr sollen Fortschritte in der Aufhebung der Lohnrückstände erzielt werden. Im Vordergrund steht die Forderung nach mindestens 4000 CHF für Gelernte und Erfahrene.
4. Mehr Produktivität muss auch mit höheren Ansprüchen an die Qualifikation der Arbeitenden verbunden sein. Die Geringschätzung der Arbeit im Detailhandel hat auch einen Zusammenhang mit der Geringschätzung der Ausbildung: In keiner Branche ist der Lohnwert einer Berufslehre so gering[9] und ist die gemeinsam in der Branche organisierte berufliche Weiterbildung und der damit verbundene Weiterbildungsurlaub so rudimentär.

Eine solche Verbesserung der Bedingungen für die Angestellten im Detailhandel kann nur mit einem Gesamtarbeitsvertrag abgesichert werden, der für alle konkurrierenden Unternehmen der Branche gilt. Nur ein Gesamtarbeitsvertrag kann verhindern, dass der Preiskampf im Detailhandel über den Kampf um tiefere Arbeitskosten ausgetragen wird.[10]

Anmerkungen

1. Die Beschäftigungsstatistik des Bundesamts für Statistik (BfS) zählt die effektiv besetzten Stellen.
2. Die Differenz beträgt immer noch 10 % in der Gruppe mit einfachen Tätigkeiten und über 22 % bei der Gruppe mit Berufs- und Fachkenntnissen.
3. Gesamtarbeitsvertraglich abgesichert sind die Arbeitsbedingungen im Detailhandel nur bei einer Minderheit der Betriebe, wie Migros, Globus, Coop, Magro, Usego sowie im Fachhandel bei Buchhändlern und dem Metzgerei- und Bäckereipersonal. Hinzu kommen einige kantonale Gesamtarbeitsverträge. Insgesamt übersteigt die gesamtarbeitsvertragliche Abdeckung aber kaum 40 % der Angestellten dieser Branche. Die Arbeitsbedingungen unter den GAV sind in einigen Punkten eindeutig besser als in den Betrieben ohne Kollektivvertrag: Die meisten dieser GAV sehen unter anderem fünf (statt vier) Wochen Ferien vor, 16 Wochen Mutterschaftsurlaub bei vollem Lohn, bessere Sozialversicherung. Zudem werden Mindestlöhne von meist mindestens 3300 CHF garantiert.
4. Provisorische Ergebnisse der Detailhandelsstatistik; 1,4 % sind nominal, ohne Motorfahrzeuge, Treib- und Brennstoffe.
5. Arbeitslosenquote November 2004 im Detailhandel: 4,8 % gegenüber 3,7 % über alle Branchen.
6. Auch die Deutschen könnten sich nach einer langen tiefpreisorientierten Periode wieder daran erinnern; die Discounter sind jedenfalls an eine Wachstumsgrenze gestossen; «Die Geiz-ist-Geil-Welle erstickt an ihrer eigenen Banalität» (*Tages-Anzeiger*, 19.3.2005).
7. Die kleinen Läden von Bon appétit und Volg haben/hatten eine gewisse Service-public-Funktion.
8. Heute liegt die durchschnittliche Wochenarbeitszeit (ohne Überstunden) im Detailhandel bei 42 Stunden.
9. Die Differenz der Mindestlöhne für Ungelernte und Gelernte liegt im Detailhandel bei 200 bis 400 CHF gegenüber z. B. 600 bis 1000 CHF im Gastgewerbe oder im Baugewerbe.
10. Wir prüfen deshalb derzeit den Vorschlag eines übergreifenden GAV mit den wesentlichen Eckwerten der Arbeitskosten (unter anderem Mindestlöhne, Arbeitszeit, Lohn bei Krankheit, Weiterbildung), der jedoch die bestehenden betriebsbezogenen GAV nicht ersetzen würde.

Quellenangaben:

BfS (2004a): *Beschäftigungsstatistik*, 2. Quartal 2004, Bundesamt für Statistik, Bern.

BfS (2004b): *Beschäftigungsbarometer*, 4. Quartal 2004, Bundesamt für Statistik, Bern.

Fröhlich, T. (2004): *Strategische Fehler im Umgang mit Discountern*, in: NZZ vom 16.12.2004.

Ver.di (2004): *Schwarzbuch Lidl*, Gewerkschaft Ver.di, Berlin.

Discount-Läden – Discount-Löhne?

Von Beat Kappeler, Publizist und NZZ-Kolumnist

Der angekündigte Zuzug ausländischer Grossdiscounter hat die schweizerische Detailhandelsszene belebt, bevor die Läden aufgehen. Nur schon die Plakat- und Inserateausgaben der «Incumbents» sind drastisch angestiegen, wenn man dem augenfälligen Eindruck glauben kann. Da und dort sind die Preise ins Rutschen geraten, so bei einem der etablierten Grossverteiler, welcher den Umsatzrückgang des Jahres 2004 auf seine Preissenkungen im Sortiment zurückführte. Wie steht es aber mit der Wirkung auf die Beschäftigten der Branche, und auf ihre Löhne? Wie im noch zu liberalisierenden Sektor der öffentlichen Netze und Monopole unterstellen die Gewerkschaften, dass jede Bewegung und Rationalisierung der Branche ein Lohndumping zur Folge haben werde. Diese Ansicht wird zu prüfen sein, genauso wie die andere extreme Erwartung, dass sich die neuen und alten Wettbewerber des Detailhandels die Lohnsätze hinaufbieten werden, weil sie um knappes Personal werben.

Die Antwort hängt natürlich von verschiedenen Annahmen über die Branchenentwicklung selbst ab. Wenn es nur zu einer Verschiebung der Einkaufsgelegenheiten bei gleichem Volumen – also zu einem Nullsummenspiel – käme, dann würde die Lohn- und Beschäftigungslage kaum berührt. Wenn dabei aber doch eine Produktivitätserhöhung zustande käme, was eigentlich zu erwarten ist, wenn also pro Kopf mehr Verkäufe erfolgen, dann könnte die Beschäftigung zurückgehen (Lewis 2004).[1] Ob der Lohn gemäss der steigenden Grenzproduktivität der Arbeit dann steigt oder ob die überschüssigen Arbeitskräfte auf die Löhne drücken, ist offen. Arbeitsmärkte verhalten sich nicht immer wie Gütermärkte. Wenn aber gleichzeitig mit der Produktivitätssteigerung die Preise sinken, dann dürfte die dadurch vermehrte Kaufkraft der Bevölkerung zu allgemein mehr Einkäufen führen. In diesem letztlich wahrscheinlichen Fall würde die Produktivitätssteigerung durch eine Volumensteigerung wettgemacht, und es könnten eher sogar mehr Arbeitsplätze und ein steigender Wettbewerb um Beschäftigte daraus folgen.

Die folgenden Überlegungen gehen von dieser Annahme aus, dass die Branche nachhaltig belebt und die Verkäufe akzeleriert und gesteigert werden. Der Horizont dieser Erwartungen muss mindestens fünf Jahre und mehr betragen, angesichts der regulatorisch möglichen Verzögerungen des Zuzugs und angesichts auch der hypothetischen Änderung des Einkaufsverhaltens der Bevölkerung, die heute mehr als anderswo häufige Kleineinkäufe macht.[2]

Stand und Trends der Beschäftigung

Im Jahre 2003 arbeiteten im Detailhandel 357 000 Personen, also ungefähr 2,5 % weniger als 1997 (BfS 2004).[3] Diese Entwicklung lief gegen den allgemeinen Trend der Beschäftigung in der Schweiz, stieg doch die gesamte Beschäftigtenzahl während dieser Zeit um 5 %. Es fand also bereits in den vergangenen Jahren eine gewisse Rationalisierung des Sektors statt. Der Anteil der beschäftigten Frauen lag 2003 mit 65,4 % deutlich höher als im Landesdurchschnitt von 42,9 %, ebenso der Anteil der Teilzeit-Arbeitenden mit 40,6 % (gegenüber allgemein 30 %) (BfS 2004).

Findet sich für die Branche eine Arbeitskräftereserve? Nimmt man die in der schweizerischen Arbeitskräfteerhebung ausgewiesenen Umfrageergebnisse auch proportional für die Detailhandelsbranche an, dann würde eine beträchtliche Zahl der Teilzeit arbeitenden Frauen ihre Arbeitszeit gerne erhöhen. Die Arbeitslosenrate ihrerseits ist nicht ganz schlüssig, da für den Wirtschaftszweig «Detailhandel» nur eine leicht überdurchschnittliche Arbeitslosenrate von 5 % (gegenüber einem Landesdurchschnitt von 4,1 %) besteht (Seco 2005), jedoch eine Arbeitslosenrate der Berufsgruppe von 9,6 % für «Handel und Verkauf» ausgewiesen wird. Diese Einteilung berücksichtigt die zuletzt ausgeübte Tätigkeit der als arbeitslos Gemeldeten. Darf man hier wiederum in Analogie zur ebenfalls eher mit unqualifiziertem Personal belegten Gastronomie-Branche annehmen, dass viele Arbeitslose vorher eine Abwärtskarriere durchgemacht haben, die in einer vorübergehenden, letzten Tätigkeit im Detailhandel endete, dann erklärt sich diese Diskrepanz.

Die Arbeitszeit der Vollzeit-Arbeitenden liegt im Detailhandel mit 42,2 Stunden bereits über dem Landesdurchschnitt von 41,8 Wochenstunden. Die obigen Angaben aus amtlicher Statistik mögen dennoch eine gewisse Arbeitskräftereserve vermuten lassen, welche zur Ausdehnung des Detailhandelssektors angeworben werden kann. Eine eigentliche Lohnexplosion kann daher im Allgemeinen ausgeschlossen werden, wobei die regionale und lokale Verteilung, oder Knappheit, dieser Werte offen bleibt. Insbesondere für die Anwerbung von Arbeitskräften ausserhalb der Siedlungen dürften vermehrte Anstrengungen und höhere Angebote nötig sein.

Die Löhne – effektiv über den Minimallöhnen

In der Schweiz besteht kein nationaler Minimallohn, doch sind Minimallohnsätze in den verschiedenen Gesamtarbeitsverträgen enthalten. Bei einem der beiden Grossverteiler machen sie ungefähr 42 900 CHF jährlich aus, oder 3575 CHF monatlich (auf zwölf Betreffnisse umgerechnet). Die Effektivlöhne der Branche jedoch liegen für Unqualifizierte im Landesschnitt bei 3832 CHF (Durchschnitt des Dienstesektors ist 4042 CHF, immer zwölfmal). Qualifiziertere Angestellte erhalten 4183 CHF und leitende Funktionen werden mit 5608 CHF entschädigt (BfS 2004). Dass die effektiven Löhne über den Minimallöhnen liegen, trifft für wohl alle schweizerischen Branchen zu. Es spiegeln sich darin die relativ gute Arbeitsmarktlage und die mit der Anstellungsdauer zunehmende Entlöhnung, vielleicht auch die mehr als minimale Qualifizierung der Mehrheit der Beschäftigten in den jeweiligen Qualifikationsklassen wider.

Die Mechanik der Lohnfindung

Die schweizerische Detailhandelsbranche kennt keinen umfassenden Gesamtarbeitsvertrag. Wo überhaupt Verträge bestehen, sind dies «Hausverträge», die aber meist mit branchenweit tätigen Arbeitnehmerorganisationen abgeschlossen werden. Dementsprechend gibt es auch keine «Allgemeinverbindlichkeitserklärung» eines Vertrags mit Minimallohnsätzen in dieser Branche. Daher dürften oberflächlich gesehen sehr viele Arbeitsverträge in kleinen und mittleren Unternehmen als Einzelarbeitsverträge abgeschlossen werden. Dennoch orientieren sich diese wohl stark an den bestehenden Hausverträgen der grösseren Marktteilnehmer, nur schon aufgrund der «wage drift», also wegen des auf relativ knappen Arbeitsmärkten bestehenden Vergleichs mit den Arbeitsbedingungen jener Arbeitgeber und der Abwanderungsmöglichkeit der Arbeitnehmer.

Da die Branche doch relativ konzentriert ist, vor allem im Lebensmittelsektor, den die zwei Branchenführer zusammen zu etwa der Hälfte beherrschen, sowie auch im Kiosksektor, üben die dort bestehenden Verträge einen grossen Einfluss aus. Allerdings sind nur relativ wenige Beschäftigte in den entsprechenden Gewerkschaften organisiert, man sprach schon von nur rund 5 %. Warum schliessen die grossen Arbeitgeber dennoch Hausverträge mit ihnen ab? Doch bekanntlich folgen die schweizerischen «industrial relations» nicht dem amerikanischen Modell, wo die Gewerkschaften nach einer Aufnahmekampagne der Belegschaft einer einzelnen Firma auf eine Abstimmung drängen können, und wo dann nur die Mehrheit der Belegschaft ein gesetzliches Recht auf die Aufnahme von Verhandlungen hat. Dennoch sind gerade auf einem Markt, wo Reputation ein wichtiges Markenelement ist, die Gewerkschaften auch als Minderheit in einer Position relativer Stärke. Ihr Störpotenzial für die Reputation einer Grosskette ist hoch, umso mehr, als viele Kunden den eher bescheidenen Einkommensschichten zugehören dürften. Sie sind damit als Kunden auch für Arbeitnehmerargumente zugänglich. Andererseits gewinnen die Arbeitgeber mit festgelegten Tarifen eine gewisse Planungssicherheit sowie auch ein Argument gegen spontane Lohnforderungen einzelner Beschäftigten oder Ladenbelegschaften. Ohne einbindende Verträge können nämlich solche in Einzelfällen, bei Überlastung, Hochdruck, Umstellungen, durchaus Sonderforderungen stellen, die sich nachher möglicherweise für die ganze Gruppe als Usance einspielen. Diese «Ordnungsfunktion» von Verträgen in den Augen der Arbeitgeber kann nicht unterschätzt werden. Gleichermassen führt der bisher eher gemächliche Wettbewerb unter den Branchengruppen dazu, dass Zugeständnisse in der Lohnverhandlung gemacht werden, weil nicht mit dem letzten Rappen kalkuliert werden muss, und weil bei der konzentrierten Struktur der Branche die anderen Wettbewerber mitziehen werden und müssen. Hinzu kommt, dass der schwache Organisationsgrad der Gewerkschaften diese dazu zwingt, wenigstens einen Vertrag zu haben, auch wenn sie nicht Massenbewegungen veranstalten und maximale Vorstellungen verwirklichen können. Es besteht durchaus ein «prisoner's dilemma» im Sinne der Spieltheorie zwischen den zwei Seiten von Akteuren, die ihre eigenen Verletzlichkeiten haben, die aber auch darauf achten müssen, die Gegenseite nicht zum Verhandlungsabbruch und damit zu störendem Verhalten zu bringen. Unter vernünftigen Akteuren kommt daher ein minimaler Vertrag zustande. Aber deshalb liegen dann die Effektivlöhne doch meist darüber.

Die Mechanik unter neuen Akteuren und Discountern

Es stellt sich nun die Frage, wie diese spieltheoretischen Wirkungen unter veränderten Ausgangslagen ablaufen werden. Wenn der Wettbewerb viel stärker wird, die Margen schrumpfen und mit jedem Rappen gerechnet werden muss, wird auch der Lohnkostensockel unter Druck kommen. Andererseits könnten steigende Produktivitäten der neuen – und dann der alten – Wettbewerber dazu führen, dass diese Kalkulation entschärft wird, gerade angesichts der Reputationsrisiken, welche eine tatsächliche Lohnsenkungsrunde (der Effektivlöhne) verursachen müsste. Hinzu kommt, dass die neuen Arbeitsstätten der zuziehenden Discounter eher ausserhalb der Siedlungsgebiete – und damit der Rekrutierungsgebiete – der potenziellen Beschäftigten liegen. Ausserdem legen die obigen Überlegungen zu den Arbeitskräftereserven nahe, dass ein gewisses, aber kein immenses Reservoir an zusätzlichen Arbeitswilligen besteht. Das Reputationsrisiko der neuen Wettbewerber dürfte höher als jenes der bestehenden Gruppen sein. Wenn von den Gewerkschaften oder den Medien (und üblicherweise von beiden zusammen) die Zuzüger als Lohndrücker abqualifiziert werden könnten, wäre deren Schaden gross. Denn sie haben gleichzeitig mit anderen Elementen der Reputation zu kämpfen, etwa mit dem vermehrten Verkehrsaufkommen, mit umstrittenen Grossbaustellen, mit importierten, ungewohnten Produkten.

Daher kann die Hypothese aufgestellt werden, dass die neuen Discounter sich mindestens auf eine Ebene der Arbeits- und Lohnbedingungen einpendeln werden, die den orts- und regionalüblichen Ansätzen entspricht. Es ist nicht ausgeschlossen, dass es dabei sogar zu offiziellen Hausverträgen mit Arbeitnehmerorganisationen kommt. Denn das «prisoner's dilemma» spielt auch auf deren Seite. Die Gewerkschaften werden in den neuen Lokalitäten einen wohl noch geringeren Organisationsgrad als in den bestehenden Detailhandelsstrukturen aufweisen – d. h. gar keine Mitglieder haben. Um solche anwerben zu können, ist das Vorhandensein eines Vertrages als Leistungsausweis wichtig. Deshalb aber dürften sie auf unterdurchschnittliche Vertragsbedingungen eintreten. Denn wie erwähnt werden die neuen Arbeitgeber kaum so verwegen sein und durch vorvertraglich unzumutbare Arbeitsbedingungen das Feuer der Mobilisierung entfachen. Unter vernünftigen und langfristig planenden Akteuren beider Seiten wird sich die Lohnwelt also bei den neuen Wettbewerbern nicht ändern. Natürlich sind in den Beziehungen zwischen Menschen und ihren Organisationen Zwischenfälle nicht auszuschliessen, aber der normale Gang der Dinge dürfte den eben skizzierten Erwartungen folgen.

Der Flankenschutz flankierender Massnahmen

Trotz der im internationalen Vergleich relativ liberalen Ausgestaltung ist der schweizerische Arbeitsmarkt natürlich ebenfalls mit Regelungen gespickt. Insbesondere nach dem Abschluss der bilateralen Verhandlungen über die Freizügigkeit mit der Europäischen Union wurden «flankierende Massnahmen» erlassen, welche gerade die künftigen Arbeits- und Lohnverhältnisse neu zuziehender ausländischer Gruppen stark beeinflussen werden.[4] Zum einen werden gewisse arbeitsmarktliche Beschränkungen bis 2007 noch aufrechterhalten, gegenüber Angehörigen der neuen Länder der Osterweiterung sogar bis 2011. Ebenfalls gegenüber den Arbeitskräften aus diesen Ländern besteht bis 2011 der «Inländervorrang». Es muss also eine Stelle zuerst unter Schweizern und EU-15-Angehörigen beworben werden, bevor Beschäftigte aus den neuen Mitgliedsländern angestellt werden dürfen. Über deren Arbeitsbedingungen wird bis 2011 eine Kontrolle durch 150 zusätzliche Inspektoren und «tripartite Kommissionen» aus Vertretern der Arbeitsämter, der Arbeitgeber und Gewerkschaften ausgeübt. Werden «wiederholte, missbräuchliche Unterbietungen der orts-, berufs- oder branchenüblichen Löhne und Arbeitszeiten» von solchen Inspektoren und Kommissionen festgestellt, können bestehende Gesamtarbeitsverträge auf erleichterte Weise «allgemein verbindlich» erklärt werden. Diese Allgemeinverbindlichkeitserklärung muss sich als notwendig zur Zielerreichung erweisen, darf dem Gesamtinteresse nicht zuwiderlaufen und muss Minderheitsinteressen des Wirtschaftszweiges oder des Berufs Rechnung tragen. Doch reichen in diesem Falle abgeschlossene Verträge mit mindestens 30 % (anstelle sonst 50 %) der Arbeitgeber und mit 30 % aller Arbeitnehmer der insgesamt zu unterstellenden Akteure aus. Nun bestehen aber nicht einfache universelle, branchenweite Gesamtarbeitsverträge im Detailhandel, sodass eine detaillierte Abwägung dieser Kriterien, vor allem auch bezüglich des von diesen kantonalen Kommissionen zu beachtenden Territoriums, notwendig wird. Hier beginnt die Arbeit erst. Eine Allgemeinverbindlichkeitserklärung im Detailhandel ist daher nicht von vorneherein anzunehmen.

Es gibt eine zweite Massnahme, die bei fehlenden Verträgen ergriffen werden kann, nämlich der «zwingende Normalarbeitsvertrag». Wiederum bei «wiederholtem missbräuchlichen Unterbieten der Löhne» kann daher ein Kanton (oder der Bund, falls zwei und mehr Kantone betroffen werden) eine befristete Verordnung mit Mindestlohnsätzen erlassen. Die tripartiten Kommissionen haben diese Lohnfindung vorzubereiten.

Damit sind durchaus korporatistische Interessen beider Arbeitsmarktseiten berücksichtigt worden. Die umfassende Absicherung der Lohn- und Arbeitsbedingungen nach unten beseitigt die Ängste der Arbeitnehmer und ihrer Organisationen, aber sie zieht auch einen Boden unter die allenfalls vorhandenen Versuchungen der Arbeitgeber, einen Wettbewerbsvorteil über schlechtere Arbeitsbedingungen zu gewinnen. In einem gewissen Sinne sind die Löhne damit aus dem Spiel der wettbewerblich möglichen Massnahmen genommen worden. Im Grundsatz sind die Regelungsbestimmungen ziemlich restriktiv, es wird sehr auf die Praxis der tripartiten Kommissionen und der kantonalen Arbeitsämter ankommen – was wiederum von den lokalen politischen Kräfteverhältnissen abhängen wird. Da die vertraglichen Mindestlöhne deutlich unter den durchschnittlichen Effektivlöhnen des Detailhandels liegen, was die Unqualifizierten betrifft, besteht ein gewisser Spielraum nach unten, der aber, im Lichte der bestehenden spieltheoretischen Optionen der Akteure, kaum voll ausgenutzt werden wird. Kurz, die Lohnentwicklung ist wohl das kleinste Problem im neu aufgemischten schweizerischen Detailhandel der näheren Zukunft.

Wichtiger für die Entwicklung der Beschäftigung und Arbeitsbedingungen sind andere Faktoren, etwa der aufgrund des Preisdruckes viel massivere Einkauf ausserhalb des Landes. Das wird die vorgelagerten Strukturen bewegen. Anderseits führt auch die Dynamik neuer Bauten, Infrastrukturen und der intensiveren Werbung zu neuen Beschäftigungsmöglichkeiten – mit entsprechenden Lohnwirkungen. Es dürfte sich empfehlen, wie bei allen Rationalisierungsschritten der Volkswirtschaft, diese zu begrüssen und zu erwarten, dass sich gerade dadurch die Wettbewerbsfähigkeit und Vollbeschäftigung des Standorts bestätigen wird. Dann braucht man sich um Löhne und Arbeitsplätze auch keine weiteren Sorgen zu machen.

Anmerkungen

1 Gemäss William W. Lewis sind im Detailhandel die eigentlichen Motoren der US-Produktivitätsrevolution aufgetreten.
2 Die Gründe dafür sind die knappe Freizeit angesichts der rekordhohen Erwerbsquote (also die dadurch höhere Zeitpräferenz gegenüber Billigpreisen), knappe Lagerungsräume in den Mietwohnungen, und die letztlich nur vermeintliche Preisgunst des Einkaufens auf der grünen Wiese, wenn die Konsumenten die Vollkosten des Autos und des Parkierens berücksichtigen.
3 Erwerbstätigenstatistik, mit allen Beschäftigten über sechs Arbeitsstunden pro Woche, gemäss Bundesamt für Statistik, 2004 (ärgerlicherweise zählt die schweizerische Statistik den Detailhandel zusammen mit «Reparatur von Gebrauchsgütern», doch dürften letztere Teilzahlen das Resultat für unsere Zwecke nicht beeinflussen).
4 Siehe die umfassenden Dokumentationen unter www.seco.admin.ch.

Quellenangaben

BfS (2004): *Arbeitsmarktindikatoren 2004*, Bundesamt für Statistik der Schweiz, Bern.

Lewis, W. (2004): *The Power of Productivity*, University of Chicago Press, Chicago.

Seco (2005): *Die Lage auf dem Arbeitsmarkt*, Pressedokumentation, 7.2.2005.

Konsumenten

Chronik eines angekündigten Preissturzes

Von Matthias Nast, Stiftung für Konsumentenschutz (SKS)

Vor 50 Jahren: der Siegeszug der Selbstbedienung

Den ersten durchdringenden Rationalisierungsschub im Detailhandel erlebte die Schweiz nach dem Zweiten Weltkrieg mit der Einführung der Selbstbedienung. Das neue Verkaufssystem zeichnete sich durch das Angebot seriell hergestellter und vorverpackter Produkte und im Vergleich zum Bedienungsladen geringere Personalkosten aus. Die Konsumenten profitierten von tieferen Produktpreisen.

Die ungewohnten Selbstbedienungsläden wurden jedoch keineswegs von allen begrüsst. Im Gegenteil: Als 1948 die Migros den ersten Selbstbedienungsladen in der Schweiz eröffnete, regte sich in der Bevölkerung grosser Unmut. Die Kundschaft verhielt sich gegenüber dieser neuen «amerikanischen» Verkaufsmethode skeptisch und nutzte das Angebot wenig. Die Antwort auf dieses an den Tag gelegte Misstrauen gab Gottlieb Duttweiler persönlich: «Das soll den Kaufmann nicht daran hindern, sein Geschäft zu führen, wie er es als richtig erachtet, und nötigenfalls den Kunden auch zu erziehen» (Gysin/Poppenwimmer 1994, S. 155).

So schnell wie sie aufgekommen war, verflog die kritische Konsumentenhaltung aber wieder. Die Kunden erkannten die Vorteile der Selbstbedienung, und die anfänglichen emotionalen Vorbehalte traten in den Hintergrund. Ab Mitte der 1950er Jahre setzte die Selbstbedienung zu einem wahren Siegeszug an.

Diese Revolutionierung des Einkaufsverhaltens führte in den darauf folgenden Jahren zum so genannten «Lädelisterben». Wiederum regte sich Widerstand. Mit Petitionen und gar einer Initiative bekämpften Bürger sowie das mittelständische Gewerbe die Schliessung abertausender Tante-Emma-Läden.[1] Faktisch führte die Kritik aber zu keiner nennenswerten Verhaltensänderung. Zwar beklagten unzählige Konsumenten den Verlust des traditionellen Bedienungsladens – die Artikel des täglichen Bedarfs besorgten sie sich aber weiterhin im Supermarkt.

Heute: Discounter läuten eine neue Ära ein

Die inkonsequente Haltung vieler Konsumenten beim Wechsel vom Bedienungs- zum Selbstbedienungsladen weist darauf hin, dass es unmöglich ist, das Einkaufsverhalten von Kunden zu steuern geschweige denn zu prognostizieren. Im Hinblick auf den Markteintritt der deutschen Discounter heisst das: Die grosse Unbekannte sind die Kunden. Wie viele zu den Discountern wechseln und wie viele den beiden Platzhirschen treu bleiben werden, lässt sich unmöglich kalkulieren.

Trotzdem scheint sich die Geschichte zu wiederholen. Wie im letzten Jahrhundert melden sich wieder Kritiker zu Wort. Bereits sind erste Petitionen eingereicht worden, um den deutschen Discountern das Leben schwer zu machen – etwa in Pfäffikon, wo der Streit vordergründig um die Anzahl Parkplätze geht. Aldi will 135, die Gemeinde 59 und nach Ansicht der Grünen seien maximal 33 erlaubt.

Auch die Gönner der Stiftung für Konsumentenschutz (SKS) sind sich uneins, ob sie den Markteintritt von Aldi und Lidl begrüssen oder ablehnen sollen. Die Antworten auf unsere Frage in der SKS-Gönnerzeitschrift *Blickpunkt*, ob billig immer gut sei, zeigen vor allem eines: Der Preis eines Produkts lässt niemanden kalt.

«Billig? Ja, gerne. Aber bitte in Relation zur Qualität.» So die Antwort eines Gönners. Ein anderer Konsument ist der Meinung, «dass etwas Konkurrenz durch Aldi und Lidl für die beiden heutigen Leader durchaus heilsam sein könnte». Ein Konsument, der oft im Ausland einkauft, schreibt uns: «In Deutschland, und nicht nur bei Aldi und Lidl, sind beinahe alle Waren wesentlich billiger und meist nicht von schlechterer Qualität als in der Schweiz.» Einige Antworten weisen darauf hin, dass in der Schweiz immer mehr Leute auf preiswerte Produkte angewiesen sind (Stichworte: Armut und steigende Arbeitslosenzahlen). Ein anderer Gönner kehrt die Frage um und stellt fest: «Umgekehrt ist nicht alles Teure gut», und das Wort «billig» werde in der Schweiz mit dem Ausdruck «minderwertig» verwechselt. Eine Gönnerin versteht hingegen die Gier nach billig, billiger, am billigsten überhaupt nicht und fragt sich, wer heute überhaupt noch gewillt sei, etwa für Schweizer Milch einen gerechten Preis zu bezahlen.

Allgemein spielt für viele Konsumenten nicht der Preis die alles entscheidende Rolle beim Einkaufen. Es seien auch ökologische und ethische Kriterien zu berücksichtigen. Dazu eine Gönnerin: «Ich lege Wert auf gute Qualität, umwelt- und sozialverträgliche Produktion und möglichst kurze Transportwege.» Ein Gönner fragt: «Warum bei Aldi einkaufen? Weil es dort billig ist. Es ist aber deshalb billig, weil man knallhart kalkuliert – was nichts anderes bedeutet, als dass man die Hersteller und Zulieferer unter extremen Druck setzt. Man könnte dies auch Ausbeutung nennen.» Zudem werden Befürchtungen geäussert, dass die billigen Preise mit Lohndumping bezahlt werden. Deshalb, so eine Gönnerin, sollen Aldi und Lidl bleiben, wo sie sind! Ein anderer Gönner ist wiederum überzeugt, dass «die Schweiz dringend ein besseres Konkurrenzsystem ohne Preisabsprachen» braucht. «Mehr Konkurrenz wird der Schweiz nicht schaden [...] allerdings müssen die Kartellgesetze griffiger [...] und Parallelimporte ermöglicht werden.»

Morgen: deutsches oder italienisches Einkaufsverhalten?

Für bundesdeutsche Verbraucher ist der Preis das entscheidende Kriterium beim Einkaufen. Ganz anders in Italien: Hier achten zwei Drittel der Konsumenten in erster Linie auf die Qualität der Waren. Kein Wunder, dass sich die althergebrachten Alimentari-Läden halten konnten – obwohl sich in Italien die Selbstbedienung seit Jahren etabliert hat und auch Discounter wie Lidl ihren Platz erobern konnten.

Und die Konsumenten in der Schweiz? Auf was achten sie beim Einkaufen? Oder anders gefragt: Verhalten wir uns wie unsere nördlichen oder eher wie unsere südlichen Nachbarn?

Vermutlich wählen die hiesigen Konsumenten den gut eidgenössischen Kompromiss. Das zeigt schon der Blick in einen durchschnittlichen Einkaufswagen. Hier erkennt man, dass die wenigsten Kunden «nur» billig einkaufen oder sich ausschliesslich mit Premium-Produkten eindecken. Es kommt auf den jeweiligen Anlass oder das derzeit zur Verfügung stehende Budget an. So mancher Manager schiebt sich nach der Arbeit noch schnell eine Fast-Gratis-Fertig-Pizza in den Ofen. Und an einer Samstag-Abend-Party in der Studenten-WG kommen heute nicht mehr nur Spaghetti auf den Tisch. Der Gang in die Delikatessen-Abteilung gehört bei vielen jungen Konsumenten zum schicken und keineswegs extravaganten Lifestyle.

Gerade diese Ambivalenz der Kunden stellt für die etablierten Grossverteiler einen grossen Vorteil dar. Denn nur sie können all diese Wünsche auf einmal befriedigen. Nur sie können den hedonistischen, wählerischen, lustvollen und illoyalen Kunden des 21. Jahrhunderts als Ganzes bedienen. Das breite Sortiment und die grossen Ladenflächen erlauben es den bestehenden Anbietern, Premium- und Billig-Produkte unter einem Dach anzubieten. Da können die Discounter mit ihrem beschränkten Sortiment nicht mithalten.

Und last but not least: Die besten Standorte sind bereits vergeben. Für die Neueinsteiger bleiben nur zweitrangige Standorte übrig. Eine Studie von ACNielsen von 2004 zeigt, dass für Konsumenten in der Schweiz der Standort des Ladens entscheidender ist als das Preisniveau.

Keine Entwarnung für die Grossen

Nichtsdestotrotz kann für die etablierten Anbieter, die quasi ein Oligopol bilden, keine Entwarnung gegeben werden. Ob die deutschen Discounter nun erfolgreich sein werden oder nicht, allein die Ankündigung ihres Markteintritts krempelt den Schweizer Detailhandel um: So warf Coop noch vor wenigen Monaten der Zeitschrift *K-Tipp* vor, mit der Veröffentlichung von Preisvergleichen ausländischer mit Schweizer Warenkörben unlauter zu handeln. Nicht nur die Tatsache, dass der Grossverteiler vor Gericht abgeblitzt ist, setzt ein Zeichen. Diese Klage allein wirkt heute – wenige Monate nach deren Einreichung – bereits wie ein Relikt aus dem vorigen Jahrhundert. Zu Beginn des Jahres 2005 strotzen die Zeitungen nur so vor Preisvergleichen, und die Medien thematisieren am laufenden Band die hohen Schweizer Einzelhandelspreise. Derweil buhlen Migros, Coop, Denner und Carrefour um die Gunst der Kundschaft und unterbieten sich Woche für Woche mit noch günstigeren Angeboten. Zur Erinnerung: Das alles geschieht, bevor Aldi oder Lidl auch nur eine einzige Filiale in der Schweiz eröffnet haben.

Aldi und Lidl kurbeln mit ihrem angekündigten Angriff auf den bisher vom internationalen Markt mehr oder weniger abgeschotteten Schweizer Detailhandelsmarkt den Wettbewerb massiv an. Und die Konsumenten in der Schweiz nehmen endlich zur Kenntnis, dass sie jahrelang unanständig hohe Preise zahlen mussten. So mancher Kunde kratzt sich derzeit verwundert am Kopf und fragt sich, wieso er denn die ganze Zeit mit überhöhten Preisen abgezockt worden ist und in welche Kassen dieses Geld denn bitte schön geflossen ist?

Discounter als Chance für die Zukunft

Der Damm ist also gebrochen – jetzt wird über die Preise geredet. Darin sieht die Stiftung für Konsumentenschutz (SKS) die grosse Chance für die Zukunft. Zwar wird der Preiskampf derzeit vor allem um Lebensmittel, um einige Güter des täglichen Bedarfs und endlich auch im Telekommunikationsmarkt geführt. Aber das ist zweifellos nur der Anfang. Der Druck auf die Endpreise wird auch in anderen Branchen stärker werden, etwa bei Autos, Haushaltsgeräten, Möbeln, Bürobedarf, vielen Kosmetika und Medikamenten. Auch bei Finanz-, Versicherungs- oder Gesundheitsdienstleistungen spielt der Markt heute noch ausgesprochen schlecht. Die Preissensibilität der Konsumenten wird angesichts des mit offenem Visier ausgetragenen Preiskampfs im Detailhandel generell zunehmen. Das ist die Folge der globalisierten Märkte – Aldi und Lidl sind hier nur die Vorhut.

Die Politik wird herausgefordert

Den wachsenden Druck werden nicht nur der Handel und die Hersteller zu spüren bekommen. Auch die Politik wird gefordert sein. Dazu einige aktuelle Beispiele:

- SKS-Präsidentin und Ständerätin Simonetta Sommaruga hat während der Frühjahrssession 2005 im Parlament eine Interpellation (05.3116) eingereicht: Der Bundesrat soll aufzeigen, wo zwischen der EU und der Schweiz Unterschiede in den Deklarationsvorschriften bestehen. Viele dieser Sondernormen halten die Konkurrenz fern und damit die Preise hoch. Es sei hier nur das Beispiel erwähnt, dass in der Schweiz die Sahne als Rahm deklariert sein muss! Krasser sind aber die Bestimmungen bei Medikamenten: Jedes Medikament, das in der EU zugelassen ist, muss in der Schweiz nochmals geprüft werden, was die Preise unnötig in die Höhe treibt.

- Den Detailhändlern muss endlich der Direktimport ermöglicht werden. Diese werden nach wie vor systematisch behindert. Die Macht der Alleinimporteure illustriert das folgende Beispiel: Auf Begehren eines Alleinimporteurs hat ein Kantonschemiker der Firma Denner verboten, die Zahnpasta Dentagard direkt zu importieren. Die Tube sei nicht korrekt angeschrieben. Ob es der Regierung und dem Parlament tatsächlich ernst damit ist, Direktimporte zu fördern, wird deren Reaktion auf die Motion von Ständerat Hans Hess zeigen. Diese verlangt, dass die technischen Vorschriften, die in der EU und dem EWR gelten, auch in der Schweiz akzeptiert werden.

- Bei Redaktionsschluss ist es zumindest dem Ständerat ernst damit, Direktimporte zu fördern. Am 2. Juni 2005 hat er sich einstimmig für das in der Motion Hess (04.3473) und der Interpellation Sommaruga (05.3116) verlangte Cassis-de-Dijon-Prinzip ausgesprochen. Güter, die in einem EU-Land zugelassen sind, dürfen also aller Voraussicht nach künftig auch in der Schweiz angeboten werden, ohne dass weitere Zertifizierungen und Kontrollen nötig sind.

- Die vorgeschlagene Revision des Patentgesetzes sieht die so genannte nationale Erschöpfung von Patenten vor und schottet damit den Schweizer Markt gegenüber dem Ausland weiterhin ab. Der Patentinhaber kann in der Schweiz sein exklusives Vermarktungsrecht wahrnehmen und zugleich verhindern, dass dieses Produkt aus dem Ausland wieder in die Schweiz importiert und zu einem günstigeren Preis abgesetzt wird. Die Stiftung für Konsumentenschutz (SKS) hat in ihrer Vernehmlassungsantwort zum Patentgesetz die gegenseitige regionaleuropäische Erschöpfung im Patentrecht gefordert.

- Für die vier Konsumentenorganisationen Associazione Consumatrici della Svizzera italiana (ACSI), Konsumentenforum kf, Fédération romande des consommateurs (FRC) und Stiftung für Konsumentenschutz (SKS) ist klar: Die Konsumenten haben einen Anspruch darauf, an den Vorteilen des Wettbewerbs partizipieren zu können. Deshalb haben sie den Bundesrat im März 2005 in einem Schreiben aufgefordert, unverzüglich alles Nötige einzuleiten, damit technische Vorschriften und Anforderungen an Deklarationen so formuliert sind, dass sie ihren Zweck in Bezug auf Sicherheit, Gesundheit, Vergleichbarkeit, Transparenz und Täuschungsschutz erfüllen, aber nicht gleichzeitig handelshemmend wirken. Gleichzeitig soll endlich das Konsumentenschutzniveau der EU übernommen werden – beispielsweise beim Kleingedruckten in allgemeinen Geschäftsbedingungen oder beim Rückruf von unsicheren Gebrauchsgütern. Konkret: Wenn die Schweiz EU-kompatibel sein will und davon ausgeht, dass der EU-Markt den Schweizer Konsumenten zuzumuten ist – dann sind der Schweizer Wirtschaft und der Schweizer Politik auch die europäischen Konsumentenrechte zuzumuten.

Die Angst geht um

Bei Bauern und bei Arbeitnehmern geht die Angst um. Vor allem Erstere fürchten einen weiteren Einkommensverlust. Diese Furcht ist berechtigt und wird von vielen Konsumenten respektiert. Es ist aber zu erwähnen, dass der Preisdruck auf die Bauern schon heute enorm hoch ist. Seit 1989 haben die Bauern einen Zehntel ihres Einkommens eingebüsst – und die Produktionskosten wurden um einen Viertel gesenkt. Nur: Was hatten Konsumenten bisher von den tieferen Produktionskosten? Nicht viel, denn Handel und Gewerbe haben in der gleichen Zeit die Waren um rund einen Viertel verteuert. So viel ist klar, die Bauern lassen sich kaum mehr weiter auspressen. Weitere Kostenreduktionen sind in der Wertschöpfungskette vor allem beim weiterverarbeitenden Gewerbe und beim Handel möglich.

Zudem sollte es den Bauern einleuchten, dass auch sie vom Abbau wettbewerbshemmender Preisabsprachen profitieren können. Der Preisüberwacher hat z. B. bei Schädlingsbekämpfungsmitteln eine Preisdifferenz zu Deutschland von 100–150 % festgestellt. Und im Vergleich zu ihren Kollegen in Baden-Württemberg zahlen Schweizer Bauern pro Jahr 1 Mrd. CHF mehr für Maschinen, Dünger und andere Betriebsmittel. Sinken diese Preise, sinken auch die Preise für Agrarprodukte – und dies, ohne den Bauern das Einkommen weiter zu schmälern.

Wie die Bauern befürchten auch die Arbeitnehmer, dass der Preiskampf auf ihrem Buckel ausgetragen wird, Jobs wegrationalisiert und die Löhne sinken werden. Das ist aber nur die halbe Wahrheit. Wenn der Wettbewerb anzieht, werden auch neue Jobs geschaffen. Die dank den tieferen Preisen frei werdenden finanziellen Mittel können andernorts investiert werden, etwa im

Freizeitbereich oder für die Weiterbildung. Zudem bleiben der Schweizer Volkswirtschaft jene Milliarden erhalten, welche Schweizer Einkaufstouristen bisher in den Aldi- und Lidlfilialen ennet der Grenze ausgegeben haben.

Anmerkungen

1 Vgl. Botschaft vom 27. September 1982 über die Volksinitiative «zur Sicherung der Versorgung mit lebensnotwendigen Gütern und gegen das Ladensterben» (BBl 1982 III 261). Vor dem Hintergrund der Revision UWG zogen die Initianten ihren Vorschlag zurück. Das Stimmvolk befand nie über die Initiative.

Quellenangaben

Brändli, S. (2000): *Der Supermarkt im Kopf. Konsumkultur und Wohlstand in der Schweiz nach 1945*, Wien.

Gysin, P./Poppenwimmer, Th. (1994): *Die Geburt der Selbstbedienung in der Schweiz oder die Rationalisierung des Verkaufs*, in: Andersen, A., Perlon (Hrsg.): Petticoats und Pestizide. Mensch-Umwelt-Beziehung in der Region Basel der 1950er Jahre, Basel.

Nast, M. (1997): *Die stummen Verkäufer. Lebensmittelverpackungen im Zeitalter der Konsumgesellschaft*, Bern.

Das heraufbeschworene Billiggespenst

Von Markus Schweizer und Alex Kotouc,
Gottlieb Duttweiler Lehrstuhl an der Universität St. Gallen

Bis vor zwei Jahren krähte kaum ein Hahn nach billigeren Preisen. Heute hingegen werden Schweizer Konsumenten mit (Billig-)Preisbotschaften richtiggehend erschlagen. War bis vor kurzem die teure Werbefläche an Bahnhöfen, Einkaufsmeilen und anderen Zentren des urbanen Lebens zumeist den teuren und schönen Produkten der Konsumwelt vorbehalten, so buhlen dort heute banale Artikel wie «Budget-Mineralwasser für 45 Rappen» um die (Preis-)Gunst der Kunden. Was ist passiert? Geht solchen Händler- und Herstelleraktivitäten tatsächlich eine abrupte Bedürfnisveränderung der Konsumenten voraus? Sechs Thesen sollen dieser Frage auf den Grund gehen.

These 1:
Gesunkene Kaufkraft führt zu Sparsamkeit der Konsumenten.
Die Kaufkraft pro Kopf ist in der Schweiz, verglichen mit dem EU-Durchschnitt, in den letzten Jahren real gesunken. Auch in der Schweiz wird die wirtschaftliche Lage, wenn auch auf einem im Vergleich zu den Nachbarstaaten deutlich abgemilderten Niveau, zunehmend angespannter. Als Folge denken Konsumenten weit öfter ans Sparen als früher. Gerade im Kleinen wird genauer überlegt, wo es sich lohnt, ein paar Franken weniger zu investieren. Auf die neue Gucci-Sonnenbrille zu verzichten, das tut weh. Aber müssen es wirklich die teuren Marken-Fischstäbchen sein? Schmeckt nicht die Discountvariante eigentlich genauso, ist aber die Hälfte billiger? Die gestiegene Nachfrage nach dauerhaft günstigen Lebensmitteln scheint die Frage eindeutig zu beantworten. Das passende Angebot offerieren die Discounter mit ihren garantiert niedrigen Preisen.

These 2:
Konsumenten fordern Preisgerechtigkeit.
Das Phänomen «Hochpreisinsel Schweiz» ist in tagesaktuellen Medien und pseudowissenschaftlichen Veröffentlichungen omnipräsent. Preisvergleiche proklamieren immer wieder die neue alte Botschaft: Schweizer Produkte sind, egal ob von Migros, Coop oder Carrefour, bis zu zweieinhalbmal teurer als vergleichbare Produkte beim deutschen Paradediscounter Aldi. Auch im EU-

weiten Vergleich scheint Familie Schweizer das Nachsehen zu haben: Tagtäglich muss sie für Lebensmittel in der Schweiz rund 35 % mehr Geld auf den Kassiertisch legen als der EU-Durchschnitt.

Öffentliche Preisvergleiche dieser Art, beispielsweise von K-Tipp, verdeutlichen Konsumenten äusserst anschaulich, wie gross die Preisspannen zwischen Coop, Carrefour und Denner bei ausgewählten Markenartikeln sein können. Selbst Preisaufschläge von bis zu 68 % auf ein und dasselbe Produkt sind keine Unmöglichkeit. Das Internet bietet Konsumenten weitere Gelegenheit zum Preisvergleich. Suchmaschinen wie «www.preissuchmaschine.ch» oder «www.comparis.ch» geben aufgeklärten Konsumenten den Überblick, wo welches Produkt wie viel kostet. Schweizweit. Europaweit. Weltweit. Konsumenten sind durch diese immer zunehmendere Preistransparenz also bestens informiert. Vielerorts wird daher auch die Frage laut, ob denn der Wettbewerb in der Schweiz wirklich bereits hart genug ist. Die grossen Preisunterschiede der Schweiz zu den EU-Nachbarn lassen sich hierbei vielfach noch durch wirtschaftspolitisches Bestreben entkräften. Nicht aber die zum Teil enormen Preisdifferenzen zwischen den Schweizer Einzelhandelsketten.

Die Frage nach Preisgerechtigkeit und einem angemessenen Preis-Leistungs-Verhältnis spielt eine zunehmend grössere Rolle bei der Einkaufsentscheidung der Konsumenten. Die steigende Bedeutung des Preises wird auch aus der Tatsache ersichtlich, dass in grenznahen Gebieten der Trend zu Einkaufsfahrten in billigere Nachbarländer mehr und mehr zum Alltag wird. So gaben Schweizer Bürger im Jahr 2004 bereits 1,4 Mrd. CHF für Lebensmittel im umliegenden Ausland aus (*Lebensmittelzeitung* 2004, S. 12). Aufgrund raumplanerischer, agrarpolitischer und lebensmittelrechtlicher Regulierungen werden Konsumenten in der Schweiz allerdings auch nach dem Einzug der Discounter nicht die gleichen niedrigen Preise erwarten können, die sie jenseits der Grenze vorfinden. Aldi und Lidl werden dazu gezwungen sein, mit höheren Preisen als in den Nachbarländern in den Schweizer Markt einzusteigen. Allerdings kündigen die Discountpioniere bereits heute an, dass ihre Preise dennoch um bis zu 50 % niedriger sein werden als die der Schweizer Konkurrenz.

These 3:
«Preis» wird zum Haupteinkaufskriterium der Konsumenten.

Die angesprochenen Preisvergleiche bieten nicht nur grössere Transparenz, sondern führen auch dazu, dass sich Konsumenten immer mehr auf den Preis als Leistungsbeurteilung fixieren. Aspekten wie Qualität, Sortimentsauswahl und Service wird immer weniger Beachtung geschenkt. Die strategischen Antworten der etablierten Schweizer Handelsunternehmen entschärfen diesen Trend allerdings nicht, sie verstärken ihn sogar noch: Anstatt sich auf Kernkompetenzen zu fokussieren, wird auch hier der Preis als Differenzierungskriterium immer mehr in den Vordergrund gerückt. So werden Konsumenten beispielsweise bei Denner Preissenkungen von bis zu 30 % feilgeboten, Coop lockt mit seiner neuen Niedrigpreislinie «Prix Garantie». Konsumenten lassen sich, zumindest im Moment, gerne über den Preis in Geschäfte locken, freuen sich über Preissenkungen und kaufen oftmals dort, wo es am günstigsten ist: der Preis als Haupteinkaufskriterium. Diese in allen Handelsketten zu beobachtende Fokussierung auf nur einen Aspekt des Marketing-Mix – den Preis – macht es dem Konsumenten schliesslich leichter, Produkte und Einkaufsstätten miteinander zu vergleichen. Das Fazit? Hard Discounter sind am billigsten. Die vollkommene Fokussierung auf Tiefstpreise, also die erklärte Strategie von Aldi und Lidl, kommt diesem Preistrend – und somit den Konsumentenbedürfnissen – entgegen.

These 4:
Konsumenten werden zu cleveren Einkäufern «erzogen».

Ein weiteres Phänomen, das von der Aktionitis der Handelsriesen in der Schweiz regelrecht gefördert wird, ist die «Schnäppchenjäger-Mentalität». Gerade durch die Vielzahl der durchgeführten Preispromotionen (beispielsweise Bonuspackungen, Coupons, Sonderangebote, Treuevergütungen etc.) werden die Konsumenten dazu angeregt, intelligent einzukaufen und sich geschickt die billigsten Angebote herauszusuchen. Die Konsumenten werden zum «Schnäppchenjäger» erzogen. «Billig einkaufen» wird durch die veränderte Erwartungshaltung zum Normalzustand, vielmehr noch, in fast allen Gesellschaftsschichten gilt es bereits als Trend: «Ich bin doch nicht blöd» und «cheap ist trendy» als Handlungsmaxime. Ebenfalls führen häufig durchgeführte Sonderangebotsaktionen dazu, dass Konsumenten ihre Einkäufe strategisch planen, also grössere Mengen des gleichen Produktes an den Aktionstagen kaufen und es somit in den Normalpreis-Phasen zu einem Kaufrückgang kommt. Die Kaufstrategie wird der Preissetzung angepasst: Vorrats- oder Lagerkäufe werden durchgeführt (zu Mehrkonsum aufgrund der niedrigen Preise kommt es weniger häufig), es wird gezielt dort gekauft, wo es am billigsten ist. Dabei sind abnehmende Marken- und Geschäftstreue der Kunden zu beobachten. Das Verbraucherverhalten wird durch diesen Trend aber auch immer schwerer prognostizierbar: In bestimmten Produktkategorien werden nur die billigsten Angebote ausgewählt, während bei anderen Produkten Luxusgegenstände bevorzugt werden. Wir erinnern uns: Fischstäbchen vom Discounter, dafür aber die Gucci-Sonnenbrille. In diesem Zusammenhang wird von «hybriden Verbrauchern» gesprochen.

These 5:
Zeitsparendes Einkaufen wird von den Konsumenten bevorzugt.

Trotz der hohen Akzeptanz, die Preisaktionen bei Kunden hervorrufen, geben zwei Drittel aller Kunden Dauerniedrigpreisen – und nicht häufig durchgeführten Aktionen – den Vorzug. Erstens entfällt bei Dauertiefpreisen lästiges und zeitaufwändiges Vergleichen der Preise von verschiedenen Marken in einem Supermarkt, zweitens die Planung, wo es wann welche Sonderangebote gibt. Bei einer Dauerniedrigpreisgarantie kann der Konsument zeitsparend alles in einem Geschäft kaufen. Die Konsumenten legen ebenfalls grossen Wert auf eine gute Erreichbarkeit der Einkaufsstätte, genügend vorhandene Parkplätze und ein übersichtliches Sortiment, das zielgerichtetes Einkaufen ermöglicht.

These 6:
Konsumenten verändern langfristig ihre Preiserwartungen.

Als Folge von zu häufig durchgeführten Preisaktionen sind zwei Entwicklungen zu beobachten: Erstens werden Konsumenten durch die unterschiedliche Preissetzung (Aktionspreis gegenüber Normalpreis) verwirrt und verlieren langfristig ein Bewusstsein für «teure» oder «billige» Produkte. Zudem besteht die Gefahr, dass sich durch das Einschlagen der Strategie «Preis als Wettbewerbsvorteil» die Preiserwartungen der Konsumenten langfristig verändern könnten. Bei Kaufentscheidungen vergleichen die Konsumenten den tatsächlichen Preis unbewusst mit einem Referenzpreis, der sich aufgrund vergangener Kauferfahrungen gebildet hat. Bei einer positiven Abweichung von diesem Referenzpreis (z. B. bei einem Sonderangebot) wird der Preis als günstig wahrgenommen. Häufig durchgeführte Sonderangebote führen allerdings langfristig zu einer Absenkung des Referenzpreises: Der tatsächliche Preis wird im Vergleich als zu hoch eingeschätzt. Falls sich die Preiserwartungen der Konsumenten langfristig absenken sollten, folglich die regulären Preise bei Migros oder Coop als zu teuer empfunden werden, dann kommt dies wiederum der Billigpreisstrategie der Global Discounter Aldi und Lidl entgegen.

Fazit

Verbunden mit dem Markteintritt von Aldi und Lidl werden sich – aufgrund der neuen Wettbewerbssituation – Veränderungen für Schweizer Konsumenten ergeben. Abhängig davon, wie gut das Konzept der Hard Discounter in der Schweiz ankommt (für eine positive Annahme sprechen beispielsweise die hier aufgeführten Trends im Konsumentenverhalten), werden die anderen Handelsketten mehr oder weniger stark ihre Preise senken. Ob Konsumenten aber insgesamt und langfristig von den Preissenkungen profitieren werden, ist nicht unumstritten. Aldi und Lidl wollen mit bis zu 50 % niedrigeren Preisen in den Markt einsteigen. Am Markt etablierte Unternehmen sind zur Reaktion gezwungen: Um ebenfalls ein gutes Preis-Leistungs-Verhältnis anbieten zu können, gilt es Prozesse in ihrer Effizienz zu steigern, Kosten einzusparen. In den Medien ist in dieser Hinsicht auch von einem «Wal-Mart-Effekt» die Rede: Nach dem Markteintritt eines Discounters (hier Aldi und Lidl) sinken durch Produktivitätssteigerungen generell die Preise am Markt. Konsumenten steht mehr Geld zum Konsum zur Verfügung. Dies wirkt sich positiv auf die gesamtwirtschaftliche Situation aus und ergibt Wachstumsimpulse.

Neben den erwähnten positiven Auswirkungen des stärkeren Wettbewerbs sind aber auch negative Konsequenzen für Konsumenten nicht abwegig. Orientieren sich alle Marktteilnehmer zukünftig ausschliesslich am Leistungskriterium «Preis», führt dies unweigerlich zu einer Vereinheitlichung der Handelslandschaft. Das Leistungsangebot für Verbraucher wird immer einseitiger, Qualitätsverluste und eine Verschlechterung der Beratungsleistung in den Märkten sind als weitere mögliche Folgen anzuführen.

Gegen eine Entwicklung dieses Ausmasses spricht allerdings die geringe Marktmacht der Discounter: Selbst falls deutsche Discounter 100 Supermärkte in der Schweiz eröffnen sollten, erreichen sie damit gerade einmal 2–3 % Marktanteil. Die Situation in England, wo Aldi bis heute nur einen marginalen Marktanteil erreichen konnte, zeigt, dass der Markteintritt von Discountern durchaus auch zu Wachstumsimpulsen und zu einer «Effizienzrevolution» bei den grossen Handelsunternehmen führen kann. Die Gewinner waren am Ende des Tages die Konsumenten: Sie profitieren von Preissenkungen und von einem auf ihre Bedürfnisse angepassten Angebot.

Quellenangaben:

Lebensmittelzeitung (2004): Viele Artikel sind doppelt so teuer, Nr. 38, Ausgabe vom 17.9.2004, S. 12.

Ökologie/Nichtregierungsorganisationen

Markteintritt der Discounter: Wo bleibt die Ökologie?

Von Thomas Dyllick und Rolf Wüstenhagen,
Institut für Ökologie an der Universität St. Gallen

Der Markteintritt von Aldi, Lidl & Co. in der Schweiz weckt Assoziationen wie «Kostendruck» und »ruinöser Preiswettbewerb», die auf den ersten Blick wenig Freude aus Sicht von Ökologie und Nachhaltigkeit wecken. Ob und inwiefern dies stimmt, soll hier einer etwas differenzierteren Analyse unterzogen werden.

These 1:
Ökologie und Nachhaltigkeit sind bei Migros und Coop fest verankerte Elemente ihrer Geschäftspolitik.

Seit Anfang der 1970er Jahre ist Umweltschutz ein Thema für die marktführenden Grossverteiler Migros und Coop. Sie sind als fest integrierte Elemente ihres Selbstverständnisses und ihrer Geschäftspolitik anzusehen, was sowohl im Betrieb (Produktion, Logistik, Verkauf) wie auch im Produktesortiment und in der Kommunikation seinen sichtbaren Ausdruck findet. Standen in den 1970er und 1980er Jahren zunächst betriebsökologische Themen wie Abfallbewirtschaftung, Verpackungsoptimierung, Energiemanagement und Logistik im Vordergrund der Aufmerksamkeit, so verlagerte sich der Fokus in den 1990er Jahren stärker in den Bereich der Produktökologie und damit in den Wettbewerb an der Verkaufsfront.

Die Migros galt bis in die 1980er Jahre hinein als ökologisches Pionierunternehmen, das in zentralen Bereichen wie Energie- und Abfallmanagement oder Verpackungsökobilanzen international beachtete Leistungen erbrachte. Und obwohl sie mit M-Sano bereits 1970 ein Programm für Früchte und Gemüse eingeführt hatte, welches auf den Prinzipien der integrierten Produktion basierte und damit umweltverträglicher war als der konventionelle Landbau, gelang es ihr nicht, ihr ökologisches Pionierimage auch auf dem Markt zur Geltung zu bringen. Coop lancierte 1989 mit «Oecoplan» ein erstes Umweltlabel im Non-Food-Bereich, dem 1993 mit «Naturaline» (Textilien), «Max Havelaar» (Fair-Trade-Produkte) und dem wichtigsten Label «Naturaplan» (Food) weitere «Kompetenzmarken» folgten. Mit dieser produktstrategischen Ausrichtung positionierte sich Coop geschickt im Bio-Wettbewerb der 1990er Jahre. Sie nutzten nicht nur das Marktpotenzial, welches aufgrund des hohen Umweltbewusstseins in der Schweiz entstanden war, sondern auch die Chancen, welche sich aus der agrarpolitisch geförderten Ökologisierung der Schweizer Landwirtschaft ergaben. Der Schweizer Lebensmittel-Bio-Markt hat in den vergangenen Jahren einen eigentlichen Boom erlebt, mit einem durchschnittlichen Wachstum des Marktvolumens von 18 % seit 1995. Mit seiner Positionierung im Bio-Premium-Markt hat sich Coop ein wirtschaftlich und imagemässig ausgesprochen interessantes Wachstumssegment erschlossen. Heute ist Coop mit einem Bio-Sortiment von 1100 Produkten, einem Umsatzanteil von 7 % (550 Mio. CHF in 2003; für alle vier Kompetenzmarken liegt der Umsatz bei 1340 Mio. CHF) und einem Bio-Marktanteil in der Schweiz von 50 % überlegene Marktführerin in diesem rasch wachsenden Marktsegment. Migros sah sich unter dem Druck des Marktes gezwungen, 1999 auch mit einer Bio-Linie auf den Markt zu kommen. Und 2003 fasste sie neun bestehende Labels unter der Nachhaltigkeits-Dachmarke «Engagement» zusammen (Migros 2002).

Während sich Coop erfolgreich im Bio-Premium-Segment etabliert hat, fokussierte Migros in den letzten Jahren stärker das Billig-Segment mit «M-Budget». Und hier sind die Rollen vertauscht. Während sich M-Budget erfolgreich am Markt etabliert hat und 2004 288 Mio. CHF Umsatz generiert hat, sah sich Coop Anfang 2005 gezwungen, auch mit einer Billig-Linie («Prix Garantie») auf den Markt zu kommen, um Migros nicht kampflos das Feld zu überlassen, aber wohl auch in Antizipation des Markteintritts der Discounter. Und während Coop in jüngster Zeit mit Betty Bossi eine weitere Kompetenzmarke, nun aber als Lifestyle-Marke im Gesundheits- und Conveniencebereich, im Premium-Segment positioniert, wird bekannt, dass Migros noch 2005 mit einer eigenen Premium-Linie («Migros Selection») auf den Markt kommen will (Kirchner 2005).

Die Frage stellt sich nun aber, welche Auswirkungen der Markteintritt der Discounter auf die Ökologie im Schweizer Lebensmittelhandel haben wird. Wird die Billiglawine der Aldi- und Lidl-Produkte die erfolg- und ertragreichen Bio-Premium-Segmente von Coop und Migros unterspülen? Wird der wirtschaftliche Druck gar das ökologische Engagement und die ökologischen Leistungen der Grossverteiler in der Schweiz – nicht sofort, aber sukzessive – gefährden? Werden damit Errungenschaften in puncto biologische Landwirtschaft, Umweltbewustein und Bio-Konsum wieder verschwinden? Zählen auch in der Schweiz bald nur noch der Preis und die Kosten?

These 2:
Ein hoher betriebsökologischer Leistungsstand setzt die Discounter unter ökologischen Anpassungsdruck.

Der Preisdruck wird zweifellos zunehmen, und das hat ja durchaus auch seine positiven Seiten für die Konsumenten. Kostenkontrolle und Kostenmanagement werden damit zu dominanten Kriterien im Handelsmanagement. Sie werden das Interesse und die Aufmerksamkeit des Managements stärker fokussieren und binden, als dies heute der Fall ist. Damit wird wohl auch die Aufmerksamkeit für andere Themen und Anliegen – wie dies Ökologie und Nachhaltigkeit darstellen – zurückgehen und wie alles andere auch unter einen verstärkten Kostendruck geraten. So werden betriebsökologische Programme und Aktivitäten auf Kostensenkungspotenziale durchforstet, wobei man rasch feststellen wird, dass diese sowieso schon stark auf solche Bereiche ausgerichtet worden sind, die nicht nur ein Mehr an Umweltschutz bringen, sondern immer auch tiefere Kosten oder eine höhere Effizienz. Wassersparen, Recycling, Wärmerückgewinnung, energieeffiziente Verkaufsfilialen, Minergiegebäude, eine gute Anbindung an den öffentlichen Verkehr, ein schonender Fahrstil der Chauffeure, eine Kooperation mit MobilityCarSharing oder der Betrieb eines Umweltmanagementsystems nach ISO 14001 machen nicht nur ökologisch Sinn, sondern auch ökonomisch. Und es entspricht zudem dem Selbstverständnis und den Normen der Mitarbeiter, der Geschäftsleitungen, der Geschäftspartner, der Behörden und dem sozialen Umfeld in einer ökologisch bewussten und hoch entwickelten Schweiz. Es ist kaum vorstellbar, dass sich an diesen Aktivitäten und Programmen etwas ändern sollte. Es erscheint wohl eher umgekehrt als wahrscheinlich, dass hier ein Nachhol- und Lernbedarf auf Seiten der Discounter besteht, welcher diese unter einen betriebsökologischen Anpassungsdruck setzen wird.

These 3:
Die Discounter erhöhen den Druck zur Kostensenkung, aber auch zur Differenzierung.

Und wie sieht es produktseitig aus? Auch hier geraten die Produktsortimente von Migros, Coop & Co unter Kostendruck. Deutlich billigere und qualitativ immer noch gute Produkte werden die Konsumenten anlocken und den Grossverteilern das Leben schwer machen. Dieser Druck wird alle Segmente erfassen, die Premium-Segmente, in denen die Bio-Produkte angesiedelt sind, die mittleren Segmente, aber auch die Billigsegmente. Sie alle werden billiger werden müssen. Und sie werden rasch deutlich effizienter werden müssen, da Margenreduktionen nicht nur unerfreulich sind, sondern auch nur ein sehr begrenztes Potenzial bieten. Bio-Produkte werden günstiger werden müssen, und zwar auch dann, wenn sie nicht in direkter Konkurrenz zu Bio-Angeboten der Discounter stehen. Der Preisunterschied zwischen den Bio-Premium-Angeboten und den anderen Angeboten im Markt darf nicht zu gross werden, sonst verlieren sie Marktanteile. Und wenn die Preise in den unteren Segmenten rutschen, dann ziehen sie auch die der Bio-Produkte mit sich.

Produktstrategisch stehen Migros, Coop & Co. zwei strategische Reaktionsmöglichkeiten offen: Kostensenkung und/oder Differenzierung. An der Kostenreduktion – und zwar über das ganze Sortiment hinweg – führt kein Weg vorbei. Dennoch liegt das Heil nicht in einer reinen Billigpreisstrategie, da auf diesem Gebiet die Discounter nicht zu schlagen sind. Vielmehr wird es darum gehen, bestehende Differenzierungspositionen auf einem tieferen Preisniveau abzusichern bzw. neue Positionen aufzubauen. Und: Es sollte auch nicht überraschen, wenn der erhöhte Preisdruck nicht nur den Kostendruck im Markt erhöht, sondern auch den Differenzierungsdruck. Die Differenzierung über Bio-Produkte dürfte hier auch weiterhin eine der interessanteren Potenziale darstellen, wofür eine hohe Sensibilität auf Kundenseite vorhanden ist.

Wie die Kaufkraftabwanderung zu den Billiganbietern jenseits der Grenze, der Erfolg der M-Budget-Linie, aber auch das Erstarken von Denner zeigen, gibt es ein ungestilltes Bedürfnis für billige Lebensmittel und Haushaltswaren. Das Discount-Segment dürfte sich mit dem Eintritt von Aldi, Lidl & Co klarer herausbilden und zu Lasten des bisher in der Schweiz absolut dominierenden mittleren Segments vergrössern. Wir werden somit eine verstärkte Polarisierung zwischen Discount- und Premium-Segment erleben, bei einer Verkleinerung der Mitte. Im Discount-Segment werden die Margen kleiner sein als bisher in der Schweiz üblich, insbesondere für die Grossverteiler, die nicht als Discounter konfiguriert sind. Damit erhöht sich für Migros und Coop aber auch der Druck, höhere Margen durch Differenzierungen in Form von Kundenmehrwerten zu schaffen. Differenzierungspotenziale liegen in Bereichen wie Bio und Region, Gesundheit und Convenience. Dementsprechend sehen wir ein grosses Interesse der Grossverteiler nicht nur im Bereich der Bio-Produkte und der regionalen Produkte, sondern auch bei Lifestyle-Produkten und beim elektronischen Handel. Bio-Produkte werden heute weiter ausdifferenziert zu Bio-Produkten aus der Region oder fair gehandelten Bio-Produkten aus der Dritten Welt, um hier neue, feinere Differenzierungsoptionen zu erschliessen. Wenn auch der Preisspielraum für Bio-Prämien schrumpfen dürfte, so stellt dieses in der Schweiz kulturell und wirtschaftlich gut verankerte Segment nach wie vor ein geeignetes und attraktives Differenzierungsmerkmal dar, welches angesichts des Eintritts der Discounter sogar an Bedeutung gewinnen dürfte.

These 4:
Heisst «billig» automatisch auch unökologisch?

Preisführerschaft und Ökologie müssen nicht unbedingt ein Widerspruch sein. Ein Beispiel ist die Biobio-Linie von Plus, der Discount-Kette des Tengelmann-Konzerns in Deutschland, die Ökologie mit der Tiefpreis-Philosophie des Hauses zu vereinbaren sucht. Ein anderes Beispiel kommt aus einer angrenzenden Branche: Media Markt gilt in der Schweiz gemeinhin als der Discounter für Konsumelektronik und Haushaltsgeräte und positioniert sich in der Werbung in erster Linie über seine aggressive Preispolitik. Die Wirklichkeit zeigt jedoch, dass sich das Sortiment von Media Markt in ökologischer Hinsicht kaum von dem der Wettbewerber unterscheidet. Nimmt man z. B. den Anteil energieeffizienter (mit EU-Energielabel Niveau A) Haushaltsgeräte am gesamten Sortiment zum Massstab, so liegt Media Markt im Mai 2004 bei 46,3 %, zwar deutlich hinter Öko-Marktführer Coop mit 64,6 %, aber noch vor Migros mit 41,5 % (S.A.F.E. 2004). Zu erklären ist dieser scheinbare Widerspruch wohl damit, dass auch Media Markt in erster Linie Geld verdienen möchte, und daher einen sorgfältigen Blick auf die Rentabilität wirft. Ist der Kunde erst einmal mit der auffälligen Werbung zum Besuch im Laden animiert, bemüht sich auch bei Media Markt das Verkaufspersonal um die Vermittlung der Vorteile höherwertiger Produkte, und die Energieeffizienz ist bei relativ homogenen Produkten wie Kühlschränken oder Waschmaschinen ein willkommenes Verkaufsargument (Sammer/Wüstenhagen 2005).

These 5:
Spezialisierte Bio-Supermärkte kommen in Deutschland auf.

Im Gefolge der Discounter erscheinen am Horizont bereits spezialisierte Bio-Supermärkte, ein Trend, der nun von den USA auf Deutschland überzugreifen beginnt. Das bekannteste Beispiel ist Whole Foods Market in den USA. Dieses Unternehmen wurde 1980 in Austin (Texas) gegründet und gilt als Urvater der Bio-Supermärkte. Inspiriert durch den enormen Kunden- und Börsenerfolg im Gefolge eines stürmischen Wachstums (vgl. *Abbildung 20*), sind auch in Deutschland mehrere Ketten von Bio-Supermärkten entstanden (Bahrdt et al. 2003), und erst kürzlich kündigte die auch in der Schweiz tätige REWE an, eine weitere solche Kette zu lancieren (Gersmann/Grimber 2005). Diese Entwicklung demonstriert eher das Marktpotenzial des Bio-Segments, dient aber noch nicht als Beleg dafür, dass Bio-Supermärkte auch in der Schweiz einen fruchtbaren Boden vorfinden. Ob dies der Fall sein wird, dürfte vor allem davon abhängen, wie gut Migros und Coop die aktuelle Herausforderung durch die Discounter bewältigen und ihre Position als breit aufgestellter Mehrlinienanbieter sichern können.

Abbildung 20: Börsenkursentwicklung von Whole Foods Market, Inc.

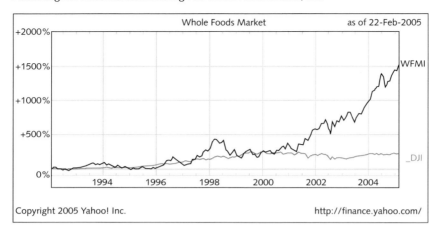

Quellenangaben

Bahrdt, K.; Ludwig, J.; Nierenköther, N. (2003): *Bio-Supermärkte in Deutschland – Chancen und Entwicklungen*. Synergie/Kommunikationsberatung K. Braun, Frankfurt a.M./Speyer.

Kirchner, N. (2005): *Edles für das grössere Budget*, in: *Cash*, 13. Januar 2005, S. 3

Coop (2004): *Nachhaltigkeitsbericht der Coop-Gruppe 2004*, Basel 2004.

Gersmann, H.; Grimber, S. (2005): *REWE mischt Bio-Supermarktwelt* auf, in: taz Nr. 7597 vom 22.2.2005, Seite 8, http://www.taz.de/pt/2005/02/22/a0148.nf/text

Migros (2002): *Migros Umwelt- und Sozialbericht 2002*, Zürich.

S.A.F.E. (2004): *Marktcheck 2004 Haushaltgeräte und Lampen*, http://www.energieagentur.ch/d/_data/Marktcheck04_tab_graf_d.pdf

Sammer, K.; Wüstenhagen, R. (2005): *The Influence of Eco-Labelling on Consumer Behaviour – Results of a Discrete Choice Analysis*, in: Business Strategy and the Environment, Special Issue on Sustainability Marketing (forthcoming).

«Mehr Kalorien, mehr Luftverschmutzung» – Grossverteiler verlängern die Wege zum Einkaufen

Von Franziska Teuscher, Nationalrätin und Zentralpräsidentin Verkehrsclub der Schweiz (VCS)

Der Abstimmungssonntag vom 27. Februar 2005 in den Kantonen Zürich, Aargau und Solothurn war ein «grünes» Wochenende. Bei den Zürcher Ersatzwahlen in den Regierungsrat erzielte die Kandidatin der Grünen Partei 14 % der Wählerstimmen – doppelt so viele Stimmen, als die Grünen sonst in diesem Kanton erhalten. Bei den Kantonsratswahlen im Kanton Aargau konnten die Grünen ihren Anteil ebenfalls beinahe verdoppeln. Und auch im Kanton Solothurn legten die Grünen an diesem Wochenende zu. Warum sind diese Resultate in Zusammenhang mit der expansiven Grossoffensive der Grossverteiler interessant? Es fällt auf, dass die Grünen genau entlang jener Achse Zürich – Bern zulegen, wo eine unglaubliche Expansion von Einkaufszentren im Gange ist.

Bloss ein Zufall? Oder ist der von der Wirtschaft und den Grossverteilern forcierte Ausbau auf der «grünen Wiese» in Wirklichkeit gar nicht erwünscht? Gibt es überhaupt eine Nachfrage dafür? Migros und Coop beherrschen heute rund zwei Drittel des Schweizer Detailhandels, gewinnen nach wie vor Marktanteile und wollen in den nächsten Jahren weiter wachsen. So planen die Migros-Chefs bis 2010 nicht weniger als zwölf neue Fachmärkte und rund 20 neue Supermärkte. Gleichzeitig findet im Schweizer Detailhandel ein Konzentrationsprozess statt, der die kleinen Läden und Spezialgeschäfte bedroht. Migros kauft Globus und die Warenhäuser von ABM, während Coop die Epa und Waro übernimmt. Auch Denner gab vor einigen Monaten bekannt, dass er an den Stadtrandgebieten in den kommenden fünf Jahren 100 Kleineinkaufszentren bauen will.

Dabei ist die bestehende Verkaufsfläche der Grossverteiler schon heute eindrücklich. Das Marktforschungsinstitut IHA-GfK in Hergiswil zählte landesweit 72 grosse Einkaufszentren mit einer Verkaufsfläche von insgesamt 1,1 Mio. Quadratmetern. Das Institut rechnet in den kommenden Jahren mit einem weiteren Zuwachs an Verkaufsfläche von immerhin stolzen 620 000 Quadratmetern. Dies alles geschieht vor dem Hintergrund eines erbitterten Verdrängungswettbewerbs. Der Markt wächst nur marginal, und die Margen marodieren. Die Kauflust der Konsumenten hält sich in Grenzen. Und nun setzen auch ausländische Ketten ihren Fuss in die Schweiz und bringen die Preise zum Purzeln. Carrefour, der französische Riese, hat sich an Jumbo beteiligt und macht

Riesenwerbung mit Billigstangeboten. REWE, die in Deutschland zu den Top drei des Detailhandels gehört, hat die Bon-Appétit-Gruppe (Pick Pay, Primo, Usego, Visavis) gekauft. Auch die beiden deutschen Super-Discounter Aldi und Lidl starten eine generalstabsmässige Expansion über die Schweizer Grenze.

Obschon bereits der Ausbau der Schweizer Detaillisten auf der «grünen Wiese» nicht unproblematisch ist, konzentriert sich jetzt die öffentliche Debatte auf die Newcomer Aldi und Lidl.

Statt 10 000 Artikel in Megazentren wie bei den grossen Anbietern, setzen die zwei Top-Discounter auf ein begrenztes Sortiment von 700 Artikeln. Diese werden oft direkt ab Palette verkauft, um den Aufwand möglichst gering zu halten. Insbesondere Aldi schuf sich dabei – trotz Billig-Image – als Anbieter von Qualitätsartikeln einen sehr guten Namen. Die hochgradig standardisierten Läden haben eine Fläche von weniger als 1000 Quadratmetern, weisen aber in der Regel gegen 150 Parkplätze auf. Und sie verursachen im regionalen Verkehrsnetz massiv Mehrverkehr, während die dafür notwendigen Logistikzentren zusätzlichen erheblichen Lastwagenverkehr generieren. Die Expansionspolitik der zwei deutschen Anbieter in der Schweiz kann also dem VCS nicht egal sein.

Zumal bereits heute jeder Kaufentscheid ein Entscheid für mehr oder weniger Verkehr ist. Moderne Technologien haben neue Formen von Arbeitsteilung hervorgebracht. Die Unternehmen zerlegen ihre Produktion in immer mehr Schritte, die an verschiedenen Standorten ausgeführt werden. So wird Schweizer Milch nach Italien transportiert, dort verarbeitet und dann wieder in die Schweiz zurückgefahren, um hier verkauft zu werden. Obwohl selbst in der Nähe von Zürich Kühe weiden! Man könnte unzählige solcher Beispiele aufzählen. Allein die Schaffung des gemeinsamen europäischen Marktes hat eine gewaltige Verkehrslawine losgetreten – mit doppelt so viel Verkehr allein auf der Transitachse von Norden nach Süden und von Süden nach Norden. Parallel dazu kam es auch zu einer massiven Ausweitung des Personenverkehrs auf der Strasse. Frühere Untersuchungen des Bundesamtes für Raumentwicklung zeigen, dass besonders der Freizeitverkehr hohe Wachstumsraten aufweist. Im Durchschnitt legt jeder Schweizer pro Jahr mit seinem Auto 10 000 Kilometer zurück. Mit der Bahn fahren die Schweizer pro Jahr nur 2600 Kilometer. Unsere Städte ersticken unter einer Blechlawine, die Autobahnen sind «Staubahnen». Vielen Verkehrspolitikern fällt trotzdem nichts Klügeres ein, als Stau und Blechlawinen durch die Eröffnung neuer Strassen, breiterer Autobahnen und zusätzlicher alpenquerender Strassentunnels zu beheben. So wurde im Februar 2004 unter dem irreführenden Titel «Avanti» (Vorwärts) dem Schweizer Volk eine gigantische Strassenbauoffensive zur Abstimmung vorgelegt. Die Vorlage sah den Bau einer zweiten Strassenröhre am Gotthard vor sowie den weiteren Ausbau des Autobahnnetzes. Die Stimmbürger sagten zu diesem Projekt zum Glück Nein. Aber jetzt bastelt das Parlament unter dem Titel «dopo Avanti» an einem ähnlichen Projekt. Der NZZ-Kolumnist Beat Kappeler ist kein Grüner. Er schrieb aber am 6. März 2005 in einer Kolumne: Die Schweiz verfüge über das dichteste Autobahnnetz der Welt. Diese Entwicklung habe an den Autobahnausfahrten «die Verteilzentren und Einfamilienhaus-Plantagen wie Magneten angezogen. Die Gemeindeautonomie in der Ortsplanung schaffte alle drei Kilometer eine Bauzone, damit jede Gier befriedigt ist». Der Ausbau geht weiter, pro Sekunde verschwindet ein Quadratmeter Boden unter Beton und Asphalt. Wesentlicher Verursacher dieses Land- und Ressourcenverschleisses sind die publikumswirksamen Einrichtungen auf der «grünen Wiese». Der Verkehr in diesem Bereich beträgt inzwischen 10 % des Gesamtverkehrsaufkommens.

Die stetige Zunahme des motorisierten Individualverkehrs in und um die Kernstädte und Agglomerationen verursacht zahlreiche Probleme: Die Bewohnerinnen und Bewohner leiden unter massiver Beeinträchtigung ihrer Lebensqualität durch Luftverschmutzung und Lärm. In einer holländischen Studie, welche von der weltweit renommierten Ärztezeitung *The Lancet* verbreitet wurde, wird Luftverschmutzung durch motorisierten Strassenverkehr als wichtigster Risikofaktor für Herz-Lungen-Sterblichkeit nachgewiesen. Laut dieser Studie ist das Risiko für Menschen, die in einem Abstand von 50 Meter von einer Durchgangsstrasse wohnen oder 100 Meter von einer Autobahn entfernt, doppelt so gross, an Herz-Lungen-Krankheiten zu erkranken und zu sterben. Es wurden 5000 Bewohner im Alter zwischen 55 bis 69 Jahren zwischen 1986 und 1994 erfasst.

In der Schweiz gibt es verschiedene Studien und Untersuchungen über die durch die Luftverschmutzung bedingten Kosten. Die Schätzungen gehen aber weit auseinander. So rechnen Infras/Econcept/Prognos mit jährlichen Gesundheitskosten von 0,3 bis 1,6 Mrd. CHF, wovon 70 % vom Verkehr verursacht werden (Infras 1996). Eine jüngere Schweizer Fallstudie für die OECD veranschlagt Bandbreiten von gesamthaft 0,5 bis 3,4 Mrd. CHF, wovon dem Verkehr 0,3 bis 1,8 Mrd. CHF anzulasten sind (Künzli et al. 2000). Für die geschätzten 2000 bis 4700 Todesfälle infolge der Luftverschmutzung geht die Studie von Kosten in der Höhe von 2,8 bis 6,7 Mrd. CHF aus.

Ist es verwunderlich, wenn heute Gemeinden «die Wirtschaft (gemeint sind auch die Verteilzentren) und die damit verbundenen Belastungen lieber anderswo sehen, während sie sich selbst als Wohnort mit hoher Lebensqualität profilieren möchten», wie dies Hansjörg Blöchliger im neuen Buch von Avenir Suisse beklagt (Blöchliger 2005)? In den letzten Jahren hätten viele Gemeinden mit raumplanerischen und baurechtlichen Auflagen das Handeln (Ansiedlung und Expansion) erschwert. Die Abwehr deutscher und französischer Lebensmittel-Discounter sei dafür beispielhaft, behauptet er.

Von einer «Abwehr» kann keine Rede sein. Man muss – wie weiter oben aufgeführt – eher von einer Offensive sprechen. Raumplanerisch und baurechtlich erleben wir längst Zustände wie im Wilden Westen. Das zeigt das lückenhafte Baudossier zum Stadionneubau in Zürich, das trotzdem von den Stadtzürcher Behörden abgesegnet wurde. Das zeigt auch die «wilde Umzonung» des Landwirtschaftgebiets in Galmiz (FR) durch die Freiburger Behörden, damit die Ansiedlung eines amerikanischen Biotech-Unternehmens möglich wird.

Der Grenzübertritt der beiden Top-Discounter Aldi und Lidl in die Schweiz stellt uns vor eine weitere Herausforderung. Aldi, Lidl, aber auch Denner sind wegen ihren Verkaufsflächen von 500 bis 1000 Quadratmetern nicht der Pflicht zu einer Umweltverträglichkeitsprüfung (UVP) unterstellt. Das Umweltschutzgesetz verlangt erst für Anlagen über 5000 Quadratmetern oder mehr als 300 Parkplätzen eine UVP. Mit ihrer Ausrichtung auf mobile Kunden sorgen sie aber dennoch für ein enormes Verkehrsaufkommen. Obwohl das Umweltschutzgesetz grundsätzlich vorsieht, die Belastung nach dem Verursacherprinzip vorsorglich zu begrenzen, sieht die Bewilligungspraxis anders aus. Es werden bis zu 20 Parkplätze pro 100 Quadratmeter bewilligt, bei UVP-pflichtigen Einkaufszentren und Fachmärkten sind es eins bis drei. Und die Erreichbarkeit mit dem öffentlichen Verkehr wird schon gar nicht in Betracht gezogen! Während die heute geltende Rechtspraxis bei der Umweltverträglichkeitsprüfung eine gute bis sehr gute Anbindung mit öffentlichen Verkehrsmitteln in den wesentlichen Richtungen voraussetzt!

Die Expansion auf der «grünen Wiese» setzt auch eine gefährliche Abwärtsspirale in Gang. Die Einkaufswege werden länger und erfolgen immer mehr mit dem Auto. «Daraus entsteht ein Teufelskreis – weil weitere Dienstleistungen ebenfalls gezwungen werden, autogängige Standorte zu suchen, damit sie in die Wegketten passen», analysierte Hellmut Ringli, ORL-Institut der ETH Zürich, in einem Aufsatz über Raumplanung und Entwicklungstendenzen im Detailhandel. Die Folge davon sind nicht nur Mehrverkehr, Landverschleiss, Lärm und Abgase. Damit werden auch die Stadtzentren entvölkert. Diese Entwicklung wurde bereits in den 1960er Jahren initiiert und hat sich laufend erheblich verschärft durch die verkehrsmässige Erschliessung mit Schnellstrassen. Die Autos sind die eigentliche Bevölkerung unserer Städte geworden – mit unheilvollen sozialen Auswirkungen. Das Auto trennt die Arbeit vom Wohnen wie nie zuvor. Nun trennt es das Wohnen vom Einkauf. Das Auto zerstückelt jede Stadt in ein Dutzend Vorstädte. Es zieht verschiedene Formen des städtischen Lebens entlang der Ausfallstrassen so weit hinaus, dass daraus Städte ohne Ende entstanden sind.

Neben den in den 1960er Jahren geplanten, gut organisierten Einkaufszentren am Stadtrand ist an der Peripherie der Grossstädte ein Wildwuchs von

Fachmärkten entstanden. Die Ortskerne verlieren an Attraktivität. Das weiss auch der oberste Schweizer Raumplaner, Pierre-Alain Rumley, Direktor des Bundesamtes für Raumentwicklung: «Es genügt ein Blick nach Frankreich, um die Gefahr zu sehen. Den Zentren vieler französischer Städte – auch kleinerer und mittlerer – geht es schlecht. Wenn ich von meinem Wohnort Neuenburg über die Grenze nach Pontarlier hinauffahre, fällt mir entlang der Einfallstrasse eine ungeheure Ansammlung von Einkaufszentren auf. Das wollen wir nicht», sagt Rumley in einem Interview mit dem *Bund*.

Dennoch entstehen entlang der Autobahnen im Mittelland immer mehr Supermärkte und Zentren. Der Verkehrsclub der Schweiz ist als fortschrittlicher und innovativer Umwelt- und Verkehrsverband geradezu aufgerufen, diesem Trend entgegenzuwirken und auf die Einhaltung der Bau-, Raumplanung- und Umweltgesetze zu pochen und den Landschaftsverschleiss einzudämmen. Wir haben nicht nur die Pflicht, unseren Nachkommen einen ausgeglichenen Staatshaushalt zu hinterlassen. Wir müssen auch dafür sorgen, dass sie noch eine lebenswerte Welt und Umgebung vorfinden. Der VCS hat in den letzten Monaten gegen eine Reihe von Einkaufszentren, die man an den Peripherien grosser Städte bauen will, Einspruch erhoben. Diese Projekte waren unausgegoren, lückenhaft und manchmal gesetzeswidrig. Der VCS wird auch in Zukunft überall dort einsprechen, wo man sich für Bauprojekte über die Gesetzgebung hinwegsetzen will, weil man so tut, als herrsche im Versorgungsbereich der absolute Notstand. Der VCS ist ein Umweltverband, der auch die Wohnqualität der Menschen in diesem Lande steigern will. Weniger Verkehr bedeutet mehr Lebensqualität. Weniger Einkaufszentren auf der «grünen Wiese» bedeuten weniger Verkehr.

Wer heute ein Einkaufszentrum auf die «grüne Wiese» stellt, muss sich über die weit reichenden Folgen im Klaren sein. Müsste nicht jeder Bauherr und Investor, bevor der erste Spatenstich erfolgt ist, gegenüber der Gesellschaft die Frage beantworten: Welche Schäden und Auswirkungen hat mein Bauwerk auf Mensch und Umwelt? Eigentlich müsste man jeden Bauherrn und jeden Investor gemäss dem Verursacherprinzip für die Behebung dieser Folgen zur Kasse bitten. Die ungedeckten Kosten des Strassenverkehrs belaufen sich auf Milliarden. Wer übernimmt diese Kosten? Aldi, Lidl, Denner, die Migros oder Coop? Oder wir alle?

Quellenangaben:

Blöchliger H.-J. (2005): *Baustelle Föderalismus*, Zürich.

Infras (1996): *Die vergessenen Milliarden, Externe Kosten im Energie- und Verkehrsbereich*, Bern.

Sommer, K. et al. (2000): *Economic Evaluation of Health Impacts Due To Road Traffic-related Air Pollution*, in: Ancillary Benefits and Costs of Greenhouse Gas Mitigation, OECD, S. 451–476.

Mehr Wettbewerb, mehr Innovation

Von Oliver Prange, Verleger und Chefredaktor von persönlich, *der Zeitschrift für Unternehmensführung, Marketing und Kommunikation*

In den letzten Monaten erhielten die deutschen Detailhandelsriesen Aldi und Lidl enorme Publizität in der Schweiz. Beide bauen hierzulande grosse Mannschaften und ein Ladennetz auf. In den Nachrichten kann man regelmässig mitverfolgen, in welchen Ortschaften sie gerade eine Baubewilligung erhalten haben, als handle es sich um Informationen von übergeordnetem Interesse. Man stelle sich vor, jede Ladenerweiterung von Migros, Coop oder Denner erführe dieselbe Publizität; die Zeitungen hätten kaum mehr Platz für andere Wichtigkeiten und Nichtigkeiten.

Grund für diese aussergewöhnliche Publizität ist, dass Aldi und Lidl auf einem Megatrend mitreiten können, auf der «Geiz ist geil»-Welle. Sie wurde indessen gar nicht von den beiden ausgelöst. Vielmehr war sie eine Erfindung der Hamburger Werbeagentur Jung von Matt für ihren Kunden Saturn, eine Kette für Unterhaltungselektronik. Mittlerweile hat jedoch diese Preisdrücker-Epidemie alle nur erdenklichen Bereiche infiziert, vor allem aber den Detailhandel. Die Auswirkungen von Aldi und Lidl sind bereits spürbar, obwohl noch kein Laden die Tore geöffnet hat. Den Reigen eröffnete letzten Sommer Denner. Als Letzter erkannte diesen Frühling auch Coop die Zeichen der Zeit und führte die Billiglinie «Prix Garantie» ein.

Vor diesen Präventivmassnahmen muss man aber warnen. Denn Aldi und Lidl machten selbst die Erfahrung, dass präventive Abwehrdispositive nicht unbedingt erfolgversprechend sind. Sie gingen 1999 mit den Preisen runter, als der Welt grösster Detailhändler, Wal-Mart, in ihr Territorium einbrach, eine Kette mit rund 30 Niederlassungen übernahm und sogleich loslegte. Wal-Mart kam in Deutschland indes nie auf Touren, die Preise aber waren im Keller, die Margen auch. Die Industrie und der Handel bluten, die Konsumenten freut es.

In der Schweiz zeichnet sich nun dieselbe Tendenz ab. Aldi und Lidl werden Migros und Coop Konkurrenz machen, besonders Coop, die immer noch die höchsten Preise führt. Doch ob die Deutschen hier auf die Überholspur kommen, ist zu bezweifeln. Es wird für sie schwierig sein, auf die erforderlichen Economies of Scale, Grössenvorteile, zu kommen, die es braucht, um kosteneffizient zu sein. Während Aldi und Lidl in Deutschland einen Marktanteil von 25–28 % haben, erzielen sie im Ausland nur einige wenige Prozente, in England z. B. 3–4 %. Das macht ein Ausland-Abenteuer teuer. Es gibt viele weitere Faktoren, welche das Schweiz-Engagement für die Deutschen teuer macht.

Das Bauland: In Deutschland ist es um einiges billiger, eine Niederlassung zu betreiben.

Das Bauland ist günstiger und auch einfacher zu bebauen. Es muss nicht durch den öffentlichen Verkehr erschlossen sein wie hier; ein Parkplatz genügt. Zudem sind die Einsprachemöglichkeiten beschränkt. Kapriolen wie um das Zürcher Hardturm-Stadion, das von Einsprachen übersät wurde, sind in Deutschland nicht denkbar.

Die Subventionen: Da Aldi vorab Eigenmarken vertreibt, müssen hohe Zölle bezahlt werden, hauptsächlich auf Milch- und Fleischprodukte.

Die Personalkosten: Diese sind in der Schweiz sehr viel höher als in Deutschland.

Erschwerend kommt hinzu, dass Aldi in den letzten zwei Jahren eine rückläufige Entwicklung erlebt. Es ist nicht eine Erfolgsstory ohne Ende. Aldi scheint den Zenit erreicht zu haben und verliert Marktanteile. Umfragen in der Schweiz zeigen, dass nur 15–18 % der Bevölkerung sich nach dem günstigsten Preis ausrichten. Es sind also immer noch 80–85 %, bei denen andere Kriterien wie Qualität oder Frische im Vordergrund stehen.

Einen gewichtigen Vorteil hat ein Discounter à la Aldi allerdings gegenüber Migros und Coop. Im Angebot sind nur 700 Produkte. Das braucht sehr viel weniger Aufwand in der Bewirtschaftung. Das Aldi-System ist einfach: niedrigster Preis, beste Qualität, beschränktes Sortiment des täglichen Bedarfs. Der Apparat ist sehr schlank geführt. Kaderstufen, die andere haben, existieren bei Aldi nicht. Filialleiter sind eigene Unternehmer, die auf jeglichen Luxus verzichten wie auch auf Arbeitsessen mit Lieferanten z. B. Das machen ihnen die Firmenbesitzer, die Gebrüder Albrecht, vor. Obwohl beide Milliardäre sind, führen sie einen bescheidenen Lebensstil. Hier müssen Migros und Coop noch ihre Aufgaben machen: Ihr Sortiment ist teilweise ausufernd, was zu hoher Komplexität und zu einem hohen Verwaltungsaufwand führt.

Der Markteintritt von Aldi und Lidl in der Schweiz wird nicht zum grossen Umsturz führen. Es wird allenfalls einige Verschiebungen geben im Food-Markt von 40 Mrd. CHF. Schliesslich haben wir bereits diese Erfahrung im Non-Food-Markt gemacht, der ebenso 40 Mrd. CHF umfasst. Seit vielen Jahren sind die grossen Detailhändler wie Media Markt, H&M und Ikea hierzulande tätig, ohne dass hiesige Mitbewerber wie Fust und Möbel Pfister darunter in grösserem Stil zu leiden hatten. Es ist gut für Industrie, Handel und Konsumenten, dass die Oligarchie von Migros und Coop aufgebrochen wird, denn mehr Wettbewerb führt bekanntlich zu mehr Innovation.

Kapitel 3

Schweizer Branchenanalysen

Bei der Betrachtung des Discount-Phänomens kann die Branchenanalyse einen wichtigen Einblick in die Funktionsweise eines Marktes geben. Dank der Analyse lassen sich Zusammenhänge identifizieren, die das Discount-Phänomen begünstigen beziehungsweise in Schranken halten. Aldi und Lidl haben sich in ihren In-and-Out-Promotionen mehrheitlich auf Artikel der Unterhaltungselektronik-, Textil- und Sportbranchen konzentriert. Dies sind – neben dem Lebensmittelmarkt – denn auch die Branchen, die wir im Folgenden näher betrachten wollen. Sind die entsprechenden Schweizer Branchen empfänglich für das Discount-Phänomen?

Lebensmittel-Detailhandel

Von Thomas Rudolph, Markus Schweizer und Katja Leschnikowski

Das folgende Kapitel widmet sich einer Bestandsaufnahme des Schweizer Lebensmittel-Detailhandels. In diesem Zusammenhang soll eine Branchenstrukturanalyse durchgeführt werden, wobei – wie auch in den folgenden Branchenanalysen – auf das Modell von Porter (1999) zurückgegriffen wird, das fünf Wettbewerbskräfte unterscheidet: Rivalität unter bestehenden Anbietern, Verhandlungsstärke der Abnehmer, Verhandlungsstärke der Lieferanten, Bedrohung durch neue Wettbewerber sowie die Bedrohung durch Substitute.

Abbildung 21: Detailhandelsumsätze im Lebensmittel-Detailhandel

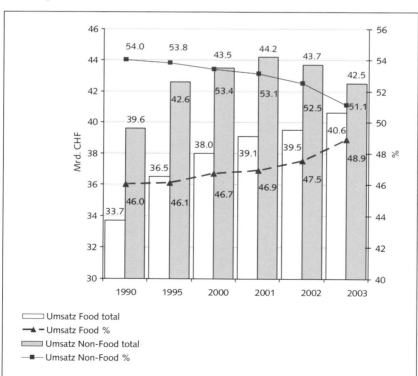

Quelle: IHA-GfK 2004, S. 35

Entwicklung des Lebensmittel-Detailhandels

Der Lebensmittel-Detailhandel spielt im Schweizer Detailhandel eine bedeutende Rolle. So trägt er mit einem Umsatz von 40,6 Mrd. CHF 48,9 % zum gesamten Detailhandelsumsatz bei. Betrachtet man die Umsatzentwicklung des Lebensmittel-Detailhandels im Zeitverlauf, fällt auf, dass die Bedeutung im Vergleich zum Non-Food-Detailhandel in den vergangenen Jahren leicht zugenommen hat (IHA-GfK 2004, S. 35; *Abbildung 21*).

Aus der Veränderung der Umsätze des Lebensmittel-Detailhandels wird deutlich (vgl. *Abbildung 22*), dass insgesamt zwischen 2000 und 2003 ein moderates Umsatzwachstum von 8,7 % zu verzeichnen ist. Von diesem profitierten vor allem die Grossverteiler Migros und Coop sowie der Discounter Denner. Ein weiteres Merkmal des schweizerischen Lebensmittel-Detailhandels ist die sinkende Anzahl an Verkaufsstellen. Laut IHA-GfK ist eine Abnahme der Verkaufsstellen um 6,5 % von 6359 auf 5948 zu verzeichnen (vgl. *Abbildung 22*). Des Weiteren ist für den Lebensmittel-Detailhandel zwischen den Jahren 2000 und 2003 eine Zunahme der Verkaufsfläche pro Verkaufsstelle um 15,2 % festzustellen (vgl. *Abbildung 22*; IHA-GfK 2004, S. 39 ff.).

Abbildung 22: Veränderung von Umsatz, Verkaufsfläche und Verkaufsstellen (2000–2003)

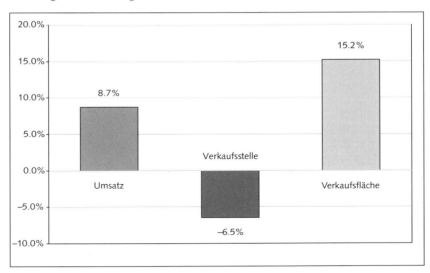

Quelle: IHA-GfK 2004, S. 42

Rivalität unter den bestehenden Anbietern

Abbildung 23 verdeutlicht die Verteilung des Marktanteils auf die Anbieter im schweizerischen Lebensmittel-Detailhandel. Die dominierenden Anbieter sind Migros und Coop, die als Grossverteiler ihren Marktanteil in den vergangenen Jahren kontinuierlich erhöht haben. Im Jahr 2003 nahmen beide mit einem Marktanteil von insgesamt 72,6 % die Vormachtstellung im Lebensmittel-Detailhandel ein (ACNielsen 2004b, S. 21).

Abbildung 23: Marktanteile im Lebensmittel-Detailhandel (2003)

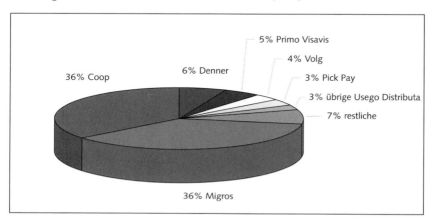

Quelle: ACNielsen 2004b

Im Folgenden sollen einige Unternehmen des Schweizer Lebensmittel-Detailhandels kurz vorgestellt werden:

Migros zielt in seiner Geschäftspolitik darauf ab, dem Kunden gute Qualität zu günstigen Preisen anzubieten. In den vergangenen Jahren konnte die Migros neben Markenartikeln vor allem das Eigenmarkensortiment ausbauen (Migros 2005, S. 13 u. S. 32). Der Eigenmarkenanteil liegt momentan bei über 90 % (o. V. 2005b). Das Unternehmen steigerte seinen Umsatz im Lebensmittelbereich von 2003 bis 2004 um 3 % auf 10,4 Mrd. CHF. Dieses Wachstum wurde unterlegt durch eine Vergrösserung der Verkaufsflächen um 2,1 % auf 1 167 315 m^2 (Migros 2005, S. 34 u. S. 95).

Coop möchte sich als Anbieter eines guten Preis-Leistungs-Verhältnisses positionieren und sich dabei unter anderem mit einem attraktiven Markenmix aus Coop-Kompetenzmarken (19 %), Eigenmarken (27 %) sowie traditionellen Markenartikeln (54 %) von den Wettbewerbern differenzieren (Coop 2005, S. 28). Coop musste im Vergleich zum Vorjahr 2004 im Food-Bereich einen Umsatzrückgang von 5,9 % hinnehmen und wies einen Umsatz von

8,863 Mrd. CHF aus (Coop 2005, S. 79; Coop 2004, S. 75). Das Unternehmen reagierte auf die Ankündigung des Markteintrittes der Hard Discounter Lidl und Aldi mit der Einführung der Dauerniedrigpreislinie «Prix Garantie» und Preissenkungen von Markenartikeln um bis zu 20 % (o. V. 2005a).

Während der Marktanteil der Discounter in Deutschland auf knapp 43 % geschätzt wird, ist diese Betriebsform in der Schweiz mit einem Marktanteil von 9,5 % im Lebensmittel-Detailhandel von geringer Bedeutung (ACNielsen 2004b; ACNielsen 2004c). Die beiden Unternehmen Denner und Pick Pay sind die einzigen Discounter in der Schweiz.

Denner betreibt in der Schweiz ein Filialnetz von rund 580 Verkaufsstellen. Als Soft Discounter bietet er ein begrenztes Sortiment an Markenprodukten (75 %) und Eigenmarken (25 %) zu einem günstigen Preis und zu einer guten Qualität an (Denner 2005a). 2004 war für Denner mit einem Umsatz von 1,843 Mrd. CHF das bislang stärkste Jahr seiner Geschichte, wobei er im Vergleich zum Vorjahr ein Wachstum von 11 % verzeichnen konnte (Denner 2005b). Denner wird in den folgenden Jahren eine konsequente Expansionspolitik verfolgen. So wird angestrebt, in den nächsten fünf Jahren 100 neue Filialen zu eröffnen (Müller 2004a). Mit der Übernahme von Pick Pay ist dem Unternehmen ein grosser Expansionsschritt gelungen. Auch Denner reagierte auf die Ankündigung des Markteintrittes von Aldi und Lidl mit einer Preissenkung von 130 Produkten (Müller 2004b).

Pick Pay positioniert sich als Soft Discounter mit einem Sortiment von 3000 Artikeln, bestehend aus einem breiten Markenartikel-Sortiment sowie der Preiseinstiegslinie «Mini-Prix». Pick Pay konnte im Vergleich zum Vorjahr seinen Umsatz um 4 % auf 825,1 Mio. CHF steigern (Müller 2005; Pick Pay 2005). Auch Pick Pay begegnete dem Markteintritt der deutschen Discounter in den Schweizer Markt mit Preissenkungen bei 500 Artikeln (Müller 2004a).

Die Analyse der bestehenden Wettbewerbsstruktur hat gezeigt, dass die Branchenrivalität durch die Dominanz der beiden Anbieter Migros und Coop als relativ gering einzuschätzen ist. Discounter spielen bislang in der Schweiz keine bedeutende Rolle, worauf die geringen Marktanteile von Denner und Pick Pay hinweisen.

Verhandlungsstärke der Abnehmer

Schweizer Konsumenten gaben im Jahr 2002 durchschnittlich 8,4 % ihres Einkommens für Lebensmittel und alkoholfreie Getränke aus. *Abbildung 24* verdeutlicht, dass sich dieser Anteil im Laufe der vergangenen Jahre stark verringerte (Bundesamt für Statistik 2005a). Als Grund für diese Entwicklung lassen sich unter anderem steigende Transferausgaben für Steuern und Versicherungen anführen.

Abbildung 24: Veränderung der Ausgabenstruktur der Schweizer Haushalte

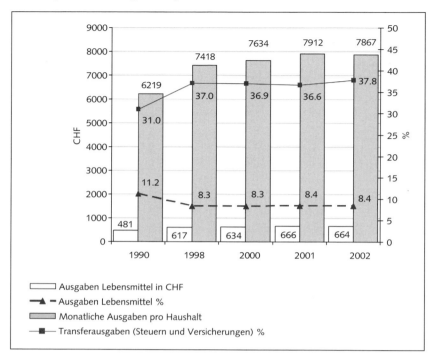

Quelle: Bundesamt für Statistik 2005a

Obwohl die Schweizer bei ihrem Einkauf stark auf die Qualität der Produkte achten (Euromonitor 2003), zeichnete sich in den vergangenen Jahren ein zunehmendes Preisbewusstsein ab, was unter anderen auf den Anstieg der Erwerbslosenquote zwischen 2000 und 2004 um 1,6 % auf 4,3 % (Bundesamt für Statistik 2005b) und die schlechte Konsumstimmung zurückzuführen ist (Seco 2005). Dass die Schweizer verstärkt preisbewusst einkaufen, bestätigt beispielsweise der grosse Erfolg der Eigenmarke «M-Budget» von Migros, die gute Qualität zu günstigen Preisen verspricht. Das «M-Budget»-Sortiment erfreut sich bei den Verbrauchern grosser Beliebtheit und hat mittlerweile fast Kultstatus erreicht (Migros 2005, S. 27). Die Migros reagierte auf die hohe Akzeptanz bei den Verbrauchern mit einer Ausweitung der M-Budget-Produktlinie auf 350 Artikel (o. V. 2005b).

Auf die zunehmende Preissensibilität der Schweizer Bevölkerung deuten auch aktuelle Zahlen zum so genannten «Einkaufstourismus» hin. Es wurde beispielsweise ermittelt, dass die Schweizer im Jahr 2003 durchschnittlich neun Mal im Ausland eingekauft haben und dabei einen Kaufkraftabfluss von

1,4 Mrd. CHF ausgelöst haben (ACNielsen 2004; o. V. 2004a). Diese Zahlen verwundern in Anbetracht der Preisunterschiede zwischen Deutschland und der Schweiz nicht: Lebensmittel sind z. B. in Deutschland um bis zu 25 % günstiger als in der Schweiz (BAK 2002, S. 34).

Durch den Markteintritt der Hard Discounter Lidl und Aldi in den Schweizer Markt ist zu erwarten, dass die Schweizer neben der Qualität auch zukünftig den Preis als Einkaufsmotiv heranziehen werden. Gerade Lidl könnte auf das Interesse der Schweizer stossen, da dieses Handelsunternehmen einen Grossteil an Markenprodukten in seinem Sortiment führt und diese zu günstigeren Preisen als die etablierten Händler anbietet (o. V. 2004b). Des Weiteren zeigen die Ergebnisse von Verbraucherorganisationen in Deutschland (z. B. Stiftung Warentest), dass die Produkte der Discounter über eine sehr gute Qualität verfügen. Gelingt es demzufolge den deutschen Discountern, das gute Preisleistungsverhältnis der angebotenen Produkte zu kommunizieren, besteht die Möglichkeit, die Bedürfnisse der Schweizer Konsumenten zu treffen.

Zudem zeichnete sich in den vergangenen Jahren das so genannte hybride Kaufverhalten ab. Konsumenten lassen sich nicht mehr einfach kategorisieren, sondern weisen je nach Situation ein unterschiedliches Konsumverhalten auf (KPMG 2003, S. 12). So ist es nicht verwunderlich, dass ein Verbraucher, der Lebensmittel eher ökonomisch und rational einkauft und dabei stark auf den Preis achtet, kurze Zeit später in einen Designerladen geht und dort eine teure Sonnenbrille erwirbt.

Lebensmittel dienen heutzutage nicht mehr allein der Befriedigung von Grundbedürfnissen, sondern sie sollen zusätzlich emotionale Bedürfnisse erfüllen (Bedürfniswandel). In diesem Zusammenhang spielt beispielsweise der zunehmende Wunsch der Verbraucher nach Convenience-, Functional- sowie Bio-Produkten eine grosse Rolle (Rudolph/Becker 2005; 2003; Rudolph 2004a).

Verhandlungsstärke der Lieferanten

Die Lieferanten stehen in der Schweiz einer hohen Handelsmacht gegenüber, die sich in der Konzentration auf nur wenige grosse Lebensmittel-Detailhändler zeigt. Erschwerend für die Hersteller der Lebensmittel ist des Weiteren der hohe Anteil an Eigenmarken in der Schweiz. Wie verdeutlicht, verfügt die Schweiz mit 38 % über den höchsten Eigenmarkenanteil in der Welt (vgl. *Abbildung 25*; ACNielsen 2003).

Zudem beschränkt die zunehmende vertikale Integration der Handelsunternehmen in den Produktionsprozess die Verhandlungsstärke der Lieferanten. So produziert beispielsweise die Migros einen Teil ihrer Eigenmarken in unternehmensinternen Produktionsstätten (Migros 2005). Auf die Ankündigung des Markteintrittes der deutschen Discounter reagierten nicht nur die

Schweizer Discounter, sondern auch die Migros und die Coop mit Preissenkungen. Mit dem tatsächlichen Markteintritt von Aldi und Lidl wird sich diese Entwicklung weiter fortsetzen. Für die Hersteller von Markenartikeln bedeutet dies, dass die Produzentenpreise zunehmend unter Druck geraten (Müller 2004a).

Abbildung 25: Marktanteil der Eigenmarken im internationalen Vergleich

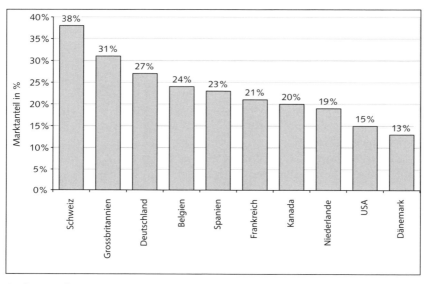

Quelle: ACNielsen 2003

Eine hohe Verhandlungsmacht kann jedoch von den Lieferanten ausgehen, die starke Marken produzieren, auf die die Kunden nur ungern verzichten. Die Verhandlungsstärke der Lieferanten hängt hierbei von der Fähigkeit des Herstellers ab, die Marken mit einem überzeugenden Leistungsversprechen auszustatten.

Aufgrund von Zoll- und Protektionsbestimmungen im Agrarsektor sind die neuen Wettbewerber Aldi und Lidl gezwungen, Agrarprodukte in der Schweiz produzieren zu lassen. Fraglich ist jedoch, ob die Schweizer Produzenten bereit sind, die deutschen Discounter zukünftig zu beliefern. So weigerte sich beispielsweise die Firma Emmi, Molkereiprodukte für Aldi herzustellen, da sie aufgrund der von Aldi geforderten geringen Preise und kleinen Mengen nicht rentabel produzieren könnte. Finden die deutschen Discounter keine Produzenten in der Schweiz, bleibt ihnen nichts anderes übrig, als die Waren mit hohen Zollkosten aus anderen Ländern zu importieren (o. V. 2004b). Zusammenfassend kann davon ausgegangen werden, dass durch letztgenannte Aspekte die Verhandlungsmacht der Lieferanten gestärkt wird.

Bedrohung durch neue Wettbewerber

Die beiden deutschen Discounter Aldi und Lidl stehen kurz vor dem Eintritt in den Schweizer Detailhandel. Beide Unternehmen stossen dabei mit ihrem Hard-Discounter-Konzept auf eine Marktlücke in der Schweiz, denn eine solche Betriebsform mit einer begrenzten Anzahl an Produkten zu Tiefpreisen sowie einer einfachen Ladenausstattung gibt es bislang noch nicht (Rudolph 2004b).

Aldi positioniert sich als Hard Discounter, der qualitativ hochwertige Produkte zu sehr günstigen Preisen anbietet. Die niedrigen Preise resultieren aus Kosteneinsparungen entlang der gesamten Wertschöpfungskette, wie z. B. einer effizienten Logistik, kleinen Verkaufsstellen, einem begrenzten Sortiment von 650 (Aldi Nord) bzw. 900 (Aldi Süd) Produkten sowie einer einfachen Warenpräsentation (Aldi 2005a; Euromonitor 2004a). Das Unternehmen, das im Jahr 2004 einen Umsatz von 22,665 Mrd. Euro erzielte (o. V. 2005c), verfolgte in den vergangenen Jahren eine starke Internationalisierungsstrategie, wobei das Unternehmen mittlerweile Filialen in 13 Ländern wie z. B. Österreich, Frankreich oder den USA betreibt (Aldi 2005b). Die Expansionsstrategie von Aldi ist durch ein organisches Wachstum gekennzeichnet, d. h. neue Filialen entstehen langsam und allmählich.

Wie Aldi kann auch Lidl als Hard Discounter angesehen werden, der ein begrenztes Sortiment von 1200 Produkten anbietet und eine Tiefpreispolitik verfolgt (Euromonitor 2004b). Das Unternehmen, das nach eigenen Angaben im Jahr 2004 einen Umsatz von 36 Mrd. Euro verzeichnen konnte (o. V. 2004c), besitzt das grösste Netz an Filialen in Europa und möchte seine Internationalisierungsstrategie in Zukunft weiter fortsetzen (Lidl 2005). Der Lebensmitteldiscounter verfolgt im Rahmen seiner Expansionspolitik eine Sprungstrategie, d. h. er dringt schnell und aggressiv in neue Märkte ein und eröffnet dort eine Vielzahl neuer Verkaufsstellen.

Die neuen Handelsunternehmen stossen jedoch auf Markteintrittsbarrieren, die ihnen den Zugang zum Schweizer Lebensmittel-Detailhandel erschweren. Die Schweiz besitzt vier Landessprachen, die in unterschiedlichen Regionen gesprochen werden. Diese Sprachunterschiede spiegeln sich auch in der Kultur wider: Die Westschweiz orientiert sich eher an der französischen Kultur, die Südschweiz ist von italienischem Flair geprägt, wohingegen die Deutschschweiz an die deutsche Mentalität erinnert. Für die neuen Unternehmen stellt sich nun die Herausforderung, sich an diesen heterogenen Markt anzupassen, was Konsequenzen für die Logistik, Lagerhaltung oder Verwaltung mit sich bringt (Euromonitor 2003).

Erschwerend für den Eintritt neuer Konkurrenten ist das hohe Schweizer Kostenniveau entlang der gesamten Wertschöpfungskette des Detailhandels. Nach einer Studie des BAK (2002) bestehen im Schweizer Detailhandel Kostennachteile bei der Warenbeschaffung und den Vorleistungen. So liegen beispielsweise die Produzentenpreise für Agrarprodukte knapp 40 % und die Kosten für Immobilien 10 % über dem deutschen Durchschnitt. Obwohl die Löhne in der Schweiz höher sind als in anderen europäischen Ländern, sorgen die hohen Lohnnebenkosten in anderen Staaten, wie z. B. Deutschland oder Österreich, dafür, dass das Niveau der Arbeitskosten ähnlich ausfällt. Ein grosses Problem stellt die Standortwahl für die deutschen Discounter dar. So werden beide Unternehmen aufgrund der hohen Mieten keine Filialen in den Innenstädten eröffnen, sondern sich auf Standorte ausserhalb des Zentrums konzentrieren (Schnyder 2004).

Nachteilig für den Markteintritt könnten zudem das oben angesprochene hohe Qualitätsbewusstsein der Schweizer sowie die Marktmacht der beiden Grossverteiler Migros und Coop sein. Eine weitere Markteintrittsbarriere besteht in der staatlichen Einflussnahme, d. h. die neuen Konkurrenten müssen sich auf härtere staatliche Regelungen, Bauauflagen, strengere Regulierungen bei den Öffnungszeiten sowie Importkontingente bzw. Zollabgaben in der Schweiz einstellen. Zudem müssen der Agrarprotektionismus und die Lebensmittelgesetzgebung (Verpackungs- und Gesundheitsbestimmungen) beachtet werden (Rudolph/Krucker/Ness 2005, S. 7 ff.; KPMG 2003, S. 13 ff.).

Jedoch haben sich in der vergangenen Zeit Liberalisierungstendenzen abgezeichnet, was den neuen Konkurrenten den Zugang in den Schweizer Markt erleichtern wird. Mit der «Agrarpolitik 2002» und «Agrarpolitik 2007» sind beispielsweise der Abbau staatlicher Eingriffe, Direktzahlungen für ökologische Produktion sowie die Verabschiedung eines neuen Landwirtschaftsgesetzes und die Aufhebung von Kontingentierungen verbunden. Durch den Abschluss der bilateralen Verträge I und II können Handelshemmnisse abgebaut werden, womit zukünftig der Export und Import von Agrarprodukten sowie verarbeiteten Landwirtschaftsprodukten erleichtert werden. Diese Liberalisierungsentwicklungen führen dazu, dass sich in der Zukunft der Wettbewerb verstärken wird und die inländischen Preise an das Preisniveau der EU annähern werden (Rudolph/Krucker/Ness 2005; KPMG 2003, S. 13 ff.).

Bedrohung durch Substitute

Die Gefahr von Substituten ist als relativ gering einzuschätzen, da Lebensmittel nur durch andere Formen der Nahrungsaufnahme ersetzt werden könnten. Hierzu zählen einerseits der Ausser-Haus-Verzehr am Arbeitsplatz, an der warmen Theke im Supermarkt bzw. der Besuch eines Restaurants. Die Bedeutung dieser Substitute könnte jedoch in Zukunft wachsen, wenn die Gastronomie-Anbieter ihr Preisleistungsverhältnis verbessern und auf die Trends im Kaufverhalten wie Convenience oder zunehmendes Preisbewusstsein reagieren (Rudolph/Becker 2005, S. 12 ff. u. S. 23). Zum anderen bietet sich zur Substituierung des Lebensmitteleinkaufs die Eigenproduktion von Lebensmitteln an, wie z. B. der Anbau von Gemüse oder Obst im eigenen Garten.

Gesamtbetrachtung des Lebensmittel-Detailhandels

Zusammenfassend lässt sich festhalten, dass die Branche «Lebensmittel-Detailhandel» für den Eintritt neuer Wettbewerber als relativ attraktiv einzuschätzen ist. Dies ist insbesondere auf das Fehlen des Hard-Discount-Konzeptes in der Schweiz sowie auf die zunehmende Preissensibilität der Schweizer Bevölkerung, die zunehmende Liberalisierung durch die Agrarreform und die bilateralen Verträge zurückzuführen. Als erschwerend erweisen sich allerdings die hohe Konzentration im Lebensmittel-Detailhandel sowie eine Vielzahl an staatlichen Bestimmungen und Regulierungen, die noch einige Jahre gelten werden. Die befragten Experten schätzen bis zum Jahre 2010 für die beiden Hard Discounter Aldi und Lidl einen Marktanteil von rund 3–5 %. Von diesem Durchschnittswert weichen einige Warengruppen teilweise stark ab. Bei Grundnahrungsmitteln könnte der Marktanteil fast doppelt so hoch liegen, während bei Frischeprodukten und dem Nonfood-Angebot eher 2–3 % Marktanteil als realistisch eingeschätzt werden.

Etablierte Händler liefern sich schon heute hitzige Preisgefechte, die der Konsument kaum nachvollziehen kann. Die zunehmende Preisverwirrung der Konsumenten könnte Kaufzurückhaltung auslösen und das Misstrauen gegenüber der Branche erhöhen. Betroffen sind alle etablierten Anbieter. Discounter wie Pick Pay und Denner sind besonders stark gefordert; aber auch die Kleinflächen von Volg, Migros und Coop stehen künftig unter einem grösseren Erfolgsdruck. Die so genannten «unterkritischen» Filialen nehmen auch bei den Grossverteilern anzahlmässig zu.

Den etablierten Lebensmittel-Detailhändlern stehen somit schwierige Zeiten bevor. Ihre Situation lässt sich auch als «Bermuda-Dreieck» bezeichnen: Sie stehen nicht nur einem enormen Flächenwachstum gegenüber, sondern sind zudem mit einem hohen Preisdruck und stagnierenden Konsumausgaben seitens der Verbraucher konfrontiert. Begegnen lässt sich dieser Situation jedoch mit eindeutigen Positionierungs- und Profilierungskonzepten. In diesem Zusammenhang könnten die Schweizer Detailhändler beispielsweise an die neuen Trends des Konsumentenverhaltens anknüpfen, indem sie ihr Sortiment um innovative Lebensmittelangebote wie gesunde Convenience- oder Frische-Produkte ergänzen. Um Preisreduktionen realisieren zu können, muss es dem Handel, der Industrie und der Landwirtschaft gelingen, die Effizienz entlang der gesamten Wertschöpfungskette zu erhöhen (Rudolph 2004a).

Vor diesem Hintergrund müssen sich in dieser Branche viele Unternehmen die Frage stellen, ob es weiterhin Sinn macht, ein Umsatz*wachstum* für die kommenden Jahre zu planen. Unter Berücksichtigung der aufgeführten Trends, die sich mit der Situation im «Bermuda-Dreieck» vergleichen lassen, könnte die Suche nach Umsatzwachstum für viele Anbieter verheerende Folgen haben. Verheerend, weil sich Umsatzzunahmen nur durch immer höhere Preisabschläge mit leider ruinöser Ertragswirkung erzielen lassen.

Experteninterviews

27. Januar 2005	Urs Riedener, Mitglied der Generaldirektion und Leiter Departement Marketing, Migros Genossenschafts-Bund, Zürich
15. März 2005	Marc Schäfer, Marketingleiter, Spar Handels AG, St. Gallen
15. März 2005	Felix Wehrle, Leiter Kommunikation, Coop, Basel

Quellenverzeichnis

ACNielsen (2003): The Power of Private Label.

ACNielsen (2004a): Schweizer Haushalte kaufen vermehrt im Ausland ein, Download vom 13.3.2005, http://www.acnielsen.ch/NewsBereich_Downloads/pr_auslandeinkäufe_0504.pdf.

ACNielsen (2004b): Statistische Unterlagen 2004/2005.

ACNielsen (2004c): Universien 2004.

Aldi (2005a): Das Aldi-Prinizip, Download vom 15.3.2005, http://www.aldi.be/ALDI_BD/home.htm.

Aldi (2005b): Homepage Aldi, www.aldi.de.

BAK (2002): Der Detailhandel in der Schweiz im internationalen Vergleich.

Bundesamt für Statistik (2005a): Einkommens- und Verbrauchserhebung, http://www.bfs.admin.ch/bfs/portal/de/index/themen/einkommen_und_lebensqualitaet/einkommen__verbrauch/blank/medienmitteilungen.html.

Bundesamt für Statistik (2005b): Erwerbslosenquote, Download vom 14.3.2005, http://www.bfs.admin.ch/bfs/portal/de/index/themen/arbeit_und_e/arbeitslosigkeit/blank/kennzahlen0/erwerbslose0/entwicklung.html.

Coop (2004): Geschäftsbericht 2003.

Coop (2005): Geschäftsbericht 2004.

Denner (2005a): Kurzportrait, Download vom 14.5.2005, http://www.denner.ch/media/KurzportraitDOK.pdf.

Denner (2005b): Über Denner – Geschichte, Download vom 14.3.2005, http://www.denner.ch/de/ueberdenner/ueberdenner_72.html.

Euromonitor (2003): Retailing in Switzerland.

Euromonitor (2004a): Company Profiles – Aldi Group.

Euromonitor (2004b): Company Profiles – Schwarz Group.

IHA-GfK (2004): Detailhandel Schweiz 2004, Hergiswil 2004.

KPMG (2003): Lebensmittelhandel Schweiz – Eine Marktanalyse von KPMG.

Lidl (2005): Lidl – Geschichte, Download vom 15.3.2005, http://www.lidl.com/de/home.nsf/pages/c.service.au.history.index.

M+M Planet Retail (2003): Top 30 Grocery Retailers Worldwide.

Migros (2005): Geschäftsbericht 2004.

Müller, Anette (2004a): Schweizer Händler liefern sich einen Preiskampf – Eidgenossen rüsten sich bereits gegen deutsche Discounter – Aldi stellte die ersten fünf Bauanträge – Kritik vom Markenartikelverband, in: *Lebensmittelzeitung* vom 22.7.2004.

Müller, Anette (2004b): Denner will Lidl in der Schweiz zuvorkommen – forcierte Expansion – 100 neue Märkte geplant – REWE arbeitet an Pick Pay – LZ Gespräch mit Philippe Gaydoul, in: *Lebensmittelzeitung* vom 30.4.2004.

Müller, Anette (2005): REWE analysiert Pick Pays Zukunft, in: *Lebensmittelzeitung* vom 17.2.2005.

o. V. (2004a): Viele Artikel sind doppelt so teuer – Die Schweiz bleibt bis auf weiteres eine Hochpreisinsel, in: *Lebensmittelzeitung* vom 17.9.2004.

o. V. (2004b): Aldi und Lidl: Bereits 41 Standorte in der Schweiz, in: SonntagsZeitung vom 5.12.2004.

o. V. (2004c): Lidl: Verrät Umsatz, in: *Lebensmittelzeitung* vom 6.12.2004.

o. V. (2005a): Coop Schweiz: Reduziert erneut Preise, in: *Lebensmittelzeitung* vom 11.2.2005.

o. V. (2005b): Migros: Vorsichtige Internationalisierung, in: *Lebensmittelzeitung* vom 7.4.2005.

o. V. (2005c): Top 30 – Die grössten Handelsunternehmen der Branche 2004, in: *Lebensmittelzeitung* vom 18.3.2005.

Pick Pay (2005): Steckbrief, Download vom 19.4.2005, http://www.pickpay.ch/de/deutsch.htm

Porter, Michael E. (1999): Wettbewerbsstrategie: Methoden zur Analyse von Branchen und Konkurrenten, Frankfurt: Campus Verlag 1999.

Rudolph, Thomas (2004a): Was wird aus dem Detailhandel, in: *St. Galler Tagblatt* vom 18.12.2004.

Rudolph, Thomas (2004b): Kleine Nischenanbieter für den Alltagseinkauf, in: *Der Bund* vom 15.12.2004.

Rudolph, Thomas; Becker, Kalle (2003): Food Consumption 2003 – Ess- und Verzehrverhalten in der Schweiz, Fachbericht für Marketing 2003/3, St. Gallen: *Thexis* 2003.

Rudolph, Thomas; Becker, Kalle (2005): Food Consumption 2005 – Ess- und Verzehrverhalten in der Schweiz, Fachbericht für Marketing 2005/3, St. Gallen: *Thexis* 2005.

Rudolph, Thomas; Krucker, Urs; Ness, Olivia (2005): Sparstrategien im Schweizer Lebensmitteldetailhandel, Gottlieb Duttweiler Lehrstuhl für internationales Handelsmanagement, Universität St. Gallen, St. Gallen: 2005.

Schnyder, Stefan (2004): Gibt es weitere Gründe, warum Aldi und Lidl gerade jetzt in die Schweiz expandieren wollen? – Interview mit Thomas Rudolph, in *Berner Zeitung BZ* vom 12.6.2004.

Seco (2005): Konsumentenstimmungsindex, Download vom 14.3.2005, http://www.seco.admin.ch/themen/zahlen/konsum/index.html.

Textileinzelhandel

Von Thomas Rudolph, Markus Schweizer und Markus Müller

Entwicklung des Textileinzelhandels

Ende 2004 ist die im WTO-Abkommen über Textilwaren und Bekleidung festgelegte Übergangsfrist abgelaufen. Damit geht eine fast 50-jährige Epoche des Protektionismus in der Textilbranche zu Ende. Der Fall tarifärer Handelshemmnisse wird zu einer Intensivierung des Preiskampfes in den USA, in Kanada und in der EU führen.

Doch der Schweizer Bekleidungshandel befindet sich bereits heute in einer Krise. Ihr fiel 2003 das Traditionswarenhaus ABM zum Opfer. Die Modekette Spengler hat den Versandhandel Anfang 2005 aufgegeben und wurde vom Konkurrenten Schild übernommen. Ferner hat die Globus-Gruppe beschlossen, das Oviesse-Engagement zu beenden und die Oviesse-Geschäfte zu verkaufen. Fünf Standorte werden geschlossen. Die übrigen Verkaufsstellen werden von C&A übernommen. Gemäss den Aussagen des Marktforschungsinstituts IHA-GfK ist damit der Konzentrationsprozess im Bekleidungseinzelhandel in der Schweiz noch nicht abgeschlossen. Im Gegenteil; das Institut rechnet auch im Jahr 2004 mit einem Umsatzrückgang in der Branche von insgesamt 3–4 % (Heer 2004, S. 27). Es ist deshalb abzusehen, dass der Konsolidierungsprozess im Bekleidungshandel weitere Opfer fordern wird. Die Ursachen für die schlechte Marktlage sind primär im harten Preiswettbewerb der Branche zu suchen. Es ist davon auszugehen, dass sich dieser durch den Markteintritt der deutschen Discountanbieter Aldi und Lidl in der Schweiz durch deren Non-Food-Sortiment weiter verschärfen wird.

Zusätzlich sorgt eine negative Konsumentenstimmung für ein schwieriges Wirtschaftsumfeld. *Abbildung 27* verdeutlicht, dass die Detailhandelsumsätze in der Schweiz insgesamt zwar zunehmen, die Umsätze im Bereich Bekleidung und Schuhe allerdings sinken. Dem Bundesamt für Statistik zufolge wenden Haushalte im Jahr 2002 monatlich durchschnittlich 51 CHF oder 16,83 % weniger für Kleider und Schuhe auf als noch vor zwölf Jahren (Bundesamt für Statistik 2003b). Die negative Konsumentenstimmung hat Bekleidungsanbieter dazu veranlasst, aggressive Rabattstrategien zu verfolgen. Es ist zu beobachten, dass die Ausverkaufszeiten länger und die Rabatte höher werden. Nachfrager sind so zu Schnäppchenjägern erzogen worden, was den Preiswettbewerb beschleunigt und Discounter begünstigt.

Verschärft wird die Wettbewerbssituation zusätzlich durch einen gewaltigen Angebotsüberhang. Armin Haymoz, Geschäftsführer des Schweizer Textildetaillisten-Verbandes, schätzt, dass mit dem Angebot des helvetischen Bekleidungshandels 10 Mio. Personen eingekleidet werden könnten (Heer 2004, S. 27). Die schwierige Marktlage hat in der Folge zu drei Trends im Schweizer Textilhandel geführt (Kliger 2000, S. 1): Konsolidierung, Internationalisierung und Globalisierung der Formate.

Abbildung 26: Detailhandelsumsätze im Textilhandel

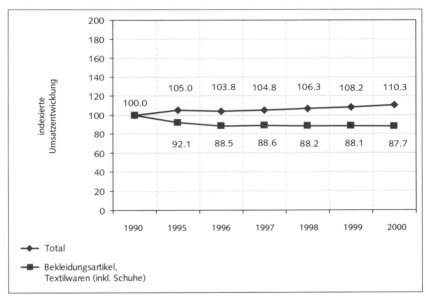

Quelle: Bundesamt für Statistik, 2003a

Konsolidierung

Ähnlich wie im übrigen Handel ist in der Bekleidungsbranche ein Konsolidierungsprozess zu beobachten. Ausgenommen von diesem Prozess sind einzig die internationalen, vertikal organisierten Bekleidungshäuser und branchenfremde Discounter. Sie konnten dank ihres klaren Profils in den letzten Jahren ihre Marktposition ausbauen. Die übrigen Vertriebsformate weisen zum Teil eine massive Reduktion der Verkaufsstellenanzahl auf. In der Zeit zwischen 1995 und 2002 hat Benetton insgesamt 30 Verkaufsstellen geschlossen. In der gleichen Zeit haben auch die Beyeler AG (-7 Verkaufsstellen), die Fogal AG (-10 Verkaufsstellen), Jelmoli (-4 Verkaufsstellen) und die Schild AG (-9 Verkaufsstellen) ihre Vertriebsnetze straffen müssen (IHA-GfK 2003, S. 183).

Internationalisierung

Bekleidungsspezialisten wie C&A, H&M und Benetton erzielen substanzielle Teile ihres Umsatzes ausserhalb ihres Stammlandes. Ihr Internationalisierungserfolg basiert stets auf einem ähnlichen, teilweise gar identischen Konzept. Sie verfolgen eine Niedrigpreisstrategie, kontrollieren die gesamte Wertschöpfungskette und konzentrieren sich auf klare Zielgruppen. Die internationalen Aktivitäten dieser Anbieter werden weiterhin zunehmen, was zur Intensivierung des Preiswettbewerbs in der Schweiz beitragen wird.

Globalisierung der Formate

Die Erfahrung zeigt, dass Innovationszyklen im Handel oft in den USA beginnen, anschliessend in Grossbritannien Fuss fassen und schliesslich auf Kontinentaleuropa ausstrahlen (Kliger 2000, S. 3). Der Vergleich Kontinentaleuropas mit Grossbritannien legt die Vermutung nahe, dass die Vertikalen weiter an Marktmacht zulegen werden. Mitte der 1990er Jahre erreichten die vertikal integrierten Bekleidungshändler in Grossbritannien bereits Umsatzanteile von knapp 40%, während sie in Deutschland und Italien nur 8% erreichen konnten. Tatsächlich ist in der Schweiz die zunehmende Marktmacht der Vertikalen klar zu erkennen. Während sie sich 1996 noch mit 14,4% Marktanteilen begnügen mussten, ist ihr Anteil in den letzten acht Jahren auf 19% angestiegen (IHA-GfK, 2003).

Rivalität unter den bestehenden Anbietern

Die Entwicklung in der Modebranche weist auf eine Polarisierung hin. Zwei Geschäftsmodelle scheinen sich in der Branche durchzusetzen: die Betonung des Preises als Verkaufsargument (Global Discounter) und die Konzentration auf trendige Mode für eng definierte Zielgruppen (Content Retailer). Diese Entwicklung, die in den USA und Grossbritannien schon länger erkennbar ist, erfasst nun auch die Schweiz. Die beobachtbaren Veränderungen in der Branche zeigen, dass die Konsumenten entweder schnell wechselnde Mode zu Tiefpreisen (H&M, Zara, Mango etc.), pflegeleichte, funktionelle Alltagsmode (z. B. ESPRIT, Benetton, Marc O'Polo) oder Luxusmode (Armani, Versace u. ä.) kaufen. Einen schweren Stand haben dagegen Bekleidungshäuser mit serviceorientierten Geschäftsmodellen (z. B. Fein-Kaller). Ihnen fällt es nicht leicht, mit Dienstleistungen Mehrwert zu schaffen und gleichzeitig im Preiswettbewerb zu bestehen. Zudem schränkt die geringe Erklärungsbedürftigkeit der Alltagsmode das Differenzierungspotenzial von Dienstleistungen ein. Erfolg verspricht diese Strategie nur im Hochpreissegment oder in Marktnischen wie z. B. der Festtagsmode.

Anbieter, die sich keinem der Idealtypen Global Discounter oder Content Retailer zuordnen lassen, stehen tendenziell auf der Verliererseite. Sie verzeichnen stagnierende oder gar rückläufige Umsatzzahlen. Das Problem dieser Anbieter besteht in ihrer Profillosigkeit aus Kundensicht. Es fehlt ihnen der Fokus auf eine spezifische Zielgruppe. Betroffen sind in erster Linie klassische Einzelhändler sowie die grossen Filialisten und Kaufhausketten, die ein breites Kundenspektrum ansprechen und für jeden Geschmack etwas anbieten wollen.

Die Charles Vögele Mode AG verteidigt trotz rückläufiger Umsätze ihre Leaderposition im schweizerischen Bekleidungshandel. Mit einem Umsatz von 612 Mio. CHF liegt sie an der Spitze. Allerdings gelingt es H&M, diese Position zu gefährden. 1995 trennten die beiden Anbieter noch 153 Mio. CHF Umsatz. Sieben Jahre später (2002) ist die Differenz auf 42 Mio. CHF geschrumpft. Ähnlich wie H&M konnten auch die Brunschwig & Cie. SA, C&A und ESPRIT ihre Marktposition ausbauen.

2003 hat auch Zara, ein Unternehmen der spanischen Inditex Group, in der Schweiz Fuss gefasst. Zuerst wurden zwei Läden in Genf eröffnet. Im letzten Jahr kamen zwei Filialen im Raum Zürich dazu. Der Wettbewerb wird in der Schweiz durch den Markteintritt von Zara weiter intensiviert. Ihre Läden sind durch ein attraktives Ladenlayout geprägt, das Kunden das Gefühl einer Edelboutique mit trendigen Qualitätsprodukten vermittelt. Tatsächlich ist an der Qualität der Produkte von Zara nichts auszusetzen. Allerdings sind Zaras Preise zigfach tiefer als in Luxusboutiquen.

Abbildung 27: Umsatzentwicklung führender Bekleidungsanbieter

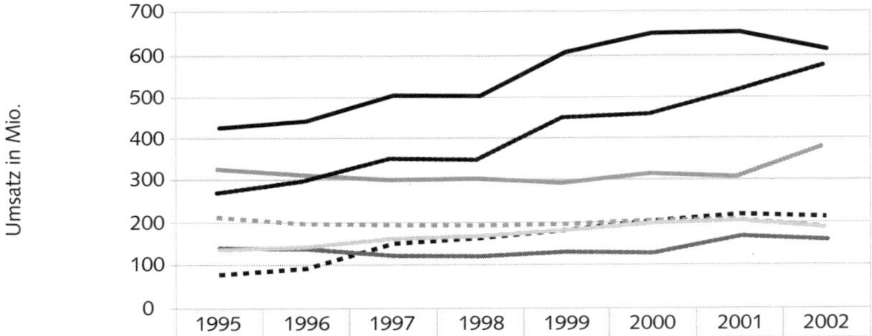

	1995	1996	1997	1998	1999	2000	2001	2002
Brunschwig & Cie. SA	147	138	160	168	178	199	199	190
C & A	325	310	300	300	295	315	305	380
Charles Vögele	427	441	502	502	605	648	654	612
H&M AG	274	299	349	349	448	459	515	570
PKZ Gruppe	81	93	154	167	185	208	220	215
Schild	140	143	125	124	132	132	169	164
Spengler	215	200	195	195	196	200	207	190

Quelle: IHA-GfK 2003

Die Auswirkungen des Markteintritts von Aldi und Lidl müssen differenziert betrachtet werden. Die befragten Experten erwarten tendenziell grössere Veränderungen im Foodsektor. Trotzdem geraten bestehende Anbieter durch das Non-Food-Sortiment der Discounter noch stärker unter Druck. Primär werden Modeanbieter im Niedrigpreissegment betroffen sein, die auf keine spezifische Zielgruppe fokussieren und denen ein klares Profil fehlt wie z. B. die Migros oder Coop. Sie riskieren, Marktanteile zu verlieren.

Andererseits bietet der Discount-Markteintritt auch Chancen. Da die Lebenshaltungskosten, insbesondere für Lebensmittel, sinken werden, steigt der Anteil des frei verfügbaren Einkommens. Von diesem Potenzial könnten Modeanbieter profitieren, die sich durch ihr Profil von den Discountern unterscheiden und sich gezielt auf die Bedürfnisse einzelner Zielgruppen fokussieren. Voraussetzung ist, dass sie sich im Konkurrenzkampf gegen andere Konsumgüter durchsetzen können.

Verhandlungsstärke der Abnehmer

Der Bekleidungsmarkt hat sich in der Schweiz in den vergangenen Jahren zu einem Käufermarkt entwickelt. Diese Entwicklung ist in erster Linie auf den gewaltigen Angebotsüberhang zurückzuführen. Zudem ist festzustellen, dass im Konsumentenverhalten der Schweizer ein fundamentaler Wandel im Gang ist, welcher die Discounter begünstigt. Konsumenten verteilen ihr Geld auf immer mehr Ausgabeposten. Mit dem Betrag, der vor Jahren noch für den Kauf einer Jacke eingeplant war, muss heute eine Jacke, die Handy-Rechnung und der Zugang zum Internet bezahlt werden. Konsumenten geben so insgesamt betrachtet nicht weniger Geld aus. Jedoch sind sie preissensibler geworden und geben für Textilien weniger aus. Sie versuchen, mit dem gleichen Geldbetrag mehr Konsumgüter zu erwerben.

Dass mehr Lebensqualität für das gleiche Geld möglich ist, wird durch preisaggressive Werbekampagnen wie z. B. «Geiz ist geil» kommuniziert. Konsumenten werden so zu professionellen Schnäppchenjägern erzogen. Entsprechend gross ist die Anziehungskraft der Discounter auf die Konsumenten. Es ist davon auszugehen, dass Konsumenten das Verhalten, das sie in Phasen des Verzichts gelernt haben, auch in wirtschaftlich besseren Zeiten nicht ablegen werden.

Der Bekleidungseinzelhandel ist in einen Teufelskreis geraten. Einerseits sieht er sich genötigt, sich mit aggressiven Preiskampagnen zu verteidigen. Gleichzeitig trägt er jedoch dazu bei, die Preissensibilität der Konsumenten weiter zu steigern. Verstärkt wird dieser Preiskampf durch den Markteintritt der deutschen Food-Discounter. Ihre niedrigen Preise und die aggressiven Preiskampagnen erhöhen die Preissensibilität der Konsumenten zusätzlich. Diese Preissensibilität wird sich auch auf Handelsbranchen im Non-Food-Bereich auswirken. Der Preis als Kaufargument bei Kleidern wird weiter an Bedeutung

Abbildung 28: Monatliche Ausgaben der Schweizer Haushalte für Bekleidung und Schuhe

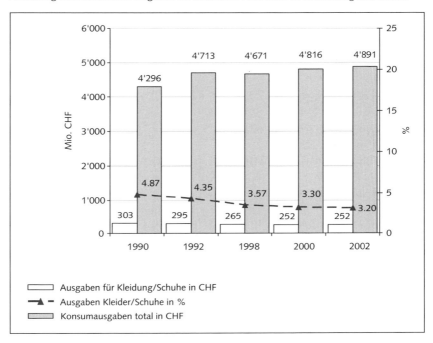

Quelle: Bundesamt für Statistik, 2003b

gewinnen, was Discountanbietern ein erhebliches Wachstumspotenzial verspricht.

Neben dem sinkenden Kleiderbudget erschwert zusätzlich das multioptionale Konsumentenverhalten den Verkauf von Kleidern. Gerne stellen sich die Konsumenten ein Outfit zusammen, das aus Bestandteilen unterschiedlicher Bezugsquellen besteht. Konsumenten sind in ihrem Einkaufsverhalten flexibler und in ihren Ansprüchen individueller geworden. Damit einher geht eine sinkende Marken- und Verkaufsstellenloyalität.

Ferner weisen Konsumenten Bedürfnisse auf, die sich gleichzeitig an verschiedenen Trends und Wertvorstellungen orientieren. Diese stehen häufig im Widerspruch zueinander. So erweist sich nahezu jedermann beim Kleiderkauf als discountorientierter Nachfrager sowohl in so genannten Basic-Warengruppen wie z. B. Socken, als auch als qualitäts- und modebewusster Kunde, wenn es z. B. um einen Anzug geht. Bestimmend für das situative Verhalten ist der Verwendungszweck der Kleidungsstücke sowie die jeweilige aktuelle Lebenssituation.

Bezüglich des Konsums von Bekleidung ist nach wie vor ein rollentypisches Einkaufsverhalten zu erkennen. Frauen sind beim Kleiderkauf motivierter als Männer. Während nur 31 % der Männer gerne Kleider kaufen, bereitet diese Tätigkeit 71 % der Frauen Spass (*Focus* 2004, S. 31 f.). Dabei ist festzustellen, dass jüngere Männer gegenüber Modetrends aufgeschlossener sind als ältere. Im Gegensatz zu Frauen sind sie jedoch kaum bereit, sich spontan Kleidungsstücke anzuschaffen. Männer legen vor allem Wert auf Qualität und Wertbeständigkeit. Bevorzugt wird sportliche, funktionelle Kleidung. Frauen kaufen dafür preisbewusster ein, leisten sich aber öfter modeorientierte Kleider (*Focus* 2004, S. 30 f.).

Das Bedürfnis nach Abwechslung ist ausgeprägter geworden; dies nicht zuletzt durch die kurzen Innovationszyklen bei den Vertikalen und den damit verbundenen raschen Änderungen in der Sortimentszusammensetzung. Entsprechend hat auch die Bereitschaft zu Impulskäufen zugenommen. 35 % der Konsumenten sind bereit, sich spontan Kleidungsstücke zu kaufen (*Focus* 2004, S. 32). Unterstützt wird diese Bereitschaft durch die häufigen Sonderaktionen der Anbieter in der jüngeren Vergangenheit. Die stark reduzierten Preise haben dazu beigetragen, bestehende Hemmschwellen für Impulskäufe zu senken.

Verhandlungsstärke der Lieferanten

Vertikale Textilanbieter sind primär im Bereich «Young Fashion» aktiv. Sie bieten eng definierten Zielgruppen modische Produkte zu attraktiven Preisen an. Durch die Vertikalisierung wird im Bekleidungseinzelhandel versucht, die vor- und nachgelagerten Stufen des Wertschöpfungsprozesses entweder durch vertragliche Regelungen oder durch Integration in Form von Kapitalbeteiligungen zu kontrollieren. Indem vertikale Anbieter die gesamte Supply Chain kontrollieren, fällt der Zwischenhandel in den einzelnen Stufen weg und unabhängige Zulieferer verlieren an Verhandlungsstärke. Ferner entfällt die Notwendigkeit, Textilprodukte in Zwischenlagern zu deponieren. Dies spart nicht nur Zeit, sondern trägt auch zu tieferen Einstandspreisen bei und reduziert den Abschreibungsbedarf erheblich. Entsprechend können die Vertikalen Druck auf das Preisniveau im Textileinzelhandel ausüben. Die Effizienz der Supply Chain wird zusätzlich durch einen verbesserten Datenfluss zwischen den einzelnen Wertschöpfungsstufen unterstützt.

Neben Kostenvorteilen bietet die Kontrolle der Wertschöpfungskette die Möglichkeit, auf kurzlebige Modetrends flexibler als die Konkurrenz zu reagieren. Während traditionelle Anbieter von der Kollektionsentwicklung bis zum Verkauf zwischen 60 und 90 Tagen benötigen, dauert dieser Prozess bei den Vertikalen zwischen zwölf und 15 Tagen. Ferner trägt die Kontrolle der Wertschöpfungskette zur Exklusivität des Sortiments bei. Einerseits bleiben relevante Informationen innerhalb des Unternehmens, andererseits tragen die kurzen Innovationszyklen dazu bei, dass Kollektionen für die Konkurrenz innerhalb nützlicher Frist kaum kopierbar sind.

Wie in anderen Ländern sind auch in der Schweiz die Vertikalen auf dem Vormarsch. 1997 konnten sie noch 14,4 % Marktanteil für sich beanspruchen. Dank des vorteilhaften Preisleistungsverhältnisses konnten die Vertikalen in den vergangenen sechs Jahren ihre Marktanteile um fast ein Drittel auf 19 % ausbauen (IHA-GfK 2003). Gleichzeitig haben sowohl Warenhäuser als auch Unabhängige und andere Filialisten an Marktmacht verloren.

Im Textilhandel lassen sich drei Grundtypen vertikaler Handelsunternehmen unterscheiden (Pietersen 2001, S. 14 ff.):

Zum ersten Typ zählen Unternehmen, die von der Kollektionsentwicklung über die Produktion bis hin zum Verkauf die gesamte Wertschöpfungskette kontrollieren. In dieser Kategorie finden sich hauptsächlich Anbieter preiswerter und modischer Eigenmarken wieder. Bekannte Vertreter sind H&M, Zara, Mango und ESPRIT. Dass diese Anbieter trotz tiefer Preise in der Lage sind, mit Top-Designern zusammenzuarbeiten und modische Akzente zu setzen, beweist H&M mit einer Kollektion, welche zusammen mit Karl Lagerfeld lanciert wurde. Kaum präsent sind in dieser Kategorie kleinflächige Geschäfte oder solche, die Kleidung der gehobenen Preisklasse anbieten. Gegenüber diesen Unternehmen haben Zulieferer eine schwache Position.

Abbildung 29: Marktanteile im Textilhandel nach Betriebsformaten in der Schweiz

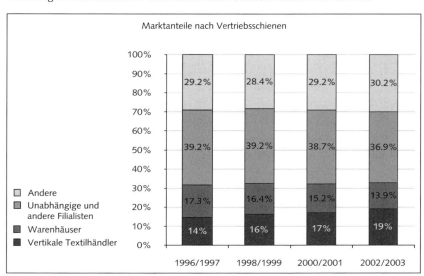

Quelle: IHA-GfK 2003

Die zweite Gruppe umfasst Handelsunternehmen, die nur teilweise vertikalisiert sind. Sie üben primär Einfluss auf Distribution und Markenführung aus. Partiell vertikalisierte Handelsunternehmen lassen sich nicht durch ein allgemeines Muster beschreiben. Diesem Typus gehören unter anderem Schild, Charles Vögele, Coop und die Migros an. Unternehmen dieses Typs gegenüber ist die Verhandlungsmacht von Zulieferern durchschnittlich bis gering ausgeprägt.

Unter dem dritten Typ werden Handelsunternehmen subsumiert, die gar nicht oder kaum vertikal ausgerichtet sind. Im Angebot dieser Unternehmen finden sich entsprechend wenige Eigenmarken. Dafür nehmen Herstellermarken eine dominante Stellung ein. Üblicherweise erzielen diese Geschäfte kleinere Umsätze und verfügen über nur wenige Filialen. Um ihre Wettbewerbssituation gegenüber den Herstellern zu verbessern, beziehen diese Unternehmen Waren häufig über Verbundgruppen. Trotzdem haben die Zulieferer eine, im Vergleich zu den anderen beiden Handelstypen, höhere Verhandlungsmacht.

Bedrohung durch neue Wettbewerber
Bedrohung durch Discountanbieter

Neben den Vertikalen drohen Discounter dem traditionellen Bekleidungseinzelhandel Marktanteile streitig zu machen. Sie schaffen es, die Marktlücke erfolgreich zu füllen, die von traditionellen Grossfilialisten durch das Trading up ihrer Modeabteilungen entstanden ist. Die Aufwertung der Modeabteilungen hat den Markt für Billiganbieter weiter geöffnet. Profitiert haben vor allem die grossen Lebensmitteldiscounter und Kaffeeröster mit ihren Non-Food-Sortimenten. Der Lebensmitteldiscounter Aldi erzielte 2003 geschätzte 1,4 Mrd. Euro Umsatz mit Textilien. Dabei konnte der deutsche Food-Discounter den Textilumsatz um rund 23 % gegenüber 2002 steigern (Kohler 2004, S. 16). Damit belegt Aldi Platz 6 in der Textilanbieter-Umsatzbestenliste Deutschlands. Ähnlich erfolgreich entwickeln sich Tchibo sowie die Schwarz-Gruppe mit ihren Lidl-, Handelshof-, Kaufland- und Concord-Filialen. Während Tchibo den Textilumsatz um knapp 27 % vergrössern konnte, legte die Schwarz-Gruppe insgesamt über 33 % zu (Kohler 2004, S. 16). Tchibo belegt somit mit einem Umsatz von 1,1 Mrd. Euro Platz 8 des deutschen Textilmarkts. Die Schwarz-Gruppe landet mit 1,0 Mrd. Euro Textilumsatz hinter Tchibo auf Platz 9 (Kohler 2004, S. 16).

Bis zum Jahr 2010 werden die beiden Hard Discounter Aldi und Lidl in der Schweiz einen Marktanteil zwischen 2,5 und 5,0 % erreichen, was insbesondere von der Anzahl eröffneter Verkaufsstellen abhängt. Je mehr Verkaufsstellen, desto höher der Umsatz. Der direkte Effekt, der von den beiden neuen Konkurrenten ausgeht, darf jedoch nicht überschätzt werden. Der generelle Wunsch des Konsumenten nach einem sehr guten Preis-Leistungs-Verhältnis ist schon seit Jahren stark ausgeprägt. Daher ist der indirekte «Preisinteresse-Effekt» weit höher zu gewichten. Dennoch werden die beiden neuen Anbieter für Marktveränderungen sorgen. Negativ betroffen sind in erster Linie die Anbieter im Basisbereich wie Migros und Coop. Aber auch discountähnliche Vertriebsformen wie z. B. Otto's könnten Marktanteile nach den Aussagen der Experten verlieren. Wer sich auf Preiskämpfe mit den Discountern einlässt, wird besonders stark Marktanteile verlieren. Die Verteidigung von Marktanteilen kann wahrscheinlich nur über Mehrwertkonzepte erfolgen, die den Preis gerade nicht in den Mittelpunkt stellen. Da viele etablierte Händler den Weg des leichten Trading up einschlagen werden, nimmt konsequenterweise der Wettbewerb um die mittleren Kaufkraftklassen zu. Vor diesem Hintergrund fordert der Hard-Discount-Eintritt alle Textilienhändler in der Schweiz dazu auf, ihre bestehende Marktposition auf den Prüfstand zu stellen. Parallel dazu sind die Unternehmensprozesse kostenmässig weiter zu optimieren.

Bedrohung durch den Online- und Versandhandel

Kleiderhändler sehen im Internet bislang nur ein beschränktes Marktpotenzial. Diese pessimistische Einschätzung wird durch erfolgloses Start up von Online-Anbietern im Kleiderhandel, wie z. B. dem Londoner Trendmodeanbieter Boom.com, bestätigt. Tatsächlich erscheint der Online-Vertrieb von Textilien für mittelständische Unternehmen aufgrund des grossen logistischen und finanziellen Aufwands schwierig. Der Aufbau eines professionellen virtuellen Shops ist äusserst kostenintensiv. Darüber hinaus muss, wie im klassischen Versandhandel, mit Rücksendequoten von über 50 % gerechnet werden.

Dennoch bietet das Internet den Konsumenten Vorteile. Die Datenautobahn führt zu einer bisher unbekannten Markttransparenz. Konsumenten können mit wenig Aufwand den jeweils billigsten Anbieter ausfindig machen. Die Preissensibilität der Konsumenten steigt, was sich positiv auf die Marktchancen von Discountanbietern auswirkt. Der eigentliche Kleiderkauf im Internet erscheint aus Konsumentensicht allerdings noch problembehaftet. Kunden empfinden es als störend, dass sie ausgewählte Kleidungsstücke nicht anprobieren oder das Material nicht anfassen können. Während dieser Wunsch bei anderen Konsumgütern wie z. B. Büchern oder Musikdatenträgern kaum eine Rolle spielt, stellt er beim Kauf von Kleidern ein zentrales Bedürfnis dar.

Die Bedeutung der aufgezeigten Probleme drückt sich in der geringen Internet-Affinität der Modekonsumenten aus. Eine Internetstudie der Universität St. Gallen verdeutlicht, dass sich die Bereitschaft zum Kauf von Kleidern über das Internet in den letzten drei Jahren kaum verändert hat (Rudolph/Schröder 2004, S. 69). 2001 betrug der Anteil derjenigen Konsumenten, die Kleider vorzugsweise über das Internet kauften, noch 3,5 %. Entsprechend hinkt der Online-Handel mit Kleidern nach wie vor hinter den Erwartungen her. 2004 geben nur 3,8 % der Konsumenten an, dass sie Kleider vorzugsweise über das Internet kaufen. Fast 90 % der Konsumenten ziehen hingegen stationäre Verkaufsstellen vor (Rudolph/Schröder 2004, S. 69).

Dennoch ist davon auszugehen, dass der Einkauf von Kleidern über das Internet zunehmen wird. Es wird angenommen, dass sich der Pro-Kopf-Umsatz im Online-Markt in der Zeit von 2004 bis 2005 vervierfachen wird, wobei 10 % des Umsatzes durch Modeprodukte generiert werden könnte (ECC-Handel 2003). Diese These wird durch die positive Unternehmensentwicklung einzelner Online-Anbieter untermauert. Yoox.com bietet erfolgreich in seinem Online-Modeshop 470 000 Artikel von 300 internationalen Designermarken mit bis zu 75 % Rabatt an. Die Unternehmenswebsite wird jährlich von 20 Mio. Besuchern aufgerufen. 2003 erzielte das Unternehmen einen Umsatz von 22 Mio. Euro. Für 2004 wird ein Jahresumsatz von 36 Mio. Euro prognostiziert (ECC-Handel 2003). Auch in der Schweiz haben sich innovative Online-Anbieter etablieren können. So bietet z. B. die Blacksocks SA seit einigen Jahren im Internet ein Sockenabonnement an. Auch offeriert die Swiss Management Group ihren Kunden die Möglichkeit, online Massanzüge im Abonnement zu erwerben. Es ist daher zu erwarten, dass sich innovative Geschäftsmodelle, welche die Vorteile des Internets gezielt ausnutzen, im Markt behaupten und dem stationären Handel Marktanteile streitig machen können. Dies scheint besonders wahrscheinlich zu sein, wenn die Online-Anbieter dem Konsumenten attraktive Preise bieten können. Aber auch die Kombination zwischen Online-Shops und stationären Geschäften ist vielversprechend (z. B. ESPRIT).

Bedrohung durch branchenfremde Anbieter
Sport ist ein Megatrend, der sich auch in der Mode niederschlägt. Dies hat der Sportfachhandel erkannt. Er drängt zunehmend in den Kleidermarkt und bietet Sport-Outfits für ausgewählte Zielgruppen an. Intersport schätzt, dass rund 40 % des Sporthandelumsatzes auf Textilien entfallen. Getrieben durch diesen Trend entstehen erfolgreiche Shopkonzepte, die Lifestyle-Kollektionen und Sportmarken vermischen. Dabei handelt es sich in der Regel um inhabergeführte Geschäfte, die High-end-Sportartikel und die dazu passende Mode anbieten.

Bedrohung durch Substitute

Die Annahme, der Bekleidungseinzelhandel könne nicht durch Substitutionsprodukte bedroht werden, stimmt nur teilweise. Zwar stimmt es, dass nur Kleider das Grundbedürfnis nach Kleidung decken können. Andererseits erfüllen Kleider Funktionen, die auch durch andere Produkte erbracht werden können. So bringen Personen durch ihren Kleidungsstil etwa ihre Persönlichkeit zum Ausdruck oder signalisieren die Zugehörigkeit zu bestimmten Gruppierungen. Diese Aufgabe kann beispielsweise durch Möbel, Accessoires oder Freizeitaktivitäten übernommen werden. Ist der Grundbedarf nach Kleidung gedeckt, stehen somit auch Kleider mit anderen Konsumgütern in Konkurrenz.

Gesamtbetrachtung des Textileinzelhandels

Der Textileinzelhandel steht bereits heute aufgrund einer im Vergleich zum übrigen Detailhandel unterdurchschnittlichen Umsatzentwicklung unter Druck. Die fortschreitende Liberalisierung des Textilmarktes wird diese Entwicklung weiter verstärken. Der starke Preiswettbewerb, der bereits in der Branche herrscht, wird sich durch die Textilsegmente der Discounter insbesondere in den Basissortimenten weiter intensivieren. Eine verstärkte Konsolidierung, Internationalisierung und Globalisierung der Formate ist zu beobachten. Den Konsumentenbedürfnissen entsprechen vor allem zwei Geschäftsmodelle. Das des Global Discounters, der das Verkaufsargument Preis betont, und das des Content Retailers, der sich auf eine sehr trendbewusste Zielgruppe fokussiert. Händler, die diese Geschäftsmodelle verfolgen, können Umsatzsteigerungen verzeichnen. Service spielt hingegen aus Sicht der Konsumenten eine untergeordnete Rolle. Anbieter, die unfokussiert eine breite Kundengruppe ansprechen wollen wie z. B. Kaufhäuser, aber auch wenig profilierte Einzelhändler, müssen Umsatzrückgänge in Kauf nehmen Die vertikale Integration der Wertschöpfungskette birgt bei dem in der Branche herrschenden Preiswettbewerb Vorteile. Kosten können so besser unter Kontrolle gehalten werden und die Verhandlungsmacht der Zulieferer ist dabei sehr gering. Auch wird so eine schnelle Reaktion auf Modetrends ermöglicht. Nicht vertikal integrierte Händler mit einem hohen Anteil an Basissortimenten können diesen Wettbewerbsvorteilen wenig entgegensetzen. Sie werden durch das Textilsortiment der Discounter in einem besondern Masse unter Druck geraten, da die Preissensibilität der Konsumenten zunehmen wird. Insgesamt bewirkt der Markteintritt der Discounter eine höhere Wettbewerbsintensität im Tiefpreissegment. Aufgrund des leichten Trading up vieler etablierter Händler in die mittleren Preislagen wird auch dort der Wettbewerb härter.

Experteninterviews

12. Januar 2005	Rolando Benedick, Generaldirektor, Manor AG, Basel
14. März 2005	Serge Brugger, Mitglied der Konzernleitung und Leiter Einkauf, Charles Vögele Holding AG, Pfäffikon
11. März 2005	Marcel Dietrich, Unternehmungsleiter Globus Warenhäuser, Spreitenbach

Quellenverzeichnis

Belk, Russel W. (1974): An Exploratory Assessment of Situational Effects in Buyer Behavior, in: Journal of Marketing Research, 11 (2), 156–163.

Bundesamt für Statistik (2003a): Industrie und Dienstleistungen, Bundesamt für Statistik (http://www.Bundesamt für Statistik.admin.ch/Bundesamt für Statistik/portal/de/index/themen/industrie_und_dienstleistungen.html), Zugriff: 6.2.2005.

Bundesamt für Statistik (2003b): Einkommens- und Verbrauchserhebung, Bundesamt für Statistik (http://www.Bundesamt für Statistik.admin.ch/Bundesamt für Statistik/portal/de/index/themen/einkommen_und_lebensqualitaet/einkommen__verbrauch/blank/medienmitteilungen.html), Zugriff: 06.2.2005.

ECC-Handel (2000): Besonderheiten des Textilhandels (http://www.ecc-handel.de/branchen/textil_handel/), Zugriff: 4.2.2005.

Focus (2004): Der Markt der Mode, Daten, Fakten, Trends, München, Medialine.

Heer, Gret (2004): Verdrängungskampf geht weiter, in: *Handelszeitung*, 26. Mai, Nr. 22, S. 27.

IHA-GfK (2003): Detailhandel Schweiz 2003, Hergiswil, Schweiz. Marketing-Forum.

Kliger, Michael (2000): Textileinzelhandel: Shopping braucht Lifestyle, Düsseldorf: McKinsey Company.

Koch, Brigitte (2004): Klassische Textilhändler verlieren – Mehr Kleidung aus dem Discount-Kaffeeregal, in: *Frankfurter Allgemeine Zeitung*, 2. September, Nr. 16, S. 12.

Pietersen, Frank (2001): Vertikalisierung im Handel, Auswirkungen auf die zukünftige Absatzwegestruktur, Köln: KPMG.

Rudolph, Thomas/Schröder, Thomas (2004): Internetnutzung Schweiz 2004, St. Gallen: Gottlieb Duttweiler Lehrstuhl für Internationales Handelsmanagement.

Sporteinzelhandel

Von Thomas Rudolph, Markus Schweizer und Markus Müller

Entwicklung des Sporteinzelhandels

Der Sportartikelmarkt in der Schweiz ist durch ein stetiges Wachstum geprägt. Zwischen 1996 und 2003 konnten die Mitglieder des Verbandes Schweizerischer Sportfachhandel (ASMAS) ihre Umsätze um 28,1 % steigern (AS-MAS 2004a). Dieses Wachstum liegt deutlich höher als der Durchschnitt des schweizerischen Detailhandels. ASMAS schätzt, dass 2003 der Gesamtumsatz der Branche in der Schweiz 2,0 Mrd. CHF betrug (ASMAS 2004b).

Abbildung 30: Detailhandelsumsätze im Sporthandel

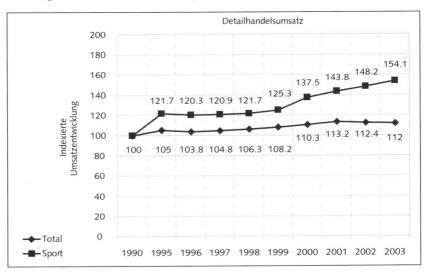

Quelle: Bundesamt für Statistik 2003a

In den einzelnen Warengruppen entwickeln sich die Umsätze jedoch unterschiedlich. Seit 1999 schwinden die Verkaufszahlen im Bereich Wintersportartikel, der rund 40 % des Jahresumsatzes ausmacht (ASMAS 2004b). Zwischen 1999 und 2003 ist der Wintersportumsatz um 90 Mio. CHF geschrumpft (AS-

MAS 2004a). Diese Einbusse konnte bisher durch das starke Wachstum im Sommer- und Ganzjahressport kompensiert werden. In der Zeit zwischen 1999 und 2003 ist der Umsatz in diesem Markt um 102 Mio. CHF gewachsen (ASMAS, 2004a). Getrieben wird dieses Wachstum insbesondere durch den Nordic-Walking-Boom und durch Fussball.

Die günstige Marktsituation wird durch die positive Einstellung der Konsumenten zum Sport gefördert. Das zunehmende Gesundheitsbewusstsein steigert die Nachfrage nach Sport- und Wellness-Produkten. 61,5 % der Schweizer geben an, sich mindestens einmal die Woche sportlich zu betätigen (ASMAS 2004c). Dieser Bevölkerungsteil soll durch das sportpolitische Konzept des Bundes sukzessive erhöht werden. Es ist deshalb zu erwarten, dass die Nachfrage in der Schweiz weiter zunehmen wird.

Allerdings profitieren nicht alle im gleichen Masse von den vorteilhaften Rahmenbedingungen. Fachhändler haben, wenn überhaupt, nur ein leichtes Wachstum verzeichnen können. Profitiert haben die grossen Sportfilialisten. Durch ihre massive Flächenexpansion haben sie den Grossteil des Marktwachstums absorbieren können.

Rivalität unter den bestehenden Anbietern

Die Anbieter des Schweizer Sportmarktes sind stark zersplittert. Im Gegensatz zu Frankreich, wo Décathlon eine starke Stellung einnimmt, existiert in der Schweiz kein marktdominierender Händler. Allerdings beherrschen die vier grössten Anbieter 65 % des Sportartikelmarktes (ASMAS 2004b). Der grösste Anbieter ist Intersport mit einem Marktanteil von 20 %. 45 % Marktanteil werden von der Migros inklusive Globus, Dosenbach-Ochsner und Maus Frères kontrolliert. Zwei Drittel dieses Marktanteils entfallen auf die Sportfilialisten Athleticum, SportXX und Ochsner-Sport (ASMAS 2004b). Die übrigen 35 % des Sportartikelmarktes gehen an kleine Einkaufsorganisationen, unabhängige Fachgeschäfte, branchenfremde Anbieter, Warenhäuser und Grossverteiler (ASMAS 2004b).

Abbildung 31 verdeutlicht, dass Einkaufsorganisationen und der freie Sporthandel von Sportfilialisten bedrängt werden. Beide weisen eine negative Umsatzentwicklung auf. Dafür befinden sich die Sportfilialisten in der Schweiz auf dem Vormarsch. Ihnen gelingt es, das Branchenwachstum weitgehend zu absorbieren. Ihre Konzepte entsprechen dem Konsumentenbedürfnis nach einem breiten Sortiment auf grosser Fläche und günstigen Preisen. Auf 800–1500 Quadratmetern bieten Sportfilialisten eine grosse Auswahl an Sportartikeln renommierter Hersteller zu günstigen Preisen an. Dieser Vormarsch der Filialisten wird in der Sportbranche mittelfristig zu einer Umstrukturierung führen.

SportXX ist die grösste Filialistin. Sie konnte im Jahr 2002 mit rund 200 Mio. CHF Umsatz (Keller 2003, S. 45) 10,5 % Marktanteil für sich bean-

Abbildung 31: Umsatzentwicklung im Sporthandel nach Betriebsformaten

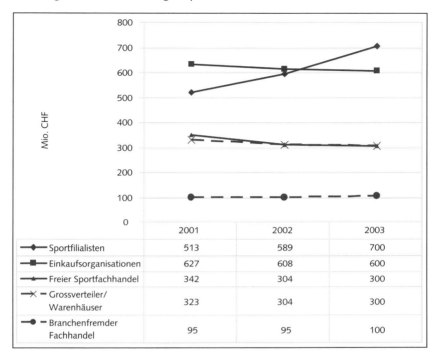

Quelle: ASMAS 2004b

spruchen. Die Migros plant, den Umsatz von SportXX und M-Sport bis zum Jahr 2007 auf 400 Mio. CHF zu verdoppeln (Keller 2003, S. 45). Entsprechend stark wird die Expansion vorangetrieben. 2003 verzeichnete SportXX und M-Sport ein absolutes Wachstum von 9 % (ASMAS 2003). Dies entspricht einem flächenbereinigten Wachstum von rund 6 % (ASMAS 2003). Im Juni 2003 zählte SportXX noch 25 Filialen. Bis 2007 soll das Filialnetz von SportXX auf 50 Standorte anwachsen (Keller 2003, S. 45).

Umsatzzahlen werden von der deutschen Deichmann-Gruppe für ihr Tochterunternehmen Ochsner-Sport nicht bekannt gegeben. Basierend auf den verfügbaren Daten kann jedoch der Umsatz von Ochsner-Sport für das Jahr 2002 auf 187 Mio. CHF geschätzt werden. In diesem Jahr konnte somit Ochsner-Sport einen Marktanteil von knapp 10 % für sich beanspruchen. Im Vergleich zu SportXX wies Ochsner-Sport ein stärkeres Wachstum auf. Flächenbereinigt wuchs Ochsner-Sport in der Zeit von 2002 bis 2003 um knapp 9 % (ASMAS 2003). Das absolute Wachstum lag jedoch mit 30 % noch deutlich höher (ASMAS 2003). Anfang 2005 betreibt Ochsner-Sport 53 Filialen in der Schweiz. Voraussichtlich wird das Vertriebsnetz aber in Zukunft noch weiter ausgebaut.

Die zu Manor gehörende Athleticum-Kette ist die kleinste Sportfilialistin. Sie brachte es 2002 auf einen Jahresumsatz von 126 Mio. CHF und beherrscht damit 6,5 % des Marktes (Keller 2003, S. 45). Athleticum kann auf ein überdurchschnittliches Wachstum zurückblicken. 2003 verzeichnete sie ähnliche Zuwachsraten wie Ochsner-Sport (absolut: 25 %, flächenbereinigt: ca. 9 %) (ASMAS 2003). Seit 2003 verfügt Athleticum über 15 Filialen. 2005 soll das Vertriebsnetz um zwei weitere Filialen erweitert werden.

Während die Sportfilialisten stetig wachsen, stagnieren die Umsätze der unabhängigen Fachgeschäfte und Einkaufsorganisationen. Einzig die Fair Play International Sports GmbH weist eine positive Entwicklung auf. Sie konnte ihr Filialnetz kontinuierlich ausdehnen. In der Periode 2001/02 hat die Anzahl Verkaufsstellen um 30 Filialen zugenommen (IHA-GfK 2003, S. 187). Nach einer turbulenten zweiten Jahreshälfte, die durch die Insolvenzerklärung der Muttergesellschaft Garant Schuh und Mode AG geprägt war, kann Fair Play dank guter Lieferantenbeziehungen wieder optimistisch in die Zukunft blicken.

Abbildung 32: Marktanteile im Sporthandel nach Betriebsformaten

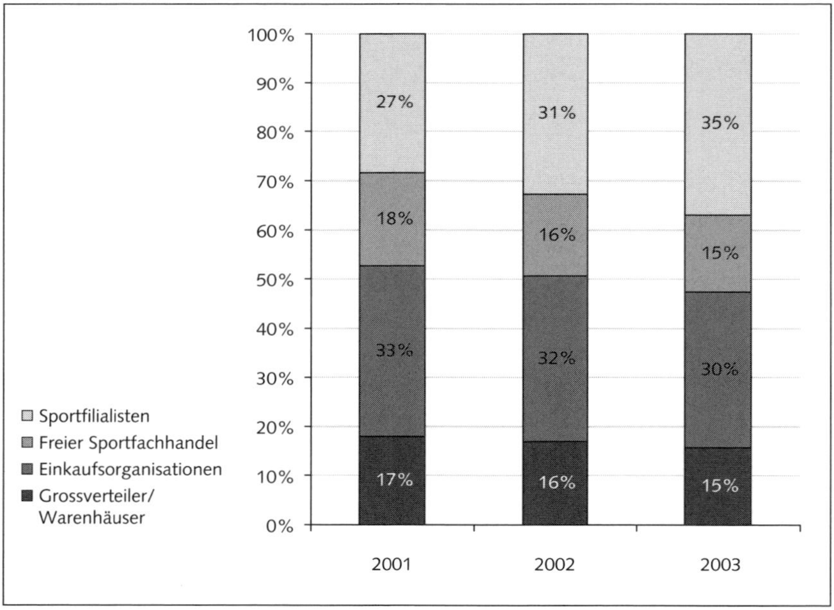

	2001	2002	2003
Sportfilialisten	27%	31%	35%
Freier Sportfachhandel	18%	16%	15%
Einkaufsorganisationen	33%	32%	30%
Grossverteiler/Warenhäuser	17%	16%	15%

Quelle: ASMAS 2004b

Die Intersport Schweiz AG verliert dagegen an Terrain. Nachdem die Anzahl der Intersportgeschäfte bis zum Jahr 2001 kontinuierlich auf 280 angestiegen ist, nahm sie innerhalb eines Jahres um 20 Filialen ab (IHA-GfK 2003, S. 187). Das Verkaufsstellennetz der Interessengemeinschaft Stationssportgeschäfte stagniert währenddessen bei 27 Verkaufsstellen (IHA-GfK 2003, S. 187).

Die Expansion der Sportfilialisten wird den Fachhandel vermehrt unter Druck setzen. Obwohl sie keine harte Discountstrategie wie z. B. in Frankreich Décathlon verfolgen, wird sich der Wettbewerbsdruck im Preiswettkampf manifestieren. Dieser blieb bislang nur aus, da es dank des Branchenwachstums nicht zu einem Verdrängungswettkampf gekommen ist. Die Expansion der Grossen konnte so weitestgehend durch das Marktwachstum kompensiert werden, so dass der Fachhandel wenig bedrängt wurde.

Dennoch bleibt die Bedrohung der Fachhändler durch die Sportfilialisten bestehen. Eine Reduktion des Branchenwachstums wird dazu führen, dass die Expansion der Filialisten auf Kosten der Fachgeschäfte vorangetrieben wird. Will sich der Fachhandel unter diesen Bedingungen im Wettbewerb behaupten, so ist er gezwungen, sich neu zu positionieren und sich durch ein klares Profil zu differenzieren. Ob eine Differenzierung allein über ein tiefes Produktsortiment und/oder Serviceleistungen ausreichen wird, ist fraglich. Einerseits ist eine Differenzierung über das Sortiment aufgrund der ubiquitären Verfügbarkeit renommierter Markenprodukte kaum erreichbar. Andererseits muss festgestellt werden, dass der Konkurrenzkampf zwischen den Sportfilialisten zu einer Verbesserung im Serviceangebot führt. Sie fokussieren nicht ausschliesslich auf den Preis als Verkaufsargument, sondern bieten auch Serviceleistungen wie Beratung oder Produkttests an. Zudem bereitet dem Fachhandel das Phänomen des so genannten Servicediebstahls zunehmend Probleme. Fachhändler kommen somit nicht darum herum, ihre Kostenstruktur zu optimieren, um ihre Waren zu kompetitiven Preisen anbieten zu können.

Vorteile besitzt der Fachhandel beim Kundenkontakt. Dieses persönliche Element bietet ihm die Chance, Kunden zu begeistern und zu binden. Dies kann erreicht werden, indem Zusatzleistungen angeboten werden, die den Sport erlebbar machen und die Beziehung zu Kunden festigen. So kann ein Fachgeschäft neben Laufsportprodukten z. B. Leistungstests, persönliche Trainingsberatung oder Sporternährungsseminare anbieten. Fachhändler dürfen sich somit nicht mehr nur als Verkäufer sehen, sondern müssen sich als Fitness-Coach verstehen. Zu einer Immunität gegen die offensiven Preisstrategien der Filialisten kann jedoch auch diese Strategie nicht führen. Sie trägt aber dazu bei, einen Mehrwert zu bieten, der einen (moderaten) Preisunterschied zwischen Fachgeschäft und Fachmarkt aus Kundensicht rechtfertigen kann.

Verhandlungsstärke der Abnehmer

Die Sportbranche erweist sich als relativ konjunkturunabhängig. Sie hat sich trotz einem wirtschaftlich schwierigen Umfeld gut behaupten können. Tatsächlich zeigt eine Studie der IHA-GfK, dass nur 1 % der Schweizer bereit wäre, für Sportartikel weniger Geld auszugeben, wenn sie monatlich 1000 CHF weniger verdienen würden. Eher würden Einsparungen beim Ausgang (41 %), bei Kleidern und Schuhen (36 %), beim Auto (20 %) oder bei Ferien (27 %) hingenommen werden.

Abbildung 33 bestätigt diese Erkenntnis. Sie zeigt, dass der massive Anstieg von Steuern und Sozialversicherungen in den letzten zwölf Jahren kaum einen negativen Einfluss auf die Ausgaben für Freizeit (inkl. Sport) hatte. Obwohl zwischen 1992 bis 1998 der Ausgabenanteil von Steuern und Sozialversicherungen der Haushalte von 25,1 % auf fast 30 % angestiegen ist, ist der Anteil der Ausgaben für Freizeit und Kultur von 5,9 % auf 7,2 % gestiegen.

Abbildung 33: Monatliche Ausgaben der Schweizer Haushalte für Freizeitaktivitäten und Kultur

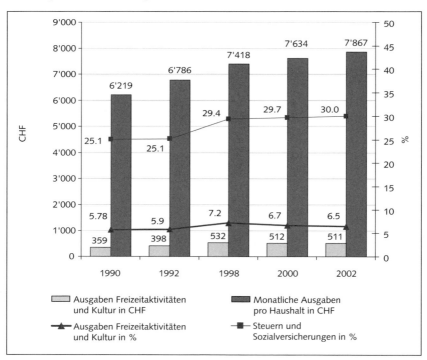

Quelle: BfS 2003b

Dennoch sind die Konsumenten preisbewusster geworden. Experten kündigen im Zuge des Markteintritts von Aldi und Lidl in der Schweiz das Billigzeitalter an. Der Preis wird zum dominanten Kaufargument. Der Sporthandel sieht sich mit der Frage konfrontiert, ob er der Preisdiskussion gleich stark ausgesetzt sein wird wie der übrige Detailhandel oder ob die emotionalen, freizeitorientierten Aspekte ihn zumindest zum Teil gegen den Preiswettkampf immunisieren. Bereits heute lehnt der Konsument im Fachhandel den Bruttopreis mehrheitlich ab und versucht diesen herunterzuhandeln. Eine 10 %-ige Preisreduktion ist in der Branche mittlerweile üblich. Der Konsument kauft intelligent ein. Früher war die Kundin stolz, eine Louis-Vuitton-Tasche für 1500 CHF zu tragen. Sie genoss das Gefühl stillschweigend. Heute gilt das Geiz-ist-geil-Gesetz: Die Kundin kommuniziert ihrem Umfeld proaktiv, dass sie die Tasche für unglaubliche 800 CHF erstanden hat.

Nach Ansicht des Trendforschers Mathias Horx stehen dem Detailhandel in Zukunft nicht Konsumenten, sondern so genannte Pro- und No-Sumenten gegenüber (ASMAS 2004b). Der Pro-Sument erweist sich als Fan oder Connaisseur einzelner Produktkategorien. Er ist kompetent und tritt den Anbietern selbstbewusst gegenüber. Von ihnen erwartet er individuelle, qualitativ hochwertige Produkte und Serviceleistungen. Dafür ist der Pro-Sument auch bereit, einen entsprechenden Preis zu zahlen. Diese Eigenschaften finden sich in der Sportbranche vor allem bei Leistungs- und Ausdauersportlern sowie aktiven Sportlern über 55 Jahren. Sie erweisen sich als besonders attraktives Zielsegment, da sie weniger preissensibel sind (IHA-GfK 2005a).

Im Vergleich zum Ausland haben Schweizer tatsächlich eine Vorliebe für Spitzenqualität, Service und kompetente Beratung. Dafür sind sie auch bereit zu zahlen. Dies wird dadurch bestätigt, dass in der Schweiz acht von zehn Skis im Fachgeschäft gekauft werden (IHA-GfK 2005b). Zudem sind die Endverbraucher in der Schweiz markentreu. Bei prestigeträchtigen Produkten wie Autos, Unterhaltungselektronik oder Sportartikeln wird stark auf Marken geachtet. Zum einen bietet die Marke soziale Anerkennung und zum anderen besitzt sie einen Identifikationscharakter. Der Konsument bekennt sich mit der Marke zu einem Lifestyle; in jungen Jahren kann dies auch zur Persönlichkeitsfindung beitragen. Bei weniger prestigeträchtigen Produkten und bei Konsumenten tieferer Einkommensklassen wird jedoch oft der Kauf von (billigeren) Eigenmarken bevorzugt. Trendforscher Mathias Horx schätzt, dass Konsumenten nur bei 20–30 % der Sportartikel die Haltung eines Pro-Sumenten einnehmen (IHA-GfK 2005b).

In jedem Konsumenten steckt neben dem Pro-Sument auch ein Teil No-Sument. Sein Anteil an der Persönlichkeit beträgt 70–80 % und bezieht sich auf Bereiche, denen der Konsument kaum Interesse entgegenbringt (IHA-GfK 2005b).

Der No-Sument stellt den Gegenpol zum Pro-Sumenten dar. Er erweist sich als Skeptiker, der nicht für Angebote des Detailhandels zu begeistern ist. Er widersetzt sich diesen konsequent und versucht sein Geld zusammenzuhalten. Werbung prallt wirkungslos ab. Eigene Bedürfnisse werden kritisch betrachtet und auf ihre Notwendigkeit hin überprüft. Falls sie sich als unumgänglich herausstellen, werden sie möglichst effizient erfüllt. Entsprechend werden Preise verglichen und konsequent die billigste Option gewählt.

Für No-Sumenten sind Discountanbieter besonders attraktiv, da sie die effizienteste Bedürfnisbefriedigung versprechen. Bereiche, denen die Konsumenten wenig Interesse entgegenbringen, bieten somit Billiganbietern das grösste Potenzial. Der Sporthandel erscheint jedoch für Hard Discounter weniger attraktiv, da für Konsumenten neben dem Produkt Serviceleistungen und das Einkaufserlebnis eine zentrale Rolle spielen. Mehr Erfolg als reine Discount-Formate versprechen Geschäftsmodelle, die vorteilhafte Preise, Serviceleistungen und Einkaufserlebnis kombinieren. Es ist deshalb zu erwarten, dass die drei etablierten Sportfilialisten ihre Marktanteile in der Schweiz weiter ausdehnen können. Die Bedürfnisstruktur der Konsumenten bietet jedoch auch dem Fachhandel weitere Entwicklungsmöglichkeiten. Voraussetzung ist, dass es dem Fachhandel gelingt, sich zu spezialisieren und gezielt attraktive Zielgruppen anzusprechen.

Verhandlungsstärke der Lieferanten

Die Machtbeziehung zwischen Sportartikelhersteller und Detailhandel fällt unterschiedlich aus. Generell kann festgestellt werden, dass zwischen der Sportindustrie und dem Handel eine wechselseitige Abhängigkeit besteht. Lieferanten können gegenüber dem Detailhandel Macht demonstrieren, da die angebotenen Marken das Shopimage und die Attraktivität der Verkaufsstelle massgeblich beeinflussen können. Der Handel ist auf Topbrands wie Nike, Adidas oder Asics angewiesen. Dieser Zwang wird durch Hersteller initiiert, indem sie durch Werbekampagnen beim Konsumenten einen Pulleffekt im Markt schaffen. Die Machtkonzentration auf Lieferantenseite drückt sich beispielsweise in reduzierten Serviceleistungen, Mindestabnahmemengen oder in Vororderbestimmungen aus. Andererseits ist die Sportindustrie auf den Detailhandel als Absatzmittler angewiesen, um ein grosses Zielpublikum effizient bedienen zu können. Die oligopolistische Detailhandelsstruktur im Schweizer Sporthandel trägt zur Machtkonzentration auf Seiten des Detailhandels bei. Die vier grössten Anbieter (Intersport, Ochsner-Sport, SportXX und Athleticum) kontrollierten im Jahr 2003 65 % des Sportartikelmarktes (ASMAS 2004a). Aufgrund der Grösse dieser Anbieter ist für die Sportindustrie die Präsenz ihrer Produkte im Angebot dieser Anbieter erfolgsentscheidend. Entsprechend stark ist die Verhandlungsposition des Detailhandels.

Bedrohung durch neue Wettbewerber
Bedrohung durch Discountanbieter im Sporthandel

Deutsche Lebensmitteldiscounter weiten ihr Non-Food-Sortiment stetig aus. Neben Textilien finden sich auch Sportartikel im Sonderangebot. Der Kaffeeröster Tchibo bietet in seinem Sortiment vor allem Radsportprodukte, Fitnessgeräte, Sportmode, Fantrikots und Tennis-Rackets billig an.

Die Lebensmitteldiscounter Aldi, Lidl, Penny und Plus reagieren mit billigen, kurzfristig verfügbaren Sonderposten auf die Sportbedürfnisse ihrer Kunden. Im Angebot finden sich vor allem Soccer-Lifestyle-Produkte, funktionelle Sportbekleidung für Laufsportler, Radfahrer, Tennisspieler und Outdoorsportler. Aldi hat kürzlich 30 000 Walkingstöcke verschleudert. Diese In-and-Out-Promotion hat dazu geführt, dass der Jahresbedarf an entsprechenden Stöcken innerhalb kürzester Zeit gedeckt wurde. Der Markt ist vorläufig ausgetrocknet. Sport ist sexy und generiert eine erhöhte Frequenz. Diese Tatsache machen sich die Discounter zu Nutze – zum Leid der Vollsortimenter. Wobei anzumerken ist, dass die Sonderaktionen der Discounter nur punktuellen Schaden anrichten. Dennoch dürften die zu erwartenden sieben bis acht jährlichen In-and-Out-Promotionen dazu führen, dass die Preissensibilität der Schweizer Konsumenten weiter ansteigt.

Fachmärkte und Grossverteiler wie Jumbo oder Otto's bedrängen vor allem den Schweizer Fahrradhandel mit Billigangeboten. Aufgrund der hohen Beratungsintensität sind weniger Sporträder als Alltagsräder und Kinderbikes betroffen. Bei Sporträdern erzielen diese Billiganbieter Marktanteile von rund 20 %, während sie bei Kinderrädern bereits über 50 % Marktanteil für sich beanspruchen können (o. V. 2004a). In Deutschland werden insgesamt 43 % der Fahrräder bei Lebensmitteldiscountern und Fachmärkten gekauft (o. V. 2004b, S. 7).

Generell ist die Zukunft branchenfremder Discounter im Schweizer Sportmarkt schwierig zu prognostizieren. Die Preisdiskussionen der jüngsten Vergangenheit haben sicherlich die Preissensibilität der Konsumenten erhöht. Nichtsdestotrotz dürfen insbesondere bei teureren Sportgeräten deren Prestigefunktion sowie das Bedürfnis nach Beratung und Service der Schweizer Konsumenten nicht ausser Acht gelassen werden. Vor diesem Hintergrund scheint das Potenzial von Discountern auf wenig prestigeträchtige Produkte limitiert, die wenig Erklärungsbedarf aufweisen und keine Servicearbeiten benötigen. Das heisst, die etablierten Schweizer Händler müssen akzeptieren, dass die unterste Preisschiene nicht zu ihrer Kernkompetenz gehört. Demgegenüber sind sie beim Aufspüren von neuen Trends und bei den Dienstleistungen im Vorteil. Aldi und Lidl sind bis jetzt immer nur auf bestehende Trends aufgestiegen: Inline-Skates, Nordic Walking etc. Neuartige Produkte sind meistens erklärungsbedürftig und bedingen deshalb eine erhöhte Beratung. Wenn dieser Erstverkauf mit Dienstleistungen gekoppelt werden kann (Einstellung der Geräte, Garantie, Kurse etc.), ist auch eine längerfristige Bindung möglich. Es ist jedoch ratsam, neue Trends zu suchen, sobald der Zenit des aktuellen Trends überschritten wird. Denn sobald die Discounter die entsprechenden Produkte anbieten, wird der Markt ausgetrocknet.

Neben branchenfremden Discountern wird der Schweizer Sporthandel durch vertikal organisierte Sportfilialisten bedroht. Bislang ist zwar noch kein solcher Anbieter in der Schweiz aktiv, dennoch muss sich der helvetische Sporthandel mit diesem Szenario auseinander setzen. Als potenzieller Neuanbieter kommt vor allem das französische Unternehmen Décathlon in Frage. Décathlon weist seit seiner Gründung 1976 ein starkes Wachstum auf. Allein im Jahr 2003 konnte das Unternehmen seinen Umsatz gegenüber dem Vorjahr um 10,5 % auf 3,1 Mrd. Euro steigern (Décathlon, 2005). Zur Zeit betreibt Décathlon 313 Fachmärkte in über 14 Ländern.

Décathlon gehört, wie H&M im Textilbereich, zu den vertikal organisierten Anbietern. Das Unternehmen unterhält in 16 Ländern eigene Produktionswerkstätten, welche Eigenmarken produzieren, die 50 % des Sortiments umfassen. Dank der Eigenmarken gelingt es Décathlon, seinen Kunden ein exzellentes Preis-Leistungs-Verhältnis zu bieten. Daneben besticht das Konzept von Décathlon durch die verkehrstechnisch günstige Lage der Verkaufsstellen und durch das breite und tiefe Sortiment. Décathlon rühmt sich, Sportartikel für 65 Sportarten anbieten zu können.

Ob Décathlon den Markteintritt in die Schweiz plant, lässt sich nicht abschätzen. Sicherlich erscheint die Schweiz für einen expansiven, international ausgerichteten Sportspezialisten attraktiv. Dies umso mehr, da in der Schweiz ein vergleichbarer Billiganbieter im Sporthandel fehlt. Andererseits erschweren die Standortakquisition, die sprachliche Vielfalt und die fehlende Mitgliedschaft in der EU den Markteintritt massiv.

Bedrohung durch den Online- und Versandhandel

In szenegebundenen Sportarten ist das Potenzial des E-Commerce als gering einzuschätzen. Kunden ziehen die Spezialsportgeschäfte vor, da ihnen beim Online-Kauf weitgehend das Einkaufserlebnis und die Beratung fehlen. Die Internetstudie der Universität St. Gallen bestätigt, dass in der Schweiz kaum Sportartikel im Internet gekauft werden. Nur 1,1 % der Probanden geben an, dass sie Sportartikel gerne online kaufen (Rudolph/Schröder 2004, S. 69). Auch als Informationsmedium wird das Internet wenig genutzt. Nur 6,5 % der Konsumenten informieren sich beim Kauf von Sportartikeln im Internet (ASMAS 2004b). Es wird demzufolge auch als Preisvergleichsinstrument nur in geringem Masse eingesetzt.

Dennoch darf der Online-Handel nicht unterschätzt werden. Deutsche Versandhändler (z. B. der Rosé Versand oder www.bikediscount.de) bieten Schweizer Konsumenten die Möglichkeit, sich Sportartikel zu tieferen Preisen zu beschaffen. Vor allem bei teureren Sportartikeln wie beispielsweise Fahrradzubehör oder Herzfrequenzmessern besteht wegen der massiven Preisdifferenzen die Gefahr von Parallelimporten. 2003 registrierte die Zollverwaltung importierte Sportgeräte im Wert von rund 170 Mio. CHF (ASMAS 2004c).

Multi-Channel-Strategien versprechen eher Erfolg als der reine E-Commerce. Sie profitieren von tieferen Kosten, welche die simultane Nutzung verschiedener Vertriebskanäle ermöglicht. Ein solches Konzept verfolgt beispielsweise Karstadt-Quelle. Organisatorisch ist der gesamte Versandhandel (Online und Versandkatalog) unter dem Dach von karstadtsport.com zusammengefasst, um Synergien zu nutzen.

Bedrohung durch eine Vorwärtsintegration der Sportindustrie

Primär wird der Fachhandel durch Factory Outlets bedroht, wie sie beispielsweise Adidas in Cham betreibt. Die Factory Outlets dienen der Liquidation von Restposten. Aufgrund der geringeren Preise sind sie für Konsumenten besonders attraktiv.

Einige Hersteller verfolgen aber auch das Ziel, sich mit Concept Stores ein eigenes Vertriebsnetz mit regulären Produkten aufzubauen. Neben höheren Margen – der Zwischenhandel fällt weg – bieten Concept Stores primär die Möglichkeit der Markenpflege. Adidas beispielsweise unterhielt Ende 2003 weltweit bereits 173 Concept Stores. Mit den 174 Factory Outlets betrieb Adidas 2003 somit insgesamt 347 Verkaufsstellen.

Die Bedrohung des Detailhandels durch herstellereigene Vertriebskanäle ist jedoch als gering einzuschätzen. Einerseits limitiert der hohe Investitionsbedarf für einen eigenen Vertriebskanal und die damit verbundene logistischen Anforderungen die Möglichkeiten der Sportindustrie. Andererseits setzt die Verhandlungsmacht des Detailhandels dieser Strategie Grenzen. Dies haben auch die Hersteller erkannt. Entsprechend werden die eigenen Verkaufsstellen primär als Sprachrohr und Marktsensor eingesetzt.

Bedrohung durch Substitute

Die Sportbranche wird von zwei Seiten durch Substitutionsprodukte bedroht. Einerseits besteht die Gefahr, dass Konsumenten ihre Freizeit nicht mehr dem Sport, sondern alternativen Freizeitbeschäftigungen wie beispielsweise dem Garten, der Literatur oder anderen musischen Genüssen widmen. Unter diesem Gesichtspunkt stellen sämtliche Freizeitangebote und -produkte potenzielle Substitutionsprodukte dar, welche zu einer Verringerung der Ausgaben für Sportartikel führen können.

Auf der anderen Seite stehen einzelne Sportarten untereinander im Konkurrenzkampf. Neue Trendsportarten erkämpfen sich ihre Anhängerschaft (zumindest teilweise) auf Kosten existierender Disziplinen. Dies führt zu einem Schrumpfen einzelner Teilmärkte. Probleme bereitet dies primär spezialisierten Fachgeschäften, da sie sich häufig auf wenige (Trend-)Sportarten konzentrieren. Sie können den Umsatzrückgang in einem Sortimentsbereich nicht durch Wachstum in anderen Sortimentsbereichen kompensieren.

Gesamtbetrachtung des Sporteinzelhandels

Insgesamt entwickelt sich der Sporteinzelhandel in der Schweiz zwar deutlich positiver als der Detailhandel insgesamt, hiervon profitieren jedoch nicht alle Warengruppen und auch nicht alle Akteure. Sportfilialisten kommt die Entwicklung der Sportbranche in einem besonderen Masse zugute, was jedoch vor allem zu Lasten der zu Einkaufsorganisationen zusammengeschlossenen Händler und dem freien Sporthandel geht. Eine grosse Auswahl an Produkten zu einem günstigen Preis ist das, was Konsumenten am Sportfilialisten anspricht. Insbesondere mit den geringen Preisen von Sportfilialisten kann der Fachhandel langfristig nicht mithalten. Bislang ist ein Preiskampf nur aufgrund des Branchenwachstums ausgeblieben. Sollte sich dieses jedoch vermindern, wird es insbesondere für den Fachhandel eng, da dessen Verhandlungsmacht gegenüber Zulieferern geringer ist als die der Filialisten. Im Gegensatz zum so genannten Pro-Sumenten ist der No-Sument sehr empfänglich für das Verkaufsargument Preis. Die Bedrohung durch die sportbezogenen Non-Food-Segmente der Discounter betrifft im besonderen Masse wenig beratungsintensive Alltagsprodukte wie reguläre Fahrräder. Ein Markteintritt vertikal integrierter ausländischer Sportfilialisten mit starker Preisorientierung ist ebenfalls möglich und könnte einen Preiskampf auch bei prestigeträchtigen Produkten auslösen.

Der Fachhandel steht somit vor der Herausforderung, sich in Anbetracht der zunehmenden Preissensibilität der Kunden und der risikoreichen starken Spezialisierung auf wenige Trendsportarten erfolgversprechend gegenüber den Filialisten und möglichen neu in den Markt eintretenden preisbetonenden Händlern zu profilieren. Dabei spielen das Aufspüren von neuen Trends, Dienstleistungen und das Erlebnis eine zentrale Rolle. Es werden nicht nur Walkingstöcke verkauft, sondern eine Walkingphilosophie: von Schnupperkursen bis zum regelmässigen Testlaufen neuer Produkte.

Experteninterviews:

17. Februar 2005   Claude Benoit, Verband Schweizer Sportfachhandel (ASMAS), Bern
15. Februar 2005   Stephan Ruggle, CEO Intersport Schweiz AG, Ostermundigen

Quellenverzeichnis

ASMAS (2004b): Raus aus der tödlichen Mitte, in: Schweizer Sport und Mode, Ausgabe 4, AS-MAS.

ASMAS (2003): Sporthandel ist nicht zu stoppen, in: Schweizer Sport und Mode, Ausgabe 4, ASMAS.

Bundesamt für Statistik (2003a): Industrie und Dienstleistungen, Bundesamt für Statistik (http://www.Bundesamt für Statistik.admin.ch/Bundesamt für Statistik/portal/de/index/themen/industrieunddienstleistungen.html), Zugriff: 6.2.2005.

Bundesamt für Statistik (2003b): Einkommens- und Verbrauchserhebung, Bundesamt für Statistik (http://www.Bundesamt für Statistik.admin.ch/Bundesamt für Statistik/portal/de/index/themen/einkommenundlebensqualitaet/einkommenverbrauch/blank/medienmitteilungen.html), Zugriff: 6.2.2005.

Décathlon (2005): www.corporate.decathlon.com/decathlon_aujourdhui/zoom.asp, 2005.

IHA-GfK (2003): Detailhandel Schweiz 2003, Hergiswil: Schweiz. Marketing-Forum.

Keller, P. (2003): Wirbel um Manor-Sportkette, in: *Neue Zürcher Zeitung*, 1. Juni, Nr. 22, Seite 45.

o. V. (2005a): Schweizer Sportler schätzen Qualität, Hergiswil: IHA-GfK, o. S.

o. V. (2005b): Innovationen beleben den Schneesport, Hergiswil: IHA-GfK, o. S.

o. V. (2004a): Statistik über den Velomarkt Schweiz 2003, Bern: Schweizer Fachstelle für Zweirad.

o. V. (2004b): Branchenbild, Hamburg: Gruner + Jahr AG & CO KG.

Rudolph, Thomas/Schröder, Thomas (2004): Internetnutzung Schweiz 2004, St. Gallen: Gottlieb Duttweiler Lehrstuhl für Internationales Handelsmanagement.

Verband Schweizer Sportfachhandel (2004b): Strukturdaten (http://www.sportbiz.ch/de/dyn_output.html?content.vname=home_de&SID=8a6a9ccff2ce3f0c4c6556c175c1bd14), Zugriff: 2.3.2005.

Verband Schweizer Sportfachhandel (2004a): Verkaufszahlen (http://www.sportbiz.ch/de/dyn_output.html?content.vname=home_de&SID=8a6a9ccff2ce3f0c4c6556c175c1bd14), Zugriff: 2.3.2005.

Verband Schweizer Sportfachhandel (2004c): Sportausübung 2001–2003 (http://www.sportbiz.ch/de/dyn_output.html?content.vname=home_de&SID=8a6a9ccff2ce3f0c4c6556c175c1bd14), Zugriff: 2.3.2005.

Unterhaltungselektronikhandel

Von Thomas Rudolph, Markus Schweizer und Marco Ladenthin

Entwicklung des Unterhaltungselektronikhandels

Das folgende Kapitel betrachtet die Situation des Unterhaltungselektronikhandels in der Schweiz. Diese Branche umfasst den Detailhandel im Bereich der Warenuntergruppen TV-Geräte, Radio- und Kassettenrecorder, CD- sowie MP3-Player, Videorecorder und -player, Camcorder, Autoradios, DVD- und HIFI-Systeme sowie entsprechende Speichermedien (IHA-GfK 2005a).

Das Marktvolumen für Artikel der Unterhaltungselektronik betrug für die Schweiz im Jahr 2004 1,654 Mrd. CHF (IHA-GfK 2005b). Damit hat sich die Branche von ihrem schwachen Ergebnis im Vorjahr erholt, als die kumulierten Umsätze, entgegen dem langjährigen Trend, deutlich eingebrochen waren (vgl. *Abbildung 34*). Für das laufende Jahr rechnet die IHA-GfK (2005b) mit einem Marktvolumen, das in etwa auf Vorjahresniveau liegt.

Der Anteil der Unterhaltungselektronik am gesamten Detailhandel ist damit vergleichsweise gering. Insgesamt wurden im Schweizer Detailhandel Waren im Wert von 83,1 Mrd. CHF abgesetzt (Schweiz. Marketing-Forum 2004, S. 35), sodass der Anteil der Unterhaltungselektronik am gesamten Detailhandel lediglich 1,7 % ausmachte (bezogen auf das Jahr 2003).

Rivalität unter den bestehenden Anbietern

Wie aus *Abbildung 34* hervorgeht, sind höhere Wachstumsraten lediglich für einzelne Segmente zu erwarten. Diese betreffen vor allem technische Innovationen wie beispielsweise LCD- und Plasma-TV-Geräte oder DVD-Recorder. Häufig kommt es jedoch im Gegenzug zu Einbussen in anderen Segmenten, die schrittweise durch diese Innovationen abgelöst werden. Zu beobachten ist dieses Phänomen etwa bei konventionellen TV-Geräten und DVD-Playern (IHA-GfK 2005b). So ist derzeit – trotz erfolgreicher Produktneuheiten – nur ein stagnierender Gesamtmarkt zu beobachten. Hinsichtlich der Wettbewerbsintensität bedeutet dies, dass Wachstum für die Detailhändler vorerst nur über einen Ausbau des Marktanteils möglich ist, der zu Lasten der Konkurrenz geht.

Abbildung 34: Detailhandelsumsätze im Unterhaltungselektronikhandel

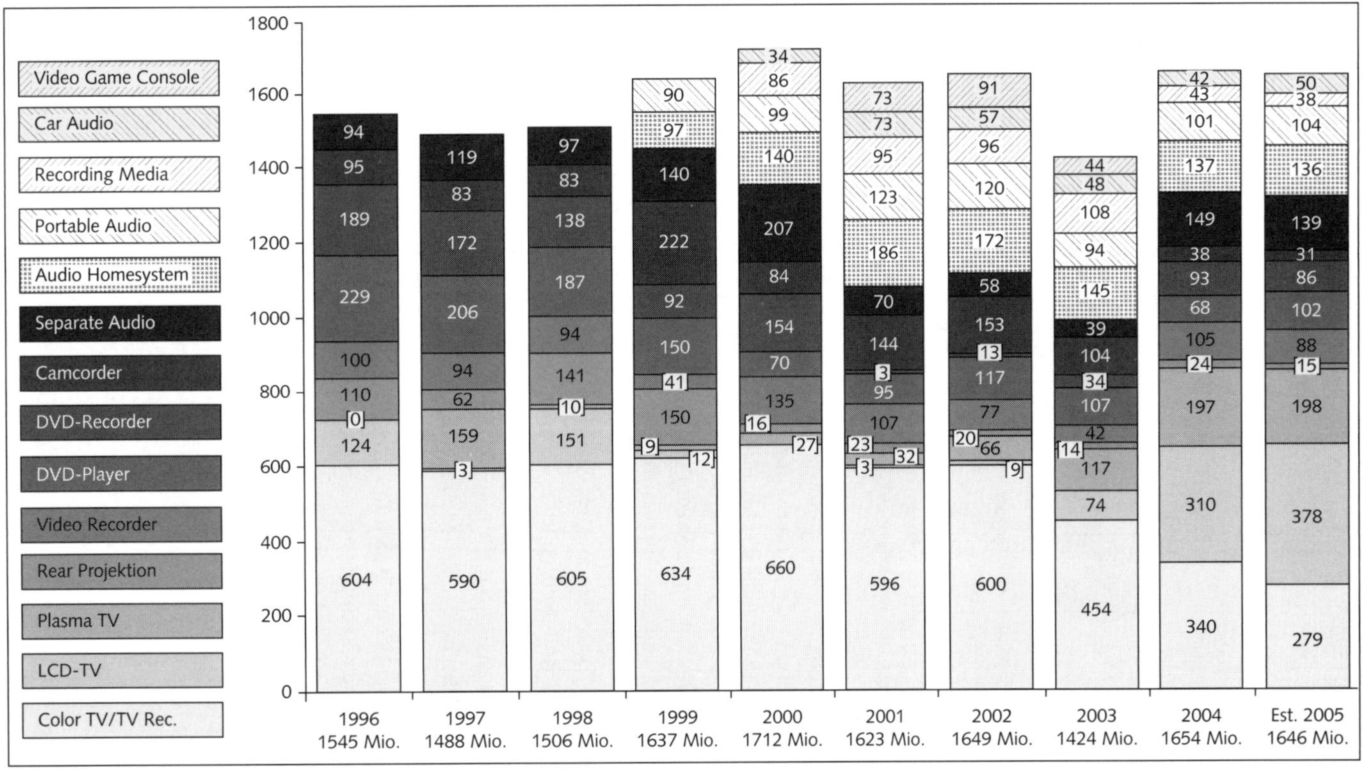

	1996	1997	1998	1999	2000	2001	2002	2003	2004	Est. 2005
Video Game Console	94					73	91	44	42	50
Car Audio	95			90	34	73	57	48	43	38
Recording Media	189	119	97	97	86	95	96	108	101	104
Portable Audio	229	83	83	140	99	123	120	94	137	136
Audio Homesystem	100	172	138	222	140	186	172	145	149	139
Separate Audio	110	206	187	92	207	70	58	39	38	31
Camcorder	0	94	94	150	84	144	153	104	93	86
DVD-Recorder	124	62	141	41	154	3	13	34	68	102
DVD-Player		159	10	150	70	95	117	107	105	88
Video Recorder		3	151	9	135	107	77	42	24	15
Rear Projektion				12	16	23	20	14		
Plasma TV					27	32	66	117	197	198
LCD-TV						3	9	74	310	378
Color TV/TV Rec.	604	590	605	634	660	596	600	454	340	279
Total	1545 Mio.	1488 Mio.	1506 Mio.	1637 Mio.	1712 Mio.	1623 Mio.	1649 Mio.	1424 Mio.	1654 Mio.	1646 Mio.

Quelle: IHA-GfK (2005b), Gesamtmarkt Schweiz. Die Werte für 2005 sind eine Schätzung

Abbildung 35: Marktanteile im Unterhaltungselektronikhandel nach Betriebsformaten

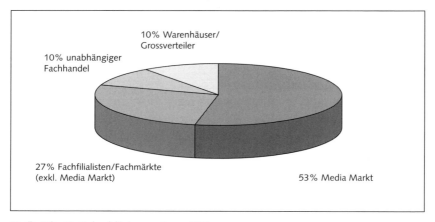

Quelle: Schweiz. Verkaufsförderungs-Forum 2001

Abbildung 35 bietet eine Übersicht über die Detailhandels-Betriebsformen, die im Bereich der Unterhaltungselektronik konkurrieren. Es fällt der hohe Anteil unabhängiger Fachhändler auf, die im betrachteten Jahr zusammen mehr als die Hälfte des Umsatzes generierten. Dieser Anteil ist jedoch seit Jahren kontinuierlich am Sinken (Schweiz. Verkaufsförderungs-Forum 2001 und o. V. 2002a). Grosse Wachstumsraten verzeichnete hingegen Media Markt und das Segment der Fachfilialisten und grossflächigen Fachmärkte.

Einige bedeutende Detailhändler des Schweizer Marktes für Unterhaltungselektronik werden im Folgenden kurz vorgestellt:

Media Markt ist seit 1994 in der Schweiz aktiv und trat als erster Discounter in den Markt ein. Es handelt sich bei Media Markt um ein Tochterunternehmen der deutschen Metro-Gruppe, die weitere 489 Märkte in zehn Ländern betreibt (Metro Group 2005). In der Schweiz bestehen inzwischen 14 Filialen, bei denen es sich um grossflächige Fachmärkte handelt, die eine Verkaufsfläche von mindestens 2500 Quadratmetern aufweisen (vgl. Schweiz. Verkaufsförderungs-Forum 2001). Das Sortiment umfasst nicht nur Artikel der Unterhaltungselektronik, sondern beinhaltet auch Waren aus den Bereichen Foto, Computer, Elektronik und Telekommunikation, für die 2003 ein Gesamtumsatz von 888 Mio. CHF erzielt wurde (Media Markt 2005). Der strategische Ansatz von Media Markt ist es, innerhalb des Sortiments eine breite Auswahl zu dauerhaften Tiefpreisen anzubieten (IHA-GfK 2005c). Auf eine umfassende Kundenberatung wird nach Auskunft von Konzernsprecher Urs Spahr bewusst verzichtet (o. V. 2002b).

Die Interdiscount AG ist eine Tochtergesellschaft der Schweizer Coop-Gruppe. Im Gegensatz zu seinem schärfsten Konkurrenten Media Markt ist

Interdiscount ausschliesslich in der Schweiz aktiv. Hier unterhielt das Unternehmen im Geschäftsjahr 2003 182 Verkaufsstellen, in denen 848 Mio. CHF umgesetzt wurden. Die Strategie lautet, wie auch beim Konkurrenten Media Markt, dem Kunden eine grosse Auswahl zu einem sehr guten Preis-Leistungs-Verhältnis zu bieten (Interdiscount 2005). Um diese Strategie der umfassenden Auswahl zu unterstützen, werden seit 2003 zunehmend grossflächige Fachmärkte unter dem Namen «Interdiscount XXL» eröffnet (Coop 2003, S. 20).

Die Dipl. Ing. Fust AG betrieb im Jahr 2003 in der Schweiz 142 Filialen (Schweiz. Marketing-Forum 2004, S. 195). Diese Zahl beinhaltet auch einige Verkaufsstellen des ehemaligen Portable Shop, mit dem Fust Anfang 2003 fusionierte. Vertrieben werden neben Unterhaltungselektronik auch Elektrohaushaltsgeräte, Telekommunikationsprodukte sowie Dienstleistungen im Bad- und Küchenbau (Fust 2005).

Weitere wichtige, jedoch nicht spezialisierte Detailhändler im Bereich der Unterhaltungselektronik sind das Warenhaus Manor, das 72 Verkaufsstellen betreibt (Schweiz. Verkaufsförderungs-Forum 2004, S. 159) sowie M-Electronics, wobei es sich um das Elektroniksortiment der Migros-Gruppe handelt.

Der unabhängige Fachhandel verfügt zusammen betrachtet über erhebliche Marktanteile. Im Zeitablauf ist jedoch klar eine abnehmende Tendenz ersichtlich (o. V. 2002a). Eine Stärke dieser Betriebsform liegt insbesondere in dem von den Fachmärkten vernachlässigten Segment der hochwertigen und höherpreisigen Geräte (CEIS 2005), mit deren Verkauf eine umfassende Beratung einhergeht. Um die Grössennachteile gegenüber anderen Betriebsformen beispielsweise bei Einkaufskonditionen auszugleichen, haben sich viele Fachhändler inzwischen in Netzwerken zusammengeschlossen. Ein Beispiel ist die Expert-Gruppe, der sich 700 unabhängige Verkaufsstellen in der Schweiz angeschlossen haben (Expert 2005).

Als Zwischenfazit lässt sich eine relativ hohe Rivalität unter den bestehenden Wettbewerbern feststellen. Diese resultiert einerseits aus der derzeitigen Stagnation des Gesamtmarktes und ist andererseits auf die heterogenen (Preisführerschaft vs. Beratungsqualität) und konfligierenden Geschäftsansätze der unterschiedlichen Betriebsformen zurückzuführen. Daneben wird der baldige Markteintritt der Lebensmittel-Discounter Aldi und Lidl die Rivalität durch deren auch Unterhaltungselektronik einschliessenden Aktionsangebote im Non-Food-Sortiment weiter steigern.

Früher haben die Discounter im Unterhaltungsbereich eher Restposten verkauft. Das heisst, Fachhändler konnten von der hohen Zahlungsbereitschaft der technologieaffinen Konsumenten profitieren, bevor Discounter die Preise drastisch drückten. Heute führen auch Discounter die neueste Technologie, was Profitabilitätsprobleme auslöst. Lokal verankerte Fachmärkte dürften von dieser Verdrängung eher verschont bleiben, da sie die persönliche Kundenbeziehung pflegen und eine gute Serviceleistung bieten können. Bei der diffiziler werdenden Technologie wird die Verkaufsberatung und die Installation eine immer wichtigere Leistung. Diese Vertrauensbasis lassen sich immer noch viele Konsumenten etwas kosten. Bei einem technischen Problem kann der Händler direkt angerufen werden – ein verlässlicher Geschäftspartner. Aldi und Lidl werden vermutlich eher solche Konsumenten ansprechen, die sich sonst keinen PC oder keine Stereoanlage leisten würden. Der tiefere Preis kommt jedoch einher mit einer eingeschränkten Dienstleistung, die aber erst nach der Kaufhandlung bewusst wird. Wenn das Gerät z. B. einen Mangel aufweist, kann es nicht in der Filiale abgegeben, sondern muss direkt dem Produzenten zugesendet werden. Dienstleistungen haben also ihren Preis. Diese Tatsache müsste der Fachhandel dem Konsumenten besser kommunizieren können.

Verhandlungsstärke der Abnehmer

Wie bei anderen Warengruppen ist es auch bei Unterhaltungselektronikartikeln charakteristisch, dass die Abnehmer keinerlei Konzentration aufweisen, sondern als einzelne Transaktionspartner gegenüber dem Handel auftreten. Dieser ist im Bereich der Unterhaltungselektronik durch einen hohen Anteil unabhängiger Fachhändler gekennzeichnet (o. V. 2002c) und damit im Branchenvergleich nur mässig konzentriert, erreicht jedoch immer noch eine deutlich höhere Konzentration als die Konsumenten auf der Abnehmerseite.

Die daraus resultierende Macht des Detailhandels wird jedoch durch eine Reihe von Faktoren relativiert. Hierzu zählt zunächst die Funktion, die Artikel der Unterhaltungselektronik für den Kunden erfüllen. Diese ist vornehmlich in der Freizeitgestaltung zu sehen. Es werden also keine elementaren Bedürfnisse befriedigt. Dementsprechend gering ist die Dringlichkeit von Käufen in dieser Warengruppe einzuschätzen. Weil der Preisanker oft nicht mehr klar gesetzt ist, entsteht oft Verwirrung. Was kostet eigentlich ein LCD- oder Plasmafernseher? Dies führt dazu, dass viele Konsumenten abwarten, weil die Preise neuer Produkte sowieso relativ rasch fallen (ich warte noch sechs Monate, dann bekomme ich das gleiche Produkt 20–60 % günstiger). Dadurch entsteht ein Konsumstau. Wann ist der richtige Zeitpunkt, und was ist ein fairer Preis?

Ebenfalls eine wichtige Rolle bei der Betrachtung der Investitionsfreudigkeit der Konsumenten sind die makroökonomischen Rahmenbedingungen, die von Faktoren wie Konjunkturerwartungen und Arbeitslosenquote geprägt werden. Der vom Staatssekretariat für Wirtschaft erhobene Index der Konsumentenstimmung signalisiert hier aktuell eine zurückhaltende Grundstimmung bei grösseren Anschaffungen (Seco 2005a; Seco 2005b, S. 3), um die es sich im Bereich der Unterhaltungselektronik meist handelt. Auf diese Kaufzurückhaltung haben die Fachmärkte unter den Detailhändlern mit preisaggressiver Werbung und der teilweisen Einführung von Ratenzahlungen reagiert (Media Markt 2005b). Dies wiederum hat die Preissensibilität der Konsumenten im Bereich der Unterhaltungselektronik erhöht. Der Konsument ist doch nicht blöd.

Ferner wirkt es sich positiv auf die Verhandlungsstärke der Abnehmer aus, dass ihnen ein Wechsel des Händlers ohne grössere Probleme und Kosten möglich ist. Umstellungskosten könnten allenfalls bei einem Wechsel des Herstellers durch Inkompatibilitäten mit bereits vorhandener Technik entstehen, was jedoch für den Kunden zu umgehen ist, da die meisten Detailhändler ein breites Sortiment unterschiedlicher Hersteller führen oder über ein Lieferantennetz darauf zugreifen können.

Wesentlich zur Macht der Abnehmer trägt auch die durch moderne Medien ermöglichte Transparenz des Marktes bei. Für die Betriebsformen der Warenhäuser sowie der Fachmärkte lässt sich in der Regel mit relativ geringem Aufwand über entsprechende Suchmaschinen im Internet ein Preisvergleich anstellen. Der unabhängige Fachhandel bietet diese Möglichkeit meist nicht, setzt aber auch nicht primär auf den Preis als entscheidendes Verkaufsargument.

Insgesamt verfügt der Handel damit aufgrund der höheren Konzentration über eine grosse Verhandlungsmacht gegenüber seinen Kunden. Andererseits können jedoch auch die Abnehmer bei kollektiver Nutzung ihrer Machtbasen ihre Position gegenüber dem Handel erheblich stärken.

Verhandlungsstärke der Lieferanten

Ein wichtiger Einflussfaktor auf die relative Verhandlungsstärke der Hersteller gegenüber dem Handel ist die Konzentration innerhalb ihrer Branche. Eine hohe Konzentration beeinflusst das Kräfteverhältnis in zweierlei Hinsicht. Zunächst geht sie einher mit einer gewissen Betriebsgrösse der Produzenten und der damit verbundenen Macht. Daneben bedeutet eine hohe Konzentration auch, dass nur eine begrenzte Zahl an Konkurrenten als alternative Lieferanten für den Handel in Frage kommt. Die Anzahl der Hersteller von Unterhaltungselektronik variiert zwar abhängig von der betrachteten Warenuntergruppe. Insgesamt aber weisen die überwiegend internationalen Produzenten von Unterhaltungselektronik eine höhere Konzentration als die Händler auf der Abnehmerseite auf, welche in etwa zur Hälfte aus unabhängigen Fachhändlern besteht (o. V. 2002c). Auch im Vergleich mit anderen Branchen ist von einer hohen Konzentration zu sprechen, die daher rührt, dass erhebliche Investitionen in Produktionsanlagen sowie in Forschung und Entwicklung nötig sind, um die meist technisch anspruchsvollen und aufwändig zu produzierenden Artikel der Unterhaltungselektronik herstellen zu können.

Ein weiterer Faktor, der die Position der Lieferanten gegenüber dem Handel stärkt, sind die durch technische Variationen vergleichsweise gut differenzierbaren Produkte. Daneben konnten viele Hersteller für ihre Produkte ein starkes Image generieren und sich so über eine Pull-Wirkung auf die Konsumenten die Nachfrage des Handels sichern. Beispiele für ein besonders zugkräftiges Markenimage sind etwa Panasonic für Camcorder oder Sony für Walkmen. Dieser Pull-Effekt entfaltet in der Schweiz seine Wirkung besonders stark, denn das ausgeprägte Qualitätsbewusstsein der Schweizer veranlasst 80 % von ihnen, sich an Marken als Zeichen für die Zuverlässigkeit der Produkte zu orientieren (IHA-GfK 2005d).

Neben diesen Ursachen für die Macht der Lieferanten existieren auch einige Gegebenheiten, die die Verhandlungsstärke der Detailhändler fördern. Diese lassen sich unter dem Begriff der Handelsmacht zusammenfassen. Zu diesen Faktoren zählt zunächst die systembedingte Intermediär-Position, die der Detailhandel in der Distributionskette der Unterhaltungselektronik einnimmt. Eine Umgehung des Detailhandels in Form eines Direktvertriebs durch die Hersteller ist in dieser Branche nur sehr eingeschränkt möglich, da die überwiegende Mehrheit der Schweizer Konsumenten es vorzieht, Unterhaltungselektronik vor dem Kauf physisch zu prüfen (Ernst & Young 2001, S. 123). Den Händlern in ihrer Gesamtheit kommt damit eine Gatekeeper-Funktion zu, die sie auf verschiedene Weise ausfüllen können. So ist Werbung der Detailhändler zu grossen Teilen produktbezogen, so dass die Händler ausgewählte Produkte erheblich fördern können. Auch die Art der Präsentation der Artikel am Point of Sale, wo die Mehrzahl der Kaufentscheidungen getroffen wird (Frey 1994, S. 87), fällt in den Einflussbereich des Detailhandels und wirkt sich auf den Absatz der Hersteller aus. Darüber hinaus können grosse Fachmärkte wie Media Markt, aber auch zusammengeschlossene Fachhändler wie die Mitglieder des Expert-Händlernetzes, durch ihre hohen Abnahmemengen ihre Verhandlungsmacht gegenüber den Lieferanten stärken.

Als Fazit lässt sich hier ein ambivalentes Kräfteverhältnis zwischen Detailhändlern und Lieferanten feststellen. Während einerseits die stark konzentrierte Herstellerbranche über ein bedeutendes Machtpotenzial verfügt, können andererseits insbesondere grosse beziehungsweise zusammengeschlossene Handelsunternehmen ihre Schlüsselposition für den Erfolg der Hersteller nutzen und ein beachtliches Mass an Handelsmacht aufbauen.

Bedrohung durch neue Wettbewerber

Da der Markt in nächster Zeit kein grösseres Wachstum erwarten lässt (IHA-GfK 2005b), wäre der Markteintritt neuer Wettbewerber nur auf Kosten etablierter Händler möglich. Das Szenario, bereits im Markt agierenden Unternehmen Marktanteile abzunehmen, soll im Folgenden für die Betriebsformen des Fachfilialisten sowie des unabhängigen Fachhändlers getrennt geprüft werden.

Der Markteintritt für grossflächig präsente Fachmarktketten in der Art, wie ihn Media Markt 1994 vollzog (Belz/Schindler 1994), ist nur mit erheblichen finanziellen Ressourcen möglich. Ein weiteres Hindernis für einen Eintritt innerhalb dieser Betriebsform ist auch das offensive Wettbewerbsverhalten von Media Markt, das ein nicht unerhebliches Abschreckungspotenzial entfaltet. Zu beobachten war dieses Verhalten in den in Deutschland geschalteten aggressiven Werbekampagnen gegen den dortigen Konkurrenten Makromarkt.

Kleinere Betriebsformen setzen sich bei einem Markteintritt aufgrund ihrer geringen Bedeutung für den Gesamtmarkt nicht der Gefahr von Vergeltungsmassnahmen durch die Marktführer aus. Für sie wird ein Eintritt aber dadurch erschwert, dass ihr Verkaufskonzept wesentlich vom Vertrauen in ihre Beratungskompetenz getragen wird. Hierin liegt gegenüber den im Ort bereits etablierten Fachhändlern ein schwer zu kompensierender Nachteil, zumal diese oft über eine auf persönlichen Beziehungen beruhende loyale Stammkundschaft verfügen.

Neben dem Markteintritt durch Eröffnung eines Geschäfts vor Ort ist die Möglichkeit des Eintritts in Form des Online- oder Versandhandels zu prüfen. Die benötigten finanziellen Mittel wären hier deutlich geringer, da Investitionen in den Erwerb und Betrieb von Verkaufsstellen entfielen. Darüber hinaus sind die Rahmenbedingungen günstig. Die Anteile der Schweizer Haushalte, die über einen PC beziehungsweise Internetzugang verfügen, liegen bei 41 respektive 36 %, was im internationalen Vergleich überdurchschnittlich gute Vorraussetzungen für den Internetversandhandel darstellt (Ernst & Young 2001). Als branchenspezifische Besonderheit ist jedoch zu berücksichtigen, dass es sich bei Unterhaltungselektronik in den meisten Fällen um komplexe technische Produkte handelt, die Kunden vor dem Kauf gerne in Augenschein nehmen und ausprobieren möchten (Ernst & Young 2001, S. 123).

Bedrohung durch Substitute

Als letzte der Wettbewerbskräfte ist die Bedrohung durch Substitute zu analysieren. Prinzipiell ist die Unterhaltungselektronikbranche von einer hohen Innovationsgeschwindigkeit gekennzeichnet, die zu einer entsprechend raschen Substitution älterer durch neuere Produkte und Technologien führt. Beispielhaft ist dies aus den Verkaufszahlen von Videogeräten seit der Markteinführung der DVD-Technologie ersichtlich (vgl. IHA-GfK 2005b). Für den Detailhandel sind derartige Substitutionen durch Innovation von geringer Relevanz. Kritisch sind hingegen solche Substitutionen, bei denen so genannte Konvergenzprodukte aus fremden Branchen Funktionen aus der Unterhaltungselektronik integrieren. Ein Beispiel hierfür sind die aus dem IT-Bereich stammenden PDA, die neben vielen anderen Funktionen mit MP3-Playern ausgestattet sind und den Erwerb separater Abspielgeräte beim Unterhaltungselektronikhändler überflüssig machen. Grössere Betriebsformen des Detailhandels begegnen diesem Risiko auf wirkungsvolle Weise, indem sie auch die an die Unterhaltungselektronik angrenzenden Warengruppen in ihrem Sortiment führen. So führt der Marktführer Media Markt neben Unterhaltungselektronik auch Produkte aus den Bereichen Computer, Fotografie, Telekommunikation und Elektronik in seinem Sortiment (Media Markt 2005c). Unabhängige Fachhändler hingegen können diese angrenzenden Warengruppen aus Kapazitätsgründen oft nicht in ihr Sortiment aufnehmen und sind daher durch diese Form der Substitution verwundbar.

Allerdings ist die Bedrohung durch Substitutionen nicht nur auf die Produkte bezogen zu prüfen, sondern auch unter dem Blickwinkel ihrer Funktionen zu analysieren. In dieser Hinsicht geht die Substitutionsgefahr von einer Vielzahl alternativer Freizeitgestaltungen aus. Hier lässt jedoch derzeit der gesellschaftliche Trend des «Cocoonings» die Wahrscheinlichkeit der Substitution gering erscheinen. Eher verspricht dieser Rückzug in die Privatsphäre der eigenen Wohnung eine verstärkte Nachfrage bei einigen Unterhaltungselektronikartikeln wie Home Cinema Systemen.

Als Fazit lässt sich zumindest für diversifizierte Detailhändler eine relativ geringe Gefahr der Substitution feststellen. Diese Einschätzung unterliegt jedoch dem Vorbehalt veränderlicher technischer und gesellschaftlicher Trends beziehungsweise einer angemessenen und rechtzeitigen Reaktion darauf.

Gesamtbetrachtung des Unterhaltungselektronikhandels

Der Schweizer Detailhandel im Bereich der Unterhaltungselektronik ist umkämpft. Der stagnierende Gesamtmarkt erlaubt den Wettbewerbern nur über die Eroberung der Marktanteile von Konkurrenten zu wachsen. Insbesondere mit dem Markteintritt von Media Markt und dem Aufkommen der grossflächigen Fachmärkte hat die Wettbewerbsintensität deutlich zugenommen. Die hohe und offensive Medienpräsenz dieser Betriebsform verlangt von Neueinsteigern einen erheblichen Kraftaufwand. Daneben erfordert das Aufkommen von Konvergenzprodukten ein breit diversifiziertes Sortiment, um der Substitution durch andere Warengruppen vorzubeugen.

Andererseits handelt es sich bei Waren der Unterhaltungselektronik um innovative Produkte, die viele Kunden bevorzugt zur Gestaltung ihrer Freizeit nutzen, was für die zukünftige Bedeutung der Branche spricht. Ferner ermöglicht der derzeit noch relativ hohe Anteil unabhängiger Fachhändler einen zusätzlichen preisbezogenen Verdrängungswettbewerb, sollte sich diese Betriebsform nicht über ihre Servicekompetenz nachhaltig im höherpreisigen Segment positionieren können.

Experteninterviews:

10. März 2005   Urs Fischer, Director, John Lay Electronics, Littau
1. Januar 2005   Guido Renggli, Geschäftsführer Media Markt Schweiz, Markt Management und Service AG
5. April 2005   Walter Züst, Geschäftsführer, Expert Schweiz, Dietlikon

Quellenverzeichnis

Belz, C.; Schindler, H. (1994): Preisaggressive Fachmärkte – Revolution im schweizerischen Einzelhandel?, in: *Thexis* Fachbericht für Marketing 1994, Nr. 6.

CEIS (2005): Consumer-Electronics-Branche: Verkaufszahlen 2004. Download 5.4.2005. http://www.ceis.ch/de/press/ce_branche_in_zahlen.

Coop (2003): Geschäftsbericht 2003.

Ernst & Young (2001): Global Online Retailing. An Ernst & Young Special Report.

Expert (2005): Über Expert. Download vom 5.4.2005. http://www.expert.ch/de/wir/haupt.htm.

Frey, U. (1994): VKF-Trends '94, in: Dynamik im Handel, Nr. 3, 1994, S. 84–87.

Fust (2005): Fust Leitbild. Download 6.4.2005. http://www.fust.ch/fust/popup/fustmodel.asp.

IHA-GfK (2005b): 2005 CE Gesamtmarktschätzungen.

IHA-GfK (2005a): Warengruppenbezeichnung Unterhaltungselektronik. Download vom 5.4.2005. http://www.ihagfk.ch/gfk/uploads/warengruppenverzeichnishafo.doc.

IHA-GfK (2005c): Interview mit Media Markt (Schweiz) CEO Guido Renggli. Download vom 5.4.2005. http://www.ihagfk.ch/gfk/EMN_Essenz/Marktforschung196.htm.

IHA-GfK (2005d): Schweizer sagen Ja zur Marke. Download vom 5.4.2005. http://www.ihagfk.ch/gfk/emn_essenz/marktforschung241.htm.

Interdiscount (2005): Firmenprofil. Download 5.4.2005. http://www.interdiscount.ch/webapp/wcs/stores/servlet/JobFirmProfileDisplayView?langId=1&storeId=10001&catalogId=10001.

Media Markt (2005a): Über uns: Daten zum Unternehmen. Download vom 5.4.2005. http://www.mediamarkt.ch/d/kontakt/ueberuns/index.cfm?fuseaction=zahlen.

Media Markt (2005b): Zahlen, wann Sie wollen. Download 7.4.2005. http://www.mediamarkt.ch/d/service/shoppingcard/shoppingcard.cfm.

Media Markt (2005c): Über uns: Strategie. Download 7.4.2005. http://www.mediamarkt.ch/d/kontakt/ueberuns/index.cfm?fuseaction=strategie

Metro Group (2005): Standorte der Metro Group weltweit. Download vom 5.4.2005. http://www.metrogroup.de/servlet/PB/menu/1011896_l1/index.html.

o. V. (2002a): «Elektronik: Mattscheibe bei den Margen», *Handelszeitung* vom 17.4.2002. Download 5.5.2005. http://www.fischerhifi.ch/Wir/Presse/hz.htm.

o. V. (2002b): Billiganbieter haben den Markt für Unterhaltungselektronik aufgerollt, St. Galler Tagblatt vom 11.6.2002. Download 5.4.2005. http://global.factiva.com/en/arch/print_results.asp.

o. V. (2002c): Unterhaltungselektronik 2001, *Basler Zeitung* vom 29.4.2001. Download vom 5.4.2005. http://global.factiva.com/en/arch/print_results.asp.

Schweiz. Marketing-Forum (2004): Detailhandel Schweiz 2004, Hergiswil.

Schweiz. Verkaufsförderungs-Forum (2001): Detailhandel Schweiz – quo vadis? Der Unterhaltungselektronikmarkt aus Sicht von Media Markt, Hergiswil.

Seco (2005a): Index der Konsumentenstimmung. Download vom 5.4.2005. http://www.seco.admin.ch/themen/zahlen/konsum/index.html?lang=de.

Seco (2005b): Konsumentenumfrage. Art der Erhebung und Erhebungsgrundlagen. Download vom 7.4.2005. http://www.seco.admin.ch/imperia/md/content/analysenundzahlen/konsumentenstimmung/icc_angabe_de.ps.pdf.

Kapitel 4

Länderberichte

Von Thomas Rudolph und Thomas Schröder

Welche Strategien sind zu ergreifen, um neben Discountern bestehen zu können? Diese Frage wird kontrovers diskutiert. Dabei wird allgemein angenommen, dass das Discount-Phänomen per se erfolgreich sein muss. Dass dem nicht unbedingt so ist, zeigen die folgenden Länderberichte auf. Der Erfolg der Discounter hängt stark von den Marktstrukturen, den Bedürfnissen der einheimischen Bevölkerung und der strategischen Ausrichtung der bereits ansässigen Detailhändler ab. Wie der Eintritt von Aldi und/oder Lidl in den einzelnen Ländern erfolgt ist und welche Auswirkungen zu beobachten waren, wird im Folgenden diskutiert.

Vorbemerkungen

Dieser Länderbericht soll dem Leser Hinweise zu möglichen Veränderungen im schweizerischen Lebensmittelhandel vermitteln. Erfahrungen mit dem Discount-Phänomen in ausgewählten Ländern bilden die Grundlage.

Grosser Wert wurde auf eine Länderauswahl gelegt, die dem Schweizer Markt in seiner Struktur ähnlich ist. Die Wahl fiel auf die Niederlande, Österreich, Dänemark, Belgien, das Vereinigte Königreich und die Republik Irland. In all diesen Ländern verfügen die deutschen Discounter bereits über mehrjährige Erfahrungen. Die Länderreports gliedern sich wie folgt: Zuerst werden mit den Niederlanden, Österreich, Dänemark und Belgien Staaten analysiert, in denen sich die Discounter eine relativ bedeutende Stellung im Markt erarbeiten konnten. Dabei wurden die Länder gemäss der Erfolgsträchtigkeit des Discount-Geschäftsmodells in absteigender Reihenfolge sortiert. Die Länderberichte starten mit den Niederlanden, wo insbesondere Aldi grosse Erfolge feiern konnte. Im Anschluss an diese vier Länder wird mit dem Vereinigten Königreich ein Land untersucht, das sich bisher als stark discount-resistent erwiesen hat. Eine fundierte Beurteilung der Situation in der Republik Irland, einem Staat, in dem Aldi und Lidl erst seit relativ kurzer Zeit agieren, rundet den Beitrag ab. Jeder Länderreport untersucht zunächst die bestehenden Marktstrukturen und die dort agierenden Handelsunternehmen. Danach folgt eine Darstellung der praktizierten Expansionsstrategien deutscher Hard Discounter sowie eine Beschreibung der Auswirkungen, die ihr Eintritt auslöste. Im Anschluss daran analysieren die Beiträge die in Angriff genommenen Abwehrstrategien der etablierten Händler. Die sich daraus ergebenden Konsequenzen sowie ein Blick in die Zukunft bilden die Grundlage für erste Handlungsempfehlungen.

Der vorliegende Länderbericht versucht einen gehaltvollen Beitrag zum besseren Verständnis der internationalen Expansions- und Marktbearbeitungsstrategien von Aldi und Lidl zu leisten. Zu diesem Zweck war es notwendig, eine Einstufung der Handelsunternehmen im Hinblick auf die jeweils verfolgte Strategie vorzunehmen. Wir verwenden hierfür den Geschäftsmodellansatz (vgl. Rudolph 2000). Dieser beantwortet im Kern die Frage, welche Kernmotive das Handelsunternehmen mit seinem Leistungsangebot ansprechen will. Wir unterscheiden drei erfolgversprechende Strategiemuster, die wir als Geschäftsmodelle bezeichnen, weil sie die gesamte Wertschöpfungskette betreffen. In einem Forschungsprojekt konnten wir drei unterschiedliche Quellen für den

Aufbau von Erfolg versprechenden Geschäftsmodellen identifiziert werden (vgl. Rudolph 2000). Dies sind erstens aussergewöhnlich gute Produkte, zweitens sensationell niedrige Preise und drittens sehr gute Service- und Dienstleistungen. *Abbildung 36* beschreibt die drei Grundtypen erfolgversprechender Geschäftsmodelle am Beispiel des Lebensmitteleinzelhandels.

Abbildung 36: Erfolg versprechende Geschäftsmodelle im Handel

	Geschäftsmodell		
	Global Discounter (Beispiel Aldi)	Content Retailer (Beispiel Tesco)	Channel Retailer (Beispiel Carrefour)
Unternehmenskultur	«Kosten minimieren»	«Produktinnovation fördern»	«Kundenlösungen suchen»
Nutzenstrategie	Kostenführerschaft	Produktführerschaft	Kundenpartnerschaft
Operative Kernprozesse	Optimierte Einkaufs-, Logistik- und Verkaufsprozesse	Marktforschung, Produktentwicklung, «Kult-Kommunikation»	Beziehungspflege Industrie, Sortiment, Service- und Dienstleistung
Geschäftsstruktur	Standardisierte und vereinfachte Abläufe	Flexible, dezentrale und agile Netzwerkstruktur	Hohe Entscheidungsbefugnis der Mitarbeiter
Managementsysteme	Zuverlässige, schnelle Transaktionen nach vorgegebenen Leistungsmassstäben	Aufbau und Pflege von einzigartigen Sortimentsangeboten	Leistungsmix auf Kundenbedürfnisse ausrichten
Markteintritt	Organisches Wachstum	Organisches Wachstum	Fusion/Akquisition

Quelle: Rudolph 2000, S. 28

Anhand des Geschäftsmodellansatzes klassifiziert dieser Länderbericht alle etablierten Händler und vermittelt damit einen guten Marktüberblick. Die nachfolgende Abbildung fasst die Verteilung der drei Geschäftsmodelle pro Land zusammen.

Tabelle 2: Geschäftsmodell-Marktanteile im Überblick

Land	Content Retailer	Channel Retailer	Global Discounter
Niederlande	40–45 %	45–50 %	10–15 %
Österreich	55–60 %	20–25 %	20–25 %
Dänemark	30–35 %	25–30 %	30–35 %
Belgien	20–25 %	55–60 %	20–25 %
Vereinigtes Königreich	45–50 %	50–55 %	0– 5 %
Republik Irland	30–35 %	60–65 %	5–10 %

Quelle: Eigene Darstellung

In Ländern wie England und Irland konnten sich die Discounter (noch) nicht wie erhofft durchsetzen. Sehr hohe Marktanteile erreichten sie hingegen in Österreich und Dänemark. Die sich anschliessenden Länderberichte versuchen zu erklären, warum das Marktwachstum der Discounter sich so unterschiedlich entwickelt hat.

Aufbau von Erfolg versprechenden Geschäftsmodellen identifiziert werden (vgl. Rudolph 2000). Dies sind erstens aussergewöhnlich gute Produkte, zweitens sensationell niedrige Preise und drittens sehr gute Service- und Dienstleistungen. *Abbildung 36* beschreibt die drei Grundtypen erfolgversprechender Geschäftsmodelle am Beispiel des Lebensmitteleinzelhandels.

Abbildung 36: Erfolg versprechende Geschäftsmodelle im Handel

	Geschäftsmodell		
	Global Discounter (Beispiel Aldi)	Content Retailer (Beispiel Tesco)	Channel Retailer (Beispiel Carrefour)
Unternehmenskultur	«Kosten minimieren»	«Produktinnovation fördern»	«Kundenlösungen suchen»
Nutzenstrategie	Kostenführerschaft	Produktführerschaft	Kundenpartnerschaft
Operative Kernprozesse	Optimierte Einkaufs-, Logistik- und Verkaufsprozesse	Marktforschung, Produktentwicklung, «Kult-Kommunikation»	Beziehungspflege Industrie, Sortiment, Service- und Dienstleistung
Geschäftsstruktur	Standardisierte und vereinfachte Abläufe	Flexible, dezentrale und agile Netzwerkstruktur	Hohe Entscheidungsbefugnis der Mitarbeiter
Managementsysteme	Zuverlässige, schnelle Transaktionen nach vorgegebenen Leistungsmassstäben	Aufbau und Pflege von einzigartigen Sortimentsangeboten	Leistungsmix auf Kundenbedürfnisse ausrichten
Markteintritt	Organisches Wachstum	Organisches Wachstum	Fusion/Akquisition

Quelle: Rudolph 2000, S. 28

Anhand des Geschäftsmodellansatzes klassifiziert dieser Länderbericht alle etablierten Händler und vermittelt damit einen guten Marktüberblick. Die nachfolgende Abbildung fasst die Verteilung der drei Geschäftsmodelle pro Land zusammen.

Tabelle 2: Geschäftsmodell-Marktanteile im Überblick

Land	Content Retailer	Channel Retailer	Global Discounter
Niederlande	40–45 %	45–50 %	10–15 %
Österreich	55–60 %	20–25 %	20–25 %
Dänemark	30–35 %	25–30 %	30–35 %
Belgien	20–25 %	55–60 %	20–25 %
Vereinigtes Königreich	45–50 %	50–55 %	0– 5 %
Republik Irland	30–35 %	60–65 %	5–10 %

Quelle: Eigene Darstellung

In Ländern wie England und Irland konnten sich die Discounter (noch) nicht wie erhofft durchsetzen. Sehr hohe Marktanteile erreichten sie hingegen in Österreich und Dänemark. Die sich anschliessenden Länderberichte versuchen zu erklären, warum das Marktwachstum der Discounter sich so unterschiedlich entwickelt hat.

Aufbau von Erfolg versprechenden Geschäftsmodellen identifiziert werden (vgl. Rudolph 2000). Dies sind erstens aussergewöhnlich gute Produkte, zweitens sensationell niedrige Preise und drittens sehr gute Service- und Dienstleistungen. *Abbildung 36* beschreibt die drei Grundtypen erfolgversprechender Geschäftsmodelle am Beispiel des Lebensmitteleinzelhandels.

Abbildung 36: Erfolg versprechende Geschäftsmodelle im Handel

	Geschäftsmodell		
	Global Discounter (Beispiel Aldi)	Content Retailer (Beispiel Tesco)	Channel Retailer (Beispiel Carrefour)
Unternehmenskultur	«Kosten minimieren»	«Produktinnovation fördern»	«Kundenlösungen suchen»
Nutzenstrategie	Kostenführerschaft	Produktführerschaft	Kundenpartnerschaft
Operative Kernprozesse	Optimierte Einkaufs-, Logistik- und Verkaufsprozesse	Marktforschung, Produktentwicklung, «Kult-Kommunikation»	Beziehungspflege Industrie, Sortiment, Service- und Dienstleistung
Geschäftsstruktur	Standardisierte und vereinfachte Abläufe	Flexible, dezentrale und agile Netzwerkstruktur	Hohe Entscheidungsbefugnis der Mitarbeiter
Managementsysteme	Zuverlässige, schnelle Transaktionen nach vorgegebenen Leistungsmassstäben	Aufbau und Pflege von einzigartigen Sortimentsangeboten	Leistungsmix auf Kundenbedürfnisse ausrichten
Markteintritt	Organisches Wachstum	Organisches Wachstum	Fusion/Akquisition

Quelle: Rudolph 2000, S. 28

Anhand des Geschäftsmodellansatzes klassifiziert dieser Länderbericht alle etablierten Händler und vermittelt damit einen guten Marktüberblick. Die nachfolgende Abbildung fasst die Verteilung der drei Geschäftsmodelle pro Land zusammen.

Tabelle 2: Geschäftsmodell-Marktanteile im Überblick

Land	Content Retailer	Channel Retailer	Global Discounter
Niederlande	40–45 %	45–50 %	10–15 %
Österreich	55–60 %	20–25 %	20–25 %
Dänemark	30–35 %	25–30 %	30–35 %
Belgien	20–25 %	55–60 %	20–25 %
Vereinigtes Königreich	45–50 %	50–55 %	0– 5 %
Republik Irland	30–35 %	60–65 %	5–10 %

Quelle: Eigene Darstellung

In Ländern wie England und Irland konnten sich die Discounter (noch) nicht wie erhofft durchsetzen. Sehr hohe Marktanteile erreichten sie hingegen in Österreich und Dänemark. Die sich anschliessenden Länderberichte versuchen zu erklären, warum das Marktwachstum der Discounter sich so unterschiedlich entwickelt hat.

Niederlande

Marktteilnehmer im Detailhandel

Mit insgesamt 16 258 Mio. Einwohnern im Jahr 2004 (CBS 2004) auf einer Fläche von 41 526 Quadratkilometern (Emporis 2004) sind die Niederlande der am dichtesten besiedelte Staat Europas. Dies impliziert eine den Schweizer Gegebenheiten ähnliche intensive Nutzung des zur Verfügung stehenden Raums. Strenge Auflagen bei Neubauten und komplizierte Genehmigungsverfahren, an denen, wie auch in der Schweiz, mehrere öffentliche Stellen mit zum Teil gegenläufigen Interessen beteiligt sind, sorgen dafür, dass neue Handelsflächen nur in sehr begrenztem Ausmass zur Verfügung stehen. Dies hemmt den Bau von Hypermärkten nach deutschem oder französischem Vorbild erheblich. Es führt dazu, dass die Innenstädte in den Niederlanden weiterhin eine grosse Rolle für den Handel spielen. Dank der speziellen topographischen und infrastrukturellen Gegebenheiten des Landes wohnt der Grossteil der Bevölkerung weniger als einen Kilometer entfernt vom nächsten Supermarkt. Momentan herrscht mit insgesamt 108 042 Verkaufsstellen (Euromonitor 2004d) eine enorme Dichte im Handel.

Bei einem jährlichen Pro-Kopf-Einkommen von 22 500 Euro kann das Land trotz der anhaltenden schwierigen wirtschaftlichen Bedingungen zur Spitze Europas gezählt werden. Trotz des vorhandenen Wohlstands gelten die Niederländer als sehr preisbewusst und vorsichtig beim Einkauf (Euromonitor 2004d). Ähnlich wie in Deutschland und zunehmend auch in der Schweiz macht sich eine Tendenz zum «Smart-Shopping» in allen Bevölkerungsschichten bemerkbar. Folgerichtig hat dort bereits vor 15 Jahren ein Discount-Boom eingesetzt. Dieser führte dazu, dass Discounter nicht nur bei den unteren Einkommensschichten sehr beliebt sind. Mittlerweile gibt es fast 700 Verkaufsstellen in diesem Segment (Euromonitor 2004b).

Der niederländische Handel ähnelt in seiner Grundstruktur dem schweizerischen. Beide Märkte können als hochkompetitiv und stark gesättigt angesehen werden; in der niederländischen Handelsbranche wurden im Jahr 2003 85,815 Mrd. Euro umgesetzt (Euromonitor 2004d). Wie auch bisher in der Schweiz war der Wettbewerb über Jahrzehnte von einheimischen Marktteilnehmern geprägt. Diese teilen auch heute noch das Gros des Umsatzes im Handel unter sich auf. Der Markt wird bestimmt von Einzelhandelsketten, die 45 % des gesamten Branchenumsatzes (38,960 Mrd. Euro) für sich vereinnahmen (HBD 2004). Die Bedeutung unabhängiger Händler nimmt weiterhin ab. So ist ihr

Anteil am Handelsvolumen von 15 % im Jahr 1999 auf 11 % im Jahr 2003 gesunken (Euromonitor 2004d). Um sich vor der Übernahme durch eine der grossen Ketten zu schützen, schliessen sich mehr und mehr unabhängige Einzelhändler freiwilligen Ketten und Kooperativen, wie z. B. der Spar-Gruppe, an.

Das Marktvolumen im Detailhandel der Niederlande betrug im Jahr 2003 32,608 Mrd. Euro (Euromonitor 2004d). Die wichtigsten Firmen der Branche sind Koninklijke (Royal) Ahold NV, Laurus NV, Aldi, Uniconsult Group BV und Lidl Nederland BV. Zusammen kommen sie auf 79 % des gesamten Umsatzes im Detailhandel, wobei Ahold NV alleine 42 % des Umsatzes für sich verbuchen kann.

Abbildung 37: Marktanteile im niederländischen Detailhandel 2003

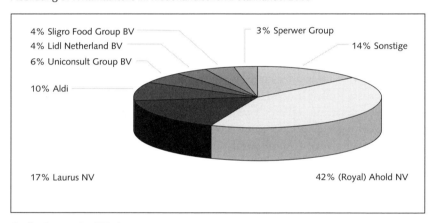

Quelle: Euromonitor 2004d

Die Ahold NV wurde bereits 1887 vom Firmenvater Albert Heijn gegründet und war noch im Frühjahr 2003 der weltweit drittgrösste Handelskonzern hinter dem US-amerikanischen Wal-Mart und der französischen Carrefour (*Lebensmittelzeitung* 2005a). Zu diesem Zeitpunkt geriet sie jedoch aufgrund eines Bilanzfälschungsskandals der Tochtergesellschaft Foodservice in den USA international in die Schlagzeilen. Dank der tiefen Verwurzelung des Unternehmens in der niederländischen Gesellschaft, die durchaus mit jener der Migros in der Schweiz verglichen werden kann, und einer ungebremst hohen Markenpopularität gelang es Ahold NV jedoch, das durch den Bilanzskandal ausgelöste negative Image abzuschütteln. Im Zuge der Neuorientierung des Unternehmens trennte sich Ahold NV von nicht lukrativen Geschäftsfeldern und Beteiligungen in Südamerika und im Inland. So wurden im Heimatmarkt der Lebensmittelspezialhändler de Tuinen und die Süsswarenkette Jamin ver-

Niederlande

Marktteilnehmer im Detailhandel
Mit insgesamt 16 258 Mio. Einwohnern im Jahr 2004 (CBS 2004) auf einer Fläche von 41 526 Quadratkilometern (Emporis 2004) sind die Niederlande der am dichtesten besiedelte Staat Europas. Dies impliziert eine den Schweizer Gegebenheiten ähnliche intensive Nutzung des zur Verfügung stehenden Raums. Strenge Auflagen bei Neubauten und komplizierte Genehmigungsverfahren, an denen, wie auch in der Schweiz, mehrere öffentliche Stellen mit zum Teil gegenläufigen Interessen beteiligt sind, sorgen dafür, dass neue Handelsflächen nur in sehr begrenztem Ausmass zur Verfügung stehen. Dies hemmt den Bau von Hypermärkten nach deutschem oder französischem Vorbild erheblich. Es führt dazu, dass die Innenstädte in den Niederlanden weiterhin eine grosse Rolle für den Handel spielen. Dank der speziellen topographischen und infrastrukturellen Gegebenheiten des Landes wohnt der Grossteil der Bevölkerung weniger als einen Kilometer entfernt vom nächsten Supermarkt. Momentan herrscht mit insgesamt 108 042 Verkaufsstellen (Euromonitor 2004d) eine enorme Dichte im Handel.

Bei einem jährlichen Pro-Kopf-Einkommen von 22 500 Euro kann das Land trotz der anhaltenden schwierigen wirtschaftlichen Bedingungen zur Spitze Europas gezählt werden. Trotz des vorhandenen Wohlstands gelten die Niederländer als sehr preisbewusst und vorsichtig beim Einkauf (Euromonitor 2004d). Ähnlich wie in Deutschland und zunehmend auch in der Schweiz macht sich eine Tendenz zum «Smart-Shopping» in allen Bevölkerungsschichten bemerkbar. Folgerichtig hat dort bereits vor 15 Jahren ein Discount-Boom eingesetzt. Dieser führte dazu, dass Discounter nicht nur bei den unteren Einkommensschichten sehr beliebt sind. Mittlerweile gibt es fast 700 Verkaufsstellen in diesem Segment (Euromonitor 2004b).

Der niederländische Handel ähnelt in seiner Grundstruktur dem schweizerischen. Beide Märkte können als hochkompetitiv und stark gesättigt angesehen werden; in der niederländischen Handelsbranche wurden im Jahr 2003 85,815 Mrd. Euro umgesetzt (Euromonitor 2004d). Wie auch bisher in der Schweiz war der Wettbewerb über Jahrzehnte von einheimischen Marktteilnehmern geprägt. Diese teilen auch heute noch das Gros des Umsatzes im Handel unter sich auf. Der Markt wird bestimmt von Einzelhandelsketten, die 45 % des gesamten Branchenumsatzes (38,960 Mrd. Euro) für sich vereinnahmen (HBD 2004). Die Bedeutung unabhängiger Händler nimmt weiterhin ab. So ist ihr

Anteil am Handelsvolumen von 15 % im Jahr 1999 auf 11 % im Jahr 2003 gesunken (Euromonitor 2004d). Um sich vor der Übernahme durch eine der grossen Ketten zu schützen, schliessen sich mehr und mehr unabhängige Einzelhändler freiwilligen Ketten und Kooperativen, wie z. B. der Spar-Gruppe, an.

Das Marktvolumen im Detailhandel der Niederlande betrug im Jahr 2003 32,608 Mrd. Euro (Euromonitor 2004d). Die wichtigsten Firmen der Branche sind Koninklijke (Royal) Ahold NV, Laurus NV, Aldi, Uniconsult Group BV und Lidl Nederland BV. Zusammen kommen sie auf 79 % des gesamten Umsatzes im Detailhandel, wobei Ahold NV alleine 42 % des Umsatzes für sich verbuchen kann.

Abbildung 37: Marktanteile im niederländischen Detailhandel 2003

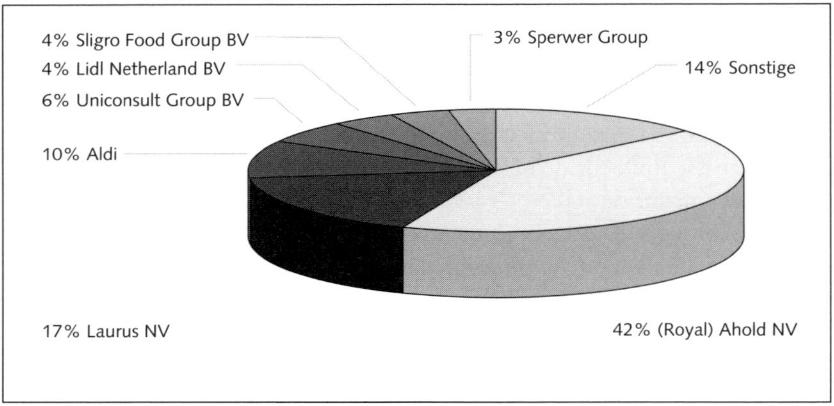

- 4 % Sligro Food Group BV
- 4 % Lidl Netherland BV
- 6 % Uniconsult Group BV
- 10 % Aldi
- 17 % Laurus NV
- 3 % Sperwer Group
- 14 % Sonstige
- 42 % (Royal) Ahold NV

Quelle: Euromonitor 2004d

Die Ahold NV wurde bereits 1887 vom Firmenvater Albert Heijn gegründet und war noch im Frühjahr 2003 der weltweit drittgrösste Handelskonzern hinter dem US-amerikanischen Wal-Mart und der französischen Carrefour (*Lebensmittelzeitung* 2005a). Zu diesem Zeitpunkt geriet sie jedoch aufgrund eines Bilanzfälschungsskandals der Tochtergesellschaft Foodservice in den USA international in die Schlagzeilen. Dank der tiefen Verwurzelung des Unternehmens in der niederländischen Gesellschaft, die durchaus mit jener der Migros in der Schweiz verglichen werden kann, und einer ungebremst hohen Markenpopularität gelang es Ahold NV jedoch, das durch den Bilanzskandal ausgelöste negative Image abzuschütteln. Im Zuge der Neuorientierung des Unternehmens trennte sich Ahold NV von nicht lukrativen Geschäftsfeldern und Beteiligungen in Südamerika und im Inland. So wurden im Heimatmarkt der Lebensmittelspezialhändler de Tuinen und die Süsswarenkette Jamin ver-

Niederlande

Marktteilnehmer im Detailhandel

Mit insgesamt 16 258 Mio. Einwohnern im Jahr 2004 (CBS 2004) auf einer Fläche von 41 526 Quadratkilometern (Emporis 2004) sind die Niederlande der am dichtesten besiedelte Staat Europas. Dies impliziert eine den Schweizer Gegebenheiten ähnliche intensive Nutzung des zur Verfügung stehenden Raums. Strenge Auflagen bei Neubauten und komplizierte Genehmigungsverfahren, an denen, wie auch in der Schweiz, mehrere öffentliche Stellen mit zum Teil gegenläufigen Interessen beteiligt sind, sorgen dafür, dass neue Handelsflächen nur in sehr begrenztem Ausmass zur Verfügung stehen. Dies hemmt den Bau von Hypermärkten nach deutschem oder französischem Vorbild erheblich. Es führt dazu, dass die Innenstädte in den Niederlanden weiterhin eine grosse Rolle für den Handel spielen. Dank der speziellen topographischen und infrastrukturellen Gegebenheiten des Landes wohnt der Grossteil der Bevölkerung weniger als einen Kilometer entfernt vom nächsten Supermarkt. Momentan herrscht mit insgesamt 108 042 Verkaufsstellen (Euromonitor 2004d) eine enorme Dichte im Handel.

Bei einem jährlichen Pro-Kopf-Einkommen von 22 500 Euro kann das Land trotz der anhaltenden schwierigen wirtschaftlichen Bedingungen zur Spitze Europas gezählt werden. Trotz des vorhandenen Wohlstands gelten die Niederländer als sehr preisbewusst und vorsichtig beim Einkauf (Euromonitor 2004d). Ähnlich wie in Deutschland und zunehmend auch in der Schweiz macht sich eine Tendenz zum «Smart-Shopping» in allen Bevölkerungsschichten bemerkbar. Folgerichtig hat dort bereits vor 15 Jahren ein Discount-Boom eingesetzt. Dieser führte dazu, dass Discounter nicht nur bei den unteren Einkommensschichten sehr beliebt sind. Mittlerweile gibt es fast 700 Verkaufsstellen in diesem Segment (Euromonitor 2004b).

Der niederländische Handel ähnelt in seiner Grundstruktur dem schweizerischen. Beide Märkte können als hochkompetitiv und stark gesättigt angesehen werden; in der niederländischen Handelsbranche wurden im Jahr 2003 85,815 Mrd. Euro umgesetzt (Euromonitor 2004d). Wie auch bisher in der Schweiz war der Wettbewerb über Jahrzehnte von einheimischen Marktteilnehmern geprägt. Diese teilen auch heute noch das Gros des Umsatzes im Handel unter sich auf. Der Markt wird bestimmt von Einzelhandelsketten, die 45 % des gesamten Branchenumsatzes (38,960 Mrd. Euro) für sich vereinnahmen (HBD 2004). Die Bedeutung unabhängiger Händler nimmt weiterhin ab. So ist ihr

Anteil am Handelsvolumen von 15 % im Jahr 1999 auf 11 % im Jahr 2003 gesunken (Euromonitor 2004d). Um sich vor der Übernahme durch eine der grossen Ketten zu schützen, schliessen sich mehr und mehr unabhängige Einzelhändler freiwilligen Ketten und Kooperativen, wie z. B. der Spar-Gruppe, an.

Das Marktvolumen im Detailhandel der Niederlande betrug im Jahr 2003 32,608 Mrd. Euro (Euromonitor 2004d). Die wichtigsten Firmen der Branche sind Koninklijke (Royal) Ahold NV, Laurus NV, Aldi, Uniconsult Group BV und Lidl Nederland BV. Zusammen kommen sie auf 79 % des gesamten Umsatzes im Detailhandel, wobei Ahold NV alleine 42 % des Umsatzes für sich verbuchen kann.

Abbildung 37: Marktanteile im niederländischen Detailhandel 2003

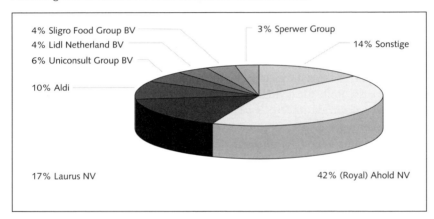

Quelle: Euromonitor 2004d

Die Ahold NV wurde bereits 1887 vom Firmenvater Albert Heijn gegründet und war noch im Frühjahr 2003 der weltweit drittgrösste Handelskonzern hinter dem US-amerikanischen Wal-Mart und der französischen Carrefour (*Lebensmittelzeitung* 2005a). Zu diesem Zeitpunkt geriet sie jedoch aufgrund eines Bilanzfälschungsskandals der Tochtergesellschaft Foodservice in den USA international in die Schlagzeilen. Dank der tiefen Verwurzelung des Unternehmens in der niederländischen Gesellschaft, die durchaus mit jener der Migros in der Schweiz verglichen werden kann, und einer ungebremst hohen Markenpopularität gelang es Ahold NV jedoch, das durch den Bilanzskandal ausgelöste negative Image abzuschütteln. Im Zuge der Neuorientierung des Unternehmens trennte sich Ahold NV von nicht lukrativen Geschäftsfeldern und Beteiligungen in Südamerika und im Inland. So wurden im Heimatmarkt der Lebensmittelspezialhändler de Tuinen und die Süsswarenkette Jamin ver-

äussert. Ahold NV verfügte im Jahr 2003 insgesamt über 1698 Outlets (Euromonitor 2004d), die sich auf die verschiedenen Vertriebsformen AH Supermarket, AH-to-Go, AH XL, Gall & Gall sowie C1000 aufteilen. Die klassische Vertriebsform der Ahold NV ist der nach dem Unternehmensgründer Albert Heijn benannte AH Supermarket, der prinzipiell als Content Retailer bzw. Produktführer bezeichnet werden kann (Rudolph 2000). Der Anteil an Eigenmarken von 30 % bei einem durch mehrere Preisoffensiven gleichzeitig stark forcierten Absatz von Markenprodukten führt allerdings dazu, dass das Unternehmen eher eine Mischform zwischen Content Retailer und Channel Retailer ist (Rudolph 2000). Bis vor einigen Jahren war es das erklärte Ziel der Albert-Heijn-Supermärkte, die «Könige» des Handels zu sein. Dementsprechend richtete sich das Angebot sowohl qualitativ als auch preislich an mittlere bis obere Einkommensschichten. Im Zuge der zunehmenden Preissensibilisierung der niederländischen Bevölkerung senkte Albert Heijn die Preise seiner Produkte öffentlichkeitswirksam in mehreren Schritten (*Lebensmittelzeitung* 2004a). Diese Reaktion ist sicherlich auch durch den noch zu erläuternden Erfolg der deutschen Discounter zu erklären, der die ganze Branche verändert hat. Daneben wurden niedrig-, mittel- und hochpreisige Produktlinien unter der Handelsmarke «Albert Heijn» eingeführt (*Lebensmittelzeitung* 2004c). Aufgrund der hohen Konkurrenzintensität der Branche und der ihr inhärenten Marktsättigung stösst die Ahold NV zunehmend in den Non-Food-Bereich vor. Dieser kann dem Unternehmen unter Ausnutzung der Markenpopularität und der bestehenden Vertriebsstruktur aufgrund der hohen Gewinnmargen langfristiges Wachstumspotenzial garantieren. Ähnliche Entwicklungen lassen sich sicherlich auch in der zunehmenden Diversifizierung der klassischen Schweizer Detailhändler Migros und Coop nachzeichnen.

Neben dem klassischen Supermarktkonzept diversifiziert Ahold NV seit einigen Jahren in neue Vertriebsformen. Neben Convenience-Stores (AH-to-Go) und den im internationalen Vergleich kleindimensionierten Hypermärkten (AH XL) gehört dazu auch ein Internet-Shop (www.albert.nl, 2 % des Gesamtumsatzes). C1000 ist ein Supermarkt, der über eine 73 %-ige Beteiligung bei der Schuitema NV betrieben wird und als Channel Retailer bzw. Problemlöser bezeichnet werden kann (Rudolph 2000). C1000 konzentriert sich auf Nahrung und Frischwaren und kann zu den am schnellsten wachsenden Supermarktketten des Landes gezählt werden.

Laurus NV ist 1997 durch Fusion von De Boer Unigro NV und Vendex Group BV entstanden. Mit 17 % des Detailhandelsumsatzes 2003 liegt das Unternehmen als zweitgrösstes der Branche bereits deutlich abgeschlagen hinter der allmächtigen Ahold. Anders als in der Schweiz, wo es Coop Schweiz zeitweise dank eines neuen, einheitlichen Firmenauftritts und überzeugender Marketingkampagnen gelang, der Schweizer Institution Migros Marktanteile abzuringen (Euromonitor 2004e), befindet sich die Laurus NV jedoch nicht im Aufwind. Bis heute hat das Unternehmen mit der Integration der beiden fusionierten Unternehmensteile zu kämpfen. Nachdem das Unternehmen nach schweren Verlusten in den Jahren 2001 (442 Mio. Euro Verlust) und 2002 (128 Mio. Euro Verlust) im Jahr 2003 erstmals wieder schwarze Zahlen schreiben konnte (9 Mio. Euro Gewinn, Euromonitor 2004d), meldete der Konzern bereits für das erste Halbjahr 2004 einen erneuten Nettoverlust von 15 Mio. Euro (*Lebensmittelzeitung* 2004b). Das Jahresergebnis 2004 ist ebenfalls durch einen 9,5 %-igen Umsatzrückgang von 3,807 Mrd. Euro 2003 auf 3,446 Mrd. Euro 2004 geprägt (*Lebensmittelzeitung* 2005b).

Die französische Casino-Gruppe (Casino-Supermärkte, Leader Price-Discounter) ist Mehrheitsaktionär des Laurus-Konzerns (*Lebensmittelzeitung* 2005f). Trotz der prekären Lage des Unternehmens plant Casino momentan nicht, Laurus ganz zu übernehmen. In einem ersten Schritt zu einer konzernweiten Harmonisierung beschloss Casino im Februar jedoch, die Konmar-Supermärkte umzubenennen und auch unter der in Frankreich bereits bewährten Marke Casino zu führen.

Im Zuge der nun bereits vor acht Jahren vollzogenen Fusion verfolgt Laurus NV seit einiger Zeit eine Strategie der Simplifizierung der Vertriebsformen. Von den ursprünglich acht unterschiedlichen Handelskonzepten sind nun noch drei übrig geblieben: Edah, Konmar Supermarkt und Super de Boer. Die zuerst erwähnte Vertriebsform kann als Global Discounter charakterisiert werden, während der zweitgenannte als Hypermarkt positioniert wird und Super de Boer schliesslich dem Profil eines Channel Retailers entspricht (Rudolph 2000). Der erhoffte Erfolg der Neuausrichtung der Vertriebsformen des Laurus-Konzerns lässt zu diesem Zeitpunkt noch auf sich warten.

Die Uniconsult Group BV ist neben Sperwer, Sligro und CoopCodis ein freiwilliger Zusammenschluss von unabhängigen Supermärkten, die durch die Kooperation vor allem eine Verbesserung der Einkaufskonditionen durchsetzen will, um auf diese Weise mit den Grossen der Branche mithalten zu können. Die meisten dieser kleineren Ketten arbeiten eher im regionalen Rahmen als auf nationalem Niveau. In den Niederlanden sind vor allem die deutschen Discounter Aldi und Lidl noch von bedeutender und weiterhin zunehmender Relevanz. Da es in den Niederlanden, wie *Abbildung 38* zeigt, keinen klar positionierten Content Retailer gibt, konnten sich Aldi und Lidl dank günstig angebotener Markenprodukte vor allem auf Kosten von Albert Heijn beachtliche Marktanteile sichern.

Abbildung 38: Geschäftsmodelle im niederländischen Detailhandel

Content Retailer (40–45 % des Gesamtmarkts)	Channel Retailer (45–50 % des Gesamtmarkts)	Global Discounter (10–15 % des Gesamtmarkts)
	Konmar Superstores Super deBoer	Edah

Quelle: Eigene Darstellung

Markteintrittsstrategien von Aldi und Lidl

Der Anteil von Discountern am gesamten Umsatz im niederländischen Detailhandel entwickelt sich seit Jahren sehr positiv. Er konnte sich von 5,8 % im Jahr 1999 auf 10,2 % im Jahr 2003 fast verdoppeln; dabei teilen die deutschen Discounter mit 7,4 % für Aldi und 2,8 % für Lidl diese Quote unter sich auf (Euromonitor 2004d). Aldi, in diesem Fall die Aldi Nord GmbH & Co. KG mit Sitz in Essen, ist bereits 1990 in den niederländischen Detailhandelsmarkt eingetreten. Das Unternehmen entschloss sich, wie in anderen neu zu bearbeitenden Märkten ebenfalls, zur organischen Expansion (Euromonitor 2004d). Ausgehend von einigen wenigen Filialen wurde das Land nach und nach aus eigener Kraft erschlossen. Dem ungebremsten Wachstum stand bei hoher Akzeptanz des Geschäftskonzepts in der niederländischen Bevölkerung nichts entgegen. Die im Segment der Discounter unangefochtene Monopolstellung konnte das Unternehmen gegenüber einheimischen Mitbewerbern bis zum Markteintritt von Konkurrent Lidl im Jahr 1998 erfolgreich verteidigen. Seitdem konnte Lidl an Boden gewinnen und dem Konkurrenten aus Essen Marktanteile abnehmen, so dass der Anteil von Aldi am niederländischen Discountmarkt nunmehr 72,8 % beträgt (Euromonitor 2004d). Gemäss Haas (2000, S. 37) verfolgt das Unternehmen weltweit eine Strategie der Preisführerschaft, bei der sich das Unternehmen in seiner Preispolitik ausschliesslich an der Konkurrenz orientiert und sich von den Mitbewerbern durch vergleichsweise niedrige bzw. niedrigste Preise abhebt. Grundvoraussetzung hierfür ist eine stringente Politik der Kostenoptimierung und der Standardisierung, die alle Bereiche des Unternehmens, von der Beschaffungs- und Personalpolitik bis zur Standortwahl, durchziehen (Haas 2000, S. 28).

Aldis schärfster Discount-Konkurrent weltweit, die Discount-Schiene Lidl der Neckarsulmer Lidl & Schwarz GmbH & Co. KG, ist seit 1998 im Land vertreten. Ähnlich wie in anderen Ländern auch, verfolgt das Unternehmen eher die Strategie einer Sprungexpansion (*Lebensmittelzeitung* 2003a), bei der das Unternehmen die Marktbearbeitung mit flächenmässig weit auseinander liegenden Filialen beginnt. Ist die Belieferung der einzelnen Filialen zunächst noch wenig rentabel, so wird das Filialnetz dank aggressiver Expansion zunehmend enger gespannt. Im Rahmen der Verfolgung dieser Strategie scheut sich die Lidl & Schwarz GmbH & Co. KG auch nicht davor, bestehende Outlets anderer Handelsunternehmen zu akquirieren. Dies geschah in den Niederlanden durch Zukauf von Filialen der Supermärkte Lekker&Laag, Groenwoudt, Nieuwe Werne und Basismarkt des angeschlagenen Laurus-Konzerns (*Lebensmittelzeitung* 2002a).

Momentan verfügen die beiden Widersacher zusammen über fast 600 Filialen, wobei 387 auf Aldi und an die 200 auf Lidl entfallen (*Lebensmittelzeitung* 2004d). Beide Unternehmen wollen nach eigenem Bekunden die Zahl ihrer Verkaufsstellen weiter stark erhöhen. Die beiden Hard Discounter unterscheiden sich in ihrer Strategie nicht nur hinsichtlich der Expansion: Aldi verfolgt genau wie in Deutschland eine eindeutige Positionierung über den Preis als wichtigstem Verkaufsargument (Haas 2000, S. 47). Die Produktanzahl entspricht mit im Oktober 2002 gezählten 643 Artikeln exakt der deutschen Sortimentsgrösse, wobei es jedoch zahlreiche Anpassungen an den niederländischen Verbraucher gibt; so wird z. B. eine grössere Anzahl Fischprodukte angeboten (*Lebensmittelzeitung* 2003b).

Lidl dagegen schlüpft im Land der Tulpen in die Rolle der in Deutschland sehr erfolgreichen Aldi Süd GmbH & Co. KG, in dem es sich dank gezielter Differenzierung im Markt als alternativer Discounter zu Aldi positioniert. Das Unternehmen passt sich gegenüber dem Konkurrenten aus Essen stärker den nationalen Gegebenheiten an. Im Vergleich zu Deutschland wurde das Sortiment in den Filialen zwar von rund 1300 auf im Oktober 2002 gezählte 942 Artikel reduziert, dieses ist jedoch immer noch deutlich grösser als jenes von Aldi; der niederländische Konsument findet bei Lidl eine grössere Produktvielfalt vor als beim Konkurrenten aus Deutschland (*Lebensmittelzeitung* 2003b). Markenartikel spielen im Sortiment der Lidl Nederland BV keine strategische Rolle; ein grösseres Basissortiment als Aldi sowie ein gegenüber diesem angenehmeres Ladenbild scheinen die Konsumenten zu überzeugen und animieren viele, einen anderen Discounter als Aldi zu frequentieren. Das im Vergleich zu Deutschland kleinere Lidl-Sortiment in den Niederlanden ermöglicht eine höhere Personaleffizienz, da weniger Personal beschäftigt werden muss. Dies wiederum spart Kosten (*Lebensmittelzeitung* 2003b). Momentan kann das Personal bei im Vergleich zu Deutschland deutlich niedrigeren Umsätzen noch nicht vollständig ausgelastet werden, und freie Kapazitäten werden zur Verbesserung der von den Niederländern als wichtig empfundenen Ladenatmosphäre eingesetzt. Experten prognostizieren jedoch, dass Lidl bei wachsenden Umsätzen im niederländischen Markt bessere Kostenstrukturen und eine höhere Personaleffizienz entwickeln kann als im Heimatmarkt (*Lebensmittelzeitung* 2003b).

Neben dem Konkurrenten aus Neckarsulm muss sich Aldi zukünftig eventuell auf weitere ausländische Konkurrenz im niederländischen Discount-Sektor einstellen: Der im Heimatmarkt sehr erfolgreiche belgische Discounter Colruyt erwägt ebenfalls den Eintritt ins hart umkämpfte Discount-Segment im Nachbarland, um auf diese Weise zusätzliches Wachstumspotenzial zu erschliessen (Planet Retail 2004b).

Abwehrstrategien bestehender Marktteilnehmer

Der zuerst von Aldi und später von Lidl vollzogene Eintritt in den niederländischen Detailhandel blieb nicht unbemerkt von der Konkurrenz. Die Handelslandschaft, die vor allem durch den multinationalen Konzern Ahold NV geprägt ist, reagierte jedoch spät auf die aggressive Expansionspolitik der Discounter. Über Jahre hinweg hatte vor allem Aldi die Gelegenheit, sich ohne grösseren Widerstand eine starke Position in der niederländischen Handelslandschaft zu erobern.

In einer ersten Reaktion versuchten mehrere Anbieter (Nettorama, Dirk van den Broek und Hoogvliet), sich ebenfalls als Discounter zu positionieren, jedoch ohne Erfolg (Euromonitor 2004d). Sie wurden von den Konsumenten lediglich als «billige» Supermärkte wahrgenommen. Die Situation spitzte sich nach dem fast unmittelbaren Erfolg von Lidl sowie dem Unvermögen der niederländischen Anbieter, sich auf der Discount-Schiene gegen die Eindringlinge zu behaupten, zu. Schliesslich reagierte der «König» der niederländischen Supermärkte, Albert Heijn, und lancierte im Jahr 2001 mit dem bereits erwähnten Prinzip einen bis heute andauernden Preiskrieg (*Lebensmittelzeitung* 2004e). Die Hauptvertriebsschiene der Ahold NV sah sich aufgrund der ihr inhärenten Marktposition in der Lage, eine effektive Vergeltungsstrategie als Antwort auf den Eintritt der deutschen Discounter durchzuführen (Haas 2000, S. 130). Neben Preissenkungen bei den vertriebenen Markenprodukten baute Albert Heijn sukzessive das Eigenmarkensortiment aus.

Andere Marktteilnehmer, allen voran Laurus NV, sahen sich trotz gravierender Konsequenzen gezwungen, auf die Preissenkungen des Branchenprimus zu reagieren. Der Preiskrieg ist sicherlich neben den Integrationsproblemen der beiden fusionierten Firmenteile mitverantwortlich für die prekäre Lage, in der sich der Laurus-Konzern befindet (Planet Retail 2004c). Laurus reagierte neben der allgemeinen Senkung der Produktpreise in allen Vertriebsschienen, indem die Edah Outlets als Discounter positioniert wurden (Euromonitor 2004d). Der Erfolg dieser Strategie ist bis heute aufgrund der kontinuierlich schlechten Betriebszahlen eher als fraglich anzusehen. Die ständigen Preisoffensiven haben bis dato auf der einen Seite zu Preisreduktionen im Lebensmittelhandel zwischen 10 % und 15 % geführt (Euromonitor 2004d), auf der anderen Seite geht der niederländische Lebensmittelverband davon aus, dass er in der Branche zwischen 8000 und 10 000 Stellen gekostet hat (Planet Retail 2004c). Dies liegt daran, dass sich niedrigere Gewinnmargen sowohl auf das Betriebsklima, als auch auf das Betriebsergebnis der Marktteilnehmer auswirken.

Konsequenzen und Ausblick

Die von Albert Heijn initiierte Preisoffensive ist Ausdruck der Ratlosigkeit der bestehenden Marktteilnehmer, wie auf den Erfolg der deutschen Discounter zu reagieren ist. Ausserdem liegt die Ursache sicherlich in den geänderten Konsumgewohnheiten der niederländischen Bevölkerung. Diese war schon immer in hohem Masse preissensibel, bei gleichzeitig hohen Anforderungen an die Qualität der erworbenen Lebensmittel (Euromonitor 2004d). Zusätzlich wurde die Unsicherheit der Konsumenten durch die auf den 11. September 2001 folgenden geopolitischen Ereignisse und die allgemeine konjunkturelle Entwicklung verstärkt. In gewissem Masse lassen sich diese Aussagen auf die Schweiz übertragen, wobei Schweizer Verbraucher traditionell eher qualitätsbewusst agieren. Jedoch gibt es auch hier seit einigen Jahren eine zunehmende Tendenz, sich stärker mit Preisvergleichen auseinander zu setzen. Abschliessend lässt sich feststellen, dass sich die nachgezeichneten Tendenzen auf dem niederländischen Markt in dieser Weise fortsetzen werden. So ist mit einer weiteren Konzentration des Marktes zu rechnen, wobei die Bedeutung unabhängiger Lebensmittelhändler abnehmen wird bzw. diese sich auf Nischen wie beispielsweise «Ethnic Food» zurückziehen werden. Die Position von Ahold ist langfristig nicht gefährdet, die Discounter werden weiterhin an Bedeutung für den niederländischen Markt gewinnen, während das Schicksal der Laurus NV ungewiss bleibt.

Learnings für den Schweizer Markt

Aus den in den Niederlanden durch den Markteintritt Aldis 1990 und Lidls 1998 gemachten Erfahrungen lassen sich Rückschlüsse ziehen, die für die Schweizer Detailhändler aufgrund des bevorstehenden Markteintritts der deutschen Discounter von Bedeutung sein können. Die bedeutenden Traditionsunternehmen Ahold NV und Migros sind vergleichbar, wobei Ahold erst seit einigen Jahren auf den von der Migros bereits seit Jahrzehnten erfolgreich verfolgten lukrativen Trend des Ausbaus der Eigenmarken setzt. Dabei sind gerade die auf preisbewusste Kunden ausgelegten Preiseinstiegsschienen wichtige Argumente für Kunden, auch bei sich ändernder Marktsituation und schwierigen wirtschaftlichen Bedingungen dem Konzept von Ahold treu zu bleiben. In der Schweiz ist Migros schon lange Vorreiter auf diesem Gebiet. Auch Coop und Denner verfolgen diese Politik seit einiger Zeit konsequent. Dabei sollten die Schweizer Detaillisten darauf achten, sich *nicht nur über den Preis zu definieren*, sondern bei Kunden das Bewusstsein der eigenen, über Jahre hinweg *aufgebauten Stärken wach zu halten*. Ein rigoroses Umschwenken auf permanente Preisoffensiven schadet der gesamten Branche und stellt die beim Kunden bereits verankerten Kernkompetenzen in Frage. Darüber hinaus führt es zu einer wesentlich schnelleren Preissensibilisierung beim Kunden. Im Fall der Niederlande wurde dieser über Jahre hinweg mit einer Flut von Aktionen konfrontiert. Daraus hat er gelernt, dass sich der selektive Einkauf lohnt. Nach und nach zeichnet sich diese Entwicklung auch beim Schweizer Konsumenten ab.

Coop befindet sich im Schweizer Markt sicherlich in einer besseren Position als Laurus momentan in den Niederlanden. Die Tendenz hin zu einem dominierenden Handelsunternehmen pro Land lässt sich aber in anderen Ländern, wie z. B. mit Tesco im Vereinigten Königreich und Carrefour in Frankreich, nachzeichnen. Die Schweizer Discount-Kette Denner, die momentan neben den vertriebenen Markenprodukten ein Eigenmarkensortiment aufbaut, muss sich sortimentsmässig fokussiert profilieren, um von den Konsumenten als echte Alternative sowohl zu Migros und Coop, als auch zu den neu eintretenden Discountern wahrgenommen zu werden.

Den Schweizer Detailhändlern sei angeraten, sich sehr *aktiv* mit den *Stärken und Schwächen von Aldi und Lidl auseinander zu setzen* und von ihnen zu lernen. Lidl stellt vor allem für Coop und Denner als aktiver und schneller Multiplizierer eine Gefahr dar. Die Discounter der Lidl & Schwarz GmbH & Co. KG setzen Markenartikel als gefährliche Waffe ein und scheuen sich nicht, *ständig neue Geschäftsfelder* zu bearbeiten. So kann die erst kürzlich bekannt gegebene Entscheidung des Konzerns, nun auch Markenprodukte aus dem Drogeriebereich anzubieten, auch als Warnsignal für den Schweizer Markt gewertet werden (*Lebensmittelzeitung* 2005c). Aldi überzeugt dagegen durch seinen durchdachten und kontinuierlichen Marktaufbau, wobei das Unternehmen international immer wieder seine Beharrlichkeit unter Beweis gestellt hat.

Basierend auf den Erfahrungen der Niederlande kann Aldi und Lidl generell eine marktbelebende Wirkung zugeschrieben werden. Dies belegen eindeutig die durch zahlreiche Preisoffensiven hervorgerufenen Umwälzungen. In diesem Zusammenhang ist die von den Schweizer Unternehmen gewählte Strategie der *Preissenkungen im Vorfeld des Markteintritts der Discounter* die richtige Strategie. Sie entkräftet das wichtigste Verkaufsargument dieser Unternehmen und minimiert den Anreiz für Schweizer Konsumenten, die Einkäufe zukünftig beim Discounter zu erledigen. Parallel dazu sollte aber auch ein *Kundenmehrwert kommuniziert* werden, der mit dem Preis nichts zu tun hat. Das niederländische Beispiel zeigt, dass eine konsequente Eigenmarkenpolitik mit preislich differenzierten Produktlinien sowie eine kompetitive Offerte von Markenprodukten der richtige Weg sein kann, den Discountern den Markteintritt zu erschweren.

Österreich

Marktteilnehmer im Detailhandel

Die Alpenrepublik Österreich ist mit einer Fläche von 83 870 Quadratkilometern mehr als doppelt so gross wie ihr Schweizer Nachbar (CIA 2005 f.). Das im Vergleich zur Eidgenossenschaft grössere Territorium führt dazu, dass Österreich bei einer Bevölkerung von 8 174 762 EW (Juli 2004) deutlich dünner besiedelt ist als die Schweiz. Das Land hat seit seinem Beitritt zur Europäischen Union im Jahr 1995 eine Phase dynamischer wirtschaftlicher Entwicklung durchlaufen. Dabei konnte das österreichische Bruttosozialprodukt pro Kopf kontinuierlich gesteigert werden. Heute liegt es mit 22 945 Euro über dem der meisten europäischen Länder und nur knapp unter dem der Schweiz (CIA 2005 f.). Die allgemeine wirtschaftliche Entwicklung der letzten Jahre führte auch in Österreich zu einem Rückgang des Wachstums des Bruttosozialprodukts. Momentan wirkt sich vor allem die weiterhin schwierige konjunkturelle Lage des wichtigsten Exportabnehmers Deutschland negativ auf die wirtschaftliche Entwicklung aus. Als traditionelles Tor Mitteleuropas nach Ost- und Südosteuropa kann Österreich dank der EU-Osterweiterung im Jahr 2004 jedoch zukünftig mit wichtigen Wachstumsimpulsen durch die neuen EU-Mitgliedsländer rechnen (Euromonitor 2004g).

Der EU-Beitritt des Landes hat zu einer enormen Verschärfung des Wettbewerbs geführt. Er leitete einen Konzentrationsprozess im Detailhandel ein, der bis heute noch nicht abgeschlossen ist. Als Konsequenz ist die Zahl der unabhängigen Händler im Land weiter rückläufig, während vor allem grosse internationale Handelsketten profitieren konnten. Der österreichische Gesetzgeber ist seit langem bemüht, den lokalen Handel gegenüber ausländischen Investoren zu schützen und eine Ausuferung der Handelslandschaft auf die «grüne Wiese» zu vermeiden. Im Zuge dieser Massnahmen wurde das Ladenschlussgesetz bisher nur zögerlich liberalisiert, da längere Ladenöffnungszeiten vor allem grössere Ketten privilegieren (Euromonitor 2004g). Die Bewilligung von Gewerbeflächen für Ladenlokale gestaltet sich wie auch in der Eidgenossenschaft als langwieriger und schwieriger Prozess. Die administrative Gliederung des Landes in neun Bundesländer bedingt, dass der Genehmigungsprozess für Gewerbeflächen auf Landesebene oft sehr unterschiedlich gehandhabt wird. So variieren auch die Ladenöffnungszeiten von Bundesland zu Bundesland (Euromonitor 2004g).

Ähnlich wie in Deutschland hat das starke Preisbewusstsein in Österreich eine lange Tradition. Österreichische Konsumenten legen neben Frische und Qualität der Ware schon seit langem grossen Wert auf günstige Lebensmittelpreise. Dabei hat sich das «One-Stop-Shopping» in Österreich noch nicht so stark durchgesetzt wie beispielsweise im Vereinigten Königreich. Mit der zunehmenden Ausbreitung von Einkaufszentren gehen österreichische Konsumenten allmählich dazu über, sämtliche Einkäufe mit einem Gang zu erledigen. Allerdings erfreuen sich kleine Nachbarschaftsläden im Land immer noch grosser Beliebtheit (Euromonitor 2004g). Sie profitieren von der Tatsache, dass Österreicher grossen Wert auf frische Lebensmittel legen und sich dort gerne mit Obst und Gemüse eindecken. Die hohe Preissensibilität der Bevölkerung führt dazu, dass die Marken- und Einkaufsstättenloyalität im Land kaum ausgeprägt ist. Dementsprechend ist auch der Anteil der Eigenmarken am Gesamtumsatz der österreichischen Handelsbranche mit 11 % als hoch zu beurteilen (Euromonitor 2004g).

Im Zuge der wirtschaftlichen Stagnation hat sich das gesamte Handelsvolumen des Landes in den letzten Jahren nur langsam entwickelt; im Jahr 2003 lag es bei 47,453 Mrd. Euro (Euromonitor 2004g). Der Anteil des Lebensmitteldetailhandels beträgt mit 15,203 Mrd. Euro nur 32,04 % am Gesamtumsatz und liegt damit deutlich unter dem vergleichbaren Anteil in der Schweiz (2003: 43,30 %). Im Zeitraum von 1999 bis 2003 verzeichneten die grossen Handelsketten Umsatzzuwächse in Höhe von 17,6 %; ihr Anteil am Lebensmitteldetailhandelsumsatz beträgt mittlerweile 48 % (Euromonitor 2004g). Genossenschaftliche Vereinigungen halten weiterhin einen Anteil von 21 % am Detailhandelsumsatz, während die Quote der unabhängigen Händler im gleichen Zeitraum von 29 % auf 24 % zurückging. Der Anteil der Kooperativen ist mit momentan 4 % ebenfalls rückläufig, während Franchisesysteme sich wachsender Beliebtheit erfreuen.

Die Preissensibilität der Österreicher schlägt sich in den Zuwachsraten der einzelnen Betriebsformen nieder: Es fällt auf, dass Discount-Formate in der österreichischen Handelslandschaft stetig an Bedeutung gewinnen (*Cash* 2005a). Sie konnten ihren Anteil am Gesamtumsatz im Lebensmitteldetailhandel auf Kosten der Hypermärkte und Supermärkte kontinuierlich ausbauen; momentan beträgt der Anteil des Discount-Handels am gesamten Umsatz der Branche ca. 20 % (Pacher 2005).

Die Konzentration in der österreichischen Detailhandelslandschaft ist mittlerweile so stark fortgeschritten, dass die drei grössten Händler Spar Österreich, REWE Österreich und Aldi Süd (Hofer) fast 80 % aller Lebensmittelumsätze auf sich vereinen (*Cash* 2005a). *Abbildung 39* veranschaulicht die Marktanteile der österreichischen Lebensmitteldetailhandelsbranche für das Jahr 2004.

Abbildung 39: Marktanteile im österreichischen Detailhandel 2004

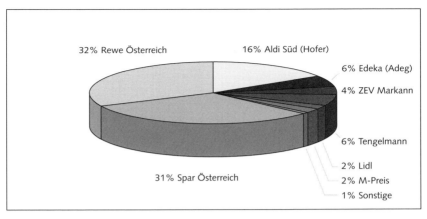

Quelle: GfK-Fessel 2004

Das ursprünglich aus den Niederlanden stammende Spar-Konzept wurde bereits 1954 in Österreich eingeführt. In der Folge konstituierte sich Spar Österreich im Jahr 1970 durch den Zusammenschluss von zehn österreichischen Spar-Grosshändlern. Die als Dachgesellschaft betriebene Spar-Warenhandels AG ist im Besitz einiger weniger Familien; der Gesamtumsatz der Spar-Gruppe in Österreich betrug im Jahr 2004 3,94 Mrd. Euro (*Cash* 2005c). Davon entfallen 80 % auf die von der Dachgesellschaft nach dem Filialprinzip betriebenen Verkaufsstätten. Der Anteil der genossenschaftlich organisierten Spar-Händler am Gesamtumsatz beläuft sich im gleichen Zeitraum lediglich auf 20 %. Das Unternehmen mit Sitz in Salzburg ist das einzige österreichische Handelsunternehmen, das sich auf nationaler Ebene gegen die seit dem EU-Beitritt 1995 eingetretenen Konkurrenten aus dem Ausland behaupten konnte. Spar gelang es in den letzten Jahren, zur REWE-Gruppe als traditionellem Marktführer im österreichischen Detailhandel aufzuschliessen (*Cash* 2005a). Das Unternehmen ist vor allem im westlichen Landesteil stark vertreten und betreibt die Betriebsformen Spar Markt, Spar Supermarkt, Spar Gourmet, Eurospar, Interspar und Maximarkt (Spar Österreich 2005). Die wichtigste Vertriebsschiene des Unternehmens sind die Spar Supermärkte, von denen derzeit 1258 existieren. Dabei handelt es sich um klassische Vollsortimenter mit einer Verkaufsfläche von 400 bis 1000 Quadratmetern. Die Spar Märkte sind klassische Nachbarschaftsläden mit einer Verkaufsfläche bis 400 Quadratmetern, bei denen besondere Akzente in den Bereichen Frischeprodukte und Service gelegt werden. In den 76 Verkaufsstellen, die Spar von der Julius-Meinl-Gruppe übernahm, entstand mit dem Konzept Spar Gourmet ein Geschäftsmodell, das sich mit seinem grossen Feinkostsortiment und dem hervorragenden Service an anspruchsvollere und zahlungskräftigere Kunden richtet. Spar betreibt mit den Formaten Eurospar und Interspar zwei Geschäftsmodelle im Hypermarktbereich: Eurospar verfügt bei einer Verkaufsfläche von 1000 bis 2000 Quadratmetern über 144 Verkaufsstellen, Interspar mit Verkaufsflächen von mehr als 3000 Quadratmetern über 56 Outlets. Das Unternehmen plant, sein Filialnetz kontinuierlich zu erweitern (Euromonitor 2004g). Das Produktsortiment der Spar-Gruppe zeichnet sich durch einen hohen Anteil an Markenprodukten aus; Eigenmarken erwirtschaften lediglich 20 % des Umsatzes (Pacher 2005). Preislich sind die Spar Märkte eher im mittleren bis oberen Segment angesiedelt. Ursprünglich konnte Spar eher als Channel Retailer bezeichnet werden; dank des Ausbaus klar positionierter Eigenmarken sowie eines innovativen Ladenlayouts mit unterschiedlich gestalteten Frischeabteilungen lassen sich die Verkaufsstellen dieses Unternehmens jedoch mittlerweile eher als Content Retailer einordnen.

Die Spar-Gruppe erwarb im Jahr 2002 mit dem Unternehmen Maximarkt eine weitere grossflächige Betriebsform. Maximarkt positioniert sich als «One-Stop-Shopping»-Alternative. Das Sortiment dieses Vetriebstyps weist einen grösseren Anteil an Markenprodukten als die übrigen Vertriebstypen der Gruppe auf. Daher kann es anders als die anderen Betriebsformen als Channel Retailer eingeordnet werden.

In letzter Zeit experimentiert Spar mit innovativen Verkaufskonzepten; so wurde im vergangenen Jahr in Mattighofen bei Salzburg ein Spar Markt mit Selbst-Scannerkassen, intelligenten Waagen, In-Store-Fernsehen auf Plasma-Bildschirmen sowie EC-Automaten eröffnet (Planet Retail 2004q). Die Konsumenten honorieren das Engagement von Spar: Das Unternehmen liegt bei Befragungen zur Kundenzufriedenheit seit einigen Jahren an erster Stelle vor dem Hauptwidersacher REWE (*Lebensmittelzeitung* 2004y). Die Spar-Gruppe hält Anteile an Metro Österreich (27 %), dm Österreich (32 %) und Baumax AG (12 %, Spar Österreich 2005).

Die deutsche REWE Zentral AG aus Köln erwarb im Jahr 1996 die österreichische Billa-Gruppe und wurde damit schlagartig Marktführer im Detailhandelssegment von Österreich (*Lebensmittelzeitung* 2005e). Das genossenschaftlich geprägte Unternehmen operiert im Lebensmitteldetailhandelssegment mit den Vertriebsschienen Billa, Merkur, Mondo und Emma. Die Billa-Supermärkte sind der populärste Betriebstyp von REWE in Österreich mit 900 Verkaufsstellen in 2003; traditionell verfügt dieser Betriebstyp vor allem im Osten des Landes über eine starke Marktposition (Euromonitor 2004g). Mit Billa erwirtschaftet die REWE Zentral AG mehr als die Hälfte aller ausserhalb von Deutschland erzielten Umsätze. Die Verkaufsflächen dieses Vollsortimenters variieren zwischen 450 und 1200 Quadratmetern. Ein Onlineshop ergänzt das

Angebot von Billa. Das ca. 6000 Artikel starke Sortiment, in dem Markenartikel eine wichtige Rolle spielen, ist preislich ähnlich positioniert wie das des Hauptkonkurrenten Spar; der Eigenmarkenanteil liegt auch bei REWE Austria bei ungefähr 20 % (Pacher 2005). Ähnlich wie bei den Vertriebsformen von Spar gelang es auch Billa, bei den Kunden durch klar positionierte und sukzessiv ausgebaute Eigenmarken sowie ein attraktives Ladenlayout einen starken Bezug zu diesem Betriebstyp aufzubauen, sodass Billa-Märkte als Content Retailer eingestuft werden können (Pacher 2005). REWE benutzt dieses Geschäftsmodell, um die Märkte Mittel- und Osteuropas zu erschliessen. So eröffnen dieses Jahr beispielsweise 20 Billa-Supermärkte in der Russischen Föderation (Billa 2005).

Die REWE-Hypermarktkette Merkur betreibt in Österreich 90 Verkaufsstellen, die im Durchschnitt über eine Verkaufsfläche von 2000 Quadratmetern und ein Sortiment von 25 000 Produkten verfügen (Euromonitor 2004g). Der Betriebstyp Emma (2003: 613 Filialen) ist mit Verkaufsflächen von ca. 130 Quadratmetern als Nachbarschaftsladen mit Nahversorgerfunktion ausgelegt. Aufgrund des hohen Anteils an Markenprodukten und der preislichen Orientierung der Betriebstypen können sowohl Merkur als auch Emma als Channel Retailer eingeordnet werden.

REWE betreibt in Österreich mit Mondo zudem einen Hard Discounter. Mit 228 Outlets hat diese Betriebsform einen Anteil von 3,3 % am Gesamtumsatz des Detailhandels des Landes (*Cash* 2005a, *Cash* 2005b). Mit nur 450 Quadratmetern sind die Verkaufsstellen von Mondo kleiner als die der Konkurrenzunternehmen Aldi (Hofer) und Lidl. REWE's Discount-Schiene verliert seit einiger Zeit Marktanteile an die Konkurrenz, vor allem an Hofer. Die Märkte der Kette wirken profillos. Daher hat REWE sich entschlossen, die Mondo-Märkte sukzessive in das in Deutschland bereits bewährte Format des Softdiscounters Penny-Markt umzuwandeln; der Prozess soll bis Jahresende 2005 abgeschlossen sein (*Cash* 2005b).

Der REWE-Konzern ist stark diversifiziert. Neben dem Erwerb von Anteilen am deutschen TV-Privatsender Pro7 engagiert sich das Unternehmen vor allem im Bereich Tourismus (REWE 2005). In Österreich bietet REWE seine Reisedienstleistungen vorwiegend über die Vertriebsschiene Billa an (Billa 2005).

Als Mitglied der dezentral organisierten deutschen Edeka-Gruppe erwarb Edeka Südbayern die Anteilsmehrheit am viertgrössten österreichischen Detailhandelsunternehmen Adeg im Jahr 2001 (Edeka 2005). Die stark hierarchisch organisierte Adeg befand sich in wirtschaftlichen Schwierigkeiten und konnte das Überleben nur durch allmähliche Veräusserung unrentabler Verkaufsstellen garantieren (Euromonitor 2004g). Durch die Verbindung mit Edeka erhoffte man sich bei Adeg, die eigene Marktposition zu konsolidieren. Dabei musste Adeg im Rahmen dieses Zusammenschlusses jedoch ein erhebliches Mass an

Autonomie aufgeben. Der an sich dezentrale Aufbau der Edeka wurde nicht auf Österreich übertragen. Stattdessen erfolgt die Marktbearbeitung Österreichs nun zentral vom Sitz der Edeka Südbayern aus. Dies schliesst alle wichtigen Zentraleinrichtungen, wie das Rechnungswesen, aber auch den Einkauf für Österreich, mit ein. Der österreichische Stammsitz, der von Wien nach Salzburg verlegt wurde, dient lediglich der weiteren Koordination der nunmehr nur noch als Logistikstandorte fungierenden Auslieferungslager. In diesen Geschäftseinheiten gibt es de facto keine Entscheidungskompetenzen; dies führt dazu, dass die Kenntnis von regionalen Gegebenheiten eher schwach ausgeprägt ist. Die Umstellungen führten allerdings auch dazu, dass das Unternehmen im Geschäftsjahr 2003 erstmals wieder Gewinne erwirtschaften konnte (*Handelszeitung* 2004).

Im Bereich Detailhandel operiert die Edeka-Gruppe in Österreich mit 904 Verkaufsstellen des Betriebstyps Aktiv Contra (Edeka 2005). Unter dieser Bezeichnung werden sowohl Supermärkte als auch die im Jahr 2000 von Tengelmann übernommenen Magnet Hypermärkte geführt. Edeka vertreibt in seinen Märkten neben Markenprodukten eine grosse Anzahl an Eigenmarken; dies, sowie eine hohe Service-Orientierung, erlauben Edeka eine Klassifizierung als Content Retailer.

Die ZEV Markant ist eine zur schweizerischen Markant-Gruppe gehörende Vereinigung von 14 österreichischen Grosshändlern. Derzeit beziehen 1186 Detailhändler ihr Sortiment über ZEV Markant (ZEV Markant 2005). Der daraus resultierende Nutzen liegt in den Skaleneffekten in Beschaffung und Vertrieb, bei gleichzeitiger Wahrung eines hohen Grades an Autonomie. Vertriebsschienen im Detailhandel sind die Nah&Frisch Nachbarschaftsmärkte (740 Verkaufsstellen, *Handelszeitung* 2005) sowie in Tankstellen integrierte Convenience-Märkte, die von den Tankstellenbetreibern unter eigenem Namen geführt werden können. Daneben gibt es noch eigene Vertriebsformate der angeschlossenen Grosshändler, wie beispielsweise die Schiene Unimarkt des oberösterreichischen Grosshändlers Pfeiffer (Pacher 2005). Der vergleichsweise hohe Anteil an Markenprodukten und die Ausrichtung auf zuvorkommenden Service bedingten eine Einordnung der Konzepte von ZEV Markant als Channel Retailer.

Die wie Aldi Süd aus Mülheim an der Ruhr stammende Tengelmann-Gruppe betreibt in Österreich derzeit mit den Zielpunkt-Supermärkten ein Geschäftsmodell im Lebensmitteldetailhandel. Ursprünglich trat Tengelmann mit den in Deutschland bewährten Plus-Discountern in den österreichischen Markt ein. Die Marke Plus musste dort jedoch vom Markt genommen werden, da sie für ein anderes Unternehmen geschützt war. Zielpunkt gibt es in der heutigen Form seit ungefähr zehn Jahren. Die Vertriebsform wurde von einem österreichischen Management entwickelt, dem nach einem 20-jährigen vergeblichen

Bemühen, die deutschen Konzepte im Land umzusetzen, die Verantwortung übertragen wurde. Nunmehr sind die 334 Zielpunkt-Märkte eine Mischung zwischen Discounter und Supermarkt mit reduziertem Sortiment (Tengelmann 2005). Nachdem es Tengelmann nach langjährigen Verhandlungen mittlerweile gelungen ist, die Marke Plus für Österreich zu sichern, beginnt man nun damit, Plus-Märkte zu errichten. Damit überträgt Tengelmann das aus Deutschland bewährte Discount-Konzept nach Österreich.

Das Familienunternehmen M-Preis agiert dank einem Mix aus einem optimal an lokale Kundenwünsche angepassten Sortiment, gutem Service und einem innovativen, die Tiroler Herkunft betonenden Marketing äusserst erfolgreich, besonders in der Heimregion (Euromonitor 2004g). M-Preis positioniert sich im Markt ähnlich wie der Branchenriese Billa; allerdings ist der Eigenmarkenanteil bei dem Unternehmen der Familie Mölk eindeutig niedriger. M-Preis kann als Channel Retailer eingestuft werden. Mittlerweile betreibt die Kette 110 Verkaufsstellen, die sich hauptsächlich in Tirol und einigen wenigen angrenzenden Gebieten als lokale Nahversorger und «Orte der Begegnung» positionieren konnten (M-Preis 2005).

Abbildung 40 veranschaulicht die vorgenommene Zuordnung der Marktteilnehmer des österreichischen Detailhandels; sie verdeutlicht, dass, wie bereits eingangs erwähnt, der österreichische Markt hart umkämpft ist und in allen drei Geschäftsmodellen über einen hohen Grad an Sättigung verfügt. Die REWE-Tochter Billa und die österreichische Spar bestimmen die Sparte der Content Retailer. Den Marktanteilen zufolge kann dieses Segment als das populärste bei den österreichischen Konsumenten bezeichnet werden. Das Feld der Channel Retailer hat insgesamt gesehen den niedrigsten Marktanteil. Bestimmender Akteur ist hier die Tengelmann-Tochter Zielpunkt; daneben spielt die Vertriebsschiene Nah&Frisch von ZEV Markant eine Rolle im Segment. Die Aldi-Tochter Hofer, auf die neben Lidl im folgenden Abschnitt des Berichts eingegangen werden soll, hat das Segment der österreichischen Global Discounter fest im Griff. Diese Detailhandelssparte hat in den letzten Jahren stark an Bedeutung gewonnen. Durch die Neuausrichtungen von REWE (Mondo–Penny) und Tengelmann (Zielpunkt-Plus) ist zukünftig eine weiterhin dynamische Entwicklung dieses Segments zu erwarten. Daneben muss in nächster Zukunft eventuell mit dem Markteintritt eines weiteren deutschen Handelsunternehmens gerechnet werden: Der Nürnberger Hard Discounter Norma plant, im Jahr 2005 einen ersten Testmarkt in Mattighofen zu eröffnen (Planet Retail 2004r).

Abbildung 40: Geschäftsmodelle im österreichischen Detailhandel

Content Retailer (55–60 % des Gesamtmarkts)	Channel Retailer (20–25 % des Gesamtmarkts)	Global Discounter (20–25 % des Gesamtmarkts)
SPAR	Zielpunkt	Hofer
EUROSPAR	maxi markt	Lidl
INTERSPAR	Nah & Frisch	Mondo
MPREIS	Merkur (REWE) Emma (REWE)	Penny Markt
		Plus

Quelle: Eigene Darstellung

Markteintrittsstrategien von Aldi und Lidl

Discounter spielen in der österreichischen Detailhandelslandschaft eine entscheidende Rolle. Seit Jahren können sie ihre Marktanteile kontinuierlich ausbauen. Mit einem Anteil von mittlerweile ca. 20 % am gesamten Branchenumsatz ist dieses Geschäftsmodell hinter Supermärkten das zweitstärkste Segment. Betrachtet man die jährlichen Zuwachsraten, so ist davon auszugehen, dass die Bedeutung der Discounter in den nächsten Jahren weiter auf Kosten anderer Handelsformate zunehmen wird. Der anhaltende Erfolg dieses Betriebstyps gründet sich vor allem auf die hohe Anspruchshaltung der Konsumenten in Bezug auf den Preis. Österreichische Verbraucher wollen qualitativ ansprechende Waren zu günstigen Preisen erstehen. Dabei legen sie keinen besonderen Wert auf Markenprodukte. Vor diesem Hintergrund konnten die Discounter den Konsumwünschen der Österreicher optimal entsprechen. Da Unternehmen dieses Formats Lebensmittel dank einer aggressiven Einkaufspolitik in grossen Mengen zu niedrigen Preisen erwerben und diese mittels standardisierter Prozesse in ihren Märkten platzieren, sind sie in der Lage, kostengünstiger zu agieren als Supermärkte; folglich haben sie auch mehr Spielraum als diese, den Preis als aggressives Verkaufsargument einzusetzen (Haas 2000, S. 127). Eine weitere Tatsache, die das Wachstum der Discounter in Österreich begünstigt, ist deren überschaubare Verkaufsfläche. Sinkende Verkaufszahlen von Hypermärkten haben gezeigt, dass Österreicher es vorziehen, ihre Einkäufe in kleineren und überschaubareren Einkaufsstätten zu tätigen (Euromonitor 2004g). Discounter entsprechen mit ihrer übersichtlich gehaltenen Verkaufsfläche und einer standardisierten Ladenaufteilung dem Wunsch der Konsumenten nach Vereinfachung.

Das Discount-Segment Österreichs wird massgeblich bestimmt von der Aldi-Tochter Hofer. Entgegen seiner sonst üblichen Strategie eines organischen Wachstums erwarb die deutsche Aldi Süd GmbH & Co. KG das österreichische Traditionsunternehmen bereits 1967 im Rahmen ihrer ersten Auslandsexpansion (*Lebensmittelzeitung* 2004x). Damit verfügte das Unternehmen schlagartig über ein etabliertes Filialnetz in Österreich. Aldi profitierte vom bereits etablierten Markennamen des österreichischen Händlers und baute dessen Marktanteil in den folgenden Jahren kontinuierlich aus. Mit 16 % Marktanteil ist Hofer heute drittstärkste Kraft in der österreichischen Handelslandschaft (*Cash* 2005a). Hofer verfügt genau wie das Stammhaus Aldi über stark standardisierte Prozesse und kann als klassischer Hard Discounter bezeichnet werden. Im Gegensatz zu Aldi ist Hofer in seiner Struktur jedoch dezentral aufgebaut (Euromonitor 2004g). Zu diesem Zweck wurde Österreich vom Unternehmen in sieben strategische Geschäftseinheiten aufgeteilt. Die Manager der Geschäftseinheiten koordinieren jeweils zwischen 40 und 50 Filialen in ihrer Region. Ein hohes Mass an Entscheidungsautonomie schafft Motivation vor Ort und eröffnet dem Unternehmen zahlreiche Möglichkeiten zu weiterer Expansion (Euromonitor 2004g). Die lokale Marktkenntnis hat sich für Aldi gerade vor dem Hintergrund der komplizierten administrativen Struktur Österreichs mit seinen neun Bundesländern als Erfolgsfaktor herausgestellt. Hofer-Märkte vertreiben ausschliesslich Aldi-Eigenmarken, die aufgrund der langen Marktpräsenz des Unternehmens und der konstanten Produktqualität einen ausgezeichneten Ruf bei den österreichischen Verbrauchern geniessen. Die Verkaufsfläche der Filialen beträgt stets um die 900 Quadratmeter (Euromonitor 2004g). Der Sortimentsumfang ist stark standardisiert und entspricht mit 650 Produkten genau dem deutschen (*Lebensmittelzeitung* 2004x). Aldi betreibt derzeit 340 Hofer-Filialen in ganz Österreich, wobei das Unternehmen vor dem Hintergrund einer stärker werdenden Konkurrenz weiterhin stark expandiert (Hofer 2005). Wie auch in anderen Ländern versucht Hofer, Kunden durch ständig wechselnde Angebote aus dem Non-Food-Bereich in die Filialen zu locken. Das weitere Wachstum von Hofer wird durch den komplizierten und langwierigen Vergabeprozess von Baubewilligungen für neue Verkaufsstellen gebremst (Euromonitor 2004g).

In einem für den stark standardisiert arbeitenden Discounter unüblichen Schritt diversifiziert das Unternehmen daher auch in lukrative neue Geschäftsbereiche, die ausserhalb des ursprünglichen Lebensmittel-Discount-Konzepts liegen: In Kooperation mit der österreichischen Eurotours-Gruppe begann Hofer zum Ende des Jahres 2003 mit dem Vertrieb von Billigreisen (Euromonitor 2004g). Kunden können aus einem wöchentlich wechselnden Angebot von acht Reisen auswählen. Die Reise kann per Internet oder Telefon gebucht werden und wird im Anschluss nur noch in der Hofer-Filiale bezahlt. Bei variierenden Zielen in Europa und Übersee plant Hofer einen jährlichen Absatz von 50 000 Reisen (Euromonitor 2004g).

Die Neckarsulmer Lidl & Schwarz GmbH & Co. KG begann erst 1998 mit der Marktbearbeitung von Österreich (*Lebensmittelzeitung* 2004w). Lidl wählte die für das Unternehmen charakteristische Strategie einer Sprungexpansion. Nach der ersten Ladeneröffnung in Wien öffneten im Folgemonat gleich 17 Lidl-Märkte im ganzen Land ihre Tore (Euromonitor 2004g). Derzeit betreibt das Unternehmen 79 Filialen im Land und kommt auf einen Marktanteil in der Lebensmitteldetailhandelsbranche von 2,1 % (*Cash* 2005a). Mit 900 Produkten ist das Sortiment von Lidl traditionell grösser als das des Konkurrenten Aldi. Um die Betriebskosten weiter senken zu können, hat das Unternehmen den Anteil der Markenprodukte im Vergleich zum deutschen Heimatmarkt stark reduziert (Euromonitor 2004g). Lidl passt sich mit der Grösse der Verkaufsstelle an die lokalen Gegebenheiten an. So variieren die Outlets des Unternehmens mit Flächen von 500 bis 1000 Quadratmetern relativ stark. Im Gegensatz zum Konkurrenten Aldi, der es dank geschickter Marketingkampagnen und der Beibehaltung des etablierten Markennamens Hofer geschafft hat, sich ein gutes Image aufzubauen, gelang es Lidl bisher nicht, sich als Einkaufstätte für preissensible Shopper eindeutig zu profilieren. Lidl-Filialen sind oft in sozial schwachen Quartieren angesiedelt, sodass dem Unternehmen das Image eines Geschäftes «für arme Leute» nachhängt (Euromonitor 2004g). Lidl plant dennoch, sein Filialnetz in Österreich kontinuierlich auszubauen; dabei hofft Lidl langfristig, sich als Alternative zu Hofer positionieren zu können. Ein gegenüber dem Discount-Marktführer konsequent durchgehaltener Preisvorteil von 1 % gilt in diesem Zusammenhang als wichtiges Verkaufsargument (Pacher 2005). Strategisch betrachtet dient Österreich der Schwarz-Gruppe aber vor allem als Sprungbrett nach Osteuropa. Durch einen schnellen Roll-Out der Lidl-Discounter Richtung Osten und Südosten plant der Konzern, dem ungeliebten Konkurrenten aus Mülheim zuvorzukommen und sich in Ländern wie Ungarn und Kroatien einen «First-Mover»-Vorteil zu sichern (*Lebensmittelzeitung* 2004z).

Abwehrstrategien bestehender Marktteilnehmer

Von echten Abwehrstrategien bestehender österreichischer Marktteilnehmer kann bei dem hohen Internationalisierungsgrad der österreichischen Detailhandelsszene kaum eine Rede sein. Die Spar-Gruppe als grösstes lokales Handelsunternehmen setzt sich mit seiner Strategie der Betonung der Frische und der Qualität seines Sortiments bewusst von einer alleinigen Fokussierung auf den Preis als Verkaufsargument ab. Damit überlässt das Unternehmen anderen Akteuren das Discount-Segment. Mit annähernd 40 Jahren Markterfahrung in Österreich und über 15 % Anteil am gesamten Detailhandelsvolumen ist Aldi mit seiner Tochter Hofer dabei als fester Bestandteil der lokalen Handelsszene zu rechnen. Das Unternehmen ist zu einem grossen Teil mitverantwortlich für die hohe Preissensibilität der österreichischen Verbraucher. Im Laufe der Zeit haben mehrere lokale Marktteilnehmer versucht, vom Wachstum des Discount-Segments im Land zu profitieren und die Strategie von Aldi nachzuahmen. Die Billa-Tochter Mondo wurde als Discount-Schiene des Konzerns 1983 ins Leben gerufen (Mondo 2005). In der Folgezeit konnte das Unternehmen sein Filialnetz sukzessive ausbauen. Mondo definiert sich als Alternative zur Aldi-Tochter Hofer. Bei Preisen, die auf dem Niveau des Konkurrenten liegen, positioniert sich Mondo Hofer gegenüber vor allem durch ein frischeres Unternehmensimage und zusätzliche Dienstleistungen, wie z. B. ein telefonisches Service-Center. Mondo-Läden verfügen darüber hinaus über eine ansprechendere Ladenatmosphäre als Hofer. Dennoch ist das Unternehmensprofil zu schwach, da es bisher nicht gelingt, den Kunden den Mehrwert gegenüber Hofer bei vergleichbaren Preisen und ähnlicher Sortimentsgrösse glaubhaft zu kommunizieren (Euromonitor 2004g). Eine Umbenennung von Mondo in Penny-Märkte soll der REWE-Tochter strategische Impulse geben. Mit ihrem grösseren Sortiment und einem höheren Anteil an Eigenmarken sind diese besser dazu geeignet, sich von Hofer zu differenzieren.

Tengelmann möchte sich durch Umwandlung von Zielpunkt-Märkten in den Discounter Plus stärker in diesem Segment engagieren. Bisher wurde versucht, sich mit Zielpunkt vor allem qualitativ gegenüber Aldi zu profilieren. Mit dem Motto «frischer als der Diskonter und günstiger als der Supermarkt» und einem Anteil an Markenprodukten positioniert sich dieser Betriebstyp im Vergleich zu Aldi eher als Mischung der beiden Vertriebsformen. Steigende Marktanteile der Tengelmann-Tochter belegen, dass die Abwehrstrategie von Zielpunkt durchaus erfolgreich ist.

Der Neueinsteiger Lidl unterbietet die Preise des Branchenführers Hofer systematisch. Trotz des schlechten Images von Lidl belohnen die preisbewussten österreichischen Verbraucher dies mit nach und nach steigenden Umsatzzahlen.

Die vorgestellten Fälle belegen, dass die Strategie der übrigen Marktteilnehmer auf der einen Seite in der Betonung des Mehrwerts liegt, die sie dem Kunden gegenüber im Vergleich zu Aldi erbringen können. Auf der anderen Seite wird Aldis Anspruch auf Preisführerschaft durch ständige Niedrigpreiskampagnen systematisch entkräftet (Haas 2000, S. 37). Dennoch geht das aggressive Vorgehen von Aldis Konkurrenten weniger zu Lasten dieses Unternehmens. Vielmehr wächst das Discount-Segment auf Kosten aller übrigen Betriebsformen im Land.

Konsequenzen und Ausblick

Durch seine langjährige Präsenz hat der Discounter Aldi die österreichische Handelsbranche entscheidend mitgeprägt und das dortige Discount-Segment überhaupt erst ermöglicht. Dabei gründet sich der Erfolg des Unternehmens nicht allein auf seine beanspruchte Preisführerschaft. Dank einer profunden Marktkenntnis ist es Aldi in Österreich wie in keinem anderen Land ausser dem Mutterland Deutschland gelungen, sich den Wandlungen der Konsumentenbedürfnisse ständig anzupassen. In der frühen Fokussierung auf seine Kernkompetenzen, der starken Standardisierung und der Forcierung des Non-Food-Segments war Aldi in Österreich seiner Zeit voraus und hat es dadurch gar verstanden, Konsumtrends entscheidend zu beeinflussen.

Bedingt durch die Preisempfindlichkeit der Österreicher und den dadurch ausgelösten Siegeszug der Discounter arbeitet der deutsche REWE-Konzern derzeit am systematischen Ausbau seiner Eigenmarken. Aufgrund der bereits erreichten Marktkonzentration hat die österreichische Kartellbehörde dem Unternehmen und seinem direkten Konkurrenten Spar strenge Vorgaben gemacht, die eine weitere Expansion der beiden Branchenführer hemmen sollen (*Cash* 2005c). Spar versucht seinen stärksten Kontrahenten REWE vor allem durch einen konsequenten Ausbau des Filialnetzes im Osten des Landes in Bedrängnis zu bringen. REWE wiederum expandiert verstärkt in den westlichen Bundesländern Österreichs, um die dortige Vormachtstellung von Spar zu brechen (Euromonitor 2004g).

Bedingt durch die hohe Marktsättigung und die ihnen auferlegten Beschränkungen, werden sowohl REWE als auch Spar allerdings vor allem über indirekte Beteiligungen an bestehenden kleineren Marktteilnehmern wachsen (Euromonitor 2004g). Ausserdem verspricht eine zunehmende Diversifizierung in neue Geschäftsbereiche wie E-Commerce und Tourismus weiteres Wachstumspotenzial.

Die aufgezeigten Strukturen der an Edeka Südbayern angegliederten Adeg lassen eine dynamische Entwicklung der Umsatzzahlen des Unternehmens fraglich erscheinen. Umsatzrückgänge in Höhe von 13 % im letzten Jahr weisen darauf hin, dass Adeg sich deutlich stärker auf lokale Kundenbedürfnisse ausrichten sollte, um im österreichischen Markt erfolgreich sein zu können (*Cash* 2005a).

Generell lässt sich jedoch sagen, dass das Discount-Segment weiter auf Kosten der übrigen Branchenteilnehmer wachsen wird. Der seit einigen Jahren hart geführte Preiswettkampf im Detailhandel wird aller Voraussicht nach weiter anhalten, was zu einer fortgesetzten Konsolidierung im Markt führen wird (Euromonitor 2004g). Die sich dadurch verstärkende Preissensibilisierung der österreichischen Verbraucher wird es bei gleichzeitig hoher Akzeptanz der Eigenmarken für die übrigen Geschäftsmodelle schwierig machen, sich effektiv gegenüber den Discountern zu profilieren. Der Detailhandelsmarkt Österreichs wird für ausländische Handelsunternehmen weiterhin ein wichtiger Markt bleiben. Gerade vor dem Hintergrund, dass das Land als traditionelles Tor Mitteleuropas nach Ost- und Südosteuropa geschätzt wird, ist mit weiteren Investitionen in den dortigen Markt zu rechnen. Diese dürften für eine zunehmende Intensivierung der Wettbewerbssituation und eine weiter ansteigende Konzentration im Handel sorgen.

Learnings für den Schweizer Markt

Was sich in Österreich vollzogen hat, kann sich auch in der Schweiz vollziehen. Der Länderbericht enthält warnende und ermutigende Stimmen. Ermutigend ist die Entwicklung der Spar, die sich als «einheimisches» Handelsunternehmen sehr gut behaupten konnte. Strategisch klar aufgestellt und operativ geschickt manövrierend, hat das Unternehmen den EU-Beitritt als Chance beim Schopf gepackt und beinahe die Marktführerschaft erkämpft. Local Heroes sind also durchaus möglich. Die zunehmende Liberalisierung des schweizerischen Detailhandels muss nicht per se im Fiasko enden. Das war die gute Nachricht.

Dennoch warnen zahlreiche Unternehmensbeispiele davor, die Gefahren nicht zu unterschätzen. Die neuen Konkurrenten verlangen die volle Aufmerksamkeit. Warnend sind z. B. die zahlreichen Übernahmen in Österreich. Schutz davor bieten teilweise Kooperationen in Beschaffung, Logistik, Informatik usw., die es allerdings strategiekonform zu entwickeln gilt. Umsatzgrösse spielt nicht bei allen Geschäftsmodellen eine wichtige Rolle. Wer preislich mithalten will, benötigt aber ein gewisses Umsatzvolumen (vgl. Rudolph, 2000, S. 30 ff.).

Das Beispiel Österreich fordert eine proaktive Vorbereitung, denn das Angebot von Lidl und Aldi reduziert sich nicht auf den Preis allein. Mit seiner standardisierten Marktbearbeitung und seinen attraktiven Non-Food-Angeboten arbeitet Aldi in Österreich bereits so lange erfolgreich, dass es nicht nur das Preisbewusstsein der Konsumenten entscheidend zu seinen Gunsten beeinflussen konnte. Auch die qualitativ starken Eigenmarken sind ein Erfolgsgarant von Aldi in Österreich. Proaktive Vorbereitung bedeutet, die Hausaufgaben in zwei Bereichen zu erledigen. Einerseits darf der Preisabstand nicht zu gross ausfallen. Andererseits gilt es, den Mehrwert aus Kundensicht klar zu kommunizieren. Alle genannten Ziele konnte Spar erreichen.

Die Schweizer Detaillisten tun gut daran, ihre Kunden bereits heute mit eigenen *Preiseinstiegslinien* bekannt zu machen. Durch die Einführung von «M-Budget» durch Migros, «Prix Garantie» von Coop und die Eigenmarken von Pick Pay und Denner haben die Schweizer Detaillisten momentan bereits die Gelegenheit, das Verhalten der Verbraucher in Bezug auf ihre Preiseinstiegslinien genau zu studieren. Dieses Wissen kann ihnen beim Markteintritt von Aldi und Lidl und den zu erwartenden Preisoffensiven von Nutzen sein. In diesem Zusammenhang hat der Fall des noch nicht lange zurückliegenden Markteintritts von Lidl in Österreich gezeigt, dass das Unternehmen seinen Marktanteil gerade in der Anfangsphase über eine äusserst aggressive Preispolitik zu vergrössern sucht.

Die Reaktion der übrigen Marktteilnehmer in Österreich belegt aber auch, dass eine alleinige Ausrichtung auf den Preis als Verkaufsargument für die bestehenden Marktakteure nicht vorteilhaft ist. Vielmehr sollten diese versuchen, sich *frühzeitig klar* gegenüber den deutschen Discountern *zu positionieren*. Eine Rückbesinnung auf hoffentlich vorhandene Kernkompetenzen ist vor allem für die Branchenführer Migros und Coop zu empfehlen. Die kleineren Marktteilnehmer sind aufgefordert, den Kunden transparent den Mehrwert des eigenen Unternehmens zu präsentieren. Vor allem diese beiden Unternehmen laufen ansonsten Gefahr, von der aktiven Preispolitik der deutschen Discounter überrollt zu werden.

Allen Branchenteilnehmern im Schweizer Detailhandel sei insbesondere empfohlen, die bei den Schweizer Konsumenten vorhandenen Ansprüche an Qualität und Frische der Lebensmittel sowie eine attraktive Sortimentsvielfalt durch eine *aktive Kommunikationspolitik* wach zu halten. Das österreichische Beispiel hat gezeigt, dass es ihnen anhand genau dieser Dimensionen möglich sein sollte, sich gegenüber den deutschen Discountern zu profilieren. Die Gefahr besteht zum heutigen Zeitpunkt in der einseitigen Preiskommunikation, die die Konsumenten dazu erzieht, nur noch auf den Preis zu schauen. Sie kaufen dann die Preisreduktion und nicht mehr die Produktqualität. Durch eine einseitige Preiskommunikation wird der Preis soweit in die Höhe gehoben, dass die eigentlichen Wettbewerbsvorteile der etablierten Händler von den Konsumenten kaum noch in Betracht gezogen werden. Über diese kostenlose Werbung freuen sich die Discounter; die Nicht-Discounter schaufeln sich damit – so die Erfahrung in Österreich – ihr eigenes Grab.

Dänemark

Marktteilnehmer im Detailhandel

Dänemark liegt mit einer Fläche von 43 094 Quadratkilometern und 5 413 392 Einwohnern im Juli 2004 (CIA 2005a) zwischen Mitteleuropa und Skandinavien. Es kann daher von Grösse und wirtschaftlicher Bedeutung als in etwa vergleichbar mit der Schweiz angesehen werden. Die Schweiz verfügt jedoch über eine grössere Bevölkerungszahl. Anders als dort konzentriert sich die dänische Bevölkerung jedoch stärker in einem grossen Ballungszentrum: Ein Viertel aller Dänen lebt im Grossraum Kopenhagen, während es in der Schweiz neben Zürich weitere wichtige Agglomerationszentren gibt. Das dänische Bruttosozialprodukt pro Kopf liegt mit 39 755 Euro im Jahr 2004 nur knapp unter dem der Schweiz (41 800 Euro, CIA 2005). Somit zählt Dänemark zu den wohlhabendsten Ländern Europas und ist auch in dieser Hinsicht der Schweiz fast ebenbürtig. Die dänische Wirtschaft wuchs im Jahr 2003 lediglich um 0,3 %. Dies schlug sich ebenfalls im zurückhaltenden privaten Verbrauch nieder. Als Gründe hierfür sind die schwierige konjunkturelle Lage und das allgemeine geopolitische Klima zu nennen (Euromonitor 2004b). Aufgrund der Konzentration der Bevölkerung in grenznahen Räumen hat der dänische Handel, ähnlich wie auch der Schweizer, mit permanenten Umsatzeinbussen durch Abwanderung der Kaufkraft ins benachbarte Ausland zu kämpfen (Euromonitor 2004b). Dänen kaufen gerne in den für sie günstigeren Nachbarländern Deutschland und Schweden ein. Ausserdem ist ein Trend in der Bevölkerung hin zum «One-Stop-Shopping» beobachtbar. Einkaufszentren erfreuen sich daher wachsender Beliebtheit. Der Detailhandel verwendet zunehmend mehr Regalfläche für Produkte aus dem Non-Food-Bereich, die den Unternehmen grössere Gewinne versprechen und neue Kunden in die Geschäfte locken sollen. Dänen sind ähnlich wie Schweizer sehr bemüht, qualitativ hochwertige Lebensmittel einzukaufen, so dass lokale Produkte und Frischwaren einen hohen Stellenwert geniessen. Veränderte Lebensbedingungen sorgen zudem dafür, dass Convenience-Produkte und Fertiggerichte der Branche zusätzliche Umsätze einbringen (Euromonitor 2004b). Gleichzeitig macht sich auch bei den Dänen seit mehreren Jahren ein nicht nur konjunkturbedingt verstärktes Preisbewusstsein bemerkbar. Dies hat zu einer Blüte der Discounter geführt, die heute bereits ein Drittel des dänischen Detailhandelsumsatzes für sich verbuchen können (*Dansk Handelsblad* 2005). Die Akzeptanz der Dänen gegenüber dieser Vertriebsform kann als sehr gross bezeichnet werden; Discounter sind die neuen Nachbarschaftsversorger, die die herkömmlichen Tante-Emma-Läden mehr und mehr ablösen.

In der Struktur der Vertriebsformen des Detailhandels zeichnet sich eine der Schweiz ähnliche Entwicklung ab: Die Zahl der unabhängigen Händler nimmt in Dänemark kontinuierlich ab. Für das Jahr 2003 wurden insgesamt 31 350 Verkaufsstellen im Handel gezählt, wovon 8083 auf den Detailhandel entfielen (Euromonitor 2004b). Grosse Handelsketten haben im Land jedoch nicht die höchste Bedeutung. Sie kommen im Jahr 2003 auf 3803 Verkaufsstellen (Euromonitor 2004b); das Gros des dänischen Einzelhandels ist genossenschaftlich organisiert (*Lebensmittelzeitung* 2004f). Hierbei zeichnet sich doch seit einigen Jahren ab, dass die fragmentierte Struktur des dänischen Detailhandels zunehmend einer stärker polarisierten Handelslandschaft mit grossen Unternehmen und stärker zentralisierten Vereinigungen weicht (Euromonitor 2004b). Die beiden grössten Marktteilnehmer, Coop Denmark A/S und Dansk Supermarked A/S, kommen insgesamt bereits auf einen Marktanteil von 63 %. Daneben spielen im Detailhandel noch Aldi Marked KS, Rema1000 A/S und ICA-ISO A/S eine Rolle, neben den bisher noch nicht organisierten unabhängigen Händlern (*Abbildung 41*).

Abbildung 41: Marktanteile im dänischen Detailhandel 2003

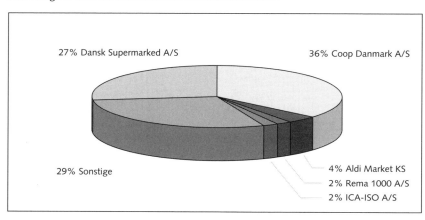

Quelle: Euromonitor 2004b

Coop Danmark A/S (auch bezeichnet als FDB) ist die dänische Kooperative im Bereich Handel und Grosshandel. Von seiner Bedeutung für die dänische Gesellschaft kann das Unternehmen mit der Schweizer Migros verglichen werden. Die Einnahmen des Unternehmens betrugen in 2003 36 % des dänischen Detailhandelsvolumens in Höhe von 30,916 Mrd. Euro (Euromonitor 2004b). Im Januar 2002 schloss sich die Kooperative mit ihrem schwedischen Pendant Kooperativa Förbundet und der norwegischen Coop NKL zur Coop Norden zusammen. Coop Danmark A/S hält 38 % Anteile des neu geschaffenen Konglomerats (Euromonitor 2004b). Bis Mitte 2004 hatte jede der einzelnen Landesgesellschaften einen eigenen Geschäftsführer, seit diesem Zeitpunkt wird die Gruppe jedoch zentral von einem Geschäftsführer gesteuert (Børsen 2004a).

Der vormals lose Charakter des Zusammenschlusses findet Ausdruck in der Vielzahl der von Coop Danmark betriebenen Handelsformen. So betreibt das Unternehmen gleichzeitig die Vertriebsschienen Irma, Kvickly und Kvickly Xtra, SuperBrugsen, Dagli'Brugsen, LokalBrugsen, Fakta und Merlin. Die 60 Irma-Filialen weisen ein hochpreisiges Sortiment mit einem steigenden Anteil an Eigenmarken auf (Irma 2005). Die Kette kann als Content Retailer charakterisiert werden. Die Vertriebsschienen Kvickly (Anzahl 2003: 87) und Kvickly Xtra (Anzahl 2003: 14) sind an moderne Kunden gerichtete Warenhäuser, die in den letzten Jahren die Preise von etwa 300 Produkten um bis zu 15 % gesenkt haben und die als Channel Retailer eingeordnet werden können (Børsen 2004b). Der ebenfalls zur Coop Danmark zählende Vollsortimenter SuperBrugsen ist mit 285 Filialen die grösste Supermarktkette des Landes. Der Schwerpunkt liegt auf Frischeprodukten und Lebensmitteln aus ökologischem Anbau. Das Unternehmen positioniert sich sehr stark über Qualität und Fair Trade. Das Sortiment an Eigenmarken wird bei Verfolgung dieser Zielsetzung sukzessive ausgebaut (SuperBrugsen 2005). Somit kann auch diese Unternehmenssparte der Coop Danmark der Kategorie Content Retailer zugeordnet werden. Neben den SuperBrugsen-Märkten werden unter den Bezeichnungen Dagli'Brugsen und LokalBrugsen auch Nachbarschafts- und Minimärkte betrieben, die vor allem in kleineren Orten wichtige infrastrukturelle Funktionen (Post, Apotheke) ausüben.

Fakta ist als Discount-Schiene von Coop Danmark die zweitgrösste Kette des Landes. Bei derzeit 297 Läden expandiert diese Vertriebsform rasch (Fakta 2005). Wie bei den deutschen Discountern Aldi und Lidl stehen der Preis und ständig wechselnde Angebote im Non-Food-Bereich im Zentrum der Aktivitäten. Neben den bisher genannten Formaten betreibt Coop Danmark noch den mit dem deutschen Media Markt vergleichbaren Elektronikhändler Merlin A/S und den Internet-Shop NETtorvet, der sich wachsender Beliebtheit erfreut (Euromonitor 2004b). Coop Danmark hat seit einiger Zeit Probleme, das Umsatzniveau zu halten. Nach einer Reihe von Preissenkungen kam es in letzter Zeit zu Finanzierungsengpässen, die das Unternehmen zwingen könnten, in Zukunft eher auf Profitabilität als auf den Marktanteil zu achten (*Dansk Handelsblad* 2005). Eine Konsolidierung der Vertriebsschienen scheint wahrscheinlich.

Dansk Supermarked verfügt über einen Anteil von 27 % am Detailhandelsvolumen Dänemarks (Euromonitor 2004b). Im Gegensatz zu Coop Danmark betreibt das zweitgrösste Handelsunternehmen des Landes lediglich drei Formate: føtex, Bilka und Netto. Die erstgenannte und zugleich älteste Unternehmenssparte mit derzeit 71 Niederlassungen stellt eine Art Hypermarkt dar, bei der neben Lebensmitteln auch Bekleidung und ein ausgeprägtes Non-Food-Segment angeboten wird (DSG 2005). Es lässt sich als Channel Retailer einordnen. Bei dem Bilka-Konzept handelt es sich um ein føtex relativ ähnliches Format mit derzeit 13 Filialen, bei dem die Preise wesentlich unter denen von føtex liegen. Dies impliziert im Prinzip eine Einordnung des Formats als Global Discounter. Aufgrund des grossen Sortiments des Hypermarkt-Konzepts ist Bilka bei rund 600 Beschäftigten pro Outlet jedoch eher eine Mischform zwischen dieser Betriebsform und einem Channel Retailer. Der Hard Discounter Netto mit momentan 362 Filialen ist die jüngste Vertriebsschiene von Dansk Supermarked und grösste Kette des Landes (Netto 2005). Aufgrund der wachsenden Popularität ist dieses Handelskonzept neben Dänemark auch in Deutschland, England, Polen und Schweden vertreten.

Dansk Supermarked, an dessen Übernahme die niederländische Ahold NV interessiert ist (Planet Retail 2004d), kann von seiner momentanen Dynamik und seiner Stellung im Markt am ehesten mit der Schweizer Coop verglichen werden. Mittelfristig könnte es dem Unternehmen in Dänemark unter günstigen Voraussetzungen gelingen, die marktbeherrschende Stellung der Coop Danmark zu durchbrechen. Dank einer konsequent verfolgten Unternehmensstrategie mit einer optimal auf die derzeitigen Marktverhältnisse abgestimmten Vertriebsschienenpolitik konnte Dansk Supermarked in letzter Zeit sukzessive Marktanteile hinzugewinnen; heute ist der Konzern bei einer Kapitalrendite von 5,2 % eines der erfolgreichsten europäischen Handelsunternehmen (Euromonitor 2004b).

Ausser dem deutschen Discounter Aldi, auf den im folgenden Teil des Berichts noch näher eingegangen wird, spielen neben unabhängigen, eher regional operierenden Detailhändlern noch die beiden Marktteilnehmer ICA-ISO A/S und Rema1000 A/S mit jeweils 2 % Marktanteil in 2003 eine Rolle in dieser Branche (Euromonitor 2004b). ICA-ISO A/S gehört zum schwedisch-niederländischen Konsortium ICA Ahold AB und bietet qualitativ hochwertige Lebensmittel zu gehobenen Preisen an. Das Unternehmen setzt einen starken Fokus auf Dienstleistungen und operiert mit seinen 13 Filialen (2003) vorwiegend im Grossraum Kopenhagen (Euromonitor 2004b). Die ISO-Supermärkte können als Channel Retailer eingeordnet werden. Der im Franchiseprinzip betriebene Hard Discounter Rema1000 verfügte im Juni 2004 über 111 Filialen (*Lebensmittelzeitung* 2004f). Kapitalmässig ist die Kette eine Mischbeteiligung der norwegischen Reitan Gruppe, die über 67 % der Anteile verfügt, sowie der

Einkaufskooperative Edeka Danmark A/S, die 23 % der Anteile hält. Gleichzeitig ist Rema1000 neben Edeka Deutschland und unabhängigen dänischen Detailhändlern mit 33,33 % an Edeka Danmark A/S beteiligt (*Dansk Handelsblad* 2005). Rema1000 profitiert wie andere Marktteilnehmer auch vom Boom des Discounts in Dänemark und plant, sein Marktengagement auf 300 Filialen im Jahr 2006 auszudehnen (Euromonitor 2004b). Das Unternehmen kann in Dänemark dank des internationalen Engagements der Reitan Gruppe (Norwegen, Schweden, Polen, Estland, Litauen und Ungarn) und der Assoziierung mit Edeka Danmark A/S von sehr guten Einkaufskonditionen profitieren, so dass von ihm in der Zukunft wichtige Impulse für den dänischen Detailhandelsmarkt ausgehen sollten. *Abbildung 42* fasst die geschilderte Branchenstruktur zusammen. Es fällt auf, dass sich Marktteilnehmer in allen drei strategischen Geschäftsmodellen positioniert haben. Dies belegt noch einmal die Konkurrenzintensität des dänischen Detailhandelssektors.

Abbildung 42: Geschäftsmodelle im dänischen Detailhandel

Content Retailer (30–35 % des Gesamtmarkts)	Channel Retailer (25–30 % des Gesamtmarkts)	Global Discounter (30–35 % des Gesamtmarkts)
Irma SuperBrugsen	**Kvickly** **fotex** **ISO**	ALDI LIDL fakta Anetto **REMA 1000**

Quelle: Eigene Darstellung

Markteintrittsstrategien von Aldi und Lidl

Das Discount-Segment in Dänemark macht mittlerweile gut ein Drittel des gesamten Branchenumsatzes aus (*Dansk Handelsblad* 2005). Wie der vorige Abschnitt gezeigt hat, ist es durch die dänischen Marktteilnehmer Netto, Fakta und Rema 1000 sowie Aldi bereits gut besetzt; zusätzlich steht der Markteintritt von Lidl unmittelbar bevor (Planet Retail 2004e).

Der Beginn der Marktbearbeitung des Landes am Skagerrak war für die Aldi Nord GmbH & Co. KG 1977 eine der ersten Auslandsexpansionen (*Le-*

bensmittelzeitung 2002b). Das für den Essener Konzern übliche organische Wachstum mit einem allmählichen Aufbau eines landesweiten Filialnetzes war über lange Jahre ein Verlustgeschäft; erst 1999 konnte das Unternehmen schwarze Zahlen schreiben (Euromonitor 2004b). Im Hinblick auf die Schweiz sollte die von Aldi an den Tag gelegte Hartnäckigkeit den dortigen Detailhändlern zu denken geben. Schuld an der schlechten Wirtschaftslage Aldis war unter anderem das rigorose Festhalten an einem mit Deutschland identischen Sortiment (*Lebensmittelzeitung* 2001).

Die Anpassung an landesspezifische Kundenwünsche brachte für Aldi neben der zunehmenden Akzeptanz des Discount-Marktkonzepts in der dänischen Bevölkerung die Wende (Haas 2000, S. 145). Über Jahre hinweg zweistellige Wachstumsraten beförderten das Unternehmen auf den dritten Rang der dänischen Handelslandschaft (Euromonitor 2004b). Innerhalb des Discount-Segments beträgt der Marktanteil des Konzerns bereits 23 % bei einem Netz von 213 Filialen im Geschäftsjahr 2005 (*Dansk Handelsblad* 2005). Dabei unterscheidet sich Aldi Dänemark in seiner Marktbearbeitung mittlerweile erheblich von der des Stammhauses Aldi Nord GmbH & Co. KG. Das Angebot richtet sich stärker auf lokale Bedürfnisse aus. Frischmilch und Biokost sowie ein freundlicherer Ladenauftritt des dänischen Aldi erinnern eher an das für seine Wandlungsfähigkeit und Innovationen bekannte Pendant Aldi Süd GmbH & Co. KG, das auch den Eintritt in den Schweizer Markt koordiniert (*Lebensmittelzeitung* 2002b). Attraktive und für Aldi eigentlich untypische Angebote, vor allem aus dem Non-Food-Bereich wie beispielsweise Kosmetikprodukte bekannter Markenhersteller, locken zudem zahlungskräftigere Kundenschichten in den Discounter (*Lebensmittelzeitung* 2004g).

Die Neckarsulmer Lidl & Schwarz GmbH & Co. KG ist bis heute noch nicht auf dem dänischen Markt aktiv. Der sich nun offenbar im Mai konkretisierende Markteintritt (Planet Retail 2004e) war vorher bereits diverse Male angekündigt worden. So lieferten die Medien bereits 2001 (*Lebensmittelzeitung* 2001), 2002 (*Lebensmittelzeitung* 2002b) und 2003 (Planet Retail 2003a) diesbezügliche Meldungen. Das Unternehmen betreibt bereits seit einigen Jahren diverse Expansionsbüros in verschiedenen Städten des Landes (*Lebensmittelzeitung* 2002b). Es ist davon auszugehen, dass Lidl das Land, seiner generellen Strategie konform, mit einer Sprungexpansion, bei der mehrere Filialen in verschiedenen Orten des Landes möglichst gleichzeitig öffnen, zu erschliessen gedenkt. Dabei formiert sich innerhalb des Landes Widerstand gegen die von Lidl geplante Expansion: Mindestens zehn Kommunen haben Bauanträge für Lidl-Märkte mit der Begründung «zu hässlich» für Dänemark abgelehnt (*Lebensmittelzeitung* 2004h). In dieser Hinsicht müssen die deutschen Discounter auch bei einem Markteintritt in der Schweiz Fingerspitzengefühl beweisen. Sensibilisiert durch die im Heimatmarkt mit der Veröffentlichung des «Schwarz»-Buches (Giese, Hamann 2004) aufgedeckten Probleme des U‍reich Personalpolitik, hat Lidl bereits im Vorfeld der Eröf‍Dänemark mit den dortigen Gewerkschaften Partnerscha‍schlossen (Planet Retail 2004f).

Es wird davon ausgegangen, dass Lidl bei seinem Mar‍nehin schon hochkompetitive Discount-Segment Dänema‍Marktanteile über eine aggressive Niedrigpreispolitik zu ge......... (Haas 2000, S. 37). So soll der deutsche Hard Discounter Produkte mit bis zu 25–30 % niedrigeren Preisen als die Konkurrenz anbieten (Planet Retail 2003b).

Abwehrstrategien bestehender Marktteilnehmer

Aldi kann mit fast 30 Jahren Erfahrung in Dänemark bereits zu den etablierten Marktteilnehmern gerechnet werden. Im Folgenden wird daher der Fokus auf die Abwehrstrategien der bestehenden Akteure auf den Eintritt Lidls gelegt. Dieses für das Frühjahr 2005 geplante Ereignis wird von der Branche mit weniger Nervosität erwartet als der Markteintritt der deutschen Discounter in anderen skandinavischen Ländern wie z. B. Norwegen (*Lebensmittelzeitung* 2004i). Das dänische Discount-Segment ist bereits heute schon hart umkämpft, sodass es für Neulinge keine leichte Aufgabe ist, Fuss zu fassen.

Ähnlich der Strategie von Denner in der Schweiz versuchen auch die bisher in Dänemark aktiven Discounter, ihre Marktposition durch weitere Expansionen zu stärken (Planet Retail 2003c). Gegen die bevorstehende Expansion sollen dadurch strategische Mobilitätsbarrieren im Sinne von Haas (2000, S. 97) aufgebaut werden. Neben einem Ausbau des Filialnetzes bedienen sich die Marktteilnehmer auch anderer Strategien. Das grösste dänische Handelsunternehmen, Coop Danmark, senkte vorübergehend die Preise über alle Vertriebsschienen hinweg. So sollten Kunden auf die verbesserten Einkaufskonditionen durch den Beitritt des Unternehmens zu Coop Norden aufmerksam gemacht werden (Planet Retail 2004h). Daneben baut das Unternehmen seine Discount-Schiene Fakta sukzessive aus. Auf diese Weise will es seine Marktposition konsolidieren und den Marktführer Netto in Bedrängnis bringen (Euromonitor 2004b). Supermärkte des Formats SuperBrugsen werden seit einiger Zeit zu Discountern der Fakta-Kette umfirmiert (Planet Retail 2004i). Ausserdem geht Coop Danmark verstärkt dazu über, die auf dieser Schiene vertriebenen Eigenmarken auszubauen (Planet Retail 2005a).

Die Discount-Kette Rema1000 der norwegischen Reitan-Gruppe verfügt dank der Kooperation mit Edeka Danmark über sehr gute Einkaufskonditionen. Basierend auf dem vorhandenen finanziellen Rückhalt des Stammhauses soll eine schnelle Expansion vorangetrieben werden, um Lidl auf diese Weise zuvorzukommen (Planet Retail 2003d). Die Franchisestrategie dieses Geschäftsmodells ist in diesem Zusammenhang hilfreich für eine rasche Multiplikation.

.t im Moment ebenfalls auf einen weiteren Ausbau des Filialnetzes ...etail 2004g). Mit dem Markteintritt von Lidl ist Aldi am ehesten in ...age, Paroli zu bieten. Vermutlich senkt Aldi proaktiv die Preise.

Konsequenzen und Ausblick

Die im nationalen Vergleich kleineren Discounter Aldi und Rema1000 sind sicherlich eher durch Lidls bevorstehenden Markteintritt herausgefordert als die dominanten Akteure der Branche. Lidl könnte ihnen die Rolle als Alternative zu den Marktgrössen Netto und Fakta abnehmen. Die Discount-Tochter Netto des Dansk Supermarked verfügt mit momentan 45% Marktanteil über eine herausragende Rolle im Discount-Segment (Euromonitor 2004b). Diese Position ist jedoch gefährdet, was die höheren Zuwachsraten der anderen Discount-Ketten belegen. Der Dansk Supermarked Konzern expandierte in den letzten Jahren stark ins europäische Ausland. Dies beanspruchte einen Grossteil der ihm zur Verfügung stehenden Kapitalreserven. Ein erneuter Fokus auf den Heimatmarkt mit seinem sich durch den Markteintritt Lidls noch verschärfenden Wettbewerb könnte für das Unternehmen unabdingbar sein. Ansonsten riskiert es, dort Marktanteile zu verlieren (Euromonitor 2004b). Eine Zunahme der Wettbewerbsintensität ist auch wegen der bestehenden internationalen Vernetzungen aller Marktteilnehmer wahrscheinlich. Die Verhandlungspositionen gegenüber Lieferanten sind bei allen Akteuren aufgrund der durch die Globalisierung der Handelsbranche geknüpften Verbindungen gestärkt.

Allgemein gesprochen scheinen die marktanteilsmässig kleineren Discounter Aldi, Rema1000 und Lidl eher in der Lage zu sein, Preisakzente zu setzen. Sie alle verfügen über ein effizientes und stark standardisiertes Betriebskonzept (Haas 2000, S. 127). Coop Danmark besitzt mit Fakta ebenfalls eine erfolgreiche Discount-Schiene, doch besteht die Gefahr, dass im Unternehmen aufgrund der Vielzahl an Vertriebskonzepten Koordinationsprobleme auftreten. In diesem Fall könnte die Finanzierung solch einer differenzierten Marktbearbeitung nicht mehr gewährleistet sein. Dansk Supermarked wiederum verfügt über eine schlanke Struktur der Vertriebslinien. Dennoch ist das Unternehmen dazu angehalten, den Heimatmarkt wegen der bevorstehenden Veränderungen wieder stärker in den Mittelpunkt zu rücken. Mittelfristig könnte eine Beteiligung der niederländischen Ahold-Gruppe die Konsolidierung des Konzerns unterstützen.

Learnings für den Schweizer Markt

Der dänische Discountmarkt ist wettbewerbsintensiver als der Schweizer, was mit der fortgeschrittenen EU-Integration Dänemarks zusammenhängt. Diese ist dafür verantwortlich, dass Handelsbeschränkungen schon vor Jahren aufgehoben wurden. Der Markteintritt Aldis in den 1970er Jahren hat nicht unmittelbar die traditionellen Strukturen des dänischen Detailhandels verändert; er diente dem Markt wohl aber als Katalysator, dort vorhandenes Potenzial aufzudecken. Eine ähnliche Tendenz lässt sich bereits vor dem Markteintritt der deutschen Discounter in die Schweiz beobachten. Die lokalen Detaillisten *senkten* schon *im Vorfeld* die *Preise* und stärkten den Eigenmarkenanteil durch sukzessiven Ausbau.

Aldi hat aus den in Dänemark begangenen Fehlern in punkto verfehlter Sortimentspolitik gelernt und ist, so wie auch mittlerweile Lidl, nun wesentlich besser in der Lage, sich effizient an unterschiedliche Marktbedingungen anzupassen. Die insgesamt sehr stark auf den Preis ausgerichtete dänische Handelslandschaft ist nicht mit ihrem traditionell eher Qualität favorisierenden Schweizer Pendant gleichzusetzen. Dennoch sollten Schweizer Detailhändler die Anpassungsfähigkeit und Schlagkraft der mit internationaler Expansion mittlerweile bestens vertrauten deutschen Discounter nicht unterschätzen.

In Dänemark und der Schweiz ist der Detailhandelssektor noch immer stark genossenschaftlich organisiert, wenn auch in abnehmenden Masse. Die allumfassende Popularität der Marke Migros hat in Dänemark kein Pendant. Der dortige dominante Player Coop Danmark erscheint eher schwerfällig und schlecht fokussiert. Die in Dänemark beobachtete Aufteilung des Marktes zwischen den beiden Grossen, bei denen Dansk Supermarked eher im Hypermarktsegment und Coop Danmark eher im Supermarktsegment operieren und die beiden Kontrahenten lediglich im Discount-Segment direkt miteinander konkurrieren, ist so nicht auf die Schweiz übertragbar. Dort stehen einander Migros und Coop in allen Vertriebsschienen gegenüber. Beide bedienen das neu entstehende Schweizer Discount-Segment jedoch bisher kaum. Denner und Pick Pay können von den kleineren Marktteilnehmern Dänemarks insofern lernen, als dass sie auf jeden Fall versuchen sollten, sich in ausgewählten Warengruppen *eindeutig* als Discounter zu *positionieren*. Der First-Mover-Advantage kann ihnen dabei helfen, sich einen grösstmöglichen Marktanteil am Schweizer Discount-Segment zu sichern. Sind die Marktanteile erst einmal vergeben und assoziieren die Schweizer einen der Teilnehmer als den *optimal auf ihre Bedürfnisse* ausgerichteten Discounter, so wird es schwer für Neulinge. Negativ wirkt sich diesbezüglich auch der Medienrummel aus, den der Markteintritt der beiden deutschen Kontrahenten hervorruft. Zudem scheinen sie weniger gut auf einen Preiskrieg vorbereitet als die kampfpreiserfahrenen und klar positionierten Discounter Dänemarks.

Belgien

Marktteilnehmer im Detailhandel

Das zweitgrösste der drei Beneluxländer ist mit 10 348 276 Einwohnern (Juli 2004) auf einer Fläche von 30 528 Quadratkilometern fast doppelt so dicht besiedelt wie die Schweiz (CIA 2005b). Als EU-Regierungssitz profitiert Belgien sehr stark von der europäischen Integration. Europäische Einrichtungen haben im Land wichtige Arbeitsplätze geschaffen. Der Zuzug von EU-Abgeordneten und EU-Verwaltungsbeamten aus den neuen Beitrittsländern macht sich in der dynamischen Kaufkraftentwicklung der Region Brüssel im letzten Jahr bemerkbar.

Belgien ist ein hochkomplexes Staatengebilde, das nach internen Spannungen per Verfassungsänderung 1993 in einen Bundesstaat mit den beiden autonomen Provinzen Flandern und Wallonien umgewandelt wurde. Die politisch stets auf Ausgleich bedachten Belgier haben drei Regierungsebenen; neben einer föderalen und zwei regionalen Regierungen gibt es wegen der deutschen Minderheit in Ostbelgien auch noch Regierungen auf der Ebene der drei Sprachräume (CIA 2005b). Dies führt zu einer der Schweiz ähnlichen Unklarheit über die Verteilung von Kompetenzen auf Verwaltungsebene. Gewerbebestimmungen werden von Region zu Region und oft von Stadt zu Stadt unterschiedlich interpretiert und angewendet. Die Vergabe von Bewilligungen variiert oft stark, und der Genehmigungsprozess beim Bau und bei der Einrichtung neuer Verkaufsstellen im Handel wird erheblich erschwert. Dazu kommen noch durchaus mit der Schweiz vergleichbare Auflagen an die Umweltverträglichkeit von Bauvorhaben (Euromonitor 2004a).

Das belgische Bruttosozialprodukt pro Kopf liegt mit 24 319 Euro in 2003 unter dem der Schweiz, jedoch deutlich über dem europäischen Durchschnitt (Euromonitor 2004a). Trotz der schwierigen globalen Lage konnte die belgische Wirtschaft im Jahr 2003 mit 2,2 % ein überdurchschnittliches Wachstum verzeichnen. Dies schlug sich auch auf den privaten Verbrauch nieder. Die Konsumausgaben im Handel wuchsen in diesem Zeitraum leicht und betrugen zum Jahresende 2003 53 497 Mrd. Euro (Euromonitor 2004a). Im Non-Food-Bereich wurden etwas über 52 % der Gesamtausgaben getätigt. Der belgische Konsument kann als körperbewusster Geniesser bezeichnet werden. Er verwendet einen im europäischen Vergleich überdurchschnittlichen Teil seines Einkommens für Lebensmittel und Hygieneprodukte. Bemerkenswert ist, dass die Einwohner des französischsprachigen Wallonien im Jahr 2002 Handelsausgaben von 14 143 Euro pro Person tätigten; der Wert im niederländisch sprechenden Flandern dagegen betrug 13 427 Euro (Euromonitor 2004a). Von der französischen Kultur beeinflusste Wallonen geben daher einen überproportional grossen Teil ihres Einkommens für Konsum aus, während sich Flamen aus dem reicheren Norden des Landes eher sparsam und preisbewusst wie ihre niederländischen Sprachgenossen verhalten. Interne Divergenzen in Bezug auf das Kaufverhalten gibt es auch innerhalb der Schweiz (Euromonitor 2004e). Hierzulande konnte beispielsweise im Bereich E-Commerce beobachtet werden, dass Deutschschweizer grössere Konsumausgaben tätigen und andere Präferenzen bezüglich besuchter Einkaufssites aufweisen als ihre französischsprachigen und italienischsprachigen Landsleute (Rudolph/Schröder 2004, S. 59).

In ihrer Struktur ist die physische Distribution Belgiens noch traditionell geprägt. Wie auch in der Schweiz übernehmen Ortszentren weiterhin eine wichtige Funktion bei der Versorgung der Bevölkerung. Die Bedeutung von Einkaufszentren ist jedoch auch in diesem Land steigend.

Grosse nationale und internationale Handelsketten werden von der belgischen Regierung zu Gunsten des Schutzes kleiner, unabhängiger Detaillisten benachteiligt (Euromonitor 2004a). Aus diesem Grund vereinen die drei grössten Handelsunternehmen Carrefour, Delhaize Le Lion und Colruyt insgesamt 47 % des Gesamthandelsvolumens auf sich (Euromonitor 2004a). Der Sektor wird derzeit noch von den unabhängigen Detaillisten dominiert, die mehr als 50 % aller Umsätze tätigen. Nach und nach holen die Handelsketten jedoch auf, da sie über höhere Umsätze pro Outlet verfügen. Langfristig kommen sie dank der absolut umgesetzten Menge zu besseren Einkaufskonditionen und sind so wettbewerbsfähiger. So wird es auch in Belgien zu einer weiteren Konzentration kommen. Im belgischen Lebensmitteldetailhandel ist diese bereits weiter fortgeschritten als im Handel insgesamt. Dies liegt vor allem an den zahlreichen unabhängigen Akteuren im Non-Food-Bereich (Euromonitor 2004a).

Der belgische Markt für Lebensmittel ist stark umkämpft. Ähnlich wie in der Schweiz kann auch er als gesättigt bezeichnet werden. Die drei grössten Lebensmittelhändler sind gleichzeitig auch die insgesamt umsatzstärksten Händler des Landes. So kommen Carrefour, Delhaize Le Lion und Colruyt im Lebensmittelsektor zusammen immerhin auf knapp die Hälfte aller Umsätze (*Abbildung 43*). Daneben sind noch Aldi, Louis Delhaize, Lidl, Group Mestdagh und Intermarché von Bedeutung. Im Vergleich dazu ist die Konzentration in der Schweiz ähnlich weit fortgeschritten. Hierzulande vereinen die beiden grössten Detailhändler Migros und Coop zusammen 47 % auf sich (*Tages-Anzeiger* 2005).

Abbildung 43: Marktanteile im belgischen Detailhandel 2003

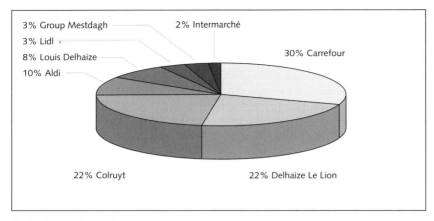

Quelle: Euromonitor 2004a

Obwohl die bisherige Konzentration der belgischen Handelsbranche noch nicht sehr weit fortgeschritten ist, durchlief der Sektor der multiplen Distribution in den letzten Jahren eine turbulente Phase. Wichtige Ereignisse waren in diesem Zusammenhang das Auseinanderbrechen des grössten belgischen Handelsunternehmens, der GIB-Holding im September 2002 (Ackermans & van Haaren 2003), sowie der Rückzug des angeschlagenen niederländischen Laurus-Konzerns aus Belgien im September 2003 (*Lebensmittelzeitung* 2003c). Diese Vorkommnisse hatten einen nachhaltigen Einfluss auf die belgische Handelsszene. So bot sich den bestehenden Marktteilnehmern in beiden Fällen die Gelegenheit, ihr Filialnetz im aus den oben beschriebenen Gründen eher expansionsträgen belgischen Umfeld sprunghaft zu erhöhen. GIB war eine Holding, deren wichtigste Vertriebsschienen die unter der Bezeichnung GB geführten Hypermärkte und Supermärkte sowie die Brico-Heimwerkergeschäfte waren (The Retail Industry 2003). Hauptnutzniesser des Endes von GIB war die französische Carrefour-Gruppe (Euromonitor 2004a). Sie akquirierte sowohl die Hypermärkte als auch die Supermärkte der GIB-Holding. Damit verwies sie die traditionelle Nummer eins der belgischen Handelsbranche, Delhaize Le Lion, auf Platz zwei.

Ausserdem profitierte Carrefour von der negativen Umsatzentwicklung des niederländischen Laurus-Konzerns. Dieser entschloss sich Anfang 2003 das Marktengagement im Nachbarland aufzugeben (*Lebensmittelzeitung* 2003d). Carrefour erwarb auf diese Weise 43 Outlets des ehemaligen Konkurrenten (Euromonitor 2004a).

In Belgien betreibt Carrefour eine Reihe verschiedener Geschäftsmodelle: Carrefour, Super GB, Super GB Partner, Contact GB, GB Express und Rob Fine Foods (Carrefour 2005). Der klassische Carrefour-Hypermarkt, der als Channel Retailer bezeichnet werden kann, verfügte 2003 über 57 Outlets (Euromonitor 2004a). Hierbei bleibt zu erwähnen, dass alle ehemaligen GB-Hypermärkte der GIB-Gruppe in das Carrefour-Konzept integriert wurden. Die GB-Supermärkte werden je nach Verkaufsfläche unterteilt in die grösseren Super-GB-Märkte (2003: 73 Verkaufsstellen) und ihre kleineren Pendants Super-GB-Partner (2003: 222 Verkaufsstellen, Euromonitor 2004b). Die Positionierung der Super-GB-Märkte verläuft eindeutig über Frische und Qualität zu wettbewerbsfähigen Preisen. Dadurch lässt sich diese Vertriebsform ansatzweise als Content Retailer charakterisieren. Im Supermarktsegment betreibt Carrefour noch das Format Rob Fine Foods. Mit nur einem Flagship Store und einem durchaus erfolgreichen Online-Shop richtet sich dieses Geschäftsmodell an zahlungskräftige Käuferschichten (Rob 2005). Dank hochwertiger Fertiggerichte und saisonaler Raritäten kann Rob Fine Foods als echter Content Retailer eingestuft werden. Contact GB (2003: 118 Verkaufsstellen) und GB Express (2003: 22 Verkaufsstellen) sind Nachbarschaftsläden, die ebenfalls unter der Dachmarke GB betrieben werden (Euromonitor 2004a).

Bis zum Ende des GIB-Konzerns im September 2002 war das bereits 1867 gegründete Delhaize Le Lion klarer Marktführer in Belgien. Obwohl der Konzern ebenfalls Verkaufsstellen von GIB übernahm (Planet Retail 2003e), konnte ein Zurückfallen hinter Carrefour auf den zweiten Platz in der Rangliste der grössten belgischen Handelsunternehmen nicht verhindert werden. Neben Aktivitäten im belgischen Heimatmarkt ist Delhaize Le Lion weltweit aktiv. Der Schwerpunkt der Geschäftsaktivitäten liegt dabei auf den USA (Euromonitor 2004a).

Das Unternehmen verzeichnete im Geschäftsjahr 2004 rückläufige Umsatzzahlen. In diesem Zeitraum setzte Delhaize Le Lion etwa 18,8 Mrd. Euro um; davon entfielen 3,9 Mrd. Euro auf den Heimatmarkt Belgien und 12,7 Mrd. Euro auf die USA (Progressive Grocer 2005). Im Stammland betreibt das Unternehmen insgesamt fünf Konzepte im Lebensmitteldetailhandel: Delhaize Le Lion, AD Delhaize, City Delhaize, Proxy Delhaize und Shop'n'Go. Im Vertriebsschienenkonzept von Delhaize Le Lion findet sich kein Hypermarkt; das klassische Geschäftsmodell des Delhaize-Le-Lion-Supermarkts ist mit 120 Verkaufsstellen in 2003 als Content Retailer einzuordnen. Die Supermärkte dieses Formats legen grossen Wert auf Frische und hohe Produktqualität. Wichtige Bestandteile des Sortiments sind im Supermarkt hergestellte Zubereitungen im Food-Bereich, Weine sowie Produkte aus biologisch kontrolliertem Anbau (Delhaize 2005). Die Delhaize-Le-Lion-Supermärkte definieren sich traditionsgemäss nicht in erster Linie über niedrige Preise.

Das Format AD Delhaize ist konzeptionell ähnlich wie die klassischen Delhaize-Supermärkte ausgerichtet. Die derzeit 186 Märkte der Kette werden im Franchisemodell betrieben und verfügen generell über längere Öffnungszeiten als die klassischen Supermärkte von Delhaize Le Lion (Delhaize 2005). Die Convenience-Märkte von City Delhaize (2003: 18 Outlets) sind auf anspruchsvolle Kunden ausgerichtete Erlebnismärkte mit ebenfalls verlängerten Öffnungszeiten (Euromonitor 2004b). Die Geschäftmodelle Proxy Delhaize (2003: 126 Outlets) und Shop'n'Go (2003: 24 Outlets) sind ebenfalls Convenience-Märkte, die sich wie alle übrigen Vertriebsschienen des Konzerns am besten in die Kategorie Content Retailer einordnen lassen. Das Geschäftsmodell von Delhaize Le Lion kann als stringent bezeichnet werden. Unter einer identischen Dachmarke variieren je nach Vertriebsschiene lediglich die Ladengrösse und der Anteil an Frischeprodukten und Fertiggerichten. Modelle der Sparten Channel Retailer und Global Discounter betreibt Delhaize Le Lion nicht.

Colruyt ist ein starker Wettbewerber im Detailhandel für Lebensmittel in Belgien. Das Familienunternehmen wurde in den 1970er Jahren gegründet; 44,47 % des Stammkapitals der Aktiengesellschaft sind noch immer in Familienbesitz (Colruyt 2005). Neben der Bearbeitung des Stammmarktes Belgien ist das Unternehmen auch in Frankreich engagiert (Euromonitor 2004a). Momentan wird ein Markteintritt in die Niederlande erwogen (Planet Retail 2005b). Colruyt erwarb neben einigen Verkaufsstellen der ehemaligen GIB Holding auch 26 Filialen des Laurus-Konzerns, als dieser sich zum Rückzug aus dem Markt entschloss (*Lebensmittelzeitung* 2003e). Dies ermöglichte dem Unternehmen eine rasche Expansion; der Familienbetrieb verbucht seit Jahren wachsende Umsatz- und Gewinnzahlen (Planet Retail 2005c). Colruyt betreibt drei Konzepte im Lebensmitteldetailhandel: Colruyt, Bio-Planet und Okay. Die erfolgreichste Vertriebsschiene des Konzerns ist der Global Discounter Colruyt, der in 2005 mehr als 170 Outlets betreibt (Colruyt 2005). Seinem Geschäftskonzept konform garantiert das Unternehmen in Colruyt-Discountern die günstigsten Preise des Landes (Planet Retail 2003f). Jedoch ist das Produktsortiment bei Colruyt grösser als bei den klassischen Hard Discountern Aldi und Lidl. Neben einer grossen Frischeabteilung wird auch mehr Wert auf eine ansprechende Ladengestaltung gelegt. Somit positioniert Colruyt sich in Abgrenzung zu den deutschen Branchenkollegen eher als Soft Discounter.

Der Öko-Supermarkt Bio-Planet ist das neuste Vertriebskonzept des Colruyt-Konzerns. Den Kunden werden Produkte aus ökologischem Anbau in mittlerweile zwei stationären Supermärkten (Euromonitor 2004a) und in einem Online-Shop (www.bioplanet.be) dargeboten. Bei einem hohen Anteil von Eigenmarken im 6500 Produkte starken Sortiment kann Bio-Planet als Content Retailer eingeordnet werden (Bio-Planet 2005). Die Convenience-Märkte der Vertriebsschiene Okay verfügten im Jahr 2003 über 16 Outlets. Die

Abbildung 44: Geschäftsmodelle im belgischen Detailhandel

Content Retailer (20–25 % des Gesamtmarkts)	Channel Retailer (55–60 % des Gesamtmarkts)	Global Discounter (20–25 % des Gesamtmarkts)
Rob	Carrefour	ALDI MARKT
DELHAIZE		LIDL
AD DELHAIZE		
city DELHAIZE	colruyt	
	SUPER GB	
proxy DELHAIZE	super partner GB	
shop'n go DELHAIZE	Contact GB	
	GB express	
BIO-planet		
OKay		

Quelle: Eigene Darstellung

als Nachbarschaftsmärkte positionierten Okay-Filialen lassen sich aufgrund eines hohen Anteils von Frischeprodukten sowie weiteren, vor Ort abgepackten Lebensmitteln ebenfalls zu den Content Retailern zählen.

Die Supermarktschiene Match der Louis-Delhaize-Gruppe ist das Akquisitionsziel von Unternehmen wie Delhaize Le Lion und der französischen Casino-Gruppe, die damit ihren Markteintritt in Belgien beschreiten könnte (Planet Retail 2004k). Weitere Marktteilnehmer wie Group Mestdagh und Intermarché sind von zu geringer Wichtigkeit, als dass an dieser Stelle auf sie eingegangen werden könnte.

Traditionell achteten die Belgier, ähnlich wie die Schweizer, beim Einkauf in erster Linie auf Qualität und Frische der erworbenen Lebensmittel und nicht auf den Preis. Ein unter anderem durch den Aufschwung des Internet erhöhtes Informationsangebot führte dann jedoch zu einer Verbesserung der

Preistransparenz im Land. Dies und die wirtschaftliche Entwicklung der letzten Jahre führten dazu, dass sich die Grundeinstellung der belgischen Konsumenten geändert hat. Belgier schauen wie die Schweizer, neben der Qualität zunehmend auf den Preis. Die Handelsunternehmen des Landes stellen sich nach und nach auf die gewandelten Bedürfnisse der Konsumenten ein. Dabei profitieren diejenigen Marktteilnehmer, denen die bewusste Ansprache der Kunden über den Preis gelingt, ohne darüber die Bedeutung der eigenen Kernkompetenzen zu vernachlässigen.

Wie *Abbildung 44* belegt, sind alle Geschäftsmodelle im Land vertreten. Content Retailer sind dank der immer noch starken Qualitätsorientierung der Belgier das über alle Marktteilnehmer am häufigsten anzutreffende Geschäftsmodell.

Markteintrittsstrategien von Aldi und Lidl

Discounter spielen eine wichtige Rolle auf dem belgischen Lebensmitteldetailhandelsmarkt. Mit einem Umsatz von 5,665 Mrd. Euro im Jahr 2003 sind sie mit einem Anteil von 22,1 % am Gesamtumsatz der Branche das zweitwichtigste Handelsformat (Euromonitor 2004a). Die Zuwachsrate der Discounter gemessen am Umsatz betrug im Zeitraum 1999–2003 27,6 %. Lediglich die unabhängigen Detaillisten, die Nutzniesser der protektionistischen Handelspolitik der belgischen Regierung sind, verfügen über eine höhere Wachstumsrate (1999–2003: 38,2 %, Euromonitor 2004a). Die Discounter profitieren davon, dass die Qualität ihres Produktsortiments von den Kunden als hoch eingestuft wird. Auf diese Weise können sie sich preislich gegenüber den Supermärkten und Hypermärkten absetzen und auf Kosten dieser beiden Formate wachsen. Wie die Zuwachsraten der Discounter belegen, geht das Konzept der Preisführerschaft der Discounter bisher auf (Haas 2000, S. 37). Belgier honorieren die Strategie der Marktteilnehmer des Discount-Segments mit ansteigenden Einkäufen. Dabei scheint sich besonders Colruyt mit seiner Soft-Discount-Strategie optimal an belgische Verhältnisse angepasst zu haben.

In Belgien operiert Aldi Belgique NV als Tochterunternehmen der Essener Aldi Nord GmbH & Co. KG. Der Markteintritt erfolgte kurze Zeit nach dem Beginn der Geschäftsaktivitäten in den Niederlanden, im Jahr 1991 (*Lebensmittelzeitung* 2002c). Das Unternehmen schlug den gewohnten Weg eines organischen Wachstums ein. Hierbei setzte Aldi zunächst seinen Schwerpunkt der Expansion auf die Grenzregion zu Deutschland. In dieser Gegend verfügte das Unternehmen bereits über eine hohe Bekanntheit. Im Jahr 2003 betrieb Aldi Belgique NV 350 Verkaufsstellen, in denen 1,62 Mrd. Euro umgesetzt wurden (Euromonitor 2004a). Der Marktanteil des Unternehmens betrug zum gleichen Zeitpunkt 6,3 % am gesamten Lebensmitteldetailhandel. In den letzten

Jahren verschärfte Aldi das Wachstumstempo seines Filialnetzes. Dem deutschen Beispiel folgend, schafft es auch Aldi-Belgien, wirtschaftliche Erfolge über eine effiziente Multiplikation des standardisierten Betriebskonzepts zu erreichen (Haas 2000, S. 127). Aldi versucht, seine Position im hart umkämpften belgischen Detailhandelsmarkt durch weitere Expansionen zu stärken. Dabei orientieren sich die belgischen Aldi-Discounter in ihrer Aufmachung und Sortimentsgrösse an den Filialen des Stammunternehmens Aldi Nord.

Für eine Verschärfung des Wettbewerbs im belgischen Discount-Segment ist neben Colruyt auch der weltweit schärfste Widersacher Aldis verantwortlich. Der Discounter Lidl der Lidl & Schwarz GmbH & Co. KG trat kurz nach Aldi 1994 in den belgischen Markt ein (*Lebensmittelzeitung* 1997). Das Unternehmen vermochte es anders als in den Niederlanden nicht, sich durch Zukauf von Filialen schlagartig zu vergrössern. Zudem waren die strengen belgischen Bauvorschriften mit dafür verantwortlich, dass es Lidl nicht gelingen konnte, durch eine sprunghafte Expansion auf sich aufmerksam zu machen. Gezwungenermassen wählte Lidl im belgischen Markt die Strategie des organischen Wachstums. Im Jahr 2003 konnte in den 200 Filialen der Kette ein Umsatz von 430 Mio. Euro verbucht werden (Euromonitor 2004a). Der Marktanteil des Unternehmens betrug im Jahr 2003 nur 1,7 %. Lidl plant, sein Filialnetz bis zum Jahr 2006 auf 250 Verkaufsstellen zu vergrössern (Planet Retail 2003g).

Abwehrstrategien bestehender Marktteilnehmer

Der Markteintritt der deutschen Discounter liegt in Belgien gut zehn Jahre zurück. Das organische Wachstum beider Unternehmen bedeutete, dass sich beide in einer ersten Phase relativ unbehelligt von der Konkurrenz ausbreiten konnten. Aldi und Lidl wurden als eher unwichtig eingestuft. Die kleinen Filialnetze der beiden Widersacher stellten keine akute Gefahr für die zu dieser Zeit den Markt bestimmenden Akteure GIB, Delhaize Le Lion und Carrefour dar. Die bereits dargelegte Zunahme der Preissensibilität bei den Konsumenten hat das Discount-Segment in Belgien insgesamt populärer gemacht. Aldi und Lidl konnten von dieser Entwicklung profitieren. Daneben war auch der belgische Colruyt-Konzern Nutzniesser der veränderten Konsumgewohnheiten.

Carrefour und Delhaize Le Lion müssen sich also nicht nur gegenüber zwei Hard Discountern, sondern auch gegenüber einem Soft Discounter profilieren. Traditionell haben beide Unternehmen einen Fokus auf hochwertige Produkte und einen zuvorkommenden Service gelegt. Dieses Konzept entsprach lange Zeit den Anforderungen des lokalen Marktes. Angeregt durch den Erfolg des Discount-Segments, versuchen sowohl Carrefour als auch Delhaize Le Lion, den Preis als Verkaufsargument stärker zu gewichten. Ähnlich wie die Linie «M-Budget» der Schweizer Migros hat Carrefour das Konzept «Prix N°1» lanciert (Supermarchés GB 2005). Das Sortiment dieser Preiseinstiegsschiene wird kontinuierlich ausgebaut. Carrefour zufolge sind die Produkte von «Prix N°1» die günstigsten Belgiens. Damit positioniert sich das Unternehmen in direkter Konkurrenz zu Colruyt. Bisher hatte der Soft Discounter das Prädikat der günstigsten Produktlinie für sich beansprucht. Mit «Prix N°1», das über alle Vertriebsschienen angeboten wird, versucht Carrefour, die Kunden mit Niedrigpreisangeboten weg von den Discountern und in die eigenen Verkaufsstellen zu locken.

Als Reaktion auf die zunehmende Preissensibilität der Belgier und ähnliche Initiativen der Konkurrenz begann auch Delhaize Le Lion im Jahr 2004, eine Preiseinstiegsschiene unter der Bezeichnung «365» auf den Markt zu bringen (Planet Retail 2004j). Die Produkte dieses Sortiments werden ebenfalls über alle Vertriebsschienen der Delhaize Le Lion Gruppe verkauft.

Neben den beschriebenen Abwehrmassnahmen lässt sich keine weitere Änderung in der Strategie der beiden wichtigsten Marktteilnehmer ausmachen. Weder Carrefour noch Delhaize Le Lion scheinen am Aufbau einer eigenen Discount-Schiene zu arbeiten. Ähnlich wie Migros und Coop in der Schweiz verfügen beide Unternehmen über eine gewachsene Akzeptanz im Land; eine zu grosse Ausrichtung auf den Preis als alleiniges Verkaufsargument kommt für sie in Belgien nicht in Frage. Vielmehr positionieren sie sich weiterhin als verlässlicher Partner der belgischen Konsumenten. Dabei legen sowohl Carrefour als auch Delhaize Le Lion Wert darauf, sämtliche Preissegmente zu bedienen. Die Kunden nehmen die im Jahr 2004 eingeführten Preiseinstiegslinien gut auf; beide Unternehmen planen, die Sortimente zu erweitern (Planet Retail 2004p). Vor diesem Hintergrund ist es auch den Schweizer Branchenführern zu empfehlen, ihre Sortimente im unteren Preissegment auszubauen.

Konsequenzen und Ausblick

Die beiden grössten belgischen Detaillisten bleiben wie eben ausgeführt ihrer Gesamtstrategie treu. Die Einführung der Preiseinstiegsschienen ist als durchdachte und sorgsam gewählte Antwort auf die geänderten Konsumwünsche im Land zu werten. In Belgien scheint ein Preiskrieg nach niederländischem Vorbild mit seinen für die Branche gravierenden Folgen unwahrscheinlich (Planet Retail 2004l). Unter Berücksichtigung ihrer Kernkompetenzen setzen weder Carrefour noch Delhaize Le Lion das beim Kunden aufgebaute Vertrauen aufs Spiel. Keines der beiden Unternehmen ist gewillt, von der bisher verfolgten Strategie abzuweichen. Vielmehr wird ein Fokus auf eine dem Kunden gegenüber eindeutige und stringente Positionierung gesetzt. Es ist davon auszugehen, dass die belgischen Kunden die klar definierte Ausrichtung von Carrefour und Delhaize Le Lion auch in Zukunft honorieren werden. Der belgische Markt verfügt über einige bereits aufgezeigte Eigenheiten, die ein weiteres Vordringen der Discounter über den momentan erreichten Marktanteil hinaus unwahrscheinlich machen. Vielmehr ist mit einer Up-Market-Bewegung dieses Geschäftsmodells zu rechnen. Der kontinuierliche Erfolg vor allem des Soft Discounters Colruyt belegt diese Tendenz. Das Wachstum von Colruyt scheint an Dynamik einzubüssen. Die in den letzten Jahren betriebene Expansion vollzog sich mit einer derartigen Geschwindigkeit, dass zunächst eine Konsolidierung der Geschäftsaktivitäten ansteht (Euromonitor 2004a).

Die deutschen Hard Discounter müssen den Kunden ebenfalls mehr bieten als nur günstige Ware ohne weiteren Service. In Belgien, wie auch in den Niederlanden, fällt auf, dass die Flächenproduktivität bei Lidl deutlich geringer ist als bei Aldi. Dies lässt sich über die Popularität der Eigenmarken von Aldi erklären. Die Produkte im Aldi-Sortiment drehen in der Regel schneller als vergleichbare Artikel bei Lidl. Scheinbar gelingt es Lidl in Belgien nicht, sich klar gegenüber dem ungeliebten deutschen Widersacher zu positionieren. Dies führt neben der starken nationalen Konkurrenz dazu, dass die Zukunftsaussichten für Lidl in Belgien nicht optimal sind. Beim Unternehmen machen sich durch die rapide internationale Expansion bedingte Koordinationsprobleme bemerkbar. Obwohl Lidl im Gegensatz zu Aldi stets um eine Anpassung an lokale Marktbedingungen bemüht ist, gelingt dies offenbar nur begrenzt. In mehreren Fällen, so auch konkret in Belgien, ist eine suboptimale Marktbearbeitung augenfällig. Mittelfristig ist mit einer erneuten Stärkung der beiden wichtigsten Akteure Carrefour und Delhaize Le Lion zu rechnen (Euromonitor 2004a).

Learnings für den Schweizer Markt

Der belgische Markt ist seinem Schweizer Pendant in mehrerer Hinsicht ähnlicher als die Märkte der bisher analysierten Länder Niederlande, Österreich und Dänemark. Belgier und Schweizer lassen sich nicht vom Preis als Verkaufsargument leiten. Die wichtigsten Marktteilnehmer Carrefour und Delhaize sind von ihrer wirtschaftlichen Grösse und gesellschaftlichen Stellung im Land durchaus mit den Schweizer Traditionsunternehmen Migros und Coop vergleichbar.

Die Veredelung von Lebensmitteln und die Bereitstellung von Services rund um den Lebensmitteleinkauf sind in Belgien sehr weit entwickelt. Neben einer stärkeren Preisorientierung ist dies ein Trend, der auch in der Schweiz an Bedeutung gewinnen wird. Verantwortlich dafür sind die zunehmende Convenience-Orientierung der Bevölkerung sowie die Tendenz zum «Eating Out». Während ein Teil der Konsumenten nach den günstigsten Preisen für Grundnahrungsmittel Ausschau hält, gibt es ein wachsendes Segment von Konsumenten, die «Ready to Eat»-Lösungen bevorzugen und dafür auch tiefer in die Tasche zu greifen bereit sind. Die dominierenden belgischen Unternehmen liefern ihren Schweizer Pendants ein Vorbild, wie sich diese Entwicklungen sinnvoll mit einer gestiegenen Preisorientierung verbinden lassen. Die darüber hinaus an den Tag gelegte Schlüssigkeit der Betriebsformenkonzepte von Carrefour und Delhaize, bei denen fast alle Geschäftsmodelle unter jeweils einer Dachmarke firmieren, kann Migros und Coop dazu inspirieren, an der eingeschlagenen Strategie festzuhalten. Das belgische Beispiel zeigt ihnen, dass sie sich durch den Eintritt der deutschen Discounter nicht mit Experimenten in Form von neuen Betriebsformen verzetteln sollten. Eine *Rückbesinnung* auf die über Jahrzehnte aufgebauten *Kernkompetenzen*, die tief im Bewusstsein der Schweizer Konsumenten verankert sind, hilft die bestehende Marktposition zu verteidigen. Belgien belegt zudem, dass das Discount-Segment nicht unbegrenzt wachsen kann. Der Anteil, den sich die Discounter am eidgenössischen Lebensmitteldetailhandel erobern können, wird bestimmt durch den Erfolg einer konsequenten Profilierung der bestehenden Marktteilnehmer. Die Situation im zweitgrössten Land der drei Benelux-Staaten zeigt, dass ein Preiskrieg vermeidbar ist, wenn den Konsumenten der Mehrwert des eigenen Angebots glaubhaft vermittelt werden kann.

Vereinigtes Königreich

Marktteilnehmer im Detailhandel

Das Vereinigte Königreich von Grossbritannien und Nordirland setzt sich zusammen aus den teilautonomen Ländern England, Schottland, Wales und Nordirland. Auf einer Fläche von 244 820 Quadratkilometern nimmt es den Grossteil der britischen Inseln ein (CIA 2005c). Mit einer Bevölkerung von 60 270 708 Personen im Juli 2004 liegt die Bevölkerungsdichte mit 243 Einwohnern/Quadratkilometer höher als in der Schweiz. Diese beträgt in der Eidgenossenschaft derzeit 178 Einwohner/Quadratkilometer. Neben London ist auch der gesamte Südosten des Landes sehr dicht besiedelt (Statistics 2005a). Daneben verfügt auch der hoch industrialisierte Nordwesten Englands über eine grosse Bevölkerungszahl (2001: 6 729 800, Statistics 2005b), während die Landesteile Schottland, Wales und Nordirland deutlich dünner besiedelt sind als die britische Kernregion England.

Die negative wirtschaftliche Entwicklung der vergangenen Jahre traf das Vereinigte Königreich weniger hart als die meisten europäischen Länder. Das dortige Bruttosozialprodukt wuchs auch in den Jahren der Rezession auf dem europäischen Festland auf niedrigem Niveau. Im Jahr 2004 stieg es um 2,8 % (Statistics 2005c). Das britische Bruttosozialprodukt pro Kopf liegt mit 21 533 Euro (Stand: 2003, CIA 2005c) deutlich unter dem der Schweiz (2003: Euro 25 420, CIA 2005d). Dennoch zählt das Vereinigte Königreich als Mitglied der G-8-Staaten zu den reichsten Industrienationen der Welt.

Der private Verbrauch im Land wächst seit Jahren überproportional an (2003: 3,9 %, Euromonitor 2004f). Die Konsumenten profitieren derzeit von niedrigen Zinssätzen. Dies führt zu einem im Vergleich zur Sparquote überproportionalen Anstieg der Konsumausgaben und einer zunehmenden Verschuldung der Bevölkerung (Statistics 2005d).

Der Non-Food-Bereich hat einen im Vergleich zur Schweiz überproportionalen Anteil an den gesamten Konsumausgaben von 424,893 Mrd. Euro im Jahr 2003 (Euromonitor 2004f). Betrug dieser Anteil 56,7 % (Stand: 2003) an den Gesamtausgaben in der Schweiz, belief er sich im Vereinigten Königreich auf 66,1 %.

Die Umsätze im Lebensmitteldetailhandel betrugen 2003 174,336 Mrd. Euro (Euromonitor 2004f). Der britische Markt kann insgesamt betrachtet als gesättigt und höchst wettbewerbsintensiv betrachtet werden; der Wettbewerb findet im Gegensatz zu beispielsweise Deutschland jedoch eher in den Bereichen Qualität und Innovationen statt (Euromonitor 2004f). Allerdings lässt sich bei den britischen Verbrauchern auch eine Bedeutungszunahme von Preisaspekten beim Lebensmitteleinkauf beobachten.

Der britische Detailhandel weist mit einer Quote von 40 % europaweit den grössten Anteil an Eigenmarken auf (Euromonitor 2004f). Immer mehr Konsumenten gehen zum «One-Stop-Shopping» über. Darunter leiden vor allem die unabhängigen Detaillisten, deren Zahl seit einiger Zeit stark zurückgeht (Euromonitor 2004f). Nutzniesser dieser Entwicklung sind vor allem die grossen Handelsketten. Über Skaleneffekte im Einkauf gelingt es ihnen zunehmend, Wettbewerber preislich zu unterbieten. Wie auch in der Schweiz sehen sich daher mehr und mehr Händler gezwungen, Kooperationen beizutreten. Zudem gewinnen auch Franchisekonzepte konstant an Bedeutung.

Die seit 1997 bestehende sozialdemokratisch orientierte Labour-Regierung unter Premierminister Tony Blair hat über die Jahre hinweg ein Paket von Massnahmen verabschiedet, das zu einer Wiederbelebung der Stadtzentren führen soll (Euromonitor 2004f). Die im Zuge ihrer Expansion in die Innenstädte drängenden Handelsketten treiben die dortigen Immobilienpreise weiter in die Höhe; mit kleinflächigen Handelsformaten, vor allem im Convenience-Bereich, sind sie ein weiterer Grund für das Aussterben der unabhängigen Detaillisten. Allerdings wurde auch die Bewilligung von neuen Grossflächen für den Handel im Jahr 2004 erleichtert. Damit ist in Zukunft mit dem weiteren Ausbau von Verkaufsflächen «auf der grünen Wiese» zu rechnen.

Der britische Markt im Lebensmitteldetailhandel ist, ähnlich wie auch sein Schweizer Pendant, stark konzentriert. Die drei grössten Akteure, Tesco, Asda und Sainsbury's, teilen sich bereits 60 % des gesamten Marktvolumens (BBC 2004). Daneben verfügen noch die Unternehmen Morrisons & Safeway, Somerfield, Coop, Waitrose und Iceland über nennenswerte Anteile. *Abbildung 45* zeigt die Marktaufteilung des britischen Lebensmitteldetailhandels für das Jahr 2004.

Der Markt wird dominiert von der Firma Tesco. Mit 237 000 Beschäftigten im Vereinigten Königreich ist das Unternehmen der grösste Arbeitgeber im privaten Sektor (Tesco 2005a). Tesco konnte sich in den vergangenen Jahren mit einer optimal auf die Bedürfnisse der britischen Konsumenten abgestimmten Politik eine marktbeherrschende Stellung erarbeiten.

Im Zeitraum vom 1999 bis 2004 betrug die Zuwachsrate im Handelsumsatzvolumen des Unternehmens 110 %, während die Betriebsgewinne im gleichen Zeitraum um 109 % anstiegen (Tesco 2005b). Die Gründe für ein derart markantes Wachstum liegen vor allem in einer effizient betriebenen und vorausplanenden Diversifizierungsstrategie sowie einer dynamisch verfolgten Auslandsexpansion (Dautzenberg 2005). Mit grossem Erfolg stiess der traditionelle englische Detailhändler in zahlreiche neue Geschäftsfelder vor. Der

Abbildung 45: Marktanteile im britischen Detailhandel 2004

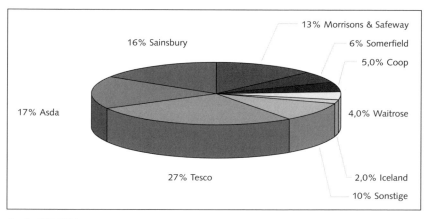

Quelle: BBC 2004

momentane Schwerpunkt der nationalen Marktbearbeitung liegt in der Erschliessung des im Vereinigten Königreich rapide an Bedeutung gewinnenden Convenience-Segments, dessen Gesamtumsatz derzeit um ca. 10 % pro Jahr wächst (Euromonitor 2004f).

Im Non-Food-Bereich konnte Tesco seinen Umsatz von 1999 bis 2003 verdreifachen. Mittlerweile beträgt sein Anteil am gesamten britischen Non-Food-Markt bereits 4 %; das Sortiment wird in diesem Bereich konsequent ausgebaut (Food & Drink 2004a). Ein weiterer Erfolgsfaktor des englischen Marktführers ist seine überaus erfolgreiche internationale Expansionspolitik. Die Nachbarmärkte Schottland und Irland wurden bereits 1990 erschlossen (*Lebensmittelzeitung* 2004j). Mit der Akquisition und dem konsequenten Ausbau von Hypermärkten in Polen, Ungarn, Tschechien und der Slowakei folgte Mitte der 1990er Jahre der Roll-Out des Unternehmens nach Mittel- und Osteuropa (Euromonitor 2004f). Inzwischen ist Tesco auch auf den ostasiatischen Märkten Südkorea, Thailand, Malaysia und Taiwan präsent. Nach dem Markteintritt in die Türkei im April 2003 expandiert Tesco nach China (*Lebensmittelzeitung* 2004j). Weitere neue Geschäftsfelder des Unternehmens sind Immobilien, Finanzdienstleistungen, Mobiltelefonie und Bekleidung (Euromonitor 2004f).

Der Eigenmarkenanteil bei Tesco beträgt über 50 % (*Lebensmittelzeitung* 2004j). Mit seinem umfangreichen Sortiment, in dem Frischeprodukte eine hervorragende Stellung einnehmen, ist das Unternehmen als klassischer Content Retailer einzustufen. Das enorme Wachstum des Konzerns führt zu bedeutenden Skaleneffekten im Beschaffungsbereich. Tesco lässt vor allem Waren aus dem Non-Food-Bereich weltweit für alle Verkaufsstellen produzieren. Der hohe Eigenmarkenanteil ermöglicht es dem Unternehmen, Lieferanten eng an sich zu binden und Interessen durchzusetzen.

Im Jahr 2005 betreibt das Unternehmen über seine Vertriebsformate Tesco, Tesco Express, Tesco Extra, Tesco Metro und T&S Stores 1878 Verkaufsstellen (Tesco 2005b). Der Umsatz des Unternehmens bezifferte sich im Jahr 2003 auf 31,354 Mrd. Euro (Euromonitor 2004f). Daneben ist auch der Online-Shop von Tesco weltweit einer der erfolgreichsten im Lebensmitteldetailhandel.

Der klassische Betriebstyp sind die Tesco-Supermärkte. Bei einer eindeutigen Schwerpunktsetzung auf Lebensmittel wird auch der Absatz von Non-Food-Artikeln sukzessive ausgebaut. Tesco-Supermärkte finden sich meistens in Stadtrandlagen. Das Format Tesco Metro ist als kleinflächiger Nahversorger auf Innenstadtlagen fokussiert. Momentan betreibt Tesco 41 Outlets dieses Formats (Image Recruitment 2005a).

Die Tesco-Express-Filialen sind meist in Tankstellen integrierte Nahversorger. Jedes Jahr werden ca. 50 neue Outlets eröffnet (Image Recruitment 2005b). Die Verkaufsstellen der im Januar 2003 erworbenen Convenience-Marktkette T&S Stores (One Stop) werden dafür sukzessive in das Tesco-Express-Format überführt (Yahoo 2005). Mit Tesco extra betreibt der englische Detaillist auch ein erfolgreiches Hypermarkt-Format. Die Extra-Märkte mit ihrem grösseren Anteil an Non-Food-Produkten haben sich bereits bei der Expansion nach Mittel- und Osteuropa bewährt (Image Recruitment 2005c).

Neben Tesco entwickelt sich vor allem Asda, das Tochterunternehmen des amerikanischen Handelsgiganten Wal-Mart, seit einigen Jahren sehr dynamisch. Wal-Mart erwarb das Handelsunternehmen Asda aus Leeds 1999 für 8,551 Mrd. Euro (Euromonitor 2004f). Die Umsätze des seit 1965 existierenden Unternehmens wuchsen seitdem bis zum Jahr 2003 um insgesamt 145 % auf 21,758 Mrd. Euro an. Ähnlich wie Tesco hat es auch Asda verstanden, sich rechtzeitig auf die geänderten Konsumbedürfnisse der britischen Konsumenten einzustellen. Das Unternehmen bietet den Kunden eine Kombination aus günstigen Preisen, grossflächigen Märkten und einem stetig erweiterten Sortiment an Produkten aus dem Non-Food-Bereich. So eröffnete Asda im Oktober 2004 bereits den ersten reinen Non-Food-Markt im englischen Walsall (*Lebensmittelzeitung* 2004p). Dabei profitiert die Wal-Mart-Tochter vor allem von der aussergewöhnlichen weltweiten Einkaufsmacht des amerikanischen Stammhauses. Anders als im deutschen Markt geht das Konzept des Unternehmens im Vereinigten Königreich auf. Das Unternehmen plant, sich zukünftig auch auf den nördlichen Landesteil auszudehnen (Planet Retail 2005d).

Asda betreibt grundsätzlich nur drei Formate im britischen Markt: Asda-Supermärkte, Wal-Mart Asda Supercenter und George-Bekleidungsgeschäfte. Asda-Supermärkte befinden sich meistens noch in der Stadt oder in Stadtrandlagen. Wal-Mart Asda Supercenter sind in der Regel «auf der grünen Wiese» oder in Gewerbegebieten angesiedelt.

Die Kleidungsmarke George wird in eigenen Outlets sowie in den beiden Formaten des Lebensmitteldetailhandels vertrieben. Dies führte dazu, dass sich Asda mit den Umsätzen der Marke George auf den zweiten Platz in der britischen Bekleidungsbranche vorarbeiten konnte; mengenmässig liegt die Marke gar an erster Stelle (Euromonitor 2004f).

Insgesamt verfügte Asda im Jahr 2003 über 262 Outlets mit einer Gesamtverkaufsfläche von 1 021 800 Quadratkilometern. Damit ist die durchschnittliche Verkaufsfläche pro Outlet mit 3900 Quadratmetern bei Asda mehr als dreimal so hoch wie die des Hauptrivalen Tesco (1153 Quadratmeter, Euromonitor 2004f).

Das Konzept der Verkaufsstellen von Asda ist in den Supermärkten und in den vom Konzern als Supercenter bezeichneten Hypermärkten gleich. Der Eigenmarkenanteil liegt unter dem von Tesco. Neben den unter dem eigenen Asda-Label geführten Produkten betreibt das Unternehmen auch die Preiseinstiegsschiene «Smart Price» sowie eine Premium-Marke mit der Bezeichnung «Extra Special». Aufgrund der erhöhten Preissensibilität der Briten wird die «Smart Price»-Schiene kontinuierlich ausgebaut (Planet Retail 2005e). Neben Eigenmarken verkauft das Unternehmen auch ein grosses Sortiment an Markenprodukten zu günstigen Preisen. Asda kann daher als Channel Retailer eingeordnet werden. Aufgrund der restriktiveren Handhabung bei der Vergabe von Gewerbebewilligungen für den Handel seitens der britischen Regierung geht Asda mehr und mehr zu einer intensiveren Nutzung der bereits vorhandenen Gewerbeflächen über. Die Untergeschosse von Asda-Verkaufsstellen werden sukzessive für den Vertrieb von Non-Food-Artikeln erweitert. Die Vergabe der entsprechenden Genehmigungen war noch bis vor kurzem relativ unproblematisch; seit dem 1. Januar 2005 hat die britische Regierung jedoch auch hier die Richtlinien verschärft (Dautzenberg 2005). Der Ausbau der Untergeschosse führt zu einer weiteren Steigerung der Flächenproduktivität des Unternehmens. Ein für das Unternehmen unerfreulicher Trend ist die steigende Popularität der britischen Innenstädte. Dies könnte sich mittelfristig negativ auf das Umsatzwachstum von Asda auswirken.

Das britische Traditionsunternehmen J. Sainsbury Plc wurde bereits 1869 gegründet und war jahrelang unbestrittener Marktführer im britischen Lebensmitteldetailhandel (*Lebensmittelzeitung* 2004k). 1995 verwies Tesco das Unternehmen, das zu 39 % in Familienbesitz ist und an dem die Bank von Schottland mit 45 % beteiligt ist, auf den zweiten Platz. Im letzten Jahr überholte auch die Wal-Mart-Tochter Asda die Sainsbury Plc. Das Unternehmen beschäftigte 2004 über 150 000 Angestellte (Sainsbury 2005a). Seit 2002 bewegt sich Sainsbury faktisch auf einem stagnierenden Umsatzniveau. Dieses betrug im Jahr 2004 22,508 Mrd. Euro (Sainsbury 2005a). Das Unternehmen befindet sich momentan in einer Konsolidierungsphase. Traditionelle Verkaufsargumente von Sainsbury sind vor allem Qualität, Produktvielfalt und ein nahezu 100 %-iger Bezug von Frischwaren aus dem Vereinigten Königreich (Euromonitor 2004f).

Der Non-Food-Bereich wird auch für Sainsbury zunehmend wichtiger. Neben einer eigenen Bank sollen die Kunden durch eine eigene Modekollektion und zahlreiche Artikel aus dem Bereich Unterhaltungselektronik in die Märkte der Kette gelockt werden (Sainsbury 2005b).

Im Jahr 2003 betrieb Sainsbury 583 Verkaufsstellen (Euromonitor 2004f). Dazu zählten in erster Linie die klassischen Sainsbury-Supermärkte, die qualitativ hochwertige Produkte in grosser Vielfalt anbieten. Die eher als Nachbarschaftsläden ausgelegten Sainsbury-Local-Märkte verfolgen ein ähnliches Konzept wie der klassische Supermarkt. Sainsbury erwarb die im Convenience-Segment angesiedelte Vertriebsschiene Bells Stores im Februar 2004 im Zuge der Neuausrichtung der Geschäftsaktivitäten (Bells Stores 2005). Ähnlich wie Tesco möchte Sainsbury damit das wichtiger werdende Geschäftsfeld der Innenstädte bedienen. Ein eigener Online-Shop des Sainsbury-Supermarktes komplettiert das Vertriebsschienenkonzept des Traditionsunternehmens. Die Märkte des Sainsbury-Konzerns lassen sich aufgrund des ausgewogenen Verhältnisses von Eigenmarken zu Markenprodukten und der Betonung von Serviceaspekten als Mischform zwischen Content Retailer und Channel Retailer einordnen. Preislich liegt das Unternehmen über den Mitbewerbern Tesco und Asda.

Der Morrisons-Safeway-Konzern ist in seiner jetzigen Form der jüngste Akteur im britischen Lebensmitteldetailhandel. Morrisons-Supermärkte wurden bereits 1899 gegründet und waren über ein Jahrhundert vorwiegend im Norden des Landes aktiv (Euromonitor 2004f). Der starke Branchenwettbewerb führte dazu, dass das Geschäftsmodell von Safeway nicht mehr überlebensfähig war. Die britische Kartellbehörde gab im März 2004 der Übernahme von Safeway durch Morrisons statt. Im Falle der Übernahme von Safeway durch einen der drei bereits vorgestellten Marktteilnehmer wäre im Vereinigten Königreich ein dominierendes Handelsunternehmen entstanden. Die Stärkung von Morrisons sollte die Konkurrenz beleben und im Markt zu weiteren Preissenkungen zu Gunsten der Konsumenten führen (Euromonitor 2004f). Der Konzern betreibt momentan noch zwei Vertriebslinien: Morrisons und Safeway. Im Zuge der Vereinheitlichung der beiden Betriebstypen wird das Unternehmen jedoch mittelfristig alle der im Jahr 2003 existierenden 479 Safeway-Supermärkte entweder in Morrisons-Supermärkte umwandeln oder verkaufen (Morrisons 2005). Im Jahr 2005 werden vier Safeway-Märkte pro Woche zu Morrisons-Filialen umfirmiert. Mittlerweile gibt es bereits 400 Verkaufsstellen des Morrisons-Konzepts. Die finanzielle Lage des Unternehmens ist momentan geprägt durch die mit der Übernahme von Safeway eingegangenen Verpflichtungen. Morrisons befindet sich in einer Konsolidierungsphase und muss die beiden unterschiedlichen Vertriebsschienen erst gewinnbringend umstrukturieren (*Lebensmittelzeitung* 2004t).

Standardisierung spielt bei Morrisons eine grosse Rolle. Ein immer gleicher Ladenaufbau mit einem in allen Filialen identischen Sortiment garantiert gegenüber den Konkurrenten einen strategischen Kostenvorsprung (Haas 2000, S. 123). Das Unternehmen operiert von Stadtrandlagen aus. Mit einfachem Ladenlayout, ständigen Niedrigpreisen und einem guten Service positioniert sich das Unternehmen mit Erfolg als Konkurrent zu Asda; es lässt sich als Channel Retailer einordnen. Das Sortiment an Eigenmarken wird ergänzt durch eine grosse Auswahl an Markenprodukten (Morrisons 2005). Wie auch seine Wettbewerber führt Morrisons ein umfassendes Sortiment im Non-Food-Bereich. Dieses schliesst Medikamente, Drogerieprodukte, Kosmetika, Unterhaltungselektronik, Inneneinrichtungen und Kraftstoff mit ein.

Die Marktteilnehmer Coop und Waitrose spielen momentan keine bedeutende Rolle im britischen Markt. Beide bedienen eher Nischen in einem hochkompetitiven Umfeld (Euromonitor 2004f). Coop konzentriert sich auf den Betrieb kleinerer Nachbarschaftsläden und Convenience-Märkte im Franchisekonzept (*Lebensmittelzeitung* 2004l); das Unternehmen lässt sich aufgrund der Distribution von Markenwaren zu günstigen Preisen als Channel Retailer einordnen. Waitrose dagegen positioniert sich als hochqualitativer Spezialitäten-Supermarkt. Die Kette komplementiert ihre stationären Supermärkte sehr effektiv mit einem erfolgreichen Online-Shop (Waitrose 2005a). Das Unternehmen konnte sein Filialnetz dank des Zukaufs von 19 ehemaligen Safeway Outlets auf 160 Märkte erweitern (Food & Drink 2004b). Das Geschäftskonzept von Waitrose lässt sich wegen seiner exklusiven Positionierung als hochpreisige Mischform aus Content Retailer und Channel Retailer klassifizieren. Dabei bedient Waitrose das exklusive Nischensegment erfolgreich. Die Umsätze stiegen im Geschäftsjahr 2004 um 12 % (Waitrose 2005b).

Ausser Safeway gibt es im britischen Markt noch einen weiteren Übernahmekandidaten. Im Februar 2005 bestätigte der Lebensmitteldetaillist Somerfield Plc ein Übernahmeangebot der isländischen Investmentgruppe Baugur (Planet Retail 2005g, Planet Retail 2005h). Dieses wurde allerdings in einer Erklärung des Unternehmensvorstands vorerst mit der Begründung abgelehnt, dass die offerierte Summe für die Aktionäre nicht attraktiv sei (Planet Retail 2005k). Baugur, die im Vereinigten Königreich bereits mehrere Handelsformate betreibt, hält zurzeit 5,5 % an Somerfield Plc (Baugur 2005). Der Übernahmekandidat operiert mit dem Betriebstyp Somerfield im Convenience- sowie mit der preisaggressiven Kette Kwik Save im Discount-Bereich. Kwik Save hielt im Jahr 2003 mit 37,5 % den grössten Marktanteil in diesem wichti-

Abbildung 46: Geschäftsmodelle im britischen Detailhandel

Content Retailer (45–50 % des Gesamtmarkts)	Channel Retailer (50–55 % des Gesamtmarkts)	Global Discounter (0–5 % des Gesamtmarkts)
TESCO	ASDA part of the WAL*MART family	ALDI SÜD
TESCO express	WAL-MART	LIDL
TESCO Metro	Sainsbury's	KWIK SAVE
TESCO extra	Bells MORRISONS	Netto
ONE·STOP	the Co-operative Group	
	Somerfield	
	Waitrose.com	

Quelle: Eigene Darstellung

ger werdenden Segment (Euromonitor 2004f) und ist dank eines hohen Anteils von Eigenmarken, der zu günstigen Preisen vertrieben wird, eindeutig ein Global Discounter. Somerfield dagegen vertreibt Markenprodukte zu günstigen Preisen; dies erlaubt eine Einordnung als Channel Retailer. Somerfield Plc ist mit 1224 Verkaufsstellen im britischen Markt präsent. Im letzten Jahr konnte das Filialnetz dank des Zukaufs ehemaliger Safeway-Märkte erweitert werden (*Lebensmittelzeitung* 2004q). Wegen der hohen Popularität von Convenience-Konzepten im britischen Handel werden Verkaufsstellen von Kwik Save nach und nach in das Somerfield-Format überführt (Dautzenberg 2005). Das Unternehmen beschäftigt über 52 000 Angestellte (Somerfield 2005a). Wegen des anhaltenden intensiven Preiswettbewerbs der führenden Detaillisten kommt Somerfield jedoch zunehmend in Bedrängnis. So stagnierten die Umsätze im Jahr 2004 in beiden Vertriebslinien (Somerfield 2005b).

Neben Kwik Save und den deutschen Discountern Aldi und Lidl, auf die im nächsten Abschnitt eingegangen wird, verhält sich auch die Dansk-Supermarked-Tochter Netto expansiv im britischen Discount-Segment. Das Unternehmen plant, in nächster Zeit 70 Filialen des dänischen Discounters im südlichen Wales zu eröffnen (IC Wales 2005). *Abbildung 46* stellt die vorgenommene Klassifizierung der Akteure im britischen Lebensmitteldetailhandel schematisch dar. Sie belegt, dass der Markt in allen Segmenten hart umkämpft ist. Tesco deckt als bestimmende Kraft im britischen Detailhandel das Segment des Content Retailers voll ab; Asda/Wal-Mart ist der dominante Akteur im Bereich der Channel Retailer. Die Sparte der Global Discounter ist hart umkämpft, jedoch bisher noch von geringer Bedeutung. Dort führt Kwik Save das Feld an. Hier ist wegen der Expansionsvorhaben von Aldi, Lidl und Netto in der nächsten Zukunft jedoch mit einigen Umwälzungen zu rechnen. Der nächste Abschnitt geht auf die Markteintrittsstrategien der deutschen Discounter ein.

Markteintrittsstrategien von Aldi und Lidl

Die beschriebenen Wachstumsziele der grossen Handelsketten, allen voran Tesco und Asda, haben es für Discounter erheblich erschwert, im britischen Lebensmitteldetailhandel Fuss zu fassen. Das Unternehmen mit dem grössten Marktanteil im Discount-Segment ist Somerfield Plc mit der Discount-Schiene Kwik Save. Der Discount-Anteil am Gesamtumsatz im Lebensmitteldetailhandel bewegt sich im Vereinigten Königreich konstant bei knapp 4 % (Euromonitor 2004f). Im Vergleich zu Deutschland, wo derselbe Anteil im Jahr 2004 39,0 % betrug, ist dies kaum erwähnenswert (*Lebensmittelzeitung* 2005d). Verglichen mit anderen europäischen Ländern bestünde daher für Handelsunternehmen wie die deutschen Discounter Aldi und Lidl theoretisch grosses Wachstumspotenzial im britischen Markt.

Aldi Süd GmbH & Co. KG begann mit der Marktbearbeitung im Vereinigten Königreich im Jahr 1989 (Ireland On-Line 2004). Das Unternehmen betreibt derzeit 284 Verkaufsstellen im Land (Planet Retail 2004n). Mit einem Umsatz von 1,6 Mrd. Euro beläuft sich sein Marktanteil am britischen Lebensmitteldetailhandel zurzeit lediglich auf 1 % (BBC 2004). Anders als in anderen Märkten wie beispielsweise Dänemark, Österreich oder die Niederlande, in denen das Unternehmen sehr erfolgreich ist, gelang es bisher im Vereinigten Königreich nicht, sich erfolgreich gegenüber den bestehenden Wettbewerbern durchzusetzen. Aldi plant, das Filialnetz in den nächsten Jahren mit Hilfe eines 725 Mio. Euro schweren Expansionsprogramms auf zunächst 450 Märkte auszubauen (*The Scotsman* 2004). Langfristig ist eine ambitionierte Erweiterung auf 1500 Verkaufsstellen angestrebt (*Lebensmittelzeitung* 2004m). Das Unternehmen scheint somit seine Expansionsstrategie zu ändern. Während in den zurückliegenden 15 Jahren ein konsequentes sukzessives Wachstum propagiert wurde, beschleunigt Aldi das Expansionstempo nun erheblich.

Die Aldi-Märkte im Vereinigten Königreich orientierten sich bisher sehr stark an der Konzeption der Märkte des Stammunternehmens Aldi Süd GmbH & Co. KG in Deutschland. Dieses Unternehmen zeichnet auch für den Markteintritt in die Schweiz verantwortlich.

Bisher hatte Aldi, wie andere Discounter ebenfalls, vor allem mit dem schlechten Image zu kämpfen, das Discounter im Vereinigten Königreich geniessen. Dort ist der Einkauf im Discounter gesellschaftlich nicht akzeptiert (BBC 2004). Der Trend zum «Smart Shopping» hat zwar auch die britischen Inseln erfasst, jedoch konnten Discounter wegen der noch aufzuzeigenden effektiven Abwehrstrategien der etablierten Handelsunternehmen kaum davon profitieren. Den Discountern lastet immer noch das Stigma von Einkaufstätten für die gesellschaftliche Unterschicht an. Daneben hatte Aldi bisher auch mit den hohen Grundstückspreisen im britischen Handelsgewerbe zu kämpfen (*Lebensmittelzeitung* 2004n). Seit einiger Zeit versucht das Unternehmen nun, das negative Image aus der Vergangenheit abzuschütteln und zahlungskräftigere Käuferschichten in seine Märkte zu locken. Die Ladengestaltung soll den britischen Konsumentenbedürfnissen angepasst werden (BBC 2004). Attraktive Angebote im Non-Food-Bereich, darunter eine eigene Bekleidungskollektion, sollen dem Unternehmen als Verkaufsargumente dienen (Planet Retail 2004n).

Wie auch in anderen Ländern folgte Lidl & Schwarz GmbH & Co. KG ihrem deutschen Widersacher mit dem Markteintritt nur wenige Jahre später. Lidl begann Anfang der 1990er Jahre mit der Bearbeitung des dortigen Marktes (Retail Knowledgebank 2001, S. 6). Das Neckarsulmer Unternehmen realisierte dort die von ihm generell propagierte Strategie einer Sprungexpansion. Lidl betreibt mittlerweile 330 Märkte im Vereinigten Königreich (Euromonitor 2004f). Dabei scheut sich der Discounter wie auch in anderen Ländern nicht, Standorte von Konkurrenten zu übernehmen; so erwarb Lidl bereits ehemalige Safeway-Outlets von Morrisons (*Lebensmittelzeitung* 2004r). Trotz eines Aldi überlegenen Filialnetzes gelang es dem Unternehmen bisher nicht, den Konkurrenten bei den Umsätzen zu übertreffen. Mit 1,384 Mrd. Euro Gesamtumsatz im Jahr 2003 liegt dieser weiterhin hinter Aldi zurück (Euromonitor 2004f). Dementsprechend verfügt Lidl lediglich über einen Marktanteil von weniger als 1 % am Volumen des britischen Lebensmitteldetailhandels. Im Segment der Discounter liegt das Unternehmen mit 20,8 % Marktanteil hinter Somerfields Kwik Save und dem deutschen Kontrahenten Aldi auf Platz drei.

Das Sortiment von Lidl ist den britischen Konsumentenbedürfnissen angepasst. Mit ständigen Aktionen im Non-Food-Bereich versucht die Kette, Kunden zum Besuch ihrer Märkte zu motivieren. Daneben agiert Lidl äusserst preisaggressiv (Lidl 2005). Im nächsten Abschnitt wird die Reaktion der bestehenden Marktteilnehmer auf die Expansionsbestrebungen von Aldi und Lidl im britischen Discount-Segment analysiert.

Abwehrstrategien bestehender Marktteilnehmer

Seit Jahren liefern sich die wichtigsten Akteure im Lebensmitteldetailhandel des Vereinigten Königreiches einen Preiswettkampf (Planet Retail 2004o); dieser kann mit Renditen von 3–6 % vom Umsatz jedoch als weniger hart charakterisiert werden als beispielsweise in Deutschland (Dautzenberg 2005). Dabei war der Markteintritt der deutschen Discounter dafür weniger verantwortlich als die Akquisition der Supermarktkette Asda durch den amerikanischen Handelsgiganten Wal-Mart im Jahr 1999 (*Lebensmittelzeitung* 2004p). Dieses Ereignis führte in der Branche zu zahlreichen Umwälzungen. Dank der Einkaufsmacht von Wal-Mart war es Asda möglich, zu Preisen, die deutlich unter denen des Wettbewerbs lagen, zu operieren (Haas 2000, S. 47). Um nicht ins Hintertreffen zu gelangen, waren die bestehenden Marktteilnehmer zu einer Reaktion gezwungen (Haas 2000, S. 130). Gleich zu Beginn der Preisoffensive konterte der heutige Marktführer Tesco (*Lebensmittelzeitung* 2004s). Als besonders vorteilhaft für ihn erwies sich die Einführung der Tiefpreismarke Tesco Value. Mit Tesco Value setzte das Unternehmen nicht nur das Signal, günstig zu sein. Tesco beansprucht mit dieser Einstiegspreislinie sogar die Preisführerschaft; die Wal-Mart-Tochter Asda zieht mit einer eigenen Niedrigpreislinie jedoch mit. Interessanterweise steht Tesco aber auch zur unterdurchschnittlichen Qualität dieser Tiefstpreisartikel. Die britische Hausfrau schätzt diese Ehrlichkeit. Auch versteht sie sehr gut, dass Tiefstpreise nicht gleichzeitig mit der höchsten Qualität einhergehen können. Die Schlussfolgerung vieler Verbraucher bestand darin, sich Produkten mit einem besseren Preis-Leistungs-Verhältnis zuzuwenden. Mit dem Argument, wir müssen ja nicht bei Aldi und Lidl einkaufen, rechtfertigen die Kunden Mehrausgaben für Produkte, die allerdings auch einen wahrnehmbaren Mehrwert enthalten. Experten bestätigen, dass Tesco Value nicht an die Produktqualität des übrigen Sortiments herankomme; gleichzeitig liegen die Produkte auch preislich und qualitativ unter denen der deutschen Discounter (Dautzenberg 2005). Die gleichzeitige Ausweitung der Geschäftsaktivitäten auf den Non-Food-Bereich, einhergehend mit einem zunehmenden Internationalisierungsgrad, garantiert das kontinuierliche Wachstum der Tesco-Umsätze.

Ein weiterer Gewinner des Preiskampfes ist der Supermarktbetreiber Morrisons, der sich als lokale Alternative zu Asda/Wal-Mart behauptet. Dank stark standardisierter Prozesse kann das Unternehmen im Vergleich zur Konkurrenz kostenoptimiert agieren (Haas 2000, S. 127). Die Dienstleistungen im Zusammenhang mit einem Einkauf bei Morrisons sowie das dortige Ladenlayout wurden auf das Nötigste reduziert.

Erst im letzten Jahr reagierte das britische Traditionsunternehmen Sainsbury auf die veränderten Rahmenbedingungen der Branche. Neben Stellenstreichungen und Filialschliessungen sollen unrentable Firmenteile abgestossen werden (Planet Retail 2004m). Die Fokussierung auf das Kerngeschäft hat das Ziel, sich auf die beiden Vertriebsschienen Supermärkte und Convenience-Märkte zu beschränken. Den Kunden gegenüber soll die Preisaggressivität des Unternehmens durch eine eindeutige Positionierung der Preiseinstiegsschiene «Basics» verdeutlicht werden (Planet Retail 2005f).

Relativ profillos präsentiert sich momentan die Somerfield Plc mit ihren Vertriebsschienen Somerfield und Kwik Save. Stagnierende Umsatzzahlen belegen, dass es dem Unternehmen bisher noch nicht gelungen ist, sich im harten Preiswettbewerb als Alternative zu den Grossen der Branche zu positionieren. Die Strategie von Waitrose, sich mit Feinkost und qualitativ hochwertigen Lebensmitteln als «Up-Market»-Supermarkt für gehobene Käuferschichten zu positionieren, ist dagegen äusserst effektiv. Steigende Umsätze belegen die erfolgreiche Besetzung eines Nischensegments. Das Unternehmen erarbeitet sich dadurch strategische Mobilitätsbarrieren, die eine Gefährdung der eigenen Marktposition in nächster Zeit unwahrscheinlich machen (Haas 2000, S. 97).

Konsequenzen und Ausblick

Traditionell spielte der Preis von Lebensmitteln im Vereinigten Königreich gegenüber der Produktvielfalt und Qualität der Waren eine untergeordnete Rolle. Das äusserst aggressive Auftreten von Wal-Mart-Tochter Asda und die Abwehrstrategie von Tesco haben jedoch zu einem Wandel des britischen Konsumverhaltens geführt. Neben einer Sensibilisierung der Konsumenten führte der Preiskampf dazu, dass die Margen im Food-Bereich massiv gesunken sind. Als Konsequenz diversifizierten die grössten Handelsunternehmen zunehmend in den Non-Food-Sektor. Die generell niedrigen Preise haben vor allem den Discountern geschadet. Durch ihre Preisoffensiven konnten die bestehenden Marktteilnehmer das wichtigste Profilierungsinstrument der Discounter entkräften. Ein besseres Serviceangebot und eine ansprechendere Einkaufsatmosphäre veranlassen die britischen Konsumenten dazu, weiterhin bevorzugt in Supermärkten einzukaufen.

Es ist davon auszugehen, dass der Marktführer Tesco seine Position weiter festigen wird (Euromonitor 2004f). Eine internationale Konsolidierung käme dem Unternehmen in diesem Zusammenhang sehr zugute.

Das britische Traditionsunternehmen Sainsbury ist der eindeutige Verlierer der Marktentwicklung der letzten Jahre. Die im britischen Markt stattfindenden Innovationen der Konkurrenz und der wachsende Non-Food-Trend berücksichtigte es nur unzulänglich. Erst vor kurzem reagierte man auf die erfolgreichen Strategien von Tesco und Asda mit einer strategischen Neuausrichtung des Unternehmens. Die eingeleiteten Massnahmen wie der komplette Umbau von Logistik und IT sind von tief greifendem Charakter (*Lebensmittelzeitung* 2004u). Bisher konnten sie allerdings nicht den erwarteten Erfolg bringen; vielmehr zogen fehlgeschlagene Umstrukturierungen bereits personelle Konsequenzen nach sich. Als gesellschaftliche Institution in der britischen Handelslandschaft kann es bei seiner Neuausrichtung von der tiefen Verankerung des Unternehmens in der Bevölkerung und einer hohen Markenbekanntheit profitieren (Haas 2000, S. 149). Ob es ihm aber tatsächlich gelingt, sich gegen die überaus erfolgreichen Branchenführer Tesco und Asda zu behaupten, erscheint zu diesem Zeitpunkt fraglich. Zur Verfolgung dieses Ziels müsste das Unternehmen vor allem preislich aggressiver agieren, einen besseren Service bieten sowie die operative Qualität in den Filialen verbessern.

Lidl hat genau wie Aldi mit dem starken Wettbewerb im britischen Lebensmitteldetailhandel zu kämpfen. Beiden Unternehmen gelang es, ebenso wie den anderen Akteuren im Discount-Segment, bisher nicht, sich markant gegenüber den preisaggressiv agierenden Supermärkten Tesco und Asda zu profilieren. Neben niedrigen Preisen sind für britische Konsumenten auch weiterhin eine ansprechende Ladenatmosphäre und zuvorkommende Dienstleistungen in der Einkaufstätte von Bedeutung. Aldi und Lidl laufen mit ihren Plänen, sich «Up-Market» zu bewegen, Gefahr, indirekt in das Supermarktsegment vorzustossen. Wenn der britische Markt differenziert zu anderen Auslandsmärkten bearbeitet würde, könnten für die Unternehmen wichtige Vorteile aus der internationalen Standardisierung der Geschäftstätigkeit, vor allem in Hinblick auf Kostenaspekte, verloren gehen.

Learnings für den Schweizer Markt

Der Lebensmitteldetailhandelsmarkt im Vereinigten Königreich ist in einem weiter fortgeschrittenen Stadium der Wettbewerbsintensität als der schweizerische. Daher lassen sich aus den dortigen Entwicklungen einige interessante Lehren für den hiesigen Handel ableiten. Die Branche im Land hat sich als äusserst resistent gegenüber Discountern erwiesen. Britische Konsumenten sind wie auch ihre Schweizer Pendants an ausgesprochen effizient arbeitende Vollsortimenter gewöhnt, deren Sortimentsumfang und Service sie schätzen (*Lebensmittelzeitung* 2003f).

Beim Markteintritt der deutschen Discounter sorgte eine effektive Abwehrstrategie der bestehenden Marktteilnehmer dafür, dass Kunden wenig Anreiz verspürten, zu den Discountern abzuwandern (Haas 2000, S. 130). Vor allem dem Marktführer Tesco gelang es dank seiner *Tiefpreislinie* Tesco Value und dem Anspruch der Preisführerschaft, die britischen Konsumenten von einer Abwanderung zu den Discountern abzuhalten. Die Tatsache, dass günstige Preise auch Abstriche bei der Produktqualität beinhalten, setzte sich im Bewusstsein des Verbrauchers fest. Anstatt zu Aldi und Lidl zu wechseln und damit eine deutlich geringere Auswahl an Produkten vorzufinden, besucht dieser weiterhin lieber den in seinen Augen bewährten Vollsortimenter Tesco. Dort kann er mit Tesco Value Produkte erwerben, die preislich unter denen der deutschen Discounter liegen; daneben hat der Konsument auch die Möglichkeit, qualitativ höherwertige Lebensmittel zu kaufen. Dies kann er bei Aldi und Lidl mit ihren im Vergleich kleineren Sortimenten nicht. Folglich besuchen nur die Kunden einen Discounter, die sich tatsächlich nichts anderes leisten können. Das weiterhin schlechte Unternehmensimage von Aldi und Lidl ist eine unmittelbare Folge dieser Überlegungen. Zudem verstanden es besonders Tesco und Asda, ihr *Non-Food-Sortiment kontinuierlich auszubauen*. Die gleichzeitig günstigen Preise dieser Artikel mindern die Attraktivität der Aktionsware der deutschen Discounter.

Diese wählten zum Markteintritt eine Strategie, die in der hart umkämpften britischen Branche kaum wahrgenommen wurde. Das organische Wachstum von Aldi und die an mehreren Orten begonnene Ausbreitung von Lidl sorgten in dem grossen und hochkonzentrierten britischen Markt nicht für eine entsprechende Publikumswirksamkeit. Anders verhielt es sich mit dem Eintritt der amerikanischen Wal-Mart ins Vereinigte Königreich. Dieser hatte sehr wohl eine ausreichende Dimension, die Branche grundlegend zu verändern. Im Vergleich dazu ist die Schweiz aufgrund ihrer Grösse durchaus ein leichteres Terrain für die deutschen Discounter. Dabei profitieren beide von der Tatsache, dass sie bereits über einen hohen Bekanntheitsgrad im Schweizer Markt verfügen.

Der britische Markt kann den Schweizer Händlern wichtige Anregungen liefern. Im Vereinigten Königreich sorgte die *effiziente und zeitnahe Reaktion* bestehender Marktteilnehmer auf externe Einflüsse für eine Begrenzung des «Impakts» der Discounter. Vor allem die proaktiv agierende Tesco hat es verstanden, von den Kernkompetenzen neu auf den Markt dringender Akteure zu lernen. Dem Unternehmen gelang es, diese in einer für Tesco optimalen Art und Weise zu adaptieren und zu assimilieren. Dabei stand für die Firma immer die eigene Identität im Vordergrund. Tesco liess sich auf keine Experimente ein oder wagte sich in keine Geschäftsbereiche vor, die das bestehende Portfolio nicht optimal ergänzten. In dieser Hinsicht kann es vor allem grösseren Unternehmen wie Migros und Coop als Inspiration dienen.

Sainsbury wiederum stellt für die Schweizer Detaillisten ein warnendes Beispiel dar. Zu spät erkannte das Traditionsunternehmen die aufgrund der Umwälzungen im Markt *geänderten Kundenbedürfnisse* (*Lebensmittelzeitung* 2004o). Die ständigen Preisoffensiven der Wettbewerber veranlassten Sainsbury, mit der Konkurrenz mitzuziehen, obwohl die eigenen Prozesskosten nicht an den Preiswettkampf angepasst waren. Mit ineffizienten Prozessen operierte es zu kostenintensiv. Die Schweizer Detaillisten können daraus lernen, dass es für sie gefährlich sein kann, sich auf einen Preiskampf mit den deutschen Discountern einzulassen. Diese verfügen über hoch standardisierte

Prozesse und operieren daher mit einer optimierten Kostenstruktur. Die Preisführerschaft im Markt wird ihnen nur schwer zu nehmen sein (Haas 2000, S. 37). Für den Schweizer Handel ist es wichtig, sich in anderen Feldern wie z. B. Service, Produktqualität und Sortimentsvielfalt gegenüber den Discountern zu profilieren. Gleichzeitig sollten preissensible Kunden über das Angebot von Preiseinstiegsschienen in die Verkaufsstellen gelockt werden. Für Schweizer Konsumenten, die traditionell einen hohen Wert auf Qualität und Frische der Lebensmittel legen, könnte auf diese Weise der Anreiz, sich über die Discounter zu versorgen, reduziert werden.

Republik Irland

Marktteilnehmer im Detailhandel

Die Republik Irland nimmt mit einer Fläche von 70 280 Quadratkilometern über 80 % der irischen Insel ein. Ihr nordöstlicher Teil gehört als Provinz Nordirland weiterhin zum Vereinigten Königreich. (CIA 2005e). Mit einer Bevölkerung von 3 969 558 im Juli 2004 ist das Land im Vergleich zur Schweiz sehr dünn besiedelt. Die Bevölkerung Irlands konzentriert sich sehr stark auf die Städte. Der Grossraum Dublin vereinigt bereits etwa ein Drittel der gesamten irischen Bevölkerung auf sich (City Population 2002). Daneben gibt es weitere, wenn auch bedeutend kleinere Agglomerationen in Cork und Limerick. Im Gegensatz zu den meisten europäischen Volkswirtschaften verzeichnet Irland noch ein positives Bevölkerungswachstum; über 50 % der Einwohner sind jünger als 25 Jahre alt (Euromonitor 2004c).

Das irische Bruttosozialprodukt notierte bis zum Jahr 2002 Zuwachsraten im zweistelligen Bereich. Im Zuge der allgemeinen konjunkturellen Entwicklung des EU-Raumes ging das Wachstum in den letzten Jahren jedoch deutlich zurück, liegt mit 5,2 % im Jahr 2004 aber immer noch über dem europäischen Durchschnitt (Irish Economy Report 2005). Das irische Bruttosozialprodukt pro Kopf von 22 803 Euro im Jahr 2004 ist niedriger als das der Schweiz, aber vergleichsweise immer noch höher als das des Vereinigten Königreiches. Auch steigen seit Jahren die Konsumausgaben der Bevölkerung.

Die Konzentration in der irischen Handelslandschaft hat innerhalb der letzten Jahre stark zugenommen. Trotzdem beträgt der Anteil, den die drei grössten Handelsunternehmen am Gesamtumsatz von 20,568 Mrd. Euro im Jahr 2003 erwirtschafteten, lediglich knapp 23 % (Euromonitor 2004c). Das Handelsvolumen des Landes beträgt bei einer Bevölkerung, die mehr als halb so gross ist wie die der Schweiz, nur etwa ein Fünftel der vergleichbaren Ausgaben in der Eidgenossenschaft (Euromonitor 2004e).

Von insgesamt 33 766 Verkaufsstellen Irlands wurden im Jahr 2003 noch 23 889 von unabhängigen Händlern betrieben (Euromonitor 2004c). Sie sind meistens verantwortlich für die Versorgung der Bevölkerung in abgelegenen Regionen. Seit einigen Jahren ist die Zahl der nichtorganisierten Händler jedoch rückläufig; dagegen entwickeln sich vor allem grosse Handelsketten sehr positiv im Land. Bezeichnend dabei ist, dass ein Grossteil der Handelsunternehmen aus dem Vereinigten Königreich und Deutschland kommen. Ihnen bietet Irland noch gute Möglichkeiten zu einem dynamischen Wachstum. So

Prozesse und operieren daher mit einer optimierten Kostenstruktur. Die Preisführerschaft im Markt wird ihnen nur schwer zu nehmen sein (Haas 2000, S. 37). Für den Schweizer Handel ist es wichtig, sich in anderen Feldern wie z. B. Service, Produktqualität und Sortimentsvielfalt gegenüber den Discountern zu profilieren. Gleichzeitig sollten preissensible Kunden über das Angebot von Preiseinstiegsschienen in die Verkaufsstellen gelockt werden. Für Schweizer Konsumenten, die traditionell einen hohen Wert auf Qualität und Frische der Lebensmittel legen, könnte auf diese Weise der Anreiz, sich über die Discounter zu versorgen, reduziert werden.

Republik Irland

Marktteilnehmer im Detailhandel

Die Republik Irland nimmt mit einer Fläche von 70 280 Quadratkilometern über 80 % der irischen Insel ein. Ihr nordöstlicher Teil gehört als Provinz Nordirland weiterhin zum Vereinigten Königreich. (CIA 2005e). Mit einer Bevölkerung von 3 969 558 im Juli 2004 ist das Land im Vergleich zur Schweiz sehr dünn besiedelt. Die Bevölkerung Irlands konzentriert sich sehr stark auf die Städte. Der Grossraum Dublin vereinigt bereits etwa ein Drittel der gesamten irischen Bevölkerung auf sich (City Population 2002). Daneben gibt es weitere, wenn auch bedeutend kleinere Agglomerationen in Cork und Limerick. Im Gegensatz zu den meisten europäischen Volkswirtschaften verzeichnet Irland noch ein positives Bevölkerungswachstum; über 50 % der Einwohner sind jünger als 25 Jahre alt (Euromonitor 2004c).

Das irische Bruttosozialprodukt notierte bis zum Jahr 2002 Zuwachsraten im zweistelligen Bereich. Im Zuge der allgemeinen konjunkturellen Entwicklung des EU-Raumes ging das Wachstum in den letzten Jahren jedoch deutlich zurück, liegt mit 5,2 % im Jahr 2004 aber immer noch über dem europäischen Durchschnitt (Irish Economy Report 2005). Das irische Bruttosozialprodukt pro Kopf von 22 803 Euro im Jahr 2004 ist niedriger als das der Schweiz, aber vergleichsweise immer noch höher als das des Vereinigten Königreiches. Auch steigen seit Jahren die Konsumausgaben der Bevölkerung.

Die Konzentration in der irischen Handelslandschaft hat innerhalb der letzten Jahre stark zugenommen. Trotzdem beträgt der Anteil, den die drei grössten Handelsunternehmen am Gesamtumsatz von 20,568 Mrd. Euro im Jahr 2003 erwirtschafteten, lediglich knapp 23 % (Euromonitor 2004c). Das Handelsvolumen des Landes beträgt bei einer Bevölkerung, die mehr als halb so gross ist wie die der Schweiz, nur etwa ein Fünftel der vergleichbaren Ausgaben in der Eidgenossenschaft (Euromonitor 2004e).

Von insgesamt 33 766 Verkaufsstellen Irlands wurden im Jahr 2003 noch 23 889 von unabhängigen Händlern betrieben (Euromonitor 2004c). Sie sind meistens verantwortlich für die Versorgung der Bevölkerung in abgelegenen Regionen. Seit einigen Jahren ist die Zahl der nichtorganisierten Händler jedoch rückläufig; dagegen entwickeln sich vor allem grosse Handelsketten sehr positiv im Land. Bezeichnend dabei ist, dass ein Grossteil der Handelsunternehmen aus dem Vereinigten Königreich und Deutschland kommen. Ihnen bietet Irland noch gute Möglichkeiten zu einem dynamischen Wachstum. So

Prozesse und operieren daher mit einer optimierten Kostenstruktur. Die Preisführerschaft im Markt wird ihnen nur schwer zu nehmen sein (Haas 2000, S. 37). Für den Schweizer Handel ist es wichtig, sich in anderen Feldern wie z. B. Service, Produktqualität und Sortimentsvielfalt gegenüber den Discountern zu profilieren. Gleichzeitig sollten preissensible Kunden über das Angebot von Preiseinstiegsschienen in die Verkaufsstellen gelockt werden. Für Schweizer Konsumenten, die traditionell einen hohen Wert auf Qualität und Frische der Lebensmittel legen, könnte auf diese Weise der Anreiz, sich über die Discounter zu versorgen, reduziert werden.

Republik Irland

Marktteilnehmer im Detailhandel

Die Republik Irland nimmt mit einer Fläche von 70 280 Quadratkilometern über 80 % der irischen Insel ein. Ihr nordöstlicher Teil gehört als Provinz Nordirland weiterhin zum Vereinigten Königreich. (CIA 2005e). Mit einer Bevölkerung von 3 969 558 im Juli 2004 ist das Land im Vergleich zur Schweiz sehr dünn besiedelt. Die Bevölkerung Irlands konzentriert sich sehr stark auf die Städte. Der Grossraum Dublin vereinigt bereits etwa ein Drittel der gesamten irischen Bevölkerung auf sich (City Population 2002). Daneben gibt es weitere, wenn auch bedeutend kleinere Agglomerationen in Cork und Limerick. Im Gegensatz zu den meisten europäischen Volkswirtschaften verzeichnet Irland noch ein positives Bevölkerungswachstum; über 50 % der Einwohner sind jünger als 25 Jahre alt (Euromonitor 2004c).

Das irische Bruttosozialprodukt notierte bis zum Jahr 2002 Zuwachsraten im zweistelligen Bereich. Im Zuge der allgemeinen konjunkturellen Entwicklung des EU-Raumes ging das Wachstum in den letzten Jahren jedoch deutlich zurück, liegt mit 5,2 % im Jahr 2004 aber immer noch über dem europäischen Durchschnitt (Irish Economy Report 2005). Das irische Bruttosozialprodukt pro Kopf von 22 803 Euro im Jahr 2004 ist niedriger als das der Schweiz, aber vergleichsweise immer noch höher als das des Vereinigten Königreiches. Auch steigen seit Jahren die Konsumausgaben der Bevölkerung.

Die Konzentration in der irischen Handelslandschaft hat innerhalb der letzten Jahre stark zugenommen. Trotzdem beträgt der Anteil, den die drei grössten Handelsunternehmen am Gesamtumsatz von 20,568 Mrd. Euro im Jahr 2003 erwirtschafteten, lediglich knapp 23 % (Euromonitor 2004c). Das Handelsvolumen des Landes beträgt bei einer Bevölkerung, die mehr als halb so gross ist wie die der Schweiz, nur etwa ein Fünftel der vergleichbaren Ausgaben in der Eidgenossenschaft (Euromonitor 2004e).

Von insgesamt 33 766 Verkaufsstellen Irlands wurden im Jahr 2003 noch 23 889 von unabhängigen Händlern betrieben (Euromonitor 2004c). Sie sind meistens verantwortlich für die Versorgung der Bevölkerung in abgelegenen Regionen. Seit einigen Jahren ist die Zahl der nichtorganisierten Händler jedoch rückläufig; dagegen entwickeln sich vor allem grosse Handelsketten sehr positiv im Land. Bezeichnend dabei ist, dass ein Grossteil der Handelsunternehmen aus dem Vereinigten Königreich und Deutschland kommen. Ihnen bietet Irland noch gute Möglichkeiten zu einem dynamischen Wachstum. So

nahm die Verkaufsfläche im irischen Handel von 7,2 Mio. Quadratmetern im Jahr 1999 auf 9,8 Mio. Quadratmetern zu (Euromonitor 2004c). Ähnlich wie die irische Bevölkerung konzentriert sich auch der irische Handel vorwiegend auf die Städte; dies führt zum einen zu einem rasanten Anstieg der Immobilienpreise von Gewerbeflächen in den Innenstädten und zum anderen zur Errichtung von Einkaufszentren und Gewerbegebieten in den Stadtrandlagen. Dank der niedrigen Konzentration im irischen Handel ist die Verbreitung von Handelsmarken sehr gering, der Grossteil der abgesetzten Waren sind Markenprodukte. Der irische Verbraucher kann im europäischen Vergleich als relativ unerfahren charakterisiert werden. Bisher hat er noch keine Tendenzen in Richtung «Smart-Shopping» entwickelt, eine Preissensibilisierung der dortigen Konsumenten erfolgt erst seit wenigen Jahren. Allerdings haben die Verlangsamung des Wirtschaftswachstums und die damit verbundenen pessimistischeren Zukunftsaussichten zu einer Stärkung des Preises als Verkaufsargument geführt. Auch in dieser Hinsicht ist Irland also für die Discounter äusserst attraktiv.

Die Regierung des Landes ist sich schon seit längerem dieser Tatsache bewusst und hat versucht, dem ungebremsten Wachstum der Handelsbranche durch Investitionen aus dem Ausland mit regulierenden Massnahmen zu begegnen. An dieser Stelle seien zwei Massnahmen seitens der Regierung erwähnt, die vor allem darauf abzielen, kleine Händler zu schützen und die Versorgung der Bevölkerung auch in abgelegenen Regionen zu gewährleisten. Die «Grocery Order» von 1987 verbietet den Verkauf unter Einstandspreis; die «Retail Planning Guidelines» beschränken die Verkaufsfläche von Supermärkten auf 3000 Quadratmeter und die von Hypermärkten auf 6000 Quadratmeter (Euromonitor 2004c). Die Regierung zeigt sich bei der Durchsetzung dieser Massnahmen jedoch beeinflussbar: So wurden die Regelungen der Verkaufsfläche für Supermärkte im Raum Dublin bereits im April 1999 auf 3500 Quadratmeter erhöht. Eine starke Lobby versucht derzeit, die Beschränkungen zu Gunsten eines freien Wettbewerbs ganz aufzuheben. Die Einführung einer Steuer auf Plastiktaschen von 15 % im März 2002 belegt zudem das hohe Umweltbewusstsein der Iren (Euromonitor 2004c).

Bedingt durch das dynamische Wirtschaftswachstum des Landes der vergangenen Jahre nahmen die Ausgaben im Non-Food-Bereich im Zeitraum von 1999 bis 2003 um 73,1 % zu, während der Verbrauch im Food-Bereich mit 45,8 % Wachstum deutlich darunter lag; insgesamt beliefen sich die Lebensmittelausgaben des Landes auf 46 % der gesamten irischen Konsumausgaben im Jahr 2003 (Euromonitor 2004c). Im gleichen Zeitraum konnten die Lebensmitteldetailhändler 8,534 Mrd. Euro umsetzen. Dabei nahm der Anteil der irischen Händler am Gesamtumsatz kontinuierlich ab, während der Marktanteil von internationalen Handelsunternehmen deutlich stieg. Die beiden wichtigsten Teilnehmer der Branche, Tesco Ireland und die Musgrave Group, hatten im Jahr 2003 zusammen einen Marktanteil von 53,7 % (Euromonitor 2004c). *Abbildung 47* stellt die Anteile der Akteure der Branche schematisch dar.

Abbildung 47: Marktanteile im irischen Detailhandel 2003

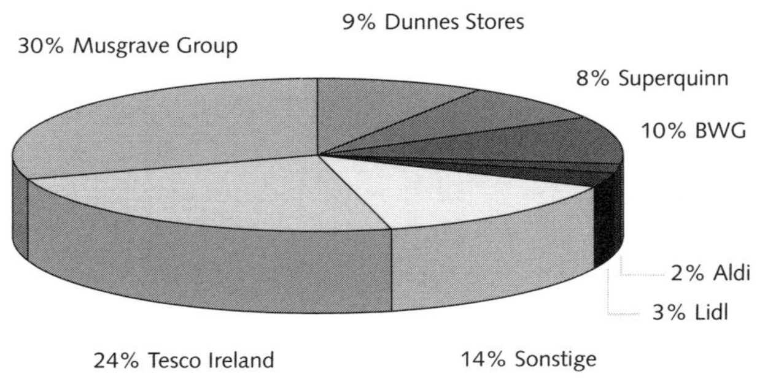

[Kreisdiagramm: 30% Musgrave Group, 9% Dunnes Stores, 8% Superquinn, 10% BWG, 2% Aldi, 3% Lidl, 14% Sonstige, 24% Tesco Ireland]

Quelle: Euromonitor 2004c

Den grössten Anteil am irischen Lebensmitteldetailhandelsumsatz hat die heimische Musgrave Group mit 30 %. Das Unternehmen betreibt die beiden Convenience-Marktketten Supervalu und Centra. Es dient als Beleg dafür, dass kleinflächige Nachbarschaftsmärkte mit Markenprodukten und Lebensmitteln aus lokaler Produktion weiterhin einen grossen Stellenwert im Land geniessen. Mit Umsätzen von 2,3 Mrd. Euro im Jahr 2003 hält Musgrave einen Marktanteil von 63,9 % im weiterhin wichtigen Convenience-Segment Irlands. Das Unternehmen betreibt 350 Outlets in der Vertriebsschiene Centra (Centra 2005) und 211 Verkaufsstellen im Supervalu-Format (Supervalu 2005). Centra-Märkte sind eher qualitätsorientiert, während bei Supervalu Preisargumente im Vordergrund stehen. Beide Formate werden als Franchisesystem betrieben. So verspricht Musgrave, den Franchisenehmern Einkaufsvorteile bieten zu können. Dadurch soll ihre Position gegenüber den stark wachsenden Ketten gestärkt werden. Aufgrund des hohen Anteils an Markenprodukten sowie dem hohen Serviceniveau können beide Formate als Channel Retailer klassifiziert werden.

Der englische Handelsgigant Tesco erwarb im Jahr 1997 den Discountretailer Power Supermarket, der die Ketten Quinnsworth und Crazy Prices betrieb (Euromonitor 2004c). Dies ermöglichte es ihm, schlagartig über ein eigenes

Filialnetz im Nachbarland zu verfügen. Anfang des Jahres 2005 betreibt Tesco Ireland 86 Märkte, fünf weitere sollen im Laufe des Jahres noch eröffnet werden. Die irische Marktbearbeitung ist für das Unternehmen sehr lukrativ: mit einer Gewinnspanne zwischen 6,6 und 6,9 % und Gewinnen in Höhe von 122 Mio. Euro ist Irland Experten zufolge der Markt, auf dem das Unternehmen am rentabelsten operiert (*The Sunday Independent* 2005). Die letzten bekannten Umsatzzahlen von Tesco Ireland beziffern sich für das Jahr 2003 auf 2,059 Mrd. Euro (Euromonitor 2004c).

Ähnlich wie auch im Mutterland des Unternehmens diversifiziert Tesco Ireland in zahlreiche neue Geschäftsaktivitäten (Tesco Ireland 2005). Mit 20 % der Umsätze ist der Non-Food-Bereich dabei ein Wachstumsgarant (*The Sunday Independent* 2005). Im Lebensmitteldetailhandel agiert Tesco mit dem im Vereinigten Königreich bewährten Format des klassischen Tesco-Supermarktes, der als Content Retailer eingestuft werden kann. Dieser wird komplettiert durch einen Online-Shop mit Heimlieferung (Tesco Ireland 2005).

Das noch in irischem Familienbesitz befindliche Unternehmen Dunnes Stores wurde 1908 gegründet (Dunnes Stores 2005); es betreibt eine Mischung aus Supermarkt und Warenhaus mit einem traditionell grossen Non-Food-Sortiment in den Bereichen Inneneinrichtung und Bekleidung (Euromonitor 2004c). Das Sortiment von Dunnes Stores ist geprägt von einer ausgewogenen Mischung aus etablierten Eigenmarken und bekannten Markenartikeln (Dunnes Stores 2005). Dies erlaubt eine Einordnung des Unternehmens in die Kategorie Channel Retailer. Neben dem irischen Heimatmarkt, wo 87 Filialen unterhalten werden, agieren Dunnes Stores auch im gesamten Vereinigten Königreich einschliesslich Nordirland mit 32 Outlets und in Spanien mit vier Verkaufsstellen (Dunnes Stores 2005). Insgesamt setzte das Unternehmen im Jahr 2003 1,996 Mrd. Euro um (Euromonitor 2004c).

Das bis vor kurzem noch in Familienbesitz befindliche Unternehmen Superquinn wurde Anfang des Jahres 2005 von einer irischen Investorengruppe zu einem Preis von 450 Mio. Euro erworben (RTE 2005). Hintergrund waren vor allem Finanzierungsengpässe beim Aufbau neuer Ladenlokale. Durch das Auftreten ausländischer Handelsunternehmen entwickelten sich die Immobilienpreise für Gewerbeflächen in den letzten Jahren sehr dynamisch. In der bisherigen Konstellation konnte Superquinn in vielen Fällen nicht mit den Geboten internationaler Akteure, allen voran Tesco, mithalten. Bei der Übernahme von Superquinn legte die Besitzerfamilie Quinn, die weiterhin mindestens 5 % des Unternehmenskapitals halten wird, grossen Wert auf die Tatsache, dass die neuen Besitzer der Supermarktkette irischen Ursprungs sind (Food & Drink 2005). Superquinn betreibt zurzeit 19 Supermärkte und neun Einkaufszentren (Superquinn 2005a). Das Unternehmen erwirtschaftete im Jahr 2003 Umsätze in Höhe von 653 Mio. Euro (Euromonitor 2004c). In seiner Marktbearbeitung legt Superquinn einen eindeutigen Fokus auf Qualität und Frische der Produkte. Das Unternehmen möchte sich in dieser Beziehung sowohl gegenüber den deutschen Discountern Aldi und Lidl, als auch gegenüber dem ungeliebten englischen Wettbewerber Tesco differenzieren (Planet Retail 2005i). Ähnlich wie bei diesem ist der Anteil an Eigenmarken, die genau auf die Bedürfnisse der irischen Verbraucher zugeschnitten sind, relativ hoch (Superquinn 2005a). In einer Kombination aus Online- und Offline-Kanal bietet das Unternehmen seinen Kunden zudem noch einen Online-Shop, über den auch Kunden in abgelegenen Regionen des Landes die Gelegenheit haben, typisch irische Qualitätsprodukte zu erwerben (Superquinn 2005b). Diese werden online bestellt. Im Anschluss daran können sie entweder abgeholt oder gegen Aufpreis zum Kunden geliefert werden. Aus den genannten Gründen kann Superquinn als Content Retailer eingeordnet werden.

Das Unternehmen BWG betreibt in Irland das Format der Spar Märkte im Franchiseprinzipsystem. Die Gruppe setzte im Jahr 785 Mio. Euro um (Euromonitor 2004c). Insgesamt gibt es derzeit 360 Verkaufsstellen in drei Formaten (Spar Ireland 2005): Spar Märkte sind als Nachbarschaftsmärkte konzipierte Convenience-Stores im lokalen Format. Spar Express sind kleine Convenience-Märkte, die in Kooperation mit Tankstellen betrieben werden. Das Format Eurospar kann als klassischer Vollsortimenter charakterisiert werden, der dem Supermarktformat einer Handelskette entspricht. Die Sparmärkte lassen sich wegen eines stark variierenden Sortiments, in dem zu einem grossen Teil auch Markenprodukte vertreten sind, als Channel Retailer einordnen. *Abbildung 48* fasst die vorgenommene Einstufung der Marktteilnehmer zusammen; diese verteilen sich insgesamt relativ gleichmässig auf die drei Geschäftsmodelle. Mit seiner Strategie als Content Retailer greift Tesco Superquinn als etablierte irische Handelskette unmittelbar an. In der Sparte der Channel Retailer positionieren sich neben Dunnes Stores die unabhängigen

Abbildung 48: Geschäftsmodelle im irischen Detailhandel

Content Retailer (30–35 % des Gesamtmarkts)	Channel Retailer (60–65 % des Gesamtmarkts)	Global Discounter (5–10 % des Gesamtmarkts)
	**DUNNES STores**	
	**CENTRA** **Super Valu**	

Quelle: Eigene Darstellung

irischen Händler, die sich einer der Kooperativen nach dem Franchiseprinzip angeschlossen haben. Die beiden deutschen Unternehmen Aldi und Lidl teilen sich den Markt der Discounter. Mit ihren qualitativ hochwertigen Eigenmarken zu günstigen Preisen und den von Lidl vertriebenen Markenprodukten sind sie eine unmittelbare Bedrohung für die gesamte Handelsbranche des Landes. Auf beide Anbieter wird im nächsten Abschnitt näher eingegangen.

Markteintrittsstrategien von Aldi und Lidl

Nach der Akquisition von Quinnsworth und Crazy Prices durch Tesco ist das Discount-Segment in Irland durch den Markteintritt von Aldi und Lidl neu entstanden. Traditionell waren die Lebensmittelpreise in Irland relativ hoch (Euromonitor 2004c). Daher hatten beide Unternehmen bei ihrem Markteintritt, der zeitlich günstig in eine Periode abflachenden Wirtschaftswachstums fiel, mit ihrem Geschäftsmodell relativ leichtes Spiel.

Die kombinierten Zuwachsraten der beiden Unternehmen Aldi und Lidl im irischen Markt summieren sich für den Zeitraum von 1999 bis 2003 auf 314,9 % (Euromonitor 2004c). Gemeinsam vereinnahmen die deutschen Discounter bereits 5 % des gesamten irischen Lebensmitteldetailhandels für sich, bei steigender Tendenz (*Lebensmittelzeitung* 2004v). Dabei ist Irland der erste der hier betrachteten Ländermärkte, in dem Aldi nach Lidl eintrat: Lidl begann bereits 1998 mit der dortigen Marktbearbeitung, während Aldi ein Jahr später in den irischen Markt eintrat (Euromonitor 2004c). Im Zuge der für das Unternehmen typischen Sprungexpansion betreibt Lidl bereits 53 Filialen auf der Grünen Insel (*The Sunday Independent* 2005). Irland, das genau wie das Vereinigte Königreich und die Schweiz von der Mülheimer Aldi Süd GmbH & Co. KG bearbeitet wird, verfügt im Moment über 22 Aldi-Märkte (Aldi Ireland 2005). Das Unternehmen schlug auch in diesem Land den Weg eines im Vergleich zu Lidl langsameren, organischen Wachstums ein. Die Mülheimer konzentrieren sich in ihrer Markterschliessung bisher eher auf den Grossraum Dublin und weitere dicht besiedelte Regionen. Lidl verfolgt, getreu seiner Strategie der Sprungexpansion, die gleichmässige Erschliessung des ganzen Landes und besitzt auch bereits Filialen an der dünn besiedelten irischen Westküste. Das organische Wachstum von Aldi und die Beschränkung auf städtische Räume ermöglicht Aldi eine deutlich höhere Flächenproduktivität gegenüber Lidl. So konnte Aldi im Jahr 2003 in nur zehn Filialen Umsätze in Höhe von 123 Mio. Euro erzielen, während Lidl mit 36 Outlets die nur leicht höhere Summe von 149 Mio. Euro erwirtschaftete (Euromonitor 2004c). Irische Lidl-Märkte variieren in ihrer Grösse zwischen 950 Quadratmetern und 1500 Quadratmetern, Aldi arbeitet hoch standardisiert mit immer gleich grossen Filialen von 1250 Quadratmetern Verkaufsfläche.

Der Markteintritt der deutschen Discounter und die daran anschliessende dynamische Wachstumsperiode verliefen jedoch alles andere als ruhig. Aldi und Lidl stiessen in der Republik Irland auf eine starke Opposition, die ihnen den Eintritt erschwerte. Vor allem seitens der Regierung und der Lobby bestehender Konkurrenten wurden Versuche unternommen, das dynamische Wachstum der deutschen Ketten aufzuhalten. Angesichts der Tatsache, dass die irischen Lebensmittelimporte aus Deutschland in den drei Jahren nach dem Markteintritt um 2000 % anstiegen, mussten sich Vertreter von Aldi und Lidl vor einem Untersuchungsausschuss des irischen Parlaments diesbezüglich rechtfertigen (Planet Retail 2003i). Ihnen wurde vorgeworfen, die irische Lebensmittelproduktion durch Importe aus dem Ausland zu schädigen und dortige Arbeitsplätze damit bewusst zu gefährden. Die lokale Handelspresse publizierte in diesem Zusammenhang eine Studie, die prognostizierte, dass bis zu 20 000 Arbeitsplätze im Land auf dem Spiel stünden, falls Aldi und Lidl ihren Marktanteil drastisch ausbauen sollten (Planet Retail 2003l).

Daneben wurde den beiden Firmen seitens der unabhängigen Handelsorganisation RGDATA unhygienische Lagerung und nichtsachgemässer Transport von Lebensmitteln vorgeworfen (Planet Retail 2003j). In der Folge wurden Lagerhäuser der Handelsketten wiederholt auf Einhaltung der irischen Lebensmittelsicherheits-Bestimmungen untersucht. In keinem Fall konnten die Anschuldigungen den Discountern gegenüber aufrechterhalten werden (Planet Retail 2003k). Nach den Kampagnen gegen Aldi und Lidl in den Jahren 2002 und 2003 scheint sich die Situation für die beiden Unternehmen entspannt zu haben (Planet Retail 2003h). Die wachsende Popularität des Geschäftsmodells der Discounter in der Bevölkerung hat die anfängliche Opposition gegen Aldi und Lidl entkräftet. Seit einiger Zeit scheinen beide Unternehmen im irischen Markt vor allem aufgrund des Angebots von Lebensmitteln zu günstigen Preisen akzeptiert zu sein. Dort verfolgen sie nun ehrgeizige Wachstumsziele. Experten gehen davon aus, dass sie bis zum Jahr 2009 zusammen einen Marktanteil von 15 % erreichen können (Food & Drink 2005).

Abwehrstrategien bestehender Marktteilnehmer

Ausser den eben genannten Reaktionen seitens der Regierung und der Lobby des irischen Detailhandels lassen sich zum jetzigen Zeitpunkt in Irland keine weiteren Abwehrstrategien gegen Aldi und Lidl identifizieren. Die bestehenden Marktteilnehmer versuchen, sich qualitativ von den Discountern abzusetzen. Offensive Massnahmen ihrerseits, dem dynamischen Wachstum der deutschen Handelsketten entgegenzutreten oder selbst von der steigenden Popularität des Discount-Segments in Irland zu profitieren, gibt es nicht.

Kein anderes Unternehmen im Markt definiert sich so ausnahmslos über den Preis wie die deutschen Discounter. Es ist auch eher unwahrscheinlich,

dass sich die übrigen Akteure der irischen Detailhandelsbranche diesbezüglich gegenüber Aldi und Lidl positionieren können. Allgemein gesprochen lässt sich sagen, dass sich die übrigen Wettbewerber allesamt auf ihre Kernkompetenzen besinnen und versuchen, sich den Kunden gegenüber auf diese Art und Weise zu profilieren. Dies soll gegenüber den Wettbewerbern strategische Mobilitätsbarrieren aufbauen, die ein Besetzen der eigenen Marktposition mittelfristig verhindern (Haas 2000, S. 97). Man kann davon sprechen, dass sich die übrigen Marktteilnehmer bewusst Richtung «Up-Market» bewegen, um sich auf diese Weise gegenüber Aldi und Lidl abzugrenzen (Haas 2000, S. 149). Dabei zählen Servicequalität, Produktvielfalt und Produktqualität mehr als Preisargumente. Es ist zu diesem Zeitpunkt daher nicht mit Branchenstabilität gefährdenden Preisoffensiven, wie sie beispielsweise im Vereinigten Königreich stattfinden, zu rechnen. Wie *Abbildung 48* belegt, sind die Vergeltungsaktivitäten von z. B. Superquinn eher gegen den englischen Eindringling Tesco gerichtet, der das gleiche Geschäftsmodell betreibt (Haas 2000, S. 131). Die Franchisebetriebe von Spar, Supervalu und Centra können sicherlich nur bedingt mit den international operierenden und sehr kosteneffizient arbeitenden deutschen Händlern konkurrieren.

Nachdem Aldi und Lidl in der Anfangsphase, wie eben geschildert, auf Widerstand seitens der Regierung und der Lobby des irischen Detailhandels stiessen, scheinen sie sich mittlerweile als Marktteilnehmer etabliert zu haben. Teilweise lässt sich auch feststellen, dass das irische Echo auf den Eintritt der deutschen Discounter sogar positiv ist. Konsumentenverbände und einige Handelsorganisationen begrüssen die Belebung des Wettbewerbs und die für die Konsumenten sinkenden Lebensmittelpreise (*Lebensmittelzeitung* 2002d). So belegen Studien, dass im Jahr 2003 36 % der irischen Konsumenten bei Aldi oder Lidl einkauften, während die Zahl der Kunden, die dort ihren Haupteinkauf tätigten, bereits bei 7 % lag (Planet Retail 2003h). Eine Gefahr für den irischen Markt wird eher im englischen Handelsgiganten Tesco gesehen.

Konsequenzen und Ausblick

Es ist davon auszugehen, dass die «Grocery Order», die in der Republik Irland den Verkauf von Lebensmitteln unter Einstandspreis verbietet, relativ kurzfristig abgeschafft oder komplett neu gestaltet wird (Planet Retail 2005j). Dies wird den Wettbewerb im Lebensmitteldetailhandel des Landes weiter beleben. Falls es zu einer solchen Gesetzesänderung kommt, sind die deutschen Discounter Aldi und Lidl neben Tesco sehr wahrscheinlich die Hauptnutzniesser dieser Massnahme. Internationale Ketten, die bei globaler Beschaffung enorme Einkaufsvolumina bündeln können, sind bereits dadurch gegenüber rein national agierenden Wettbewerbern im Vorteil. Sollte es ihnen in Zukunft auch noch möglich sein, bestimmte Güter unter dem Einstandspreis zu verkau-

fen, können sie ihre Marktposition in Irland unter Ausnutzung internationaler Synergieeffekte stärken. So ist Lidl beispielsweise mit über 900 Outlets Marktführer im französischen Discount-Segment (*Lebensmittelzeitung* 2004w). Für die Schwarz-Gruppe ist Frankreich eine «Cash Cow» (*Lebensmittelzeitung* 2003a). Gewinne aus Frankreich könnte das Unternehmen nutzen, um in Irland Waren bewusst unter Einstandspreis zu verkaufen. Dies schmälert zwar kurzfristig die Gewinne in Irland, könnte sich aber langfristig auszahlen. Eine solche Preispolitik schadet langfristig dem Wettbewerb auf der Grünen Insel, weil andere Marktteilnehmer aus dem Markt gedrängt werden. Aldi wäre finanziell betrachtet durchaus in der Lage, ähnlich zu verfahren.

Neben steigenden Umsatzzahlen für Aldi und Lidl ist davon auszugehen, dass auch Tesco seine Position im irischen Markt weiter konsolidieren wird. Dabei profitiert es von den im Rahmen seiner Diversifizierungsstrategie im britischen Heimatmarkt gemachten Erfahrungen. Vor allem das bisher noch von irischen Firmen dominierte Convenience-Segment scheint dabei im Zentrum des Interesses des englischen Grosskonzerns zu liegen (*The Sunday Independent* 2005). Dabei wird der Erfolg von Tesco als englisches Unternehmen aus geopolitischen Gründen sehr argwöhnisch beobachtet. Mehr noch als die zunehmende Bedeutung, die die deutschen Discounter Aldi und Lidl auf dem irischen Markt erlangen, ruft er bei den Handelsverbänden und in der Presse zum Teil polemische Rufe nach einem stärker protektionistisch motivierten Eingreifen seitens des Staates hervor (*The Sunday Independent* 2005). Bis zu welchem Grad sich dies in Zeiten des Aufbaus eines europäischen Binnenmarktes realisieren lässt, ist äusserst fraglich. Die Reaktionen der Iren sollten in diesem Zusammenhang jedoch im Auge behalten werden. Eine potenzielle Gefahr für Tesco könnte der im Moment eher unwahrscheinliche Eintritt des Erzrivalen Asda sein, der sich nach der bald erfolgenden Expansion nach Nordirland entschliessen könnte, die gesamte irische Insel zu bearbeiten (Euromonitor 2004c).

Sollte es in Irland nicht zu einem Erstarken des nationalen Bewusstseins kommen, das eine Rückkehr zu «Buy Irish» bewirkt, wird es für irische Traditionsunternehmen, wie Dunnes Stores und Superquinn, sehr schwierig, sich gegen die internationalen Mitbewerber zu behaupten. Im Falle einer erneuten intensiven Wachstumsphase mit steigendem Volkseinkommen und optimistischen Zukunftsaussichten seitens der Konsumenten könnten Produktqualität, Produktvielfalt und Serviceaspekte gegenüber dem Preis wieder eine tragende Rolle spielen. Auch davon würden in erster Linie die irischen Marktteilnehmer profitieren. Bedingt durch die zunehmende Konzentration der Branche hat die BWG-Gruppe mit Spar gute Wachstumsaussichten im irischen Markt. Für die noch bedeutende Anzahl unabhängiger Wettbewerber kann es attraktiv sein, sich dem Franchiseprinzip einer losen Gruppe mit einer starken Marken-

dass sich die übrigen Akteure der irischen Detailhandelsbranche diesbezüglich gegenüber Aldi und Lidl positionieren können. Allgemein gesprochen lässt sich sagen, dass sich die übrigen Wettbewerber allesamt auf ihre Kernkompetenzen besinnen und versuchen, sich den Kunden gegenüber auf diese Art und Weise zu profilieren. Dies soll gegenüber den Wettbewerbern strategische Mobilitätsbarrieren aufbauen, die ein Besetzen der eigenen Marktposition mittelfristig verhindern (Haas 2000, S. 97). Man kann davon sprechen, dass sich die übrigen Marktteilnehmer bewusst Richtung «Up-Market» bewegen, um sich auf diese Weise gegenüber Aldi und Lidl abzugrenzen (Haas 2000, S. 149). Dabei zählen Servicequalität, Produktvielfalt und Produktqualität mehr als Preisargumente. Es ist zu diesem Zeitpunkt daher nicht mit Branchenstabilität gefährdenden Preisoffensiven, wie sie beispielsweise im Vereinigten Königreich stattfinden, zu rechnen. Wie *Abbildung 48* belegt, sind die Vergeltungsaktivitäten von z. B. Superquinn eher gegen den englischen Eindringling Tesco gerichtet, der das gleiche Geschäftsmodell betreibt (Haas 2000, S. 131). Die Franchisebetriebe von Spar, Supervalu und Centra können sicherlich nur bedingt mit den international operierenden und sehr kosteneffizient arbeitenden deutschen Händlern konkurrieren.

Nachdem Aldi und Lidl in der Anfangsphase, wie eben geschildert, auf Widerstand seitens der Regierung und der Lobby des irischen Detailhandels stiessen, scheinen sie sich mittlerweile als Marktteilnehmer etabliert zu haben. Teilweise lässt sich auch feststellen, dass das irische Echo auf den Eintritt der deutschen Discounter sogar positiv ist. Konsumentenverbände und einige Handelsorganisationen begrüssen die Belebung des Wettbewerbs und die für die Konsumenten sinkenden Lebensmittelpreise (*Lebensmittelzeitung* 2002d). So belegen Studien, dass im Jahr 2003 36 % der irischen Konsumenten bei Aldi oder Lidl einkauften, während die Zahl der Kunden, die dort ihren Haupteinkauf tätigten, bereits bei 7 % lag (Planet Retail 2003h). Eine Gefahr für den irischen Markt wird eher im englischen Handelsgiganten Tesco gesehen.

Konsequenzen und Ausblick

Es ist davon auszugehen, dass die «Grocery Order», die in der Republik Irland den Verkauf von Lebensmitteln unter Einstandspreis verbietet, relativ kurzfristig abgeschafft oder komplett neu gestaltet wird (Planet Retail 2005j). Dies wird den Wettbewerb im Lebensmitteldetailhandel des Landes weiter beleben. Falls es zu einer solchen Gesetzesänderung kommt, sind die deutschen Discounter Aldi und Lidl neben Tesco sehr wahrscheinlich die Hauptnutzniesser dieser Massnahme. Internationale Ketten, die bei globaler Beschaffung enorme Einkaufsvolumina bündeln können, sind bereits dadurch gegenüber rein national agierenden Wettbewerbern im Vorteil. Sollte es ihnen in Zukunft auch noch möglich sein, bestimmte Güter unter dem Einstandspreis zu verkau-

fen, können sie ihre Marktposition in Irland unter Ausnutzung internationaler Synergieeffekte stärken. So ist Lidl beispielsweise mit über 900 Outlets Marktführer im französischen Discount-Segment (*Lebensmittelzeitung* 2004w). Für die Schwarz-Gruppe ist Frankreich eine «Cash Cow» (*Lebensmittelzeitung* 2003a). Gewinne aus Frankreich könnte das Unternehmen nutzen, um in Irland Waren bewusst unter Einstandspreis zu verkaufen. Dies schmälert zwar kurzfristig die Gewinne in Irland, könnte sich aber langfristig auszahlen. Eine solche Preispolitik schadet langfristig dem Wettbewerb auf der Grünen Insel, weil andere Marktteilnehmer aus dem Markt gedrängt werden. Aldi wäre finanziell betrachtet durchaus in der Lage, ähnlich zu verfahren.

Neben steigenden Umsatzzahlen für Aldi und Lidl ist davon auszugehen, dass auch Tesco seine Position im irischen Markt weiter konsolidieren wird. Dabei profitiert es von den im Rahmen seiner Diversifizierungsstrategie im britischen Heimatmarkt gemachten Erfahrungen. Vor allem das bisher noch von irischen Firmen dominierte Convenience-Segment scheint dabei im Zentrum des Interesses des englischen Grosskonzerns zu liegen (*The Sunday Independent* 2005). Dabei wird der Erfolg von Tesco als englisches Unternehmen aus geopolitischen Gründen sehr argwöhnisch beobachtet. Mehr noch als die zunehmende Bedeutung, die die deutschen Discounter Aldi und Lidl auf dem irischen Markt erlangen, ruft er bei den Handelsverbänden und in der Presse zum Teil polemische Rufe nach einem stärker protektionistisch motivierten Eingreifen seitens des Staates hervor (*The Sunday Independent* 2005). Bis zu welchem Grad sich dies in Zeiten des Aufbaus eines europäischen Binnenmarktes realisieren lässt, ist äusserst fraglich. Die Reaktionen der Iren sollten in diesem Zusammenhang jedoch im Auge behalten werden. Eine potenzielle Gefahr für Tesco könnte der im Moment eher unwahrscheinliche Eintritt des Erzrivalen Asda sein, der sich nach der bald erfolgenden Expansion nach Nordirland entschliessen könnte, die gesamte irische Insel zu bearbeiten (Euromonitor 2004c).

Sollte es in Irland nicht zu einem Erstarken des nationalen Bewusstseins kommen, das eine Rückkehr zu «Buy Irish» bewirkt, wird es für irische Traditionsunternehmen, wie Dunnes Stores und Superquinn, sehr schwierig, sich gegen die internationalen Mitbewerber zu behaupten. Im Falle einer erneuten intensiven Wachstumsphase mit steigendem Volkseinkommen und optimistischen Zukunftsaussichten seitens der Konsumenten könnten Produktqualität, Produktvielfalt und Serviceaspekte gegenüber dem Preis wieder eine tragende Rolle spielen. Auch davon würden in erster Linie die irischen Marktteilnehmer profitieren. Bedingt durch die zunehmende Konzentration der Branche hat die BWG-Gruppe mit Spar gute Wachstumsaussichten im irischen Markt. Für die noch bedeutende Anzahl unabhängiger Wettbewerber kann es attraktiv sein, sich dem Franchiseprinzip einer losen Gruppe mit einer starken Marken-

dass sich die übrigen Akteure der irischen Detailhandelsbranche diesbezüglich gegenüber Aldi und Lidl positionieren können. Allgemein gesprochen lässt sich sagen, dass sich die übrigen Wettbewerber allesamt auf ihre Kernkompetenzen besinnen und versuchen, sich den Kunden gegenüber auf diese Art und Weise zu profilieren. Dies soll gegenüber den Wettbewerbern strategische Mobilitätsbarrieren aufbauen, die ein Besetzen der eigenen Marktposition mittelfristig verhindern (Haas 2000, S. 97). Man kann davon sprechen, dass sich die übrigen Marktteilnehmer bewusst Richtung «Up-Market» bewegen, um sich auf diese Weise gegenüber Aldi und Lidl abzugrenzen (Haas 2000, S. 149). Dabei zählen Servicequalität, Produktvielfalt und Produktqualität mehr als Preisargumente. Es ist zu diesem Zeitpunkt daher nicht mit Branchenstabilität gefährdenden Preisoffensiven, wie sie beispielsweise im Vereinigten Königreich stattfinden, zu rechnen. Wie *Abbildung 48* belegt, sind die Vergeltungsaktivitäten von z. B. Superquinn eher gegen den englischen Eindringling Tesco gerichtet, der das gleiche Geschäftsmodell betreibt (Haas 2000, S. 131). Die Franchisebetriebe von Spar, Supervalu und Centra können sicherlich nur bedingt mit den international operierenden und sehr kosteneffizient arbeitenden deutschen Händlern konkurrieren.

Nachdem Aldi und Lidl in der Anfangsphase, wie eben geschildert, auf Widerstand seitens der Regierung und der Lobby des irischen Detailhandels stiessen, scheinen sie sich mittlerweile als Marktteilnehmer etabliert zu haben. Teilweise lässt sich auch feststellen, dass das irische Echo auf den Eintritt der deutschen Discounter sogar positiv ist. Konsumentenverbände und einige Handelsorganisationen begrüssen die Belebung des Wettbewerbs und die für die Konsumenten sinkenden Lebensmittelpreise (*Lebensmittelzeitung* 2002d). So belegen Studien, dass im Jahr 2003 36 % der irischen Konsumenten bei Aldi oder Lidl einkauften, während die Zahl der Kunden, die dort ihren Haupteinkauf tätigten, bereits bei 7 % lag (Planet Retail 2003h). Eine Gefahr für den irischen Markt wird eher im englischen Handelsgiganten Tesco gesehen.

Konsequenzen und Ausblick

Es ist davon auszugehen, dass die «Grocery Order», die in der Republik Irland den Verkauf von Lebensmitteln unter Einstandspreis verbietet, relativ kurzfristig abgeschafft oder komplett neu gestaltet wird (Planet Retail 2005j). Dies wird den Wettbewerb im Lebensmitteldetailhandel des Landes weiter beleben. Falls es zu einer solchen Gesetzesänderung kommt, sind die deutschen Discounter Aldi und Lidl neben Tesco sehr wahrscheinlich die Hauptnutzniesser dieser Massnahme. Internationale Ketten, die bei globaler Beschaffung enorme Einkaufsvolumina bündeln können, sind bereits dadurch gegenüber rein national agierenden Wettbewerbern im Vorteil. Sollte es ihnen in Zukunft auch noch möglich sein, bestimmte Güter unter dem Einstandspreis zu verkau-

fen, können sie ihre Marktposition in Irland unter Ausnutzung internationaler Synergieeffekte stärken. So ist Lidl beispielsweise mit über 900 Outlets Marktführer im französischen Discount-Segment (*Lebensmittelzeitung* 2004w). Für die Schwarz-Gruppe ist Frankreich eine «Cash Cow» (*Lebensmittelzeitung* 2003a). Gewinne aus Frankreich könnte das Unternehmen nutzen, um in Irland Waren bewusst unter Einstandspreis zu verkaufen. Dies schmälert zwar kurzfristig die Gewinne in Irland, könnte sich aber langfristig auszahlen. Eine solche Preispolitik schadet langfristig dem Wettbewerb auf der Grünen Insel, weil andere Marktteilnehmer aus dem Markt gedrängt werden. Aldi wäre finanziell betrachtet durchaus in der Lage, ähnlich zu verfahren.

Neben steigenden Umsatzzahlen für Aldi und Lidl ist davon auszugehen, dass auch Tesco seine Position im irischen Markt weiter konsolidieren wird. Dabei profitiert es von den im Rahmen seiner Diversifizierungsstrategie im britischen Heimatmarkt gemachten Erfahrungen. Vor allem das bisher noch von irischen Firmen dominierte Convenience-Segment scheint dabei im Zentrum des Interesses des englischen Grosskonzerns zu liegen (*The Sunday Independent* 2005). Dabei wird der Erfolg von Tesco als englisches Unternehmen aus geopolitischen Gründen sehr argwöhnisch beobachtet. Mehr noch als die zunehmende Bedeutung, die die deutschen Discounter Aldi und Lidl auf dem irischen Markt erlangen, ruft er bei den Handelsverbänden und in der Presse zum Teil polemische Rufe nach einem stärker protektionistisch motivierten Eingreifen seitens des Staates hervor (*The Sunday Independent* 2005). Bis zu welchem Grad sich dies in Zeiten des Aufbaus eines europäischen Binnenmarktes realisieren lässt, ist äusserst fraglich. Die Reaktionen der Iren sollten in diesem Zusammenhang jedoch im Auge behalten werden. Eine potenzielle Gefahr für Tesco könnte der im Moment eher unwahrscheinliche Eintritt des Erzrivalen Asda sein, der sich nach der bald erfolgenden Expansion nach Nordirland entschliessen könnte, die gesamte irische Insel zu bearbeiten (Euromonitor 2004c).

Sollte es in Irland nicht zu einem Erstarken des nationalen Bewusstseins kommen, das eine Rückkehr zu «Buy Irish» bewirkt, wird es für irische Traditionsunternehmen, wie Dunnes Stores und Superquinn, sehr schwierig, sich gegen die internationalen Mitbewerber zu behaupten. Im Falle einer erneuten intensiven Wachstumsphase mit steigendem Volkseinkommen und optimistischen Zukunftsaussichten seitens der Konsumenten könnten Produktqualität, Produktvielfalt und Serviceaspekte gegenüber dem Preis wieder eine tragende Rolle spielen. Auch davon würden in erster Linie die irischen Marktteilnehmer profitieren. Bedingt durch die zunehmende Konzentration der Branche hat die BWG-Gruppe mit Spar gute Wachstumsaussichten im irischen Markt. Für die noch bedeutende Anzahl unabhängiger Wettbewerber kann es attraktiv sein, sich dem Franchiseprinzip einer losen Gruppe mit einer starken Marken-

dass sich die übrigen Akteure der irischen Detailhandelsbranche diesbezüglich gegenüber Aldi und Lidl positionieren können. Allgemein gesprochen lässt sich sagen, dass sich die übrigen Wettbewerber allesamt auf ihre Kernkompetenzen besinnen und versuchen, sich den Kunden gegenüber auf diese Art und Weise zu profilieren. Dies soll gegenüber den Wettbewerbern strategische Mobilitätsbarrieren aufbauen, die ein Besetzen der eigenen Marktposition mittelfristig verhindern (Haas 2000, S. 97). Man kann davon sprechen, dass sich die übrigen Marktteilnehmer bewusst Richtung «Up-Market» bewegen, um sich auf diese Weise gegenüber Aldi und Lidl abzugrenzen (Haas 2000, S. 149). Dabei zählen Servicequalität, Produktvielfalt und Produktqualität mehr als Preisargumente. Es ist zu diesem Zeitpunkt daher nicht mit Branchenstabilität gefährdenden Preisoffensiven, wie sie beispielsweise im Vereinigten Königreich stattfinden, zu rechnen. Wie *Abbildung 48* belegt, sind die Vergeltungsaktivitäten von z. B. Superquinn eher gegen den englischen Eindringling Tesco gerichtet, der das gleiche Geschäftsmodell betreibt (Haas 2000, S. 131). Die Franchisebetriebe von Spar, Supervalu und Centra können sicherlich nur bedingt mit den international operierenden und sehr kosteneffizient arbeitenden deutschen Händlern konkurrieren.

Nachdem Aldi und Lidl in der Anfangsphase, wie eben geschildert, auf Widerstand seitens der Regierung und der Lobby des irischen Detailhandels stiessen, scheinen sie sich mittlerweile als Marktteilnehmer etabliert zu haben. Teilweise lässt sich auch feststellen, dass das irische Echo auf den Eintritt der deutschen Discounter sogar positiv ist. Konsumentenverbände und einige Handelsorganisationen begrüssen die Belebung des Wettbewerbs und die für die Konsumenten sinkenden Lebensmittelpreise (*Lebensmittelzeitung* 2002d). So belegen Studien, dass im Jahr 2003 36 % der irischen Konsumenten bei Aldi oder Lidl einkauften, während die Zahl der Kunden, die dort ihren Haupteinkauf tätigten, bereits bei 7 % lag (Planet Retail 2003h). Eine Gefahr für den irischen Markt wird eher im englischen Handelsgiganten Tesco gesehen.

Konsequenzen und Ausblick

Es ist davon auszugehen, dass die «Grocery Order», die in der Republik Irland den Verkauf von Lebensmitteln unter Einstandspreis verbietet, relativ kurzfristig abgeschafft oder komplett neu gestaltet wird (Planet Retail 2005j). Dies wird den Wettbewerb im Lebensmitteldetailhandel des Landes weiter beleben. Falls es zu einer solchen Gesetzesänderung kommt, sind die deutschen Discounter Aldi und Lidl neben Tesco sehr wahrscheinlich die Hauptnutzniesser dieser Massnahme. Internationale Ketten, die bei globaler Beschaffung enorme Einkaufsvolumina bündeln können, sind bereits dadurch gegenüber rein national agierenden Wettbewerbern im Vorteil. Sollte es ihnen in Zukunft auch noch möglich sein, bestimmte Güter unter dem Einstandspreis zu verkau-

fen, können sie ihre Marktposition in Irland unter Ausnutzung internationaler Synergieeffekte stärken. So ist Lidl beispielsweise mit über 900 Outlets Marktführer im französischen Discount-Segment (*Lebensmittelzeitung* 2004w). Für die Schwarz-Gruppe ist Frankreich eine «Cash Cow» (*Lebensmittelzeitung* 2003a). Gewinne aus Frankreich könnte das Unternehmen nutzen, um in Irland Waren bewusst unter Einstandspreis zu verkaufen. Dies schmälert zwar kurzfristig die Gewinne in Irland, könnte sich aber langfristig auszahlen. Eine solche Preispolitik schadet langfristig dem Wettbewerb auf der Grünen Insel, weil andere Marktteilnehmer aus dem Markt gedrängt werden. Aldi wäre finanziell betrachtet durchaus in der Lage, ähnlich zu verfahren.

Neben steigenden Umsatzzahlen für Aldi und Lidl ist davon auszugehen, dass auch Tesco seine Position im irischen Markt weiter konsolidieren wird. Dabei profitiert es von den im Rahmen seiner Diversifizierungsstrategie im britischen Heimatmarkt gemachten Erfahrungen. Vor allem das bisher noch von irischen Firmen dominierte Convenience-Segment scheint dabei im Zentrum des Interesses des englischen Grosskonzerns zu liegen (*The Sunday Independent* 2005). Dabei wird der Erfolg von Tesco als englisches Unternehmen aus geopolitischen Gründen sehr argwöhnisch beobachtet. Mehr noch als die zunehmende Bedeutung, die die deutschen Discounter Aldi und Lidl auf dem irischen Markt erlangen, ruft er bei den Handelsverbänden und in der Presse zum Teil polemische Rufe nach einem stärker protektionistisch motivierten Eingreifen seitens des Staates hervor (*The Sunday Independent* 2005). Bis zu welchem Grad sich dies in Zeiten des Aufbaus eines europäischen Binnenmarktes realisieren lässt, ist äusserst fraglich. Die Reaktionen der Iren sollten in diesem Zusammenhang jedoch im Auge behalten werden. Eine potenzielle Gefahr für Tesco könnte der im Moment eher unwahrscheinliche Eintritt des Erzrivalen Asda sein, der sich nach der bald erfolgenden Expansion nach Nordirland entschliessen könnte, die gesamte irische Insel zu bearbeiten (Euromonitor 2004c).

Sollte es in Irland nicht zu einem Erstarken des nationalen Bewusstseins kommen, das eine Rückkehr zu «Buy Irish» bewirkt, wird es für irische Traditionsunternehmen, wie Dunnes Stores und Superquinn, sehr schwierig, sich gegen die internationalen Mitbewerber zu behaupten. Im Falle einer erneuten intensiven Wachstumsphase mit steigendem Volkseinkommen und optimistischen Zukunftsaussichten seitens der Konsumenten könnten Produktqualität, Produktvielfalt und Serviceaspekte gegenüber dem Preis wieder eine tragende Rolle spielen. Auch davon würden in erster Linie die irischen Marktteilnehmer profitieren. Bedingt durch die zunehmende Konzentration der Branche hat die BWG-Gruppe mit Spar gute Wachstumsaussichten im irischen Markt. Für die noch bedeutende Anzahl unabhängiger Wettbewerber kann es attraktiv sein, sich dem Franchiseprinzip einer losen Gruppe mit einer starken Marken-

dass sich die übrigen Akteure der irischen Detailhandelsbranche diesbezüglich gegenüber Aldi und Lidl positionieren können. Allgemein gesprochen lässt sich sagen, dass sich die übrigen Wettbewerber allesamt auf ihre Kernkompetenzen besinnen und versuchen, sich den Kunden gegenüber auf diese Art und Weise zu profilieren. Dies soll gegenüber den Wettbewerbern strategische Mobilitätsbarrieren aufbauen, die ein Besetzen der eigenen Marktposition mittelfristig verhindern (Haas 2000, S. 97). Man kann davon sprechen, dass sich die übrigen Marktteilnehmer bewusst Richtung «Up-Market» bewegen, um sich auf diese Weise gegenüber Aldi und Lidl abzugrenzen (Haas 2000, S. 149). Dabei zählen Servicequalität, Produktvielfalt und Produktqualität mehr als Preisargumente. Es ist zu diesem Zeitpunkt daher nicht mit Branchenstabilität gefährdenden Preisoffensiven, wie sie beispielsweise im Vereinigten Königreich stattfinden, zu rechnen. Wie *Abbildung 48* belegt, sind die Vergeltungsaktivitäten von z. B. Superquinn eher gegen den englischen Eindringling Tesco gerichtet, der das gleiche Geschäftsmodell betreibt (Haas 2000, S. 131). Die Franchisebetriebe von Spar, Supervalu und Centra können sicherlich nur bedingt mit den international operierenden und sehr kosteneffizient arbeitenden deutschen Händlern konkurrieren.

Nachdem Aldi und Lidl in der Anfangsphase, wie eben geschildert, auf Widerstand seitens der Regierung und der Lobby des irischen Detailhandels stiessen, scheinen sie sich mittlerweile als Marktteilnehmer etabliert zu haben. Teilweise lässt sich auch feststellen, dass das irische Echo auf den Eintritt der deutschen Discounter sogar positiv ist. Konsumentenverbände und einige Handelsorganisationen begrüssen die Belebung des Wettbewerbs und die für die Konsumenten sinkenden Lebensmittelpreise (*Lebensmittelzeitung* 2002d). So belegen Studien, dass im Jahr 2003 36 % der irischen Konsumenten bei Aldi oder Lidl einkauften, während die Zahl der Kunden, die dort ihren Haupteinkauf tätigten, bereits bei 7 % lag (Planet Retail 2003h). Eine Gefahr für den irischen Markt wird eher im englischen Handelsgiganten Tesco gesehen.

Konsequenzen und Ausblick

Es ist davon auszugehen, dass die «Grocery Order», die in der Republik Irland den Verkauf von Lebensmitteln unter Einstandspreis verbietet, relativ kurzfristig abgeschafft oder komplett neu gestaltet wird (Planet Retail 2005j). Dies wird den Wettbewerb im Lebensmitteldetailhandel des Landes weiter beleben. Falls es zu einer solchen Gesetzesänderung kommt, sind die deutschen Discounter Aldi und Lidl neben Tesco sehr wahrscheinlich die Hauptnutzniesser dieser Massnahme. Internationale Ketten, die bei globaler Beschaffung enorme Einkaufsvolumina bündeln können, sind bereits dadurch gegenüber rein national agierenden Wettbewerbern im Vorteil. Sollte es ihnen in Zukunft auch noch möglich sein, bestimmte Güter unter dem Einstandspreis zu verkau-

fen, können sie ihre Marktposition in Irland unter Ausnutzung internationaler Synergieeffekte stärken. So ist Lidl beispielsweise mit über 900 Outlets Marktführer im französischen Discount-Segment (*Lebensmittelzeitung* 2004w). Für die Schwarz-Gruppe ist Frankreich eine «Cash Cow» (*Lebensmittelzeitung* 2003a). Gewinne aus Frankreich könnte das Unternehmen nutzen, um in Irland Waren bewusst unter Einstandspreis zu verkaufen. Dies schmälert zwar kurzfristig die Gewinne in Irland, könnte sich aber langfristig auszahlen. Eine solche Preispolitik schadet langfristig dem Wettbewerb auf der Grünen Insel, weil andere Marktteilnehmer aus dem Markt gedrängt werden. Aldi wäre finanziell betrachtet durchaus in der Lage, ähnlich zu verfahren.

Neben steigenden Umsatzzahlen für Aldi und Lidl ist davon auszugehen, dass auch Tesco seine Position im irischen Markt weiter konsolidieren wird. Dabei profitiert es von den im Rahmen seiner Diversifizierungsstrategie im britischen Heimatmarkt gemachten Erfahrungen. Vor allem das bisher noch von irischen Firmen dominierte Convenience-Segment scheint dabei im Zentrum des Interesses des englischen Grosskonzerns zu liegen (*The Sunday Independent* 2005). Dabei wird der Erfolg von Tesco als englisches Unternehmen aus geopolitischen Gründen sehr argwöhnisch beobachtet. Mehr noch als die zunehmende Bedeutung, die die deutschen Discounter Aldi und Lidl auf dem irischen Markt erlangen, ruft er bei den Handelsverbänden und in der Presse zum Teil polemische Rufe nach einem stärker protektionistisch motivierten Eingreifen seitens des Staates hervor (*The Sunday Independent* 2005). Bis zu welchem Grad sich dies in Zeiten des Aufbaus eines europäischen Binnenmarktes realisieren lässt, ist äusserst fraglich. Die Reaktionen der Iren sollten in diesem Zusammenhang jedoch im Auge behalten werden. Eine potenzielle Gefahr für Tesco könnte der im Moment eher unwahrscheinliche Eintritt des Erzrivalen Asda sein, der sich nach der bald erfolgenden Expansion nach Nordirland entschliessen könnte, die gesamte irische Insel zu bearbeiten (Euromonitor 2004c).

Sollte es in Irland nicht zu einem Erstarken des nationalen Bewusstseins kommen, das eine Rückkehr zu «Buy Irish» bewirkt, wird es für irische Traditionsunternehmen, wie Dunnes Stores und Superquinn, sehr schwierig, sich gegen die internationalen Mitbewerber zu behaupten. Im Falle einer erneuten intensiven Wachstumsphase mit steigendem Volkseinkommen und optimistischen Zukunftsaussichten seitens der Konsumenten könnten Produktqualität, Produktvielfalt und Serviceaspekte gegenüber dem Preis wieder eine tragende Rolle spielen. Auch davon würden in erster Linie die irischen Marktteilnehmer profitieren. Bedingt durch die zunehmende Konzentration der Branche hat die BWG-Gruppe mit Spar gute Wachstumsaussichten im irischen Markt. Für die noch bedeutende Anzahl unabhängiger Wettbewerber kann es attraktiv sein, sich dem Franchiseprinzip einer losen Gruppe mit einer starken Marken-

identität anzuschliessen. Dadurch kann ein grösserer Grad an Unabhängigkeit gewahrt werden als im Falle einer Akquisition durch eine der grossen Handelsketten.

Learnings für den Schweizer Markt

Im Vergleich zu anderen Ländermärkten ist der irische Markt äusserst empfänglich für das Geschäftsmodell der Discounter. Ähnlich wie in der Schweiz befanden sich die Lebensmittelpreise auf einem sehr hohen Niveau. Dies machte die Marktbearbeitung für Discounter sehr attraktiv. Die EU-Mitgliedschaft vereinfachte zudem noch den Eintritt in den bis dahin von nationalen Wettbewerbern dominierten Markt. Die Detailhandelsbranche Irlands wird seitens der Regierung zum Teil immer noch stark reglementiert, Reformen scheinen sich allerdings anzubahnen. Irische Konsumenten waren über lange Jahre nur nationale Produkte gewöhnt und assoziierten daher Qualität mit dem Prädikat «Irish».

Die geschilderten Faktoren, die die deutschen Discounter vor einem Markteintritt abzuwägen hatten, treffen in sehr ähnlicher Form auch auf die Schweiz zu. Die bilateralen Verträge haben auch in der Schweiz die Grundlage für den Markteintritt geschaffen. Die wirtschaftliche Situation des Landes gestaltet sich momentan eher noch schwieriger als die der Republik Irland. Es ist daher wahrscheinlich, dass all die Faktoren, die den Erfolg der Discounter auf der Grünen Insel ermöglichten, auch in der Eidgenossenschaft vorliegen. Daher können die Schweizer Detaillisten aus den Fehlern ihrer irischen Kollegen lernen. Diese liessen das Preiseinstiegssortiment viel zu lange unbeachtet. Es gibt zwar mittlerweile auch dort entsprechende Preiseinstiegslinien, jedoch wurden diese dem Kunden lange nicht als Mehrwert kommuniziert. An sich erfolgreiche Geschäftskonzepte wie die Supermarktkette Superquinn sind dadurch in Zugzwang geraten (Food & Drink 2005). Eine Rückbesinnung auf nationale Werte hat zwar vorerst eine Übernahme durch einen ausländischen Mitbewerber vom Kaliber einer Asda/Wal-Mart verhindert. Jedoch ist es in der momentanen Situation äusserst fraglich, ob das langfristige Überleben des Unternehmens bei der momentanen Marktsituation gewährleistet ist. Die Handlungsanleitung sowohl für die Schweizer als auch für die irischen Detaillisten muss sein, von den gemachten Fehlern zu lernen und sich auf die eigenen *Kernkompetenzen* zu besinnen. Dem Kunden muss genau vermittelt werden, warum er für den Einkauf die eigene Verkaufsstelle wählen sollte und nicht die der Konkurrenz. Ein Appell an das Nationalgefühl mag im Falle eines englischen Wettbewerbers wie Tesco in Irland funktionieren; in der Schweiz wäre eine ähnliche Reaktion gegenüber deutschen Eindringlingen vielleicht ebenfalls denkbar. Dies kann jedoch keine Patentlösung sein, da in einer freien Marktwirtschaft auch andere ausländische Wettbewerber mit einem vielleicht attraktiveren Image eine ähnliche Marktexpansion anvisieren könnten. Letztlich wird der Konsument die Kaufentscheidung treffen. Schweizer Detaillisten müssen sich bewusst sein, dass bei den hiesigen Verbrauchern eine zunehmende Preissensibilisierung eingetreten ist. Daher können sie das Preiseinstiegssegment nicht kampflos den Discountern überlassen.

Analyse der Erfolgsfaktoren von Abwehrstrategien gegen die Discounter

In den verschiedenen Länderreports wurden die Abwehrstrategien der bestehenden Marktteilnehmer auf das expansive Verhalten von Aldi und Lidl vorgestellt. Im abschliessenden Kapitel des vorliegenden Berichts erfolgt darauf aufbauend eine Beurteilung der Erfolgsfaktoren der beobachteten Strategien. In einem ersten Schritt soll in einer Gesamtübersicht noch einmal die Auslandsexpansion der beiden Discounter und der daraus resultierende Erfolg für die hier behandelten Länder dargelegt werden. *Tabelle 3* liefert eine Übersicht über das Jahr des Markteintritts von Aldi und Lidl, ihren momentanen Marktanteil am Gesamtvolumen des Detailhandels des jeweiligen Landes sowie den Anteil, den das Geschäftsmodell Discounter am gesamten Detailhandelsumsatz einnimmt.

Tabelle 3: Markeintritte und Marktanteile von Aldi und Lidl in den behandelten Ländermärkten sowie Anteil des Geschäftsmodells Discount am gesamten Detailhandelsvolumen im Jahr 2003

Land	Markteintritt Aldi	Markteintritt Lidl	Marktanteil Aldi	Marktanteil Lidl	Marktanteil Discount am gesamten Detailhandel
Niederlande	1990	1998	7,4 %	2,8 %	10,2 %
Österreich	1967	1998	18,1 %	1,7 %	20,0 %
Dänemark	1977	2005	4,0 %	0,0 %	33,0 %
Belgien	1991	1994	6,3 %	1,7 %	22,1 %
Vereinigtes Königreich	1989	1994	1,0 %	0,8 %	3,8 %
Republik Irland	1999	1998	2,1 %	2,6 %	4,7 %

Quelle: Geschäftsberichte

Insgesamt konnten acht Kernstrategien identifiziert werden, anhand derer es Unternehmen im europäischen Ausland gelang, sich erfolgreich gegenüber den deutschen Discountern zu behaupten. Dabei handelt es sich im Einzelnen um die Strategien:
1. frühe Reaktion auf Expansionsvorhaben der Discounter,
2. klare Positionierung des eigenen Unternehmens,
3. Rückbesinnung auf Kernkompetenzen,
4. expansives Verhalten im eigenen Markt,
5. Bewusstsein über Konsequenzen eines Preiskriegs,

6. Stärkung der nationalen Wettbewerbsposition durch internationale Kooperation,
7. Ausbau des Non-Food-Segments als Verkaufsargument und
8. Eingehen auf Kundenwünsche.

Anhand der in den einzelnen Länderreports aufgezeigten Beispiele konnte belegt werden, dass sich diese Strategien dazu eignen, sinnvoll gegen das Expansionsvorhaben der Discounter vorzugehen. *Tabelle 4* fasst die Erfolgsfaktoren der Abwehrstrategien gegen Aldi und Lidl resümierend zusammen und liefert sowohl positive als auch negative Beispiele zu den einzelnen Strategien.

Tabelle 4: Beispiele erfolgreicher Abwehrstrategien im europäischen Kontext

Erfolgsfaktor	Positives Beispiel		Negatives Beispiel	
	Unternehmen	Herkunftsland	Unternehmen	Herkunftsland
Proaktives Reagieren auf Expansionsvorhaben der Discounter	Colruyt	Belgien	Sainsbury	Vereinigtes Königreich
Klare Positionierung des eigenen Unternehmens	Delhaize Le Lion	Belgien	Coop Danmark	Dänemark
Rückbesinnung auf Kernkompetenzen	Morrisons	Vereinigtes Königreich	Laurus	Niederlande
Expansives Verhalten im eigenen Markt	Netto – Dansk Supermarked	Dänemark	Dunnes Stores	Irland
Bewusstsein über Konsequenzen eines Preiskriegs	Albert Heijn	Niederlande	Laurus	Niederlande
Stärkung der nationalen Wettbewerbsposition durch internationale Kooperation	Coop Danmark	Dänemark	Superquinn	Irland
Ausbau des Non-Food-Segments als Verkaufsargument	Tesco	Vereinigtes Königreich	Superquinn	Irland
Eingehen auf Kundenwünsche	Waitrose	Vereinigtes Königreich	Somerfield	Vereinigtes Königreich

Quelle: Eigene Darstellung

Das Vorhaben von Aldi und Lidl, sich im Schweizer Detailhandelsmarkt zu etablieren, ist seit einer gewissen Zeit bekannt. Basierend auf den in unterschiedlichen Ländern beobachteten Entwicklungen ist den Schweizer Detaillisten ein proaktives Agieren auf dieses Ereignis zu empfehlen. Der belgische Soft Discounter Colruyt dient in diesem Zusammenhang als hervorragendes Beispiel für ein proaktives Handeln: Durch eine frühzeitige Besetzung des Discount-Segments im eigenen Land konnte das Wachstum der ausländischen Eindringlinge entscheidend gebremst werden. Im Hinblick auf die Schweiz ist allen Marktteilnehmern zu raten, sich bereits im Vorfeld des Markteintritts der deutschen Discounter intensiv mit ihnen auseinander zu setzen und von ihren Strategien zu lernen. Sollte dies nicht gelingen, ist mit negativen Überraschungen im Schweizer Markt zu rechnen. In diesem Fall könnten einige Marktteilnehmer, ähnlich wie in den Niederlanden, Österreich oder im Vereinigten Königreich, den Marktbearbeitungsstrategien von Aldi und Lidl unvorbereitet gegenüberstehen. Die bestehenden Akteure des schweizerischen Detailhandels sollten ihre Unternehmen klar am Markt positionieren. Für die Kunden muss der Mehrwert des eigenen Unternehmens den Wettbewerbern gegenüber eindeutig sein. Dabei sollten die gewachsenen Firmenstrukturen und das darauf aufbauende Vertrauen seitens der Kunden genauestens analysiert werden. Das belgische Traditionsunternehmen Delhaize Le Lion kommuniziert die vom Unternehmen geschaffenen historischen Werte gegenüber den Kunden konsequent über alle Vertriebslinien hinweg. Es schafft es zudem, sich in Abgrenzung zum momentanen Marktführer Carrefour als typisch belgisches Unternehmen zu profilieren. Als negatives Beispiel sei auf die Vielfalt der Vertriebslinien des grössten dänischen Handelsunternehmens Coop Danmark und die dadurch entstehenden Koordinationsprobleme verwiesen.

In diesem Zusammenhang ist die Rückbesinnung eines Unternehmens auf seine Kernkompetenzen von herausragender Bedeutung. In den derzeit stark umkämpften Märkten ist es für Handelsketten schwer, neue Kernkompetenzen aufzubauen bzw. über Jahre erarbeitete wieder abzubauen. Dementsprechend ist eine schlanke Vertriebslinienstruktur zu empfehlen. Die verschiedenen Handelsformate sollten klar voneinander abgegrenzt werden. Insgesamt sollten Unternehmen jedoch darauf achten, sich den Kunden gegenüber integriert zu präsentieren. Verschiedene Geschäftsmodelle und Verkaufsstellenformate eines Unternehmens sollten für den Kunden ein einheitliches Erscheinungsbild aufweisen. Dies schafft eine hohe Wiedererkennung und trägt zur dynamischen Entwicklung der Markenpopularität des Handelsunternehmens bei. Die international erfolgreichen Akteure Tesco aus dem Vereinigten Königreich und Delhaize Le Lion aus Belgien überzeugen in dieser Hinsicht.

Detaillisten müssen genau abwägen, ob sich der Aufbau eines neuen Absatzweges für sie lohnt. In jedem Fall ist dafür eine gewisse Grösse und Bedeutung im Markt unerlässlich. Das Beispiel des dänischen Marktführers Coop Danmark, der seine Discount-Kette Fakta seit einigen Jahren überaus erfolgreich ausbaut, belegt, dass ein solcher Schritt auch momentan noch gangbar ist. In der Regel geht die Tendenz im europäischen Markt jedoch zu einer Reduzierung der Vertriebslinien. Dies belegt die Übernahme von Safeway durch Morrisons im Vereinigten Königreich und die damit einhergehende Auflösung des Safeway-Konzepts. Gerade im Hinblick auf die Tatsache, dass die deutschen Discounter sich mit Hilfe stark standardisierter Prozesse eine Kostenführerschaft erarbeitet haben, ist eine Diversifizierung in neue Vertriebskonzepte für die Schweizer Branchenteilnehmer nicht zu empfehlen. Eine Erweiterung der Absatzkanäle ist zudem immer mit Risiken behaftet, da eine scharfe Abgrenzung zu den bisherigen Handelsformaten nötig ist; Kunden könnten in ihrem Vertrauen in das Unternehmen verunsichert werden. Ein negatives Beispiel in dieser Hinsicht ist der niederländische Laurus-Konzern. Zu lange behielt das Unternehmen die aus der Fusionierung von De Boer Unigro NV und Vendex Group BV übernommenen Vertriebslinien bei. Dies schuf Unsicherheit beim Konsumenten. Erst seit kurzer Zeit versucht man nun, den Kunden das neue, schlankere Vertriebslinienkonzept schlüssig zu vermitteln.

Im Bereich der Kernkompetenzen sollten die von den Schweizer Firmen Migros und Coop hervorragend aufgebauten Bereiche Qualität, Sortimentsvielfalt und Dienstleistungen den Kunden gegenüber als Mehrwert kommuniziert werden. Daneben ist der Aufbau von Kernkompetenzen im Bereich Preis ein wichtiger Faktor. Die Schweizer Detaillisten verfolgen dies durch die Schaffung von Preiseinstiegsschienen seit einiger Zeit bereits konsequent. Dennoch lassen sich die Bereiche Qualität, Sortimentsvielfalt und Dienstleistungen im Sinne einer sinnvollen Differenzierung von den Discountern gut einsetzen, da Schweizer Konsumenten trotz der erhöhten Preissensibilisierung weiterhin dankbar für diese Leistungsversprechen sind.

Ein expansives Verhalten im Heimatmarkt stellt eine weitere, im Ausland beobachtete, erfolgreiche Abwehrstrategie dar. Vor allem die von Dansk Supermarked betriebene Discount-Schiene Netto expandiert seit einigen Jahren sehr erfolgreich im dänischen Markt. Dies verschärft die Wettbewerbssituation und erschwert Lidl den Markteintritt ins Land am Skagerrak. Gerade vor dem Hintergrund knapper werdender Gewerbeflächen im Handel erscheint dies als eine erfolgreiche Abwehrstrategie. Denner, der Schweizer Discounter, schlägt demzufolge einen viel versprechenden Weg ein. Sein Vorhaben, das Filialnetz um 100 Verkaufsstellen zu erweitern, wird die Möglichkeiten der Expansionsbüros von Aldi und Lidl, passende Gewerbeflächen in der Eidgenossenschaft zu lokalisieren, deutlich einschränken (*St. Galler Tagblatt* 2005). Dagegen begünstigt das als apathisch zu bezeichnende Verhalten der irischen Händler, neben der niedrigen Branchenkonzentration, die Bearbeitung des Marktes durch ausländische Teilnehmer.

Die bestehenden Wettbewerber im Schweizer Markt sollten sich vor dem Hintergrund der beispielsweise in den Niederlanden und im Vereinigten Königreich gemachten Erfahrungen der Konsequenzen permanenter Preisoffensiven bewusst sein. Die Dynamik solcher Massnahmen lässt sich zu Beginn nur schwer abschätzen; eigene Preisoffensiven ziehen immer auch Reaktionen der Konkurrenz nach sich. Generell führt eine derartige Politik zu einer erhöhten Preissensibilität der Konsumenten, sodass spätere Preiserhöhungen stark negativ ins Gewicht fallen. Ein möglicher Preiskrieg im Handel wirkt sich ausserdem immer auch auf die Beschäftigungssituation der Branche, auf die dort erzielten Umsätze und auf die Konsumausgaben der Volkswirtschaft im Allgemeinen aus. Beispiele aus den Niederlanden und dem Vereinigten Königreich belegen, dass in der Regel nur die stärksten, international aufgestellten Unternehmen langfristig in einem Preiskrieg bestehen können. Dies impliziert wiederum, dass es Schweizer Detaillisten zu empfehlen ist, sich internationale Kooperationspartner zur Stärkung der eigenen Stellung im Schweizer Markt zu suchen. Dadurch lassen sich eine Reihe von Synergieeffekten erschliessen, wie z. B. eine bessere Verhandlungsposition im Beschaffungsbereich. Im europäischen Kontext hat sich dabei insbesondere die Coop Danmark positiv hervorgetan, deren Stellung innerhalb Skandinaviens durch den Beitritt zu Coop Norden wesentlich gestärkt wurde; die irischen Ketten Superquinn und Dunnes Stores dagegen versuchen weiterhin, alleine gegen eine Übermacht von ausländischen Handelsunternehmen zu bestehen. In der Schweiz finden sich erste Kooperationsansätze bei Coop, die mit der REWE in Deutschland das Grossverbrauchergeschäft zusammenlegt. Auch die Migros arbeitet mit der deutschen Tengelmann-Tochter Obi im Do-it-yourself-Sektor zusammen. Die mit den Deutschen eingegangene Kooperation steht zudem für eine weitere erfolgreiche Abwehrstrategie gegen die Discounter. Dabei handelt es sich um den konsequenten Ausbau des Non-Food-Bereiches. Aldi und Lidl setzen Artikel dieser Sparte vor allem dazu ein, Kunden einen Anreiz zum Besuch der eigenen Verkaufsstellen zu schaffen. Wenn es den Schweizer Detaillisten gelingt, sich effektiv im Non-Food-Segment zu positionieren, unterwandern sie eines der wichtigsten Profilierungsinstrumente der Discounter. Der englische Handelsriese Tesco ist in diesem Zusammenhang ein Paradebeispiel für den konsequenten Ausbau des Non-Food-Segments und die sukzessive Diversifizierung in neue Geschäftsbereiche. Dank seines hoch entwickelten Talents, neue Trends im Konsumentenverhalten aufzudecken, gelang es dem Unternehmen, sich parallel zu den Änderungen der Kundenbedürfnisse zu wandeln. Dabei vernachlässigte Tesco jedoch nie seine ursprünglichen Kernkompetenzen. Diese Qualität kann gerade den grösseren Schweizer Handelsunternehmen als Inspiration dienen. Dagegen verstand es der irische Händler Superquinn bisher nicht, sich diesbezüglich den neuen Erfordernissen des Marktes anzupassen.

Abschliessend soll die wichtigste Abwehrstrategie, mit der sich Schweizer Händler gegenüber den neu eindringenden Discountern behaupten können, erwähnt werden: das effektive Eingehen auf Kundenwünsche. Zwei Beispiele von der britischen Insel sollen diesen Zusammenhang verdeutlichen. Der Fall von Waitrose belegt, dass permanente Analysen der sich ändernden Kundenbedürfnisse und der sich wandelnden Marktbedingungen der Schlüssel zum Erfolg sind. Der britische Exklusiv-Supermarkt verstand es, sich im harten Preiskampf der Branche erfolgreich von den Wettbewerbern zu differenzieren. Sein Sortiment weist einen hohen Anteil an internationalen Delikatessen und Weinen auf und bedient ein hochpreisiges Nischensegment. Zusätzliche Dienstleistungen, wie Rezeptideen und saisonal variierende Artikel, garantieren die Attraktivität des Sortiments für die anspruchsvollen Kunden von Waitrose (Waitrose 2005a). Dagegen gelang es dem britischen Traditionsunternehmen Somerfield bisher nicht, sich erfolgreich im hart umkämpften Niedrigpreissegment zu behaupten und dort ein markantes Profil zu entwickeln.

Die bestehenden Marktteilnehmer der Schweiz verfügen dank ihrer langjährigen Marktbearbeitung über eine profunde Kenntnis des lokalen Markts und der dortigen Kundenbedürfnisse. Im Alltag erleben Migros, Coop, Denner und Pick Pay unmittelbar die sich abzeichnenden Trends im Schweizer Detailhandel. Sie sind dazu aufgerufen, diese Chance nicht zu ignorieren, sondern sich aktiv mit ihren Kunden auseinander zu setzen. Die Schweizer Detaillisten sind den deutschen Discountern diesbezüglich eindeutig einen Schritt voraus. Dennoch ist Vorsicht geboten, denn sowohl Aldi als auch Lidl haben gelernt, dass nur eine sortimentspolitisch fokussierte Anpassung an lokale Bedingungen und spezifische Konsumentenwünsche den Erfolg im Markt garantiert. Es ist zu erwarten, dass die deutschen Discounter sich mit einem an Schweizer Konsumentenbedürfnissen orientierten Sortiment präsentieren werden.

Ob sich Aldi und Lidl jedoch langfristig gegenüber den engen Beziehungen, die Schweizer Konsumenten zu ihren etablierten Einkaufstätten aufgebaut haben, behaupten können, liegt vor allem an der Fähigkeit der hiesigen Handelsunternehmen, sich effektiv der neuen Herausforderung zu stellen. Mittels der Identifikation von Erfolgsfaktoren im Sinne einer effizienten Abwehr wollte der vorliegende Bericht hierzu einen Beitrag leisten.

Quellenverzeichnis

Ackermans & van Haaren (2003): Belgium/Diversified Services
(http://www.avh.be/), Zugriff: 11.2.2005

Aldi Ireland (2005): Store locator (http://ireland.aldi.com/), Zugriff: 15.2.2005.

Aldi Schweiz (2005): Unser Engagement in der Schweiz (http://welcome.suisse.aldi.com/), Zugriff: 16.2.2005.

Baugur (2005): About Somerfield (http://www.baugur.is/), Zugriff: 30.12.2004.

BBC (2004): Aldi in upmarket expansion plans
(http://news.bbc.co.uk/), Zugriff: 30.12.2004.

Bells Stores (2005): Our history (http://www.bells-stores.co.uk/), Zugriff: 13.2.2005.

Billa (2005): Billa in Russland (http://www.billa.at/), Zugriff: 22.2.2005.

Bio-Planet (2005): Vos courses biologiques et écologiques
(http://www.bioplanet.be/), Zugriff: 10.2.2005.

Børsen (2004a): Dansk Coop-chef ofret efter magtkamp, 14.9.2004.

Børsen (2004b): Coop går til kamp mod discount, 07.9.2004.

Carrefour (2005): Carrefour Belgium (http://www.maxigb.be/), Zugriff: 11.2.2005.

Cash (2005a): Marktanteile: Diskontwelle?, Cash, März 2005, S. 8–9.

Cash (2005b): Die beste Tochter, Cash, März 2005, S. 24.

Cash (2005c): Die Latte hoch gelegt, Cash, März 2005, S. 26–27.

CBS (2004): Bevolking Kerncijfers, Centraalbureau voor de Statistiek (http://statline.cbs.nl/), Zugriff: 8.2.2005.

Centra (2005): About Centra (http://www.centra.ie/), Zugriff: 15.2.2005.

CIA (2005a): CIA World Factbook – Denmark (http://www.cia.gov/), Zugriff: 9.2.2005.

CIA (2005b): CIA World Factbook – Belgium (http://www.cia.gov/), Zugriff: 11.2.2005.

CIA (2005c): CIA World Factbook – United Kingdom (http://www.cia.gov/), Zugriff: 13.2.2005.

CIA (2005d): CIA World Factbook – Switzerland (http://www.cia.gov/), Zugriff: 13.2.2005.

CIA (2005e): CIA World Factbook – Ireland (http://www.cia.gov/), Zugriff: 15.2.2005.

CIA (2005f): CIA World Factbook – Austria (http://www.cia.gov/), Zugriff: 22.2.2005.

City Population (2002): Principal agglomerations – Ireland (http://www.citypopulation.de/), Zugriff: 15.2.2005.

Colruyt (2005): Déclaration de transparence (http://www.colruyt.be/), Zugriff: 11.2.2005.

Dansk Handelsblad (2005): Danish grocery sector (http://www.danskhandelsblad.dk/), Zugriff: 10.2.2005.

Dautzenberg, Philipp (2005): Expertengespräch Vereinigtes Königreich, 8.3.2005.

Delhaize (2005): Supermarchés Delhaize (http://www.delhaize.be/), Zugriff: 11.2.2005.

DSG (2005): føtex (http://www.dsg.dk/), Zugriff: 10.2.2005.

Dunnes Stores (2005): Dunnes Stores today (http://www.dunnesstores.ie/), Zugriff 15.2.2005.

Edeka (2005): Ausland (http://www.edeka.de/), Zugriff: 22.2.2005.

Emporis (2004): Niederlande (http://www.emporis.com/), Zugriff: 8.2.2005.

Euromonitor (2004a): Retailing in Belgium (June 2004), (http://www.euromonitor.com/), Zugriff 3.2.2005.

Euromonitor (2004b): Retailing in Denmark (April 2004), (http://www.euromonitor.com/), Zugriff: 3.2.2005.

Euromonitor (2004c): Retailing in Ireland (May 2004), (http://www.euromonitor.com/), Zugriff: 3.2.2005.

Euromonitor (2004d): Retailing in the Netherlands (July 2004), (http://www.euromonitor.com/), Zugriff: 3.2.2005.

Euromonitor (2004e): Retailing in Switzerland (August 2004), (http://www.euromonitor.com/), Zugriff: 3.2.2005.

Euromonitor (2004f): Retailing in the United Kingdom (October 2004), (http://www.euromonitor.com/), Zugriff: 3.2.2005.

Euromonitor (2004g): Retailing in Austria (June 2004), (http://www.euromonitor.com/), Zugriff: 20.2.2005.

Fakta (2005): Fakta om Fakta, (http://www.fakta-presse.dk/), Zugriff: 10.2.2005.

Food & Drink (2005): Superquinn sells out to combat Tesco growth (http://www.foodanddrinkeurope.com/), Zugriff: 13.1.2005.

Food & Drink (2004a): Retailers turn to non-food to drive growth, (http://www.foodanddrinkeurope.com/), Zugriff: 2.2.2005.

Food & Drink (2004b): Tesco continues to stretch its lead, (http://www.foodanddrinkeurope.com/), Zugriff: 2.2.2005.

Giese, Gudrun/Hamann, Andreas (2004): Schwarz-Buch Lidl: billig auf Kosten von Beschäftigten, Berlin: Ver.di.

Haas, Alexander (2000): Discounting, Nürnberg: Gesellschaft für Innovatives Marketing.

Handelszeitung (2005): Nah & Frisch nun persönlich & schnell (http://www.handelszeitung.at/), Zugriff: 22.2.2005.

Handelszeitung (2004): ADEG Österreich AG erzielt 2003 Gewinn (http://www.handelszeitung.at/), Zugriff: 22.2.2005.

HBD (2004): Factsheet Detailhandel (Basisinformatie), Hoofbedrijschaap Detailhandel (http://www.hbd.nl/), Zugriff: 8.2.2005.

Hofer (2005): Filialstandorte (http://www.hofer.at/), Zugriff: 22.2.2005.

IC Wales (2005): Netto plans 70 «low bills» stores (http://icwales.icnetwork.co.uk/), Zugriff: 21.1.2005.

Image Recruitment (2005a): Tesco Metro (http://www.imaginerecruitment.com/), Zugriff: 13.2.2005.

Image Recruitment (2005b): Tesco Express (http://www.imaginerecruitment.com/), Zugriff: 13.2.2005.

Image Recruitment (2005c): Tesco Extra (http://www.imaginerecruitment.com/), Zugriff: 13.2.2005.

Ireland On-Line (2004): Aldi unveils expansion plans (http://212.2.162.45/news/story.asp), Zugriff: 30.12.2004.

Irish Economy Report (2005): Quarterly economic commentary (http://www.finfacts.com/), Zugriff: 15.2.2005.

Irma (2005): Irma Historie (http://www.irma.dk/), Zugriff: 10.2.2005.

Lebensmittelzeitung (2005a): Firmenprofile: Handel, Ahold N.V. (http://www.lz-net.de/), Zugriff: 8.2.2005.

Lebensmittelzeitung (2005b): Laurus wieder schlechte Zahlen (http://www.lz-net.de/), Zugriff: 8.2.2005.

Lebensmittelzeitung (2005c): Lidl geht in die Offensive (http://www.lz-net.de/), Zugriff: 10.2.2005.

Lebensmittelzeitung (2005d): Den Discountern macht der eigene Erfolg zu schaffen, 28.1.2005.

Lebensmittelzeitung (2005e): Firmenprofile Handel: REWE Zentral AG (http://www.lz-net.de/), Zugriff: 20.2.2005.

Lebensmittelzeitung (2005f): Laurus benennt Konmar-Märkte um (http://www.lz-net.de/), Zugriff: 13.5.2005.

Lebensmittelzeitung (2004a): Ahold verschärft Preiskrieg in den Niederlanden, 1.10.2004.

Lebensmittelzeitung (2004b): Laurus schreibt wieder rot (http://www.lz-net.de/), Zugriff: 8.2.2005.

Lebensmittelzeitung (2004c): Albert Heijn senkt den Preis, 24.9.2004.

Lebensmittelzeitung (2004d): Holländer stehen auf Aldi und Lidl, 30.7.2004.

Lebensmittelzeitung (2004e): Ahold verschärft Preiskampf in den Niederlanden (http://www.lz-net.de/), Zugriff: 9.2.2005.

Lebensmittelzeitung (2004f): Edeka überzeugt Dänen, 18.6.2004.

Lebensmittelzeitung (2004g): L'Oréal-Nagellack bei Aldi Dänemark, 30.4.2004.

Lebensmittelzeitung (2004h): Kurz notiert, 17.9.2004.

Lebensmittelzeitung (2004i): Eine andere Welt, 1.10.2004.

Lebensmittelzeitung (2004j): Firmenprofile Handel: Tesco Plc (http://www.lz-net.de/), Zugriff: 13.2.2005.

Lebensmittelzeitung (2004k): Firmenprofile Handel: J. Sainsbury Plc (http://www.lz-net.de/), Zugriff: 13.2.2005.

Lebensmittelzeitung (2004l): Firmenprofile Handel: The Co-operative Group (http://www.lz-net.de/), Zugriff: 13.2.2005.

Lebensmittelzeitung (2004m): Die Insel ist reif für Aldi, 3.12.2004.

Lebensmittelzeitung (2004n): Die Discounter erobern den europäischen Markt (http://www.lz-net.de/), Zugriff: 14.2.2005.

Lebensmittelzeitung (2004o): Sainsbury senkt Preise, 22.10.2004.

Lebensmittelzeitung (2004p): Heisser Sommer im britischen Einzelhandel, 9.7.2004.

Lebensmittelzeitung (2004q): Somerfield übernimmt Outlets (http://www.lz-net.de/), Zugriff: 15.2.2005.

Lebensmittelzeitung (2004r): Supermarkt an deutsche Konkurrenz (http://www.lz-net.de/), Zugriff: 15.2.2005.

Lebensmittelzeitung (2004s): Briten lassen Safeway im Stich (http://www.lz-net.de/), Zugriff: 15.2.2005.

Lebensmittelzeitung (2004t): William Morrison gibt Gewinnwarnung (http://www.lz-net.de/), Zugriff: 15.2.2005.

Lebensmittelzeitung (2004u): Sainsbury's kämpft mit seinem ehrgeizigen Projekt, 25.6.2004.

Lebensmittelzeitung (2004v): Aldi will in Irland kräftig wachsen (http://wwww.lz-net.de/), Zugriff: 15.2.2005.

Lebensmittelzeitung (2004w): Firmenprofile Handel: Schwarz-Gruppe (http://www.lz-net.de/), Zugriff: 15.2.2005.

Lebensmittelzeitung (2004x): Firmenprofile Handel: Aldi Gruppe (http://www.lz-net.de/), Zugriff: 16.2.2005.

Lebensmittelzeitung (2004y): Spar feiert «Doppelsieg», 2.9.2004.

Lebensmittelzeitung (2004z): Sprungbrett Österreich, 18.11.2004.

Lebensmittelzeitung (2003a): Background: Einmal um die ganze Welt (http://www.lz-net.de/), Zugriff: 9.2.2005.

Lebensmittelzeitung (2003b): Background: Lidl spart in Holland (http://www.lz-net.de/), Zugriff: 9.2.2005.

Lebensmittelzeitung (2003c): Laurus: Sagt Belgien ade (http://www.lz-net.de/), Zugriff: 2.2.2005.

Lebensmittelzeitung (2003d): Laurus will weg aus Belgien (http://www.lz-net.de/), Zugriff: 2.2.2005.

Lebensmittelzeitung (2003e): Laurus gibt Läden an Colruyt ab (http://www.lz-net.de/), Zugriff: 2.2.2005.

Lebensmittelzeitung (2003f): Aldis Image zieht nicht mit (http://www.lz-net.de/), Zugriff: 1.2.2005.

Lebensmittelzeitung (2002a): Casino auf dem Weg nach Holland, 19.3.2002.

Lebensmittelzeitung (2002b): Lidl geht über den Belt, 27.6.2002.

Lebensmittelzeitung (2002c): Weniger Glück auf neuen Märkten (http://www.lz-net.de/), Zugriff: 12.2.2005.

Lebensmittelzeitung (2002d): Iren akzeptieren deutsche Discounter (http://www.lz-net.de/), Zugriff: 15.2.2005.

Lebensmittelzeitung (2001): Lidl sondiert in Dänemark (http://www.lz-net.de/), Zugriff 10.2.2005.

Lebensmittelzeitung (1997): Bald 3000 Discounter (http://www.lz-net.de/), Zugriff: 12.2.2005.

Lidl (2005): Specials – cheaper!! (http://www.lidl.co.uk/), Zugriff: 15.2.2005.

Lidl Schweiz (2005): Immobilien (http://www.lidl.ch/), Zugriff: 16.2.2005.

M-Preis (2005): Unternehmen (http://www.mpreis.at/), Zugriff: 22.2.2005.

Mondo (2005): Mehr Rückblick (http://www.mondo.at/), Zugriff: 22.2.2005.

Morrisons (2005): Home (http://www.morrisons.co.uk/), Zugriff: 13.2.2005.

Netto (2005): Netto International (http://www.netto-supermarkt.de/), Zugriff: 10.2.2005.

Pacher, Günther (2005): Expertengespräch Österreich, 30.3.2005.

Planet Retail (2005a): Fakta private label expansion (http://www.planetretail.net/), Zugriff: 1.2.2005.

Planet Retail (2005b): Colruyt decision on Dutch stores mid 2005 (http://www.planetretail.net/), Zugriff: 2.2.2005.

Planet Retail (2005c): Colruyt Belgium 2004 sales (http://www.planetretail.net/), Zugriff: 2.2.2005.

Planet Retail (2005d): Asda entry into Northern Ireland (http://www.planetretail.net/), Zugriff: 11.2.2005.

Planet Retail (2005e): Asda extends smart price range (http://www.planetretail.net/), Zugriff: 1.2.2005.

Planet Retail (2005f): Sainsbury rebrands value range (http://www.planetretail.net/), Zugriff: 1.2.2005.

Planet Retail (2005g): Somerfield at centre of bid speculation (http://www.planetretail.net/), Zugriff: 9.2.2005.

Planet Retail (2005h): Somerfield approach from Baugur (http://www.planetretail.net/), Zugriff: 10.2.2005.

Planet Retail (2005i): Superquinn sold to private investors (http://www.planetretail.net/), Zugriff: 1.2.2005.

Planet Retail (2005j): End to Grocery Order in Ireland? (http://www.planetretail.net/), Zugriff: 1.2.2005.

Planet Retail (2005k): Somerfield rejects Baugur offer/selects PCP for forecourt venture (http://www.planetretail.net/), Zugriff: 25.2.2005.

Planet Retail (2004a): No plans at Casino for majority Laurus stake (http://www.planetretail.net/), Zugriff: 4.2.2005.

Planet Retail (2004b): Colruyt considers expansion into Netherlands (http://www.planetretail.net/), Zugriff: 5.2.2005.

Planet Retail (2004c): Laurus sales remain under pressure (http://www.planetretail.net/), Zugriff: 5.2.2005.

Planet Retail (2004d): Ahold interest in Dansk Supermarked (http://www.planetretail.net/), Zugriff: 1.2.2005.

Planet Retail (2004e): Lidl plans for entry into Croatia/Denmark in 2005 (http://www.planetretail.net/), Zugriff: 1.2.2005.

Planet Retail (2004f): Lidl agreement with Danish trade unions (http://www.planetretail.net/), Zugriff: 1.2.2005.

Planet Retail (2004g): Aldi expansion in Denmark (http://www.planetretail.net/), Zugriff: 1.2.2005.

Planet Retail (2004h): Coop Norden price cutting campaign (http://www.planetretail.net/), Zugriff: 1.2.2005.

Planet Retail (2004i): New profitability strategy at SuperBrugsen (http://www.planetretail.net/), Zugriff: 1.2.2005.

Planet Retail (2004j): Delhaize launches new European discount brand (http://www.planetretail.net/), Zugriff: 2.2.2005.

Planet Retail (2004k): All change at Match Belgium (http://www.planetretail.net/), Zugriff: 2.2.2005.

Planet Retail (2004l): Delhaize says no to price war in Belgium (http://www.planetretail.net/), Zugriff: 2.2.2005.

Planet Retail (2004m): Sainsbury strategy unveiled (http://www.planetretail.net/), Zugriff: 1.2.2005.

Planet Retail (2004n): Aldi considering clothing label? (http://www.planetretail.net/), Zugriff: 1.2.2005.

Planet Retail (2004o): Price war intensifies in the UK (http://www.planetretail.net/), Zugriff: 1.2.2005.

Planet Retail (2004p): Colruyt confident on pricing pressure (http://www.planetretail.net/), Zugriff: 21.2.2005.

Planet Retail (2004q): Spar Austria opens store of the future (http://www.planetretail.net/), Zugriff: 20.2.2005.

Planet Retail (2004r): Norma launches in Austria (http://www.planetretail.net/), Zugriff: 20.2.2005.

Planet Retail (2003a): Lidl opening plans for Copenhagen (http://www.planetretail.net/), Zugriff: 1.2.2005.

Planet Retail (2003b): Price war predicted in Denmark after Lidl entry (http://www.planetretail.net/), Zugriff: 1.2.2005.

Planet Retail (2003c): Fakta expansion plans in Denmark (http://www.planetretail.net/), Zugriff: 1.2.2005.

Planet Retail (2003d): Rema1000 expansion plans (http://www.planetretail.net/), Zugriff: 1.2.2005.

Planet Retail (2003e): Delhaize interest in Laurus stores in Belgium (http://www.planetretail.net/), Zugriff: 1.2.2005.

Planet Retail (2003f): Colruyt defends price positioning (http://www.planetretail.net/), Zugriff: 2.2.2005.

Planet Retail (2003g): Lidl opens in Hungary and expands in Belgium (http://www.planetretail.net/), Zugriff: 2.2.2005.

Planet Retail (2003h): Discounters win in Ireland (http://www.planetretail.net/), Zugriff: 1.2.2005.

Planet Retail (2003i): Aldi and Lidl questioned in Ireland (http://www.planetretail.net/), Zugriff: 1.2.2005.

Planet Retail (2003j): Aldi/Lidl under investigation in Ireland (http://www.planetretail.net/), Zugriff: 1.2.2005.

Planet Retail (2003k): Aldi/Lidl cleared by food safety authority (http://www.planetretail.net/), Zugriff: 1.2.2005.

Planet Retail (2003l): Aldi/Lidl impact on Irish economy (http://www.planetretail.net/), Zugriff: 1.2.2005.

Progressive Grocer (2005): Delhaize logs positive 2004, says Baltimore next for Food Lion renewal, (http://www.progressivegrocer.com/), Zugriff: 3.2.2005.

Retail Knowledgebank (2001): International Retailers in the UK, (http://www.retailknowledgebank.co.uk/), Zugriff: 15.2.2005.

REWE (2005): http://www.rewe.de/), Zugriff: 22.2.2005.

Rob (2005): The Gourmet's Market (http://www.robfinefood.be/), Zugriff: 11.2.2005.

RTE (2005): New Superquinn owners aim to expand (http://www.rte.ie/), Zugriff: 11.1.2005.

Rudolph, Thomas (2000): Erfolgreiche Geschäftsmodelle im europäischen Handel: Ausmass, Formen und Konsequenzen der Internationalisierung für das Handelsmanagement, St. Gallen: *Thexis*.

Rudolph, Thomas/Schröder, Thomas (2004): Internetnutzung Schweiz 2004 – Studie des Gottlieb Duttweiler Lehrstuhls für Internationales Handelsmanagement, St. Gallen: *Thexis*.

Sainsbury (2005a): Company overview (http://www.j-sainsbury.co.uk/), Zugriff: 13.2.2005.

Sainsbury (2005b): Sainsbury home (http://www.sainsbury.co.uk/), Zugriff: 13.2.2005.

Somerfield (2005a): More about us (http://www.somerfield.plc.uk/), Zugriff: 13.2.2005.

Somerfield (2005b): Interim results 2004/05 (http://www.somerfield.plc.uk/), Zugriff: 15.2.2005.

Spar Ireland (2005): Welcome (http://www.spar.ie/), Zugriff: 15.2.2005.

Spar Österreich (2005): Daten und Fakten (http://www.spar.at/), Zugriff: 22.2.2005.

Statistics (2005a): Census 2001 – London (http://www.statistics.gov.uk/), Zugriff: 13.2.2005.

Statistics (2005b): Census 2001 – North West (http://www.statistics.gov.uk/), Zugriff: 13.2.2005.

Statistics (2005c): GDP growth, UK economy up by 0.7 % in Q4 2004 (http://www.statistics.gov.uk/), Zugriff: 13.2.2005.

Statistics (2005d): Household sector: use of disposable income account 1955–2004 (http://www.statistics.gov.uk/), Zugriff: 13.2.2005.

SuperBrugsen (2005): Egne Mærker, (http://www.superbrugsen.dk/), Zugriff: 10.2.2005.

Supermarchés GB (2005): La nouvelle gamme des produits n° 1 (http://www.gb.be/), Zugriff: 11.2.2005.

Superquinn (2005a): Company profile (http://www.superquinn.ie/), Zugriff: 15.2.2005.

Superquinn (2005b): Superquinn online shopping (http://www.buy4now.ie/), Zugriff: 15.2.2005.

Supervalu (2005): About us (http://www.supervalu.ie/), Zugriff: 15.2.2005.

St. Galler Tagblatt (2005): Denner forciert die Expansion (http://www.tagblatt.ch/), Zugriff: 17.1.2005.

Tages-Anzeiger (2005): Jetzt purzeln die Preise in der Schweiz (http://www.tagesanzeiger.ch/), Zugriff: 21.1.2005.

Tengelmann (2005): Die Unternehmensgruppe/Geschäftsfelder/Plus (http://www.tengelmann.de/), Zugriff: 22.1.2005.

Tesco (2005a): Overview for United Kingdom (http://84.40.10.21/presentResults/results2003_04/Prelims/site/a/a1.html), Zugriff: 13.2.2005.

Tesco (2005b): Financial highlights (http://84.40.10.21/presentResults/results2003_04/Prelims/site/b/b.html), Zugriff: 13.2.2005.

Tesco Ireland (2005): Home (http://www.tesco.ie/), Zugriff: 15.2.2005.

The Retail Industry (2003): the world's biggest listing of grocery retailers with an Internet presence (http://users.skynet.be/), Zugriff: 11.2.2005.

The Scotsman (2004): Aldi announces £ 500m plan for UK expansion (http://business.scotsman.com/), Zugriff: 14.2.2005.

The Sunday Independent (2005): Shadow of global giant Tesco darkens the future prospects of Irish retailers, 30.1.2005.

Waitrose (2005a): Welcome to about Waitrose (http://www.waitrose.com/), Zugriff: 13.2.2005.

Waitrose (2005b): Annual report and accounts 2004 (http://www.johnlewispartnership.co.uk/), Zugriff: 15.2.2005.

Yahoo (2005): T&S Stores Plc company profile (http://biz.yahoo.com/), Zugriff: 13.2.2005.

ZEV Markant (2005): Wir über uns (http://www.markant.co.at/), Zugriff: 22.2.2005.